어려운
FTA 실무는 가라

초보자를 위한 FTA 실무 입문서

어려운 FTA 실무는 가라

최규삼 지음

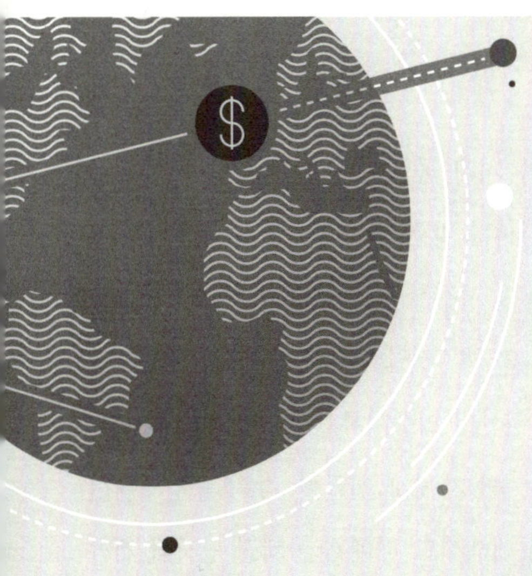

EDU TRADEHUB
실무자를 위한 무역실무 교육 중심지─

http://edutradehub.com
수출입통관, 운송, 결제
동영상 강의 제공

NAVER Cafe

http://cafe.naver.com/infotrade
무역 실무자들에게 실무정보 제공 및
실시간 Q&A 제공

생각나눔

어려운 FTA 실무는 가라

FTA는 이제 선택이 아니라 필수입니다.

FTA 발효는 수입체약국 수입자의 관세 혜택으로 이어집니다. 이를 위해서 수입체약국의 수입자가 수입신고 하는 물품이 수출체약국에서 On Board(적재)되기 전에 원산지가 수출체약국이라는 사실을 FTA 원산지증명서(Certificate of Origin, C/O)로 증명해야 하며, 해당 물품이 수출체약국에서 수입체약국으로 운송되면서 추가적인 가공으로 원산지가 세탁되지 않았음을 운송서류(B/L, 화물운송장)로 증명해야겠습니다.

따라서 수입체약국의 수입자는 수출체약국의 수출자와 거래 물품에 대한 매매계약을 체결하면서 FTA 원산지결정기준을 충족 시켜 FTA 원산지증명서를 발급 할 것을 요구할 것이며, 적출항(Port of Loading)은 수출체약국에 위치하고 양륙항(Port of Discharge)은 수입체약국에 위치한 운송서류가 발행되어 직접운송 원칙이 충족될 수 있도록 요구할 것입니다. 특히 FTA C/O를 발행할 때, 원산지결정기준을 충족하지 못하였음에도 혹은 원산지 입증서류를 확보하지 못하였음에도 수출자가 임의로 FTA C/O를 발행하거나 위조하여 수입자에게 전달한 경우, 수입지에서 발생할 수 있는 관세 추징 등의 문제에 관한 책임 여부에 대해서도 매매계약 체결 당시에 계약서상에 기재될 것입니다.

이러한 환경 속에서 수출체약국의 수출자가 FTA 원산지증명서를 쉽게 발행할 수 있을 것으로 생각하는 것은 큰 문제이며, 그러한 잘못된 인식으로 인해서 FTA 업무를, 한 사람에게 일임한다든지 혹은 직책이 낮은 사람을 담당자로 지정한다면 문제는 더욱 심각해질 것입니다. 실제로 상당수의 회사 관리자는 FTA 업무에 대한 중요성과 심각성, 그리고 복잡성을 인지하지 못하고 무역업무 경력이 많지 않고 직책이 낮은 사람을 담당자로 지정하여 많은 스트레스에 노출시키고, 심각한 경우 퇴사로 이어지기도 합니다.

FTA 업무는 무역부서, 회계부서, 구매부서, 생산부서 등 회사의 모든 부서가 생산품이 FTA 원산지결정기준을 어떻게 하면 서류상으로 충족시킬 수 있을지 힘을 모아야 하며, 이러한 과정을 순조롭게 진행하기 위해서 회사 자체적으로 원산지 결정을 위한 원산지 관리 프로세스를 구축해야 합니다. 무엇보다 회사 관리자의 FTA 업무에 대한 인식 변화가 필요할 것입니다. 특히, FTA 업무를 직접 담당하는 사람은 나이가 어리고 경력이 없는 사람보다는 어느 정도의 직책과 경력을 가진 사람을 책임자로 지정해야 다른 부서로부터의 협조를 이끌어 낼 수 있습니다. 역시 국내 재료 공급자에 대한 관리도 소홀히 해서는 안 될 중요한 부분이라 할 수 있습니다.

본 책은 FTA 업무를 담당하고 있는 실무자들이 보다 쉽게 FTA 업무에 대해서 이해할 수 있도록 실무적이고도 쉽게 설명하고 있습니다. 부디 본 책이 FTA 업무에 어려움을 겪고 있는 많은 실무자들에게 하나의 희망이 되었으면 합니다.

세 번째 무역 실무서 '어려운 FTA 실무는 가라'를 펴내며…

무역회사에 입사하여 밑바닥에서부터 무역 일을 배웠습니다. 욕도 많이 먹고 좌절도 많이 했습니다.

주변의 잘 나가는 친구들, 선·후배들 앞에 서면 늘 초라했습니다. 대학교 때 그들은 연봉 많이 받는 것이 최고라며 연봉 높은 회사에 입사원서를 내고 합격하는 모습을 보면서도 나는 내가 선택한 이 길이 옳은 길이라고 생각했지만, 입사 후 일에 대한 어려움과 경제적인 어려움으로 내 선택에 대한 확신은 흔들릴 수밖에 없었습니다.

일을 하면서, 가르쳐 주지는 않고 무작정 일만 하라는 사수와 주변 사람들의 무관심으로 또 한 번 흔들리고 답답했습니다.

대부분의 회사는 신입사원 교육에 인색하여 신입사원이 입사할 때마다 신입사원 스스로 일을 배울 것을 주문합니다. 아무도 가르쳐주지도 않고 교육 기관으로 교육조차 보내지 않습니다. 참 답답한 일입니다.

다른 누군가에게 물어볼 곳도 없었고, 물어볼 수 있는 상황에서도 무역 용어 및 절차에 대한 개념 정립이 스스로 되어 있지 않았기에 내가 원하는 답을 얻기 위한 질문조차 할 수 없었던 시절이었습니다.

그래서 내가 지금 열심히 공부해서 훗날 나와 같은 처지인 사람들에게 내가 배운 무역에 대한 실무적인 지식을 쉽게 전달해 보자는 생각을 했습니다. 내가 겪은 그 고충을 내 후배들이 또다시 겪는다는 것을 보고만 있을 수 없었습니다.

2012년『어려운 무역실무는 가라』를 시작으로『어려운 무역계약·관리는 가라』, 그리고 세 번째 실무서로서『어려운 FTA 실무는 가라』를 펴냅니다. 부디 본 책이 무역 현장에서 FTA 업무를 담당하는 분들에게 하나의 빛이 되고, 그들의 가려움을 시원하게 긁어줄 수 있는 책이 되길 바랍니다.

무역회사 신입사원 여러분 힘내세요.

구직자는 원하는 일자리 구하기가 하늘의 별 따기만큼 힘들다 말하지만, 구인하는 회사 차원에서는 원하는 사람 찾기가 하늘의 별 따기보다 훨씬 더 힘든 참으로 아이러니한 상황이 일어나고 있습니다.

마인드의 차이일 수 있습니다.

구직자는 내가 그동안 일자리를 찾기 위해서 수년간 노력해왔고, 스스로 생각하기에 아는 것도 많고, 그래서 일을 시키면 누구보다 잘할 것이라고 생각하고 있습니다. 다시 말해서, 구직자 스스로는 자신이 회사를 위해서 큰 보탬이 될 것이고, 따라서 많은 연봉도 받고 그만큼의 인간적인 대우를 받기를 원합니다.

하지만 회사는 신입사원이 아무리 스펙이 좋아도 관련 업무에 대한 경험이 없으면 그냥 때 묻지 않고 솜털도 없어지지 않은 아이에 불과합니다. 그런 아이가 일에 대해서 알면 얼마나 알 것이며 회사를 위해서 일하면 얼마나 일할 것입니까?

회사가 인원을 채용할 때는 한 사람으로 특정 범위의 업무가 도저히 커버되지 않고, 그 한 사람이 더욱 업무를 효율적으로 할 수 있도록 하기 위해서 구직자분들께는 미안하지만, 허드렛일을 시키기 위함일 수도 있습니다.

신입사원분들은 회사가 자신에게 일을 주고 자신을 채용해 돈까지 줘가면서 일을 배울 수 있도록, 사회 경험을 쌓을 수 있도록 길을 열어주는 것에 대해서 대단히 감사하는 마음으로 일해야 합니다.

현재 무역회사에 입사하시어 업무를 하고 계신 신입사원분들 중에 상당수는 돈보다는 미래를 기약하고 일을 하실 겁니다. 대기업 연봉보다는 중소 무역회사를 선택하시고, 현재보다는 미래의 당당한 자신의 모습을 기약하셨다면 현재의 고통, 어려움, 고독, 그리고 불안은 모두 자신을 성숙시키기 위한 밑거름이 될 것입니다.

누구나 힘든 시절이 있습니다.

하지만 누구나 그 힘든 시절이 먼 훗날 자신이 현재 꿈꾸는 위치의 사람이 될 수 있게 하는, 쓰지만 달콤한 하나의 촉매제가 될 수 있다고 생각하는 사람은 그리 많지 않을 것입니다. 20대, 30대 초반까지 사람은 미치도록 힘들어야 합니다. 그래야 현재 배가 부른 다른 사람보다 조금 더 생각하고 조금 더 공부하게 됩니다.

대기업의 돈보다, 대기업의 신입사원으로서의 명예보다, 먼 미래를 보시고 일을 선택하신 여러분이 어쩌면 그들보다 더욱 현명한 선택을 했을 수 있습니다. 그 답은 5년 뒤, 10년 뒤 스스로의 모습에서 찾을 수 있을 것입니다.

신입사원 여러분!

업무를 하실 때 주변의 상사분이 인간적인 모욕감을 주더라도 지금은 내가 이렇지만, 수년 뒤에는 반드시 당신보다 더 큰 사람이 될 것이다라는 독한 마음을 가지시기 바랍니다.

땅은 밟을수록 더 단단해지고, 잡초는 밟을수록 살아남으려고 더 몸부림칩니다.

현재 여러분께서 밟는 단단한 땅은 그냥 만들어진 것이 아니며, 현재 여러분의 눈으로 보고 계신 푸른 물기 머금은 저 잡초들은 절대 그냥 그 자리에서 자라고 있는 것이 아닙니다. 그런 땅과 그런 잡초에 대해서 단순히 부러움만을 느끼지 마시고, 현재의 그들이 현재처럼 단단하기까지, 현재처럼 푸르기까지 얼마나 많은 시간을 고통과 고뇌와 인간으로서 느끼는 욕구를 컨트

롤 해왔는지 그 이면의 아픔을 먼저 보시기 바랍니다. 세상에 절대로 공짜는 없습니다. 감나무 밑에서 입 벌리고 백날 있어도 감은 절대 입속으로 들어가지 않습니다. 설사 떨어진다고 해도 노력 없이 얻으려고 하는 얌체 같은 당신의 뺨만 때릴 것입니다.

지금 글을 쓰고 있는 저 역시 그러한 힘겨운 시절이 있었습니다.

그래서 현재 일을 시작하시는 신입사원분들의 마음을 조금이남아 헤아릴 수 있는 입장에 있는 듯합니다. 부디 주변의 따가운 눈초리와 굴욕과 부끄러움을 참아 내시기 바랍니다.

인정받는 사람이란…

이러한 과정을 모두 거친 사람입니다. 그리고 실제로 인정받는 사람이 된다면 그들이 여러분께 도움의 손길을 내밀 것이며, 회사에서 꼭 필요한 존재가 되어서 어떻게 해서든 잡으려 할 것입니다. 사람들은 내가 아무것도 가진 게 없는 사람일 때는 무시하지만, 내가 지식이라는 정보와 기술을 가지게 되면 고개를 숙이게 됩니다.

신입사원 여러분.

지금 힘드시겠지만, 부디 미래를 보시고 그 밝은 미래를 위해서 지금 노력하시고 고통을 현명하게 이겨 내시기 바랍니다.

사람의 소중함

관리를 잘해야 합니다.

관리라 함은 회사 업무와 직접적인 연관이 있는 서류 및 대장 관리가 있을 것이고, 회사에서 일하는 사람에 대한 관리가 있을 것입니다.

장군이 자신의 병사를 믿지 못하면 그 전쟁은 무조건 백전백패입니다.

전쟁을 이끄는 장군은 자신의 병사를 믿어야 하며, 병사로 하여금 자신을 신뢰할 수 있게 해야 병사들은 탈영하지 않고 자신의 목숨을 걸어 전장에 나가서 적 앞에서 방아쇠를 당길 수 있습니다.

회사도 마찬가지입니다.

리더가 자신의 직원을 믿지 못하면 직원들은 절대 그 리더를 존경하지 않고 자신이 소속된 회사를 위해서 자발적으로 무엇인가 하지 않을 것이며, 회사는 단순히 한 달에 한 번 생활비가 나오는 돈줄이라고만 생각할 것입니다. 회사를 위해서 일하지 않는 직원들에게 리더는 주인의식을 가져 달라고 요구하기 전에 자신은 직원들을 위해서 무엇을 하고 있으며, 직원들에 대해서 얼마나 잘 알고 있는지부터 살펴야 할 것입니다.

직원이 현재 정확히 어떠한 업무를 하고 있는지, 일은 잘하고 있는지, 회사 동료와의 관계는 어떠한지, 그리고 거래처 사람들의 평가는 어떠한지에 대한 회사 일과 관련된 부분에서부터 직원의 나이가 어떻게 되며, 생일이 언제인지, 가정환경은 어떠한지, 미혼으로서 사귀는 사람은 있는지, 기혼자로서 배우자는 어떤 사람이고 자식들은 어떠한지, 회사 월급으로 생활은 어떠한지에 대한 사항을 알고 있어야 합니다.

만약 이것 중에 상당 부분에 대해서 알지 못하는 리더라면 리더로서 자질이 없고, 직원들에게 회사를 위해서 주인의식을 가지라고 요구할 권리도 없습니다.

직원은 리더 자신의 꿈을 현실화시키기 위해서 리더가 말하는 것을 모두 따르는 일개미가 아니라, 그 꿈을 이루기 위해서 함께 생각하고 함께 의견을 교환하여 그 꿈을 함께 이루어 가는 동반자입니다.

상도에서 장사는 돈을 얻기보다는 고객의 마음을 얻는 것이라고 했습니다.
이는 장사에서만 적용되는 것이 아니라 내부고객을 만족시키는 것에도 적용이 됩니다. 내부고객인 직원들을 만족시키고 그들의 마음을 얻지 못하면, 회사가 목표로 하는 곳을 향함에 있어 힘이 집중되지 않게 되어 회사의 매출에 영향을 주는 외부고객을 절대 만족시키지 못합니다.

아무리 열과 성을 다해서 리더가 일을 한들, 아무리 열과 성을 다해서 리더가 회의 시간 때 직원들에게 회사의 목표를 소리 높여 외친들 리더는 배의 키를 조정하는 사람이지 노를 젓는 사람이 아닙니다.

일일보고, 주간보고 및 업무와 관련된 회의만 하는 것이 아니라 직원들이 업무에 대해서 공개된 자리에서 말하고, 부당한 것을 바로 잡고, 잘 되고 있는 것에 대해서는 더욱 잘 되게 리더가 바로 잡아주는 회의가 무엇보다도 중요합니다. 귀찮다고, 그리고 별 의미 없는 것이라고 취급한다면, 즉 직원들의 소리를 무시하는 회사의 발전은 없는 것이며, 성장하지 않는 기업은 비전이 없고 직원들은 이직을 원할 것입니다.

회사의 리더는 누구보다 열심히 살아왔을 것이고, 많은 어려움을 현명하게 극복하였을 것이며, 회사를 일으켜 직원을 채용하면서 이 사회를 위해서 상당한 기여를 하고 있는 대단히 훌륭

한 분이라 생각합니다. 여기에 더불어 직원들의 고뇌와 현실을 살피시어 직원들의 마음마저 얻는다면 세상의 모든 재물을 얻는 기쁨보다 더 큰 기쁨을 얻는 것이 아닐까 생각해봅니다.

〈일러두기〉

본 책의 내용은 관세청 및 세관의 공식 의견이 아니며, 저자의 개인적인 견해가 많이 들어가 있습니다. 독자분께서는 본 책으로 FTA 업무에 대한 이해를 돕기 위한 자료로 활용을 해주시고, 업무를 함에 있어 최종적인 확인은 관세사 혹은 세관을 통하여 다시 한 번 하시기 바랍니다.

제1장
FTA 협정세율 적용

Ⅰ HS Code(품목번호)에 대한 이해

Ⅱ 원산지에 대한 이해와 중요성

Ⅲ FTA 협정세율/원산지결정기준 확인 및 협정세율 적용

제2장

원산지 결정 기준

① 원산지 결정 기준

② 무역 거래 형태와 중개무역, 그리고 직접운송 원칙

제3장

FTA 원산지증명서 발급

① FTA 원산지증명서에 대한 이해

제4장
FTA 협정별 원산지증명서 이해하기

제5장

수입통관 절차

Ⅰ 수입자의 원산지증명서 및 운송서류 확인

Ⅱ FTA 협정관세 적용 - 수입신고 수리 전

Ⅲ FTA 협정관세 적용 - 수입신고 수리 후

Ⅳ 소액물품의 FTA 협정관세 적용 - 수입신고 수리 전

제6장
원산지 인증수출자 제도

I. 원산지 인증수출자 제도의 의미

II. 원산지 인증수출자 인증 절차

제7장
부 록

제8장

Q & A

제9장

FTA 관련 서식

Ⅰ 원산지 증빙 서류

Ⅱ 인증수출자 관련 서식

제1장

FTA 협정세율 적용

I. HS Code(품목번호)에 대한 이해

1. 품목분류체계와 품목 분류의 목적

1) 품목분류체계에 대한 이해

HS Code(품목번호, 세번부호)란 전 세계에 존재하는 모든 품목에 대해서 세계관세기구(World Customs Organization, WCO)[1]가 정한 국제통일상품 분류체계(HS)에 의거, 품목을 품목별로 번호를 부여하여 분류해둔 코드를 말합니다.

품목분류체계

- HS 6단위까지 : 국제적으로 그 분류기준이 동일.
- HS 7단위부터 : 나라마다 세분류하며, 우리나라는 4자리를 추가하여 총 10자리 사용(HSK).

품목 분류의 목적

- **HS Code의 일반적 활용** : 수입물품에 대한 관세율 적용 및 수입/수출요건 확인의 기준 (참고 26쪽)
- **HS Code의 FTA협정 관련 활용** : 양허품목[2] 여부, 협정세율[3] 및 원산지결정기준[4] 확인의 기준 (참고 31쪽)
- HS Code에 따라서 FTA 협정세율, 원산지결정기준, 수입/수출요건 등이 결정되기 때문에 취급 품목에 대한 정확한 HS Code를 확인하는 것이 가장 중요함.

---

1 공식명칭은 관세협력이사회(Customs Cooperation Council, CCC)입니다.
2 용어 설명. 참고 24쪽
3 용어 설명. 참고 24쪽
4 수출국에서 수출되는 물품의 원산지가 수출국이라는 사실을 판단하는 '원산지결정기준'은 FTA 협정별로 그리고 HS 6단위 별로 상이하게 적용됩니다

품목을 분류하고 있는 품목분류체계에서 가장 큰 품목군은 '부'이며 그 다음이 '류' 단위로서 01류(산 동물), 34류(비누, 계면활성제), 85류(전기기기)로 표현됩니다. 즉, 전기제품으로서 '식품 그라인더'라면 85류에 속해 있고, 85류에는 또다시 여러 분류가 있으며, 그곳에서 호(HS 4자리, 8509)를 찾으면 다시 여러 분류가 있습니다. 그 속에서 소호(HS 6자리, 8509.40)를 찾고 나머지 세분류(8509.40-0000)를 찾아서 HS Code를 결정합니다.

부(Section)	류(HS 2단위)	주요 품목
제1부 ~ 제4부	1류 ~ 24류	동·식물 및 그 직접 생산품
제5부	25류 ~ 27류	광물성 생산품
제6부	28류 ~ 38류	화학공업 또는 그 연관산업의 생산품
제7부	39류 ~ 40류	플라스틱과 그 제품 및 고무와 그 제품
제8부 ~ 제10부	41류 ~ 49류	가죽, 가방, 모피, 목재, 조물재료품
제11부	50류 ~ 63류	방직용 섬유와 방직용 섬유의 제품
제12부 ~ 제14부	64류 ~ 71류	신발, 모자, 가발, 석제품, 도자제품
제15부	72류 ~ 83류	비금속과 그 제품
제16부	84류 ~ 85류	기계류와 전기기기 및 그 부분품, 녹음기와 음성 재생기, 텔레비전 등과 그 부분품
제17부 ~ 제21부	86류 ~ 97류	수송기기, 정밀기기, 시계, 악기, 무기, 가구, 완구, 잡품

▲ 본 내용은 '류' 단위보다 상위 분류로서 '부'입니다. 위에서 아래로 내려오면서 품목들이 1차 상품에서 공산품으로 변하고 있음을 알 수 있습니다.

	0	1	2	3	4	5	6	7	8	9
0		산동물	육과 식용설육	어페류	낙농품·조란·천연꿀	기타 동물성 생산품	산수육·꽃	채소	과실·견과류	커피·차·향신료
10	곡물	곡물의 분과 조분밀가루·전분	채유용 종자·인삼	식물성 엑스	기타 식물성 생산품	동식물성 유지	육·어류 조제품	당류·설탕과자	코코아·초코렛	곡물,곡분의 주제품과 빵류
20	채소,과실의 조제품	기타의 조제식료품	음료, 주류, 식초	조제사료		토석류	광.슬랙.회	광물성연료,에너지	무기화합물	유기화합물
30	염료용품	비료	염료,안료,페인트잉크	향료·화장품	비누, 계면활성제·왁스	소금·카세인·알부민·변성전분효소	화약류·성냥	필름인화지 사진용재료	각종화학공업 생산품	플라스틱과 그제품
40	고무와 그제품	원피·가죽	가죽제품	모피, 모피제품	목재·목탄	코르크·짚	조물재료의 제품	펄프	지와 판지	서적·신문 인쇄물
50	견·견사 견직물	양모·수모	면·면사 면직물	마류의사와 직물	인조 필라멘트 섬유	인조 스테이플 섬유	워딩·부직포	양탄자	특수직물	침투,도포한 직물
60	편물	의류(편물제)	의류(편물제이외)	기타 섬유제품·넝마	신발류	모자류	우산·지팡이	조제우모·인조제품	석, 시멘트, 석면제품	도자제품
70	유리	귀석, 반귀석, 귀금속	철강	철강제품	동과 그제품	니켈과 그제품	알루미늄과 그제품	(유보)	연과 그제품	아연과 그제품
80	주석과 그제품	기타의 비금속	비금속 제공구, 스푼·포크	각종비금속 제품	보일러·기계류	전기기기·TV·VTR	철도차량	일반차량	항공기	선박
90	광학·의료·측정·검사·정밀기기	시계	악기	무기	가구류·조명기구	완구·운동용구	잡품	예술품·골동품		

▲ 경로 : 관세청 홈페이지(http://customs.go.kr/) -〉 Quick Menu(우측 중간 부분) -〉 '품목분류' 클릭 -〉 (새로운 창에서 우측 중간 부분) '품목분류검색' 클릭

▲ 본 표를 HS 품목분류표 혹은 속견표라고 합니다.

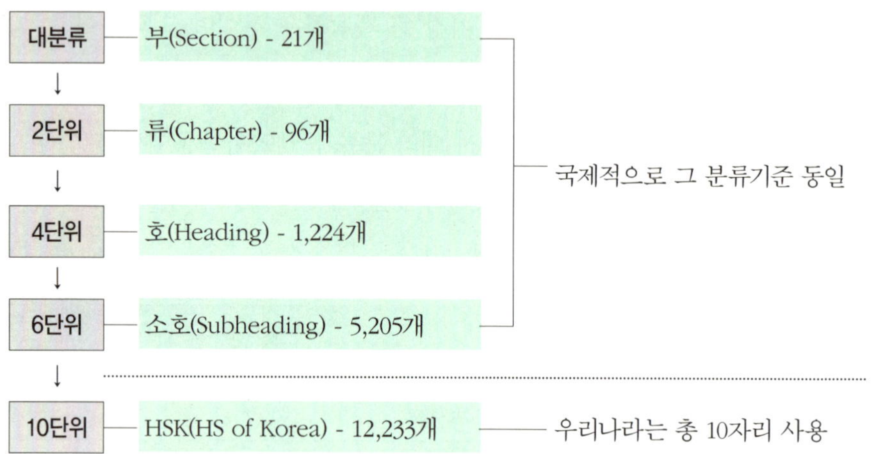

품목분류체계는 품목을 분류만 해둔 기준으로서 품목에 대한 HS Code를 찾아서 선택하는 몫은 찾는 당사자에게 있습니다. 즉, 수출자는 품목분류체계를 확인하여 자신이 수출하는 품목의 HS Code를 스스로 찾아 수출신고 하며, 수입자 역시 자신이 수입하는 품목의 HS Code를 스스로 품목분류체계에서 확인하여 결정하고 수입신고 합니다[5].

관세양허 / 양허품목 / 양허세율

관세양허는 국가 간 협상을 통해 특정품목(양허품목)에 대해서 일정수준 이상의 관세를 부과하지 않겠다는 약속이며, 그 양허품목에 대해서 적용되는 양허세율(양허관세율)은 특별한 사유가 없는 한 세율을 인상할 수 없는 일종의 국제적 협정이라 할 수 있습니다.

특정 국가와 FTA가 발효되면 모든 품목이 양허품목으로 분류되는 것이 아니라 일부 품목의 경우 양허에서 제외되기도 합니다. 그리고 양허품목이더라도 양허세율이 기본세율보다 낮지 않고 높은 경우도 있습니다. 양허품목에서 제외되거나 기본세율이 더 낮은 경우, FTA 원산지증명서 발행 없이 일반적으로 수출하듯이 수출하여 수입자가 수입지에서 기본세율 적용받을 수 있도록 합니다.

협정세율과 관세양허

통상과 대외무역 증진을 위하여 특정국가 또는 국제기구와의 협상결과, 조약 및 행정협정 등으로 양허한 세율을 협정세율이라 하며 다자간 협정 및 양자간 협정에 의한 경우로 구분합니다[6].

---

5   실무에서 화주(상황에 따라 수출자 혹은 수입자로서 무역회사를 화주라 함)가 직접 자신이 취급하는 물품에 대한 HS Code를 스스로 찾는 것은 다소 어려운 점이 있습니다. 따라서 가장 쉽고 흔한 방법으로서 관세사 사무실에 문의하여 HS Code를 확인한 후 최종적으로 화주 스스로 결론 내려서 세관에 수출/수입 신고 진행하는 것이 적절하다고 생각합니다. 자세한 내용은 『어려운 무역실무는 가라 Part 1. 서술편』을 참고해주세요.

6   기획재정부 홈페이지 Q&A 참고.

2) 가공도에 따른 HS Code의 변화

물품의 원산지를 결정 때, 사용된 재료의 세번(HS Code)과 그러한 재료로 생산 공정을 거쳐 생산한 생산품의 세번이 상이하면 물품의 본질적인 특성이 변화할 만큼 생산 공정을 거쳤다 하여 해당 생산 공정을 수행한 국가를 원산지 국가로 인정해주는 원산지결정기준이 '세번변경기준'입니다. 이렇게 세번의 변경만으로 생산품을 원산지 물품으로 인정해주는 이유는 HS 품목분류체계는 통상 가공도에 따라 번호를 부여하기 때문입니다.

09류는 커피, 차, 향신료에 해당하며, 0901호는 커피에 대한 4단위 세번입니다. 다음에서 알 수 있듯이 볶는 공정을 거치지 않은 커피(0901호)는 0901.1로 시작되는 반면 볶는 공정을 거친 커피는 0901.2로 시작합니다. 이렇듯 품목분류체계는 일반적으로 물품의 가공 정도에 따라서 번호가 변화한다 할 수 있습니다.

품목번호				한글품명	영문품명
0901				커피(볶은 것인지 또는 카페인을 제거한 것인지의 여부를 불문한다)·커피의 각과 피 및 커피를 함유한 커피대용물	Coffee, whether or not roasted or decaffeinated; coffee husks and skins; coffee substitutes containing coffee in any proportion.
0901	1			커피(볶지 아니한 것에 한한다)	Coffee, not roasted :
0901	11	00	00	카페인을 제거하지 않은 것	Not decaffeinated
0901	12	00	00	카페인을 제거한 것	Decaffeinated
0901	2			커피(볶은 것에 한한다)	Coffee roasted :
0901	21	00	00	카페인을 제거하지 않은 것	Not decaffeinated
0901	22	00	00	카페인을 제거한 것	Decaffeinated
0901	90			기타	Other
0901	90	10	00	커피의 껍데기와 껍질	Coffee husks and skins
0901	90	20	00	커피를 함유한 커피 대용물	Coffee substitutes containing coffee

HS 품목분류표는 무역 거래를 하는 상품을 숫자로 분류한 코드라 할 수 있으며, 1988년에 시행되어 현재(2015년)까지 오면서 5차례의 개정을 거쳤습니다. HS 품목분류표의 개정이 4~6년의 주기로 한 번씩 개정되는 이유는 무역 환경의 변화 그리고 기술 발전에 따라 과거에 존재하지 않았던 상품이 계속 출시되고 있어 이를 반영하기 위함이라 할 수 있습니다.

HS 품목분류표의 개정

- 시행 : 1988년
- 개정 : (1차)1992년 → (2차)1996년 → (3차)2002년 → (4차)2007년 → (5차)2012년 → (6차)2017년 예정

2. '정확한 HS Code(품목번호)' 찾기

1) 당사자의 입장에 따라 달라질 수 있는 HS Code

우리는 흔히 동일한 물품에 대해서 수출지에서 수출신고 할 때와 수입지에서 수입신고 할 때 동일한 HS Code로 신고돼야 한다고 알고 있습니다. 하지만 HS Code 6자리까지는 국제통일상품 분류체계(HS)라는 기준을 바탕으로 결정하기 때문에 같을 수 있으나, 7번째 자리부터는 국가마다 다른 기준으로 적용되어 같을 수 없습니다[7]. 그렇다면 HS Code를 결정함에 있어 6자리까지 그 분류기준이 국제적으로 동일하므로 최소한 6자리까지는 같아야 합니다. 하지만 이것도 상이할 수가 있습니다.

품목분류체계는 단순히 HS Code를 결정하는 기준만 되는 것이지 이를 해석하여 결론을 내는 것은 누구나 할 수 있고 그 당사자에 따라 완벽히 동일한 물품을 놓고 품목분류체계를 어떻

---

[7] 우리나라처럼 HS 6단위에서 4자리를 추가하여 10단위 사용하는 국가가 있는 반면 2자리 혹은 3자리 추가하여 8 자리 혹은 9자리 사용하는 국가도 존재 합니다. 미국, 일본, 중국, 호주 등의 외국 HS Code와 관세율 확인 방법 에 대해서 309쪽을 참고해주세요.

게 이해하고 해석하는지에 따라 상이한 HS Code로 결론 내릴 수 있다는 것입니다. 다시 말해서, 국제적으로 통용되는 6자리까지의 품목분류체계가 있고, 특정 거래 물품이 있는 경우, 수입지 세관에서 결론 내린 HS Code 6자리는 동일한 품목분류체계와 동일한 물품이지만 수입자 혹은 수출지 세관에서 결론 내린 HS Code 6자리가 상이할 수 있다는 것입니다.

쉽게 말해서, 김씨가 동네 ABC 마트에서 빵을 훔치다가 경찰에 잡혔습니다. 이 상황을 두고 김씨의 변호사는 굶주린 어린 자식을 둔 김씨의 우발적 범행이라 하여 무죄를 주장하는 반면, ABC 마트 주인의 변호사는 김씨의 범행이 계획적이라 하여 유죄를 말하고 있습니다. 김씨가 빵을 훔친 상황을 두고 두 변호사는 관련 법의 테두리 내에서 무죄 혹은 유죄를 주장합니다. 이때 법이 있고 상황이 있는데, 이를 해석하는 사람이 누구냐에 따라서 자신에게 유리한 방향으로 달리 해석됩니다.

품목분류체계가 있고 물품이 있는데, 이를 해석하는 사람이 수입 관세를 받아서 국가를 운영해야 하고 국내 산업을 보호하려는 수입지 세관이냐 혹은 수입 관세를 조금이라도 줄이고 싶어하는 수입자냐에 따라서 해당 물품에 대한 HS Code가 달리 결론 내려질 수 있는 것과 동일한 이치라 할 수 있습니다.

2) '정확한 HS Code'로 신고해야

수출의 경우 관세가 존재하지 않고 수출요건도 대부분의 품목에 대해서 존재하지 않지만, 수입은 다릅니다. 수입의 경우에 대부분의 품목에 대해서 관세율이 존재하고 그 관세율에 따라서 관세가 부과되며 수입요건 역시 많은 품목에 대해서 존재하여 세관에 수입신고 전에 수입자는 지정 기관으로부터 요건 확인을 반드시 받아야 합니다.

따라서 수입자 입장에서는 HS Code에 따른 관세율 및 수입요건이 수입원가와 수입통관 절차에 상당한 영향을 미치기 때문에 가능하면 자신에게 유리한, 즉 관세율이 낮고 수입요건이 없거나 있더라도 쉽게 요건 확인을 받을 수 있는 HS Code를 찾기를 원하는 경향이 있습니다.

일반적으로 수출/수입신고 하기 전에 수출/수입자는 관세사 사무실 혹은 관세청 고객지원센터(Tel. 125번)를 통하여 HS Code 결정에 대한 상담을 받을 수 있고, 결론 내린 HS Code로 수출/수입신고 가능하다 할 수 있습니다.

문제는 앞에서 설명하였듯이 HS Code 결론은 누가 해석하여 결론을 내느냐에 따라서 HS Code가 상이할 수 있다는 모호한 상황과는 상충하게 수출/수입신고 할 때 HS Code는 세관이 인정하는 정확한 HS Code로 신고해야 한다는 것입니다. 다시 말해서, 수출물품을 수출신고 할 때의 HS Code는 누구나 결론 내릴 수 있으나, 수출신고를 받는 수출지 세관이 인정하는 HS Code로 신고해야 하는 것이며, 수입물품을 수입신고 할 때의 HS Code는 누구나 결론 내릴 수 있으나, 수입신고를 받는 수입지 세관이 인정하는 HS Code로 신고해야 한다는 것입니다.

때로는 HS Code를 알려주는 관세사 사무실 쪽에서 모호하니 관세평가분류원(http://cvnci. customs.go.kr)의 '품목분류 사전심사제도'를 통해서 유권해석을 받기를 권하는 경우가 있습니다. 관세사 사무실 혹은 관세청 고객지원센(Tel. 125번)터를 통하면 구두로 확인할 수 있지만 관세평가분류원을 통하면 관세청에서 공문으로 알려줍니다(385쪽 참고). 따라서 가장 '정확한 HS Code'를 확인하는 방법은 이렇게 유권해석을 의뢰하는 것입니다.

때로는 해당 공문에 기재된 HS Code로 수입 신고하였음에도 신고받은 수입지 세관에서 HS Code가 잘못되었다고 할 수도 있습니다. 세관마다 달리 결론 내릴 수 있기 때문입니다. 하지만 관세평가분류원에서 받은 공문을 제시하면 해당 문제는 해결될 수 있을 것입니다.

3) 잘못된 HS Code로 수입 신고하면 추징당할 수도

국제적으로 HS Code 앞자리 6자리까지 분류체계가 동일하다고 하더라도, 동일한 스펙의 동일한 제품에 대해서 수출자가 수출지 세관에 수출신고 할 때 적용한 HS Code와 수입자가 수입지 세관에 수입신고 할 때 적용한 HS Code는 상이할 수 있습니다[8]. 또한, 수입자가 신고한 HS Code는 수입지 세관이 판단한 HS Code와 상이 할 수 있습니다. 이때, 즉 수입자가 신고한 HS Code(구분 1)와 수입지 세관이 판단한 HS Code(구분 2)가 상이할 때 문제가 발생합니다.

---

[8] 수출지 세관과 수입지 세관은 서로 연결되어 있지 않기 때문에 그리고 수출지 세관과 수입지 세관은 동일한 스펙의 동일한 제품에 대해서 HS 6단위 해석을 달리할 수 있기 때문에 동일한 건임에도 HS Code가 다르다 할지라도 문제가 되지 않습니다.

구분	HS Code	품명	관세율	수입요건
구분 1 (수입자)	3402.90-3000	조제청정제	6.5%(WTO협정세율)	없음
구분 2 (수입지세관)	3401.30-0000	피부 세척용 유기계 면활성제품	6.5%(WTO협정세율)	화장품법

* 조제청정제는 쉽게 말해서 비누입니다.

3402.90-3000 관세율 및 요건

HS	340130-0000				
품명	피부세척용 유기계면활성제품과 조제품(액체나 크림 형태의 소매용으로 한정하며, 비누를 합유한 것인지에 상관없다)				
수량단위	kg				
원산지표시	대상 [원산지제도운영에관한고시]				
적정표시방법	대상 [적정표시방법]				

	관세			[관세율 적용순위]	
관세구분	관세율	단위당세액	기준가격	적용시작일	적용종료일
A 기본세율	8	0.0	0.0	2013.01.01	2013.12.31
C WTO협정세율	6.5	0.0	0.0	2013.01.01	2013.12.31
FAS1 한·아세안 FTA협정세율(선택1)	0	0.0	0.0	2013.01.01	2013.12.31
FCL1 한·칠레FTA협정세율(선택1)	0	0.0	0.0	2013.01.01	2013.12.31
FEF1 한·EFTA FTA협정세율(선택1)	0	0.0	0.0	2013.01.01	2013.12.31
FEU1	3.2	0.0	0.0	2013.07.01	2013.12.31
FIN1 한·인도 FTA협정세율(선택1)	0	0.0	0.0	2013.01.01	2013.12.31
FPE1	0	0.0	0.0	2013.01.01	2013.12.31
FSG1 한·싱가포르FTA협정세율(선택1)	0	0.0	0.0	2013.01.01	2013.12.31
FTR1	0	0.0	0.0	2013.05.01	2013.12.31
FUS1	3.9	0.0	0.0	2013.01.01	2013.12.31
R 최빈국특혜관세	0	0.0	0.0	2013.01.01	2013.12.31
U 북한산	0	0.0	0.0	2013.01.01	2013.12.31
수입요건	수입요건 내역이 없습니다.				
수출요건	수출요건 내역이 없습니다.				

3401.30-0000 관세율 및 요건

HS	340130-0000				
품명	피부세척용 유기계면활성제품과 조제품(액체나 크림 형태의 소매용으로 한정하며, 비누를 합유한 것인지에 상관없다)				
수량단위	kg				
원산지표시	대상 [원산지제도운영에관한고시]				
적정표시방법	대상 [적정표시방법]				

	관세			[관세율 적용순위]	
관세구분	관세율	단위당세액	기준가격	적용시작일	적용종료일
A 기본세율	8	0.0	0.0	2013.01.01	2013.12.31
C WTO협정세율	6.5	0.0	0.0	2013.01.01	2013.12.31
FAS1 한·아세안 FTA협정세율(선택1)	0	0.0	0.0	2013.01.01	2013.12.31
FCL1 한·칠레FTA협정세율(선택1)	0	0.0	0.0	2013.01.01	2013.12.31
수입요건 [식품의약품안전청]	[화장품법] 1.화장품은 한국의약품수출입협회장에게 전자문서교환방식에 의한 표준통관예정보고를 필한 후 수입할 수 있음. 다만, 화장품중 화장품법 제13조 규정에 의한 품목은 수입할 수 없으며, 소,양,염소등 반추동물 유래 물질을 합유 또는 사용한 품목(이하 "반추동물 유래품목"이라 한다)의 경우 EU지역산 특정위험물질 유래품목과 영국 및 북아일랜드산 소 유래품목은 수입을 금지하며, 식품의약품안전청장이 지정한 국가산 반추동물 유래품목의 경우 반추동물의 원산국 정부가 발행한 TSE 미감염 증명서를, 식품의약품안전청장이 지정한 국가 이외의 국가산 반추동물 유래품목의 경우 반추동물의 원산지를 증명할 수 있는 서류를 표준통관예정보고시(동물의 학명, 적출부위, 롯트번호 및 원산지를 기재) 제출.확인 받아야함 2.화장품법 제4조 규정에 의거 기능성 화장품과 식품의약품안전청장이 화장품 원료로 지정.고시한 원료가 아닌 국내에 최초로 도입되는 원료를 합유한 화장품은 품목마다 식품의약품안전청장의 심사를 받고 한국의약품수출입협회장에게 전자문서교환방식에 의한 표준통관예정보고를 필한 후 수입할 수 있음. 다만, 소,양,염소등 반추동물 유래 물질을 합유 또는 사용한 품목(이하 "반추동물 유래품목" 이라 한다)의 경우 EU지역산 특정위험물질 유래품목과 영국 및 북아일랜드산 소 유래품목은 수입을 금지하며, 식품의약품안전청장이 지정한 국가산 반추동물 유래품목의 경우 반추동물의 원산국 정부가 발행한 TSE 미감염 증명서를, 식품의약품안전청장이 지정한 국가 이외의 국가산 반추동물 유래품목의 경우 반추동물의 원산지를 증명할 수 있는 서류를 표준통관예정보고시(동물의 학명,적출부위, 롯트번호 및 원산지를 기재) 제출.확인 받아야함				
수출요건	수출요건 내역이 없습니다.				

* 상기 관세율은 수입관세율로서 수출은 관세가 없기 때문에 명시되지 않음.

a) 수입지에서 FTA 협정세율 적용받기 위해서는 FTA 원산지증명서를 수출자로부터 전달받아야 함.

b) 상기 건은 FTA와 관련 없는 건이라고 가정.

c) 따라서 '기본세율'과 'WTO 협정세율'[9] 중에 더 낮은 세율 하나 선택 가능.

d) 수입자는 수입요건이 존재하지 않는 3402.90-3000으로 수입신고를 원할 것임.

e) 이때 수입지 세관이 판단하기에 3401.30-0000이라면 수입자는 수입신고 하기 전에 요건 확인받아야 함.

수입자는 수입신고 전에 수입요건이 없는 3402.90-3000으로 결론 내렸지만, 확인 결과 수입지 세관이 인정하는 정확한 HS Code는 3401.30-0000이었습니다. 수입자가 3401.30-0000으로 수입신고 진행한다면 수입자는 세관에 수입신고 전에 수입요건 확인 기관으로부터 요건확인을 반드시 받아야 하겠습니다. 요건 확인을 받기 위해서는 비용과 시간이 발생하며 이로 인해서 수입원가가 상승할 수 있습니다. 수입요건뿐만 아니라 관세율까지 높게 된다면 수입자의 부담은 더욱 커질 수밖에 없습니다.

참고로 수입신고 물품이 식품첨가물이라면, 요건확인 기관으로 '식품 등의 수입신고'를 진행해야 하며 안전하다는 '적합' 통지서를 받아야 세관에 수입신고 가능하고 '부적합' 통지를 받으면 세관에 수입신고 자체를 하지 못합니다[10].

이처럼 수입신고 전에 수입자가 자신이 HS Code를 잘못 결론 내렸다는 사실을 인지하지 못하고, 수입신고 수리된 이후에 수입 신고받은 세관의 자체적인 사후 관리에 의해서 HS Code를 잘못 결정하여 수입신고 하였다는 사실을 통지받는 경우도 있습니다[11]. 이때 수입자가 신고한 HS Code의 관세율이 6.5%인데, 세관이 지정한 HS Code가 8%라면 1.5%만큼의 세액을 수입자는 세관으로부터 추징을 당할 수 있습니다. 수입자가 수입신고 할 때 적용한 HS Code가 관세사 사무실 혹은 관세청 고객지원센터(Tel. 125번)의 상담 후 결론 내린 HS Code라 할지라도 그들은 이에 대한 책임이 없다 할 수 있습니다. 그들은 단순히 상담만 해줄 뿐이고 결과를 구두 통지하며, 결정을 내려서 신고를 진행하고 그에 따른 사후 책임을 커버하는 당사자는 수입자가 될 것입니다.

---

9 용어 설명. 참고 24 쪽

10 반송 혹은 보세구역 내에서 폐기처분 해야.

11 일반적으로 세관은 수입신고 물품과 HS Code가 전혀 상이하지 않는 이상 수입신고를 받아주고 세액 납부 요청 후 수입자가 세액 납부하면 수리해줍니다. 이때 세관은 수입자가 성실히 정확하게 수입신고를 한다는 가정이 두고 있습니다. 하지만 세관은 사후 관리라는 것을 하며, 수리된 물품에 대해서 사후에 확인을 해보니 잘못된 HS Code 라고 판단이 되면 이에 따른 조치를 취합니다.

3. FTA 원산지증명서와 HS 6단위 결정

FTA 협정세율 적용 국가는 'FTA 수입체약국'입니다. 반면에 FTA 원산지증명서(FTA C/O)가 발행되는 국가는 FTA 수출체약국으로서 수출국에서 수출자/생산자에 의한 지정 기관으로의 발급 신청 혹은 수출자/생산자가 자율적으로 FTA 원산지증명서를 발급합니다[12]. 이때 수출자는 수출물품이 원산지 물품인지 확인하기 위해서 가장 먼저 점검해야 하는 것이 수출물품의 HS 6단위입니다. HS 6단위가 확인되면 원산지결정기준을 알 수 있고 원산지결정기준을 기초로 수출자는 수출물품이 원산지 물품인지 여부를 판단합니다.

1) FTA C/O에 HS Code가 기재되는 경우(예: 한·아세안, 한·미)

FTA 수입체약국에서 수입자가 수입지 세관에 협정세율 적용하여 수입신고 하면 서류제출 없이(Paperless, P/L 건) 세액 납부 후 수리되는 경우가 있고 '서류제출' 혹은 '물품검사'로 지정되는 경우도 있습니다. 이때 FTA 원산지증명서에 기재된 수입신고 물품의 HS Code와 수입지 세관이 판단하는 HS Code가 상이할 수 있습니다.

이러한 상황에 직면하면 수입지 세관은 자신들이 판단한 HS 6단위와 상이한 HS 6단위로 수출자가 해당 건의 물품에 대한 원산지 결정을 했기 때문에 협정세율 적용을 거부할 수도 있습니다. 그러면 수입자는 FTA 협정세율 혜택을 받지 못할 것이며 수출자에 대한 클레임으로 이어질 수 있습니다.

5. Item number	6. Marks and numbers on packages	7. Number and type of packages, description of goods(including quantity where appropriate and HS number of the importing country)	8. Origin Criterion (See Notes overleaf)	9. Gross weight or other quantity and Value (FOB only when RVC criterion is used)	10. Number and date of Invoices
///////	/////////	[HS CODE : 6903.20] 2 PLTS 1,500KGS ORDER QUANTITY – 1,500KGS SERAMIC BALL ///////////////////// End of Page...	CTH ////////	1,580 KGS 8,550.00USD ////////////	IV-15136 //////////

▲ 한·아세안 FTA 원산지증명서 일부. 전체 양식은 359쪽 참고.

---

[12] FTA 협정에 따라 FTA C/O는 기관발급 혹은 자율발급 됩니다. 154쪽 참고

따라서 이렇게 FTA 원산지증명서 자체에 HS 6단위가 기재되는 FTA에서(예, 한-아세안 FTA), 수출자는 수입자를 통하여 수입지 세관이 인정하는 HS 6단위를 확인해야 합니다. 이후 수출자는 해당 HS 6단위를 기초로 수출물품의 원산지결정기준을 확인하고 원산지 물품인지 여부에 대해서 입증서류 갖추어 최종적으로 결정해야겠습니다. 이유는 FTA 협정세율이라는 것은 FTA 수입체약국의 세관에서 적용해주는 것이기 때문입니다.

실제로 한·아세안 FTA에서는 수출자가 전달한 FTA 원산지증명서상의 HS 6단위와 수입지 세관이 판단하는 HS 6단위가 상이하다는 이유로 수입자가 협정세율 적용받지 못하여 문제가 되는 경우가 종종 발생하고 있습니다[13].

□ 수출자, 수입지 세관 및 수출지 세관 인정 HS 6단위 확인

수입자는 수출자에게 거래 물품의 HS 6단위가 단순히 이러이러하다고 이메일로 통지하는 것이 아니라 공식적이라 할 수 있는 서류를 전달하는 것이 좋겠습니다. 예를 들어, 수입자가 우리나라에 위치한 경우 관세평가분류원의 품목분류 사전심사를 통하여 전달받은 공식 문서(가장 확실한 방법)라든지 지금까지 동일 물품의 수입신고에 대한 수입신고필증을 전달하면서 수입지 세관에서 인정하는 거래 물품의 HS 6단위를 수출자에게 확인시켜 주는 절차가 필요할 것입니다.

이렇게 FTA 원산지증명서 상에 HS Code가 기재되는 FTA 협정하에서 수출자는 수출물품에 대한 원산지결정기준을 수입자를 통하여 통지받은 HS 6단위를 기초로 확인해야 합니다. 예를 들어, 한국의 수출자가 수출물품을 한·아세안 FTA 상대체약국으로서 베트남으로 수출한다면 베트남 수입자에게 베트남 세관에서 인정하는 거래 물품의 HS 6단위를 확인받아야 하며, 해당 HS 6단위의 원산지결정기준에 따라서 원산지 입증서류를 확보하고, FTA 원산지증명서 발급 기관으로서 상공회의소(무역인증서비스센터) 혹은 세관으로 원산지증명서 발급 신청해야 할 것입니다[14].

---

[13] 한-아세안 FTA C/O상의 HS 6단위와 FTA 수입체약국 세관이 인정하는 HS6 단위가 다르더라도, 원산지 결정기준만 동일하면 문제 삼지 않는 경우도 있으니 참고 하기 바랍니다.

[14] 원산지증명서(C/O, Certificate of Origin)는 특혜 C/O와 비특혜 C/O로 구분됩니다. 특혜 C/O로서 수입지에서 수입신고 할 때 관세 혜택을 받을 수 있는 FTA C/O는 FTA 협정에 따라서 상공회의소 혹은 세관으로부터 기관 발급되거나 자율 발급되기도 합니다. 반면에 비특혜 C/O는 상공회의소에서만 발급 받을 수 있으며 자율 발급 역시 불가 합니다. 참고로 비특혜는 쌍방이 아닌 다자간 특혜로서 WTO와 같은 것이며, 특혜는 쌍방간으로서 FTA와 같은 것입니다. 수입지에서 FTA 협정세율을 적용 받기 위해서는 특혜 C/O로서 FTA C/O가 필요하지만, WTO 협정세율을 적용 받기 위해서 비특혜 C/O가 필요하지 않겠습니다.

반면에, 한국의 수출자 입장에서는 수출지 세관으로의 수출신고는 수출지 세관이 인정하는 HS Code로 할 필요가 있습니다. 한국의 수출자가 관세평가분원에서 품목분류 사전심사에 대한 공문을 받았고 이를 통하여 확인한 HS Code와 수입자를 통하여 확인받은 HS 6단위가 상이할 수도 있을 것입니다. 그렇지만 수출자는 수입자가 수입지에서 FTA 협정세율을 적용받을 수 있도록 FTA 원산지증명서 발급 신청은 수입자가 통지한 HS 6단위를 기초로 발급 신청해야 하고, 수출신고는 수출지 세관이 인정하는 HS 6단위 이상의 코드로 신고하는 것이 적절할 것입니다.

마지막으로 수출자는 해당 건에 대해서 사후에 원산지 검증 요청을 수출지 세관으로부터 간접적인 방법으로 받을 수도 있습니다. 이때 수출지에서 수출지 세관에 수출 신고한 HS Code와 FTA C/O 상의 HS Code가 상이한 이유에 대해서 자료를 제출하여 소명해야 할 수도 있는데, 그 자료로서 수입자로부터 받은 해당 물품에 대한 수입신고필증이라던지 우리나라의 관세평가분류원과 같은 기관으로부터 공인 받은 수입지에서 인정하는 거래 물품의 HS Code에 대한 입증 서류를 제출하면 될 것입니다. 수출자는 항상 사후에 있을 수 있는 원산지 검증에 대비해야 하기 때문에 이러한 부분을 놓치지 말고 미리 대비해야겠습니다.

참고로 원산지 검증은 수입자 검증이 먼저고 그 결과에 따라서 수출자 검증이 이루어질 것입니다. 따라서 수출자는 수입자가 만약에 원산지 검증을 받게 되면 어떠한 건에 대해서 검증을 받았는지 수출자 자신에게 지체 없이 통지할 것을 사전에 합의하거나 매매계약서에 명시하는 것이 좋겠습니다. 수출자는 그러한 통지를 받은 이후에라도 상기와 같은 서류를 수입자에게 전달 받아 원산지 검증에 대비해야겠습니다.

> **참고**
>
> FTA 수출체약국의 수출자가 수출물품의 FTA 원산지결정기준을 확인할 때, HS 6단위는 FTA 수입체약국에서 FTA 협정세율을 적용해주는 수입국 세관이 인정하는 HS 6단위를 확인할 필요가 있습니다. 그러나 FTA 수출체약국의 수출자가 이러한 과정 없이 스스로 HS 6단위를 정하거나 혹은 다른 방법으로 FTA 수입체약국의 세관이 인정하는 HS 6단위가 아닌 다른 HS 6단위로 FTA 원산지결정기준 확인하여 FTA C/O 발급하였더라도, FTA 수입체약국의 세관이 인정하는 HS 6단위와 원산지결정기준이 동일하면 문제 삼지 않고 FTA협정세율을 적용해주는 경우도 있으니 실무자는 참고하기 바랍니다.
>
> * HS 6단위가 상이하더라도 FTA 원산지결정기준은 동일 할 수 있음.

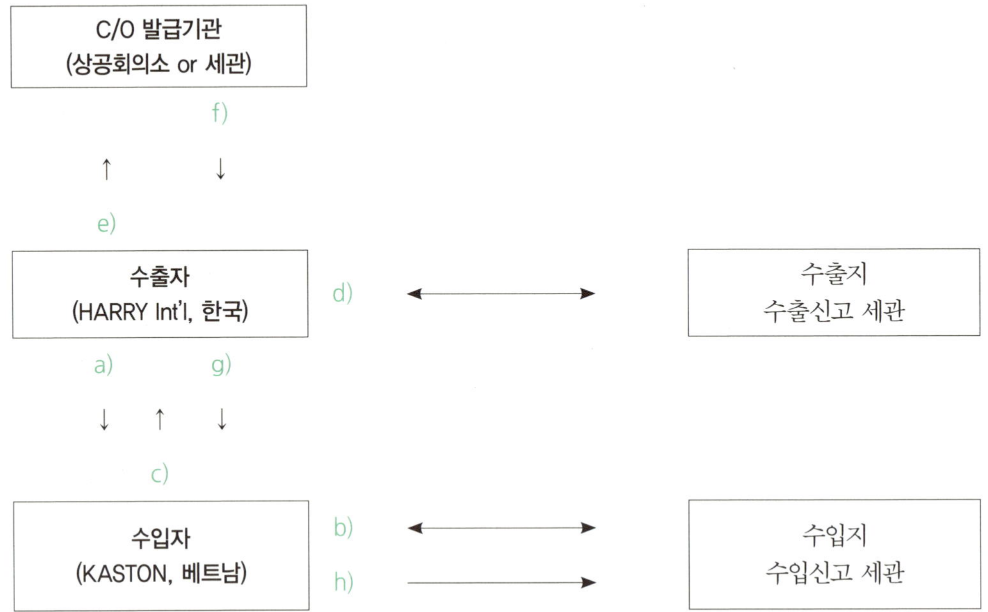

a) 수입자의 FTA C/O 요청을 받은 수출자는 수입자에게 HS 6단위 확인 요청.

b) 수입자는 자신이 수입신고 할 수입지 세관에 수입신고 물품의 HS Code 확인 요청.

   (우리나라의 관세평가분류원과 같은 곳으로부터 받은 품목분류 결과 통지서 혹은 수입신고필증)

c) 수입자는 수출자에게 HS 6단위 통지.

d) 수출자는 수출지 세관에 수출 신고 후 수리 받음(수출신고필증 발행됨).

e) 수출자는 수입자에게 통지받은 HS 6단위로 한·아세안 FTA 원산지결정기준 충족됨을 입증
    서류(BOM 등)로 확인 후 수출물품의 FTA C/O 발행 요청

f) 한·아세안 FTA C/O 발급 받음(C/O 상에 HS Code 기재됨, 수입자가 전달한 HS 6단위 기초).

g) 수출자는 수입자에게 FTA C/O 전달

h) 수입자는 FTA C/O를 전달받아서 수입지 세관에 FTA 협정세율 적용하여 수입신고(물론 운
    송서류 상으로 Direct 운송 충족되어야).

한·EU, 한·EFTA FTA에서 원산지증명서는 따로 발행되는 것이 아니라, 인보이스(상업송장, Commercial Invoice, C/I)와 같은 상업서류에 원산지신고서문안을 기재하여 해당 서류를 원산지증명서로 사용합니다[15]. 이때 원산지신고서문안을 기재하면서 해당 거래 물품의 HS Code를 기재하지 않는 것이 통상적이라 할 수 있습니다.

한·EU, 한·EFTA FTA에서는 인증수출자 제도가 존재하며, 우리나라는 인증수출자를 업체별과 품목별로 구분하고 있습니다. 업체별은 모든 FTA와 모든 HS 6단위에 대해서 업체 스스로 원산지 결정을 할 수 있는 능력이 있다고 세관에서 인정하는 제도이며, 품목별은 특정 FTA와 특정 품목(HS 6단위)에 대해서만 원산지 결정 능력이 있다고 세관에서 인정하는 제도입니다.

한국의 수출자가 업체별 인증수출자라면 모든 FTA 및 모든 HS 6단위에 대해서 원산지 결정 능력이 있다고 인정받았기 때문에 한·EU, 한·EFTA FTA 수입체약국의 수입자에게 거래 물품의 수입지 세관이 인정하는 HS 6단위 확인을 요청하지 않아도 될 것입니다.

반면에 한국의 수출자가 품목별 인증수출자라면 자신이 인증받은 HS 6단위와 수입지 세관이 인정하는 HS 6단위가 상이한 경우 문제가 될 수 있기 때문에 수입자에게 HS 6단위 확인을 요청하는 것이 적절할 것입니다. 확인 결과 정말 상이하다면 한국의 수출자는 수입지 세관이 인정하는 HS 6단위에 대해서도 품목별 인증수출자로 인정을 받아야 할 것입니다. 즉, 두 개 HS 6단위에 대해서 모두 품목별 인증을 받는 것이 좋으며 그보다 좋은 방법은 업체별 인증을 받는 것이라 할 수 있습니다.

인증수출자제도 자체가 존재하지 않는 한·터키 FTA의 경우에 한국의 수출자는 터키 수입자를 통하여 확인받은 HS 6단위를 기초로 원산지결정기준 확인 및 원산지 입증서류 확보를 해야 할 것으로 판단합니다.

---

15 FTA C/O에 HS Code가 기재되지 않는 경우는, 통상 원산지신고서문안을 인보이스와 같은 상업 서류에 기재하여 해당 서류를 원산지증명서로 사용하는 경우라 할 수 있습니다(한·EU FTA C/O 223쪽 참고).

II. 원산지에 대한 이해와 중요성

1. 원산지에 대한 이해

1) 원산지의 의미

어떤 물품의 원산지(Country of Origin)란 해당 물품이 생산[16]된 국가를 뜻합니다. 동식물의 경우 성장한 국가가 되며, 공산품의 경우 제조·가공이 이루어진 국가를 의미합니다. 쉽게 말해서 해당 물품의 국적을 의미합니다.

FTA에서 물품에 대한 원산지는 FTA 협정별로 달리 규정하는 원산지결정기준을 충족해야 원산지 물품으로서 인정이 되며[17], 해당 물품이 원산지결정기준을 충족한 원산지 물품이라는 사실을 입증하는 원산지 입증서류를 기초로 수출자는 원산지증명서(C/O, Certificate of Origin)를 기관으로 발급 신청하거나 혹은 자율적으로 발급할 수 있습니다(기관발급, 자율발급).

<table>
<tr><td rowspan="2">원산지증빙서류</td><td>원산지증명서(C/O)</td><td>우리나라와 FTA 체약상대국 간의 거래 물품의 원산지를 증명하는 서류</td></tr>
<tr><td>원산지입증서류</td><td>거래 물품이 FTA 원산지결정기준을 충족한 원산지 물품이라는 사실을 입증하는 서류. 예) BOM, 원산지(포괄)확인서, 원산지소명서 등</td></tr>
</table>

---

[16] '생산'이란 재배, 채굴, 수확, 어로, 번식, 사육, 덫 사냥, 수렵, 제조, 가공, 조립하는 것을 뜻합니다.

[17] HS 6단위가 8511.10으로서 품명 점화플러그는 모든 FTA 협정에서 원산지결정기준을 동일하게 규정하는 것이 아니라 협정별로 달리 규정하고 있습니다. 참고 39쪽

 어떤 물품의 원산지가 한국산이 되기 위해서는 그 물품의 생산에 투입된 모든 원재료 역시 한국에서 생산된 한국산 재료이어야 하며, 이를 이용하여 물품을 생산하기 위한 모든 과정 역시 한국에서 이루어져야 한국산 물품이라고 할 수 있습니다.

 예를 들어, 노트북이라는 제품을 한국에서 제조하여 수출할 때 해당 제품의 원산지가 한국이 되기 위해서는 단순히 한국에서 제조하였다고 해서 혹은 수출을 한국에서 한다고 해서 그 제품의 원산지가 한국이 되지 않습니다. 한국산이 되기 위해서는 생산품으로서 노트북의 생산 공정에 투입되는 재료의 제조에서부터 그 재료를 가공하여 생산품을 생산하는 공정 역시 모두 한국에서 이루어졌음을 확인하고, 이를 바탕으로 원산지결정기준을 충족해야 비로소 해당 물품의 원산지가 한국산이 됩니다.

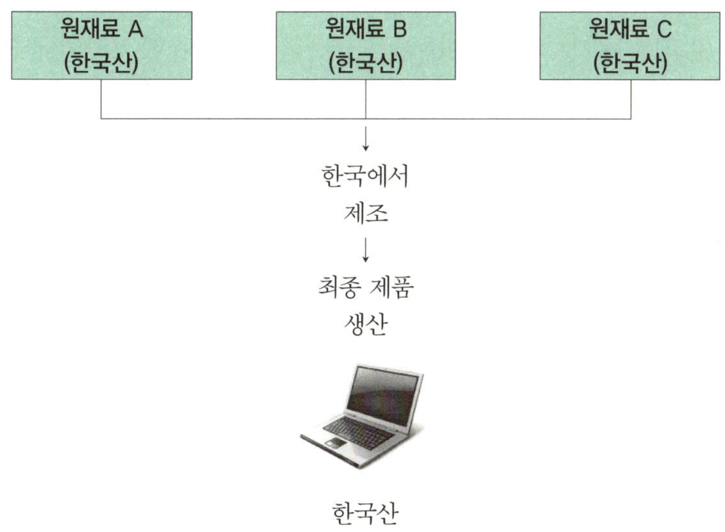

3) 국제 분업으로 힘들어진 원산지 결정

 한국산 재료만을 사용하여 한국에서 생산 공정을 거친 생산품이라면 원산지를 쉽게 결정할 수 있지만, 오늘날의 물품 생산은 국제 분업으로 인해서 2개국 이상에서 생산 공정이 이루어지고, 이러한 생산 공정에 투입되는 재료 역시 해당국에서 조달할 수도 있지만, 역외국에서 수입하여 생산 공정에 투입하는 경우가 많습니다.

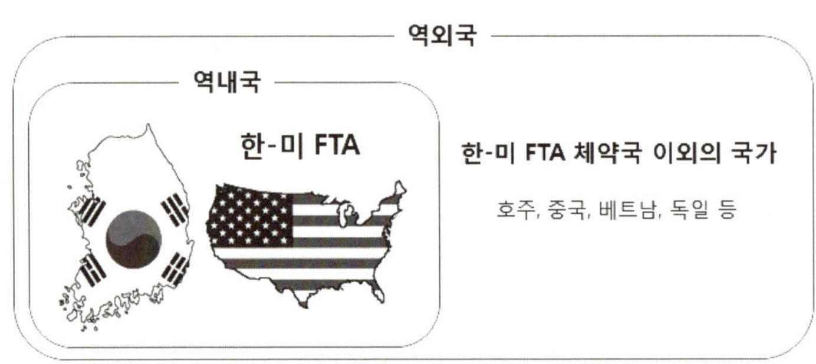

한국에서 생산품을 생산하여 한·미 FTA 상대체약국으로서 미국으로 수출한다고 가정합니다. 생산품의 생산 공정에는 한국산 재료도 사용하고 미국산 재료도 사용했습니다. 이때 미국산 재료는 누적기준(117쪽 참고)이 적용되어 한국산 재료로 인정되기 때문에 생산품은 한국산 물품이 됩니다.

그렇지만 한·미 FTA 체약국으로서 미국으로 수출하는 생산품의 생산에는 한국 및 미국산 재료가 아닌 한·미 FTA 역외국 재료와 심지어는 원산지를 알 수 없는 원산지 미상 재료도 사용될 수 있습니다. 이렇게 되면 생산품의 원산지 결정이 어렵게 됩니다.

다시 말해서 한국산 재료 및 역내산 재료, 즉 원산지 재료만을 생산 공정에 투입하여 한국에서 생산하면 한국산이 쉽게 되지만 현재의 산업 구조는 국제 분업으로 인해서 역외산 재료라든지 원산지를 알 수 없는 원산지 미상 재료로서 비원산지 재료 역시 함께 사용하기 때문에 생산품을 생산한 국가로서 그 원산지가 한국인지 아닌지에 대한 결론을 내리기가 힘들어졌다 할 수 있겠습니다.

그러나 FTA는 상대체약국을 원산지로 하는 물품에 대해서 특혜 관세를 적용해주는 협정이기 때문에 FTA 수입체약국에서 수입 신고되는 물품의 원산지가 FTA 수출체약국이라는 사실을 입증하는 일은 대단히 중요한 부분이 되었습니다(FTA C/O로 입증). 이러한 원산지 결정을 위한 기준으로서 원산지결정기준은 각 FTA별로, 그리고 품목별(HS 6단위별)로 달리 규정하고 있습니다.

4) FTA 원산지결정기준

물품의 원산지를 결정함에 있어 어떠한 기준을 충족해야 해당 물품의 원산지를 한국산으로 인정받아 원산지증명서를 발급할 수 있습니다. 이러한 기준을 원산지결정기준이라 하며, 동일한 HS 6단위를 가진 품목이라 할지라도 각 FTA 협정마다 원산지결정기준은 달리 규정하고 있습니다(협정별, 품목별로 원산지 규정 상이하다는 뜻).

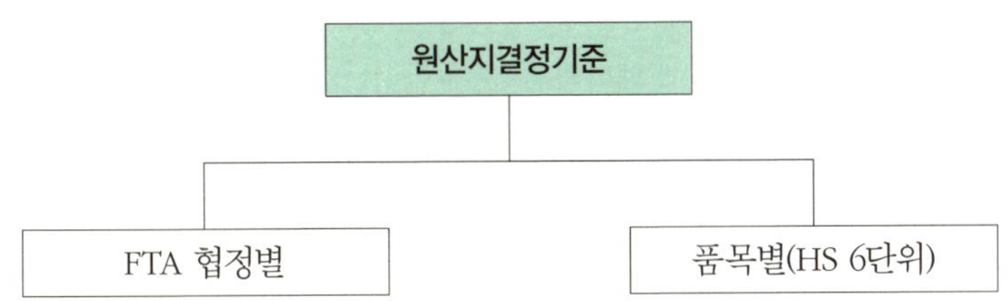

□ 동일한 HS 6단위라 하더라도 FTA 협정별로 원산지결정기준 상이

점화플러그에 대한 HS 6단위를 8511.10으로 가정합니다. 수출자는 8511.10이라는 점화플러그를 미국으로 수출하면 한·미 FTA에서 규정하는 8511.10의 원산지결정기준을 충족해야 하며, 독일로 수출하면 한·EU FTA에서 규정하는 8511.10의 원산지결정기준을 충족해야 합니다. 이렇듯 동일한 HS 6단위라 하더라도 FTA 협정별로 원산지결정기준을 달리 규정하고 있는 것입니다.

그래서 수출자는 8511.10에 대해서 한·미 FTA 원산지결정기준을 충족했더라도 독일 혹은 태국으로 수출할 때는 각각 한·EU FTA, 한·아세안 FTA에서 규정하는 8511.10에 대한 원산지결정기준을 따로 확인하여 그 기준을 충족하는 원산지 물품인지 각 FTA 협정별로 각각 결론 내려야 할 것입니다[18].

그 의미는 수출자가 8511.10을 미국, 독일, 태국의 수입자에게 수출할 때 한·미 FTA C/O, 한·EU FTA C/O, 한·아세안 FTA C/O를 자율 혹은 기관 발급받기 위해서 각 협정별로 요구하는 각각의 원산지결정기준에 따른 충족 여부 확인을 위하여 필요한 서류를 별도로 작성 후 원산지 물품인지 확인하고, 관련된 원산지 입증서류를 각각 보관해야 한다는 뜻이 됩니다.

---

[18]　점화플러그에 대해서 FTA 수입체약국의 세관이 인정하는 HS 6단위가 8511.10이라는 가정하에 설명하고 있음.

FTA	원산지기준
싱가포르	다른 소호에 해당하는 재료로부터 생산된 것. 다만, 50% 이상의 역내 부가가치가 발생한 것에 한정한다.
EU	다음 각 호의 어느 하나에 해당하는 것에 한정한다. 　1. 모든 호(그 제품의 호는 제외한다)에 해당하는 재료로부터 생산된 것 　2. 해당 물품의 생산에 사용된 모든 비원산지 재료의 가격이 해당 물품의 공장도 가격의 50%를 초과하지 아니한 것
미국	다른 소호에 해당하는 재료로부터 생산된 것
아세안	다음 각 호의 어느 하나에 해당하는 것에 한정한다. 　1. 다른 호에 해당하는 재료로부터 생산된 것 　2. 40% 이상의 역내 부가가치가 발생한 것

2. FTA 원산지증명서(Certificate of Origin)의 중요성

특정 국가와 FTA가 체결되고 발효됨에 있어 FTA 수입체약국의 수입자는 수출체약국을 원산지로 하는 물품에 대해서는 역외국으로부터 수입되는 물품보다 낮은 세율인 FTA 협정세율을 적용받을 수 있습니다. 그렇다면 수입지의 세관은 수입자가 수입 신고하는 물품의 원산지가 FTA 수출체약국이라는 사실을 서류로서 확인해야 하는데, 이를 입증해주는 서류가 바로 수출지에서 발행된 FTA 원산지증명서입니다.

이를 위해서 수출자는 수출국에서 수출되는 물품이 FTA 원산지결정기준을 충족하는지 확인하고 충족한다면 이러한 사실을 입증하는 서류[예: BOM, 원산지(포괄)확인서, 원산지소명서 등]를 기초로 FTA 원산지증명서를 기관으로 발급 신청 혹은 자율적으로 발급하여 수입자에게 전달합니다.

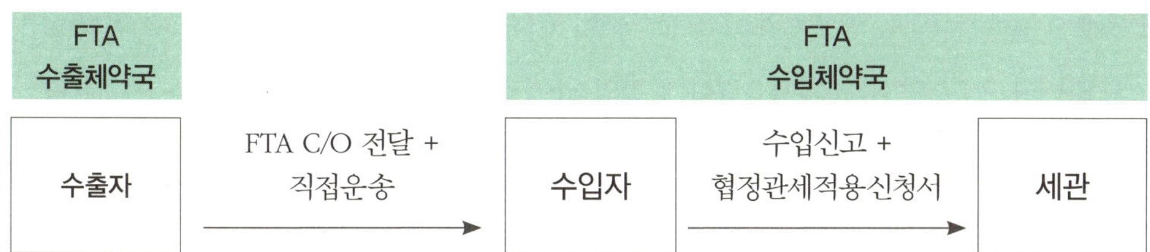

결국엔 FTA가 발효됨에 따라 FTA 수입체약국으로 수입신고 되는 물품의 원산지가 FTA 수출체약국이라는 사실을 입증하기 위해서 FTA 원산지증명서를 발급하는 업무가 대단히 중요한 일이 되었습니다.

아무리 FTA 상대체약국으로부터 수입을 하더라도 수출자로부터 원산지증명서를 전달받지 못하면 FTA 협정세율이 아닌 상대적으로 세율이 높을 수 있는 기본세율 혹은 WTO 협정세율 중에 하나로만 세율을 적용받을 수 있습니다[19].

이러한 경우 수입자는 보다 낮은 FTA 협정세율을 적용받지 못하여 피해 의식을 느낄 수 있으며, 실질적으로 수입원가 상승과 그로 인하여 국내 거래처로 판매할 때의 마진율이 낮아질 수 있습니다.

따라서 수입자 입장에서는 가능한 FTA 체약국과의 거래에서는 수출자에게 매매 계약 당시부터 FTA 원산지증명서 제출을 요구해야겠으며, 수출자 입장에서는 이러한 요구를 대비하여 매매 계약 전이 미리 준비를 해둬야 할 것입니다.

□ 수입지에서 FTA 협정세율 적용받기 위한 조건

수입자는 a)수출자에게 FTA C/O를 받는 것도 중요하지만, 그 이후에 b)FTA C/O가 해당 FTA 협정에서 규정하는 양식과 기재요령에 맞게 작성되었는지 확인해야 합니다(FTA 협정관세를 적용받기 위해 수입신고 하는 과정은 256쪽 참고). 그리고 c)운송서류(B/L, 화물운송장)[20] 상으로 직접운송 되었음이 증명되어야 합니다.

---

[19] 주의점은 특정국과 FTA 발효가 되었다고 무조건 특정 HS Code의 기본세율 혹은 WTO 협정세율이 해당 HS Code의 FTA 협정세율보다 낮다고 생각하면 안 됩니다. 오히려 기본세율보다 FTA 협정세율이 더 높을 수도 있습니다. 이러한 경우 수입자는 수출자로부터 FTA C/O 받지 않고 기본세율로 수입신고 하면 되겠습니다.

[20] 해상 운송의 경우 화주가 포워더에게 특별히 요청하지 않는 이상 포워더는 선하증권, 즉 Original B/L을 발행합니다. B/L은 그 자체가 원본(Original)으로 3부(전통, Full Set) 발행됩니다. 반면에 항공의 경우는 화물운송장(way Bill)이 발행되는데 이는 유가증권이 아니며 원본도 존재하나 통상 사본으로 업무 처리합니다. 따라서 항공 건은 항공화물운송장(Airway Bill, AWB)이라고 하며, 해상 건임에도 때에 따라서 화주는 포워더에게 화물운송장 발행 요청하는 경우가 있으며, 이러한 경우 포워더는 해상화물운송장(Seaway Bill, SWB)을 발행할 수 있습니다.

만약에 수입자가 FTA 체약국의 수출자로부터 FTA C/O를 받지 못하거나 혹은 FTA C/O를 받았다 하더라도 그 양식과 기재요령이 협정의 규정과는 다르거나 혹은 양식과 기재요령이 충족된 FTA C/O를 받았다 하더라도 운송서류 상으로 직접(Direct) 운송 사실이 입증되지 못하면 수입자는 수입지에서 FTA 협정세율을 적용받을 수 없겠습니다.

3. 거래 물품의 원산지 표시와 원산지 증명의 개념 차이

HS Code상 '원산지표시대상 물품[21]에 해당되는 물품에 원산지를 표시하는 것은 대외무역법에 따릅니다[22]. 반면에 FTA 원산지증명서를 받기 위해서는 해당 FTA 협정에서 정하는 원산지 결정기준을 충족해야겠습니다.

다시 말해서 물품 자체에 원산지를 Made in Korea로 표시하는 원산지표시제도는 대외무역법에 따르고, FTA 수입체약국에서 협정세율을 수입자가 적용받을 수 있도록 하기 위해서 해당 물품의 원산지가 FTA 수출체약국이라는 사실을 FTA 원산지증명서로 증명하는 원산지증명제도는 FTA 협정에서 정하는 원산지결정기준을 충족해야 합니다.

이는 거래 물품이 원산지표시대상 물품으로서 원산지가 FTA 수출체약국으로 그 물품 자체에 표기되어 있다 하더라도, FTA 수입체약국에서 협정세율을 적용받기 위해서는 물품 자체에 원산지가 표기된 것과는 별도로 해당 물품의 원산지가 FTA 수출체약국이라는 사실을 증명하는 FTA 원산지증명서를 확보해야겠습니다. 그리고 대외무역관리규정 제82조에 따라서 원산지 표시를 면제받은 물품이라 하더라도 FTA 수입체약국에서 FTA 협정세율을 적용받기 위해서 수입자는 수출자에게 FTA 원산지증명서를 확보해야 합니다.

결국, 거래 물품 자체에 원산지를 표기하는 문제와 거래 물품이 FTA 원산지결정기준을 충족

---

[21] 48쪽에서는 관세청 홈페이지를 통해서 HS Code 검색 방법을 설명하고 있습니다. 검색된 HS Code의 수입 관세율 바로 위 '원산지 표시' 부분이 있으며, '대상'으로 되어있는 품목은 물품 자체에 원산지 표시를 해야겠습니다.

[22] 대외무역법 제33조(수출입 물품 등의 원산지의 표시) 참고. 원산지 판정 기준은 대외무역법 시행령 제61조(수출입 물품의 원산지 판정 기준) 및 대외무역관리규정 제86조(수입 원료를 사용한 국내생산물품 등의 원산지 판정 기준)에 따른다 할 수 있습니다.

하여 FTA 수출체약국이 원산지 국가라는 사실을 증명하는 FTA 원산지증명서는 별개의 문제로 봐야 할 것입니다.

□ FTA C/O 원산지와 거래 물품 원산지가 상이한 경우

그러나 수입자가 FTA 수출체약국의 수출자로부터 받은 FTA 원산지증명서 상의 원산지와 실제 거래 물품 자체에 표시된 원산지가 상이하다면 이는 문제가 됩니다. 예를 들어 FTA 수출체약국으로서 미국의 수출자에게 한·미 FTA 원산지증명서를 받았으나, 거래 물품 자체의 원산지 표기는 MAED IN U.S.A.가 아니라 MADE IN CHINA로 되어 있는 경우라고 가정해봅니다.

이는 한-미 FTA 역외국을 원산지로 하는 물품을 한-미 FTA 수입체약국으로서 한국으로 수입하면서 한·미 FTA 원산지결정기준을 충족한 원산지 상품이라고 허위로 수입신고하여 한·미 FTA 협정관세 적용 받으려고 한 건이라 할 수 있습니다.

수입신고 당시 물품검사로 지정되지 않아서 그냥 넘어 가더라도 사후에 원산지 검증 때 적발될 수도 있습니다. 당연히 세액 추징과 함께 수입자의 고의성 여부에 따라서 관세포탈죄가 적용될 수 있습니다[23]. 이러한 불미스러운 사건을 방지하기 위해서 수입자는 수출자에게 실제 물품에 대한 원산지 표시에 대해서도 상당한 주의를 당부해야할 것입니다.

---

[23] 254쪽에서도 설명하고 있는 것과 같이, 수입자는 수출자로부터 전달 받은 FTA 원산지증명서를 근거로 FTA 협정관세 적용하여 수입신고하기 전에 협정에서 요구하는 양식과 기재 요령에 따라서 작성되었는지 확인해야겠습니다.

Ⅲ. FTA 협정세율/원산지결정기준 확인 및 협정세율 적용

1. FTA 협정세율 및 원산지결정기준 확인 방법

1) FTA 포털 홈페이지

A. FTA 협정세율 확인- 우리나라로 수입할 때 협정세율

a) FTA 포털 (http://fta.customs.go.kr) 접속

b) 'FTA 수입시세율' 클릭 

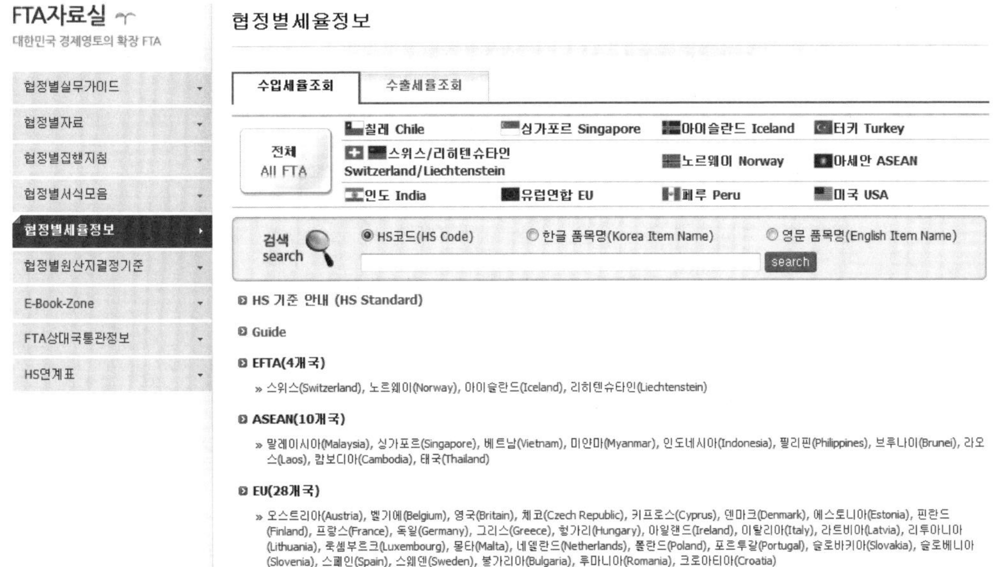

c) 원하는 협정 클릭 후 품목번호 검색하면 FTA 상대체약국에서 한국으로 수입할 때의 협정세율
확인 가능

d) 예를 들어 3917.10-1000으로 분류되는 품목의 한·미 FTA 협정세율 확인 원한다고 가정.

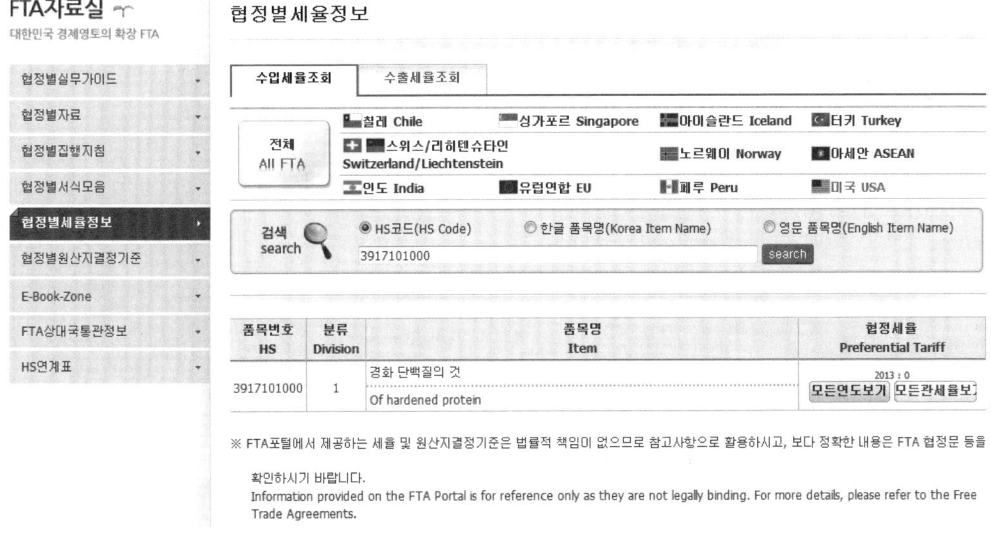

e) 협정에서 '미국 USA' 클릭 후, 검색창에 3917.10-1000 입력 후 검색.
본 건은 한·미 FTA 상대체약국으로서 미국에서 수입되는 품목
우리나라로 수입하는 경우로서, 수입 물품의 HS 10단위로 검색해야.

f) '모든연도보기' 클릭. 　모든연도보기　　　　g) '모든관세율보기' 클릭. 　모든관세율보기

연도 Year	협정세율 Agreement rate
2013	0
2014	0
2015	0
2016	0

관세율구분부호 Tariff rate classification Code	관세율구분명 Tariff rate classification	세율 Tariff	적용시작일자 Start date	적용종료일자 End date
A	기본세율 Basic Tariff	8	2013-01-01	2013-12-31
C	WTO협정세율 WTO Tariff	6.5	2013-01-01	2013-12-31
FAS1	한·아세안 FTA협정세율(선택1) K-Asean FTA Tariff (1)	0	2013-01-01	2013-12-31
FCL1	한·칠레 FTA협정세율(선택1) K-Chile FTA Tariff (1)	0	2013-01-01	2013-12-31
FEF1	한·EFTA FTA협정세율(선택1) K-EFTA FTA Tariff (1)	0	2013-01-01	2013-12-31
FEU1	한·EU FTA협정세율(선택1) K-EU FTA Tariff (1)	1.6	2013-07-01	2013-12-31
FIN1	한·인도 FTA협정세율(선택1) K-India CEPA Tariff (1)	0	2013-01-01	2013-12-31
FPE1	한·페루 FTA협정세율(선택1) K-Peru FTA Tariff (1)	0	2013-01-01	2013-12-31
FSG1	한·싱가포르FTA협정세율(선택1) K-Singapore FTA Tariff (1)	0	2013-01-01	2013-12-31
FTR1	한·터키 FTA협정세율(선택1) K-TR FTA Tariff (1)	0	2013-05-01	2013-12-31
FUS1	한·미 FTA 협정세율(선택1) K-US FTA Tariff (1)	0	2013-01-01	2013-12-31
R	최빈국특혜관세 Preferential Tariff for Most Seriou sly Affected Countries	0	2013-01-01	2013-12-31
U	북한산 Bukhansan (Mt.)	0	2013-01-01	2013-12-31

B. FTA수출시 세율 - FTA 상대체약국의 수입 협정세율

a) FTA 포털 (http://fta.customs.go.kr) 메인 화면에서 'FTA수출시세율' 클릭 

b) 원하는 협정 클릭 후 품목번호 검색하면 FTA 상대체약국으로 수입될 때의 협정세율 확인 가능

c) 예를 들어 3917.10으로 분류되는 품목의 한·미 FTA 협정세율 확인 원한다고 가정.

품목번호 HS	분류 Division	품목명 Item	기준세율 Basic Tariff	기본세율 Standard Tariff	협정세율 Preferential Tariff	비고 Remark
39171010	1	Of cellulosic plastics materials		6.50%	2013 : 0 모든연도보기	
39171060	1	Of collagen		0	2013 : 0 모든연도보기	
39171090	1	Other		4.20%	2013 : 0 모든연도보기	

d) 'FTA수출시세율' 정보는 FTA 상대체약국의 협정세율로서, HS 6단위로 검색해야.
(우리나라는 10단위 사용하지만 타 국가는 8단위 9단위 등으로 사용함.)

e) 본 건은 한·미 FTA 상대체약국으로서 미국으로 수출되는 품목(3917.10).

C. 협정별 원산지결정기준 확인

□ 원산지결정기준 간편 검색

a) FTA 포털 (http://fta.customs.go.kr) 접속

b) '원산지결정기준(PSR)' 클릭 

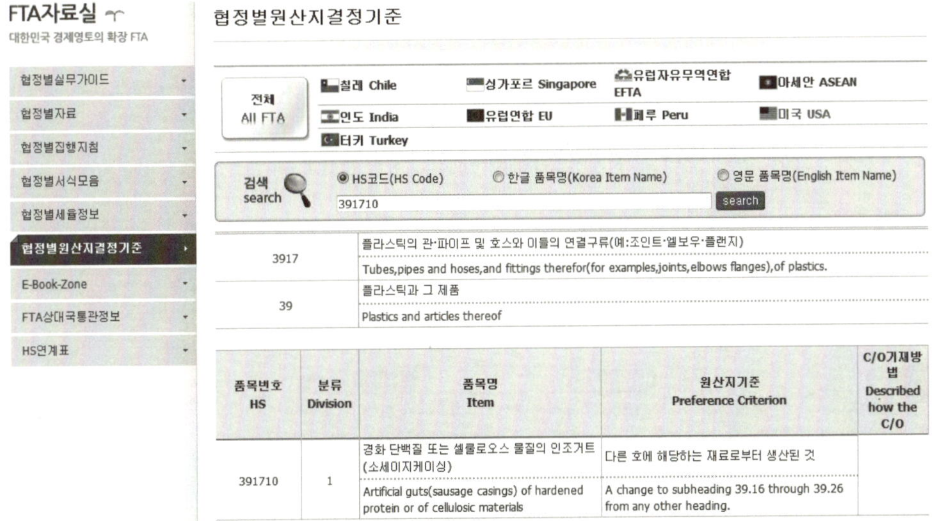

품목번호 HS		플라스틱의 관·파이프 및 호스와 이들의 연결구류(예:조인트·엘보우·플랜지)
3917		Tubes,pipes and hoses,and fittings therefor(for examples,joints,elbows flanges),of plastics.
39		플라스틱과 그 제품
		Plastics and articles thereof

품목번호 HS	분류 Division	품목명 Item	원산지기준 Preference Criterion	C/O기재방법 Described how the C/O
391710	1	경화 단백질 또는 셀룰로오스 물질의 인조거트 (소세이지케이싱)	다른 호에 해당하는 재료로부터 생산된 것	
		Artificial guts(sausage casings) of hardened protein or of cellulosic materials	A change to subheading 39.16 through 39.26 from any other heading.	

c) FTA 협정 선택 후 검색창에서 HS 6단위 검색.

d) 원산지결정기준 확인.

□ 협정문의 원산지결정기준 확인

앞에서 설명한 원산지결정기준 검색은 간편한 방법으로서 보다 정확하고 세부적인 확인을 원하는 경우, 해당 FTA 협정문을 확인하는 방법이 있습니다.

a) FTA 포털(http://fta.customs.go.kr) 상단 메뉴 'FTA일반' → 'FTA협정문' 클릭.
b) FTA 협정 클릭 → '원산지(결정)기준' 클릭.
c) '원산지기준 조문' 클릭 후 HS 6단위에 대한 원산지결정기준 확인.

2) 관세청 홈페이지

a) 관세청(http://www.customs.go.kr) 접속.
b) 우측 Quick Menu에서 '품목분류' 클릭[24].

---

24 다른 경로로서 관세청 유니패스(http://portal.customs.go.kr)에서 '정보제공' 아래 '품목분류정보' 클릭.

c) 우측 '품목분류검색' 바로가기 클릭. 

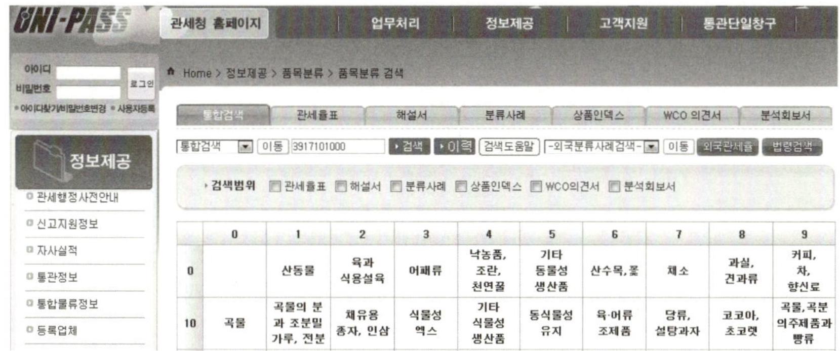

d) 검색창에서 HS Code 3910.10-1000 검색.

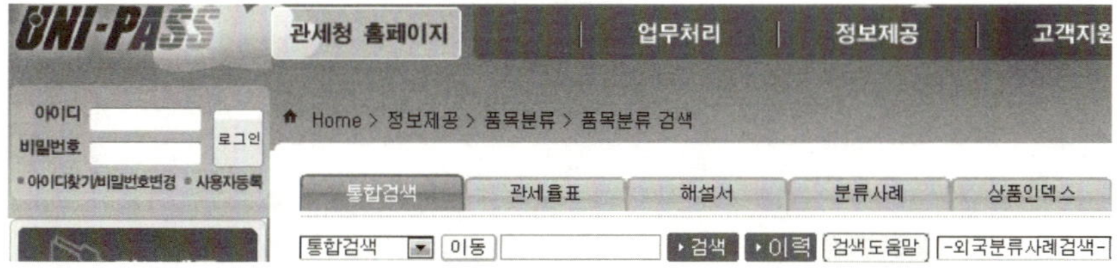

e) '3917101000 '경화 단백질로 만든 것' 부분 클릭.

| HS | 한글품명 |
	영문품명
3917101000	경화 단백질로 만든 것
	Of hardened protein

HS	391710-1000				
품명	경화 단백질로 만든 것				
수량단위	kg				
원산지표시	대상 [원산지제도운영에관한고시]				

| | 관세 | | | [관세율 적용순위] | |
관세구분	관세율	단위당세액	기준가격	적용시작일	적용종료일
A 기본세율	8	0.0	0.0	2013.01.01	2013.12.31
C WTO협정세율	6.5	0.0	0.0	2013.01.01	2013.12.31
FAS1 한·아세안 FTA협정세율(선택1)	0	0.0	0.0	2013.01.01	2013.12.31
FCL1 한·칠레FTA협정세율(선택1)	0	0.0	0.0	2013.01.01	2013.12.31
FEF1 한·EFTA FTA협정세율(선택1)	0	0.0	0.0	2013.01.01	2013.12.31
FEU1	1.6	0.0	0.0	2013.07.01	2013.12.31
FIN1 한·인도 FTA협정세율(선택1)	0	0.0	0.0	2013.01.01	2013.12.31
FPE1	0	0.0	0.0	2013.01.01	2013.12.31
FSG1 한·싱가포르FTA협정세율(선택1)	0	0.0	0.0	2013.01.01	2013.12.31
FTR1	0	0.0	0.0	2013.05.01	2013.12.31
FUS1	0	0.0	0.0	2013.01.01	2013.12.31
R 최빈국특혜관세	0	0.0	0.0	2013.01.01	2013.12.31
U 북한산	0	0.0	0.0	2013.01.01	2013.12.31

수입요건 [식품의약품 안전청]	[식품위생법] . 식품 또는 식품첨가물과 식품용 기구 또는 용기·포장은 식품위생법 제9조의 규정에 의한 기준 및 규격에 적합한 것에 한하여 수입할 수 있으며, 수입할 때마다 식품위생법 제19조의 규정에 의거 지방식품의약품안전청장에게 신고하여야 한다.
수출요건	수출요건 내역이 없습니다.

| 간이정액환급액 | | | |
적용일자	중지일자	규격	만원당환급액
간이정액환급액 내역이 없습니다.			

f) 3917.10-1000에 대한 모든 수입 관세율 확인.

g) 'FTA 원산지결정기준' ▐FTA별원산지기준 클릭하면, 수입 시 세율[25], 수출 시 세율[26] 및 원산지결정기준 확인 가능.

---

25 물품을 우리나라로 수입할 때 협정세율
26 우리나라에서 수출된 물품이 FTA 상대체약국으로 수입될 때의 협정세율

2. FTA 협정세율 확인 및 적용

1) 수입국에서의 수입 관세 적용

수입국은 수입신고 물품에 대해서 일정한 관세를 부과합니다. 이때 과세대상에 포함되는 비용이 바로 과세가격(CIF에 상당하는 가격)이며, 과세가격[27]을 기준으로 수입신고 물품의 HS Code에 따라서 결정된 수입 관세율을 곱하여 관세는 계산됩니다. 따라서 수입신고 물품에 대한 HS Code를 결정하고 조회하면 해당 HS Code 상의 수입 관세율을 확인할 수 있습니다.

> 경로: 관세청 홈페이지(http://customs.go.kr/) → Quick Menu → 품목분류
> → 품목분류검색(새로운 창) → 검색창에서 HS Code 검색

크게 기본세율, WTO 협정세율[28], FTA 협정세율이 존재합니다. FTA 상대체약국으로부터 수입되지 않은 건 및 FTA 상대체약국으로부터 수입되는 건이라 하더라도 상대체약국으로서 수출국이 원산지라는 사실을 확인하는 FTA 원산지증명서가 없으면 해당 건의 수입물품에 대한 관세율은 기본세율 혹은 WTO 협정세율 중에 더 낮은 세율을 적용하여 관세를 계산합니다(물론, FTA 원산지증명서가 있다 하더라도 직접 운송되지 않은 건이라면 FTA 협정세율 적용 불가).

반면 FTA 상대 체약국으로부터 직접(Direct) 수입되고 체약 상대국으로서 수출국이 원산지라는 사실을 FTA 원산지증명서로서 확인되는 건이라면 FTA 수입체약국에서 FTA 협정세율을 적용받아서 관세 혜택을 받을 수 있습니다.

2) FTA 체약국 간의 FTA 협정세율 적용

FTA(자유무역협정, Free Trade Agreement)는 FTA라는 협정을 체결한 국가로서 체약국 간에 거래되는 물품이 상대체약국을 원산지로 하는 물품이라는 사실이 인정되면 수입체약국에서의 수입 관세를

---

27 과세가격이란 수입지로서 우리나라의 항구/공항에 배/항공기가 입항하여 물품을 하역하기 직전까지 발생한 수출자의 마진을 포함 한 모든 가격이라 할 수 있습니다. 이를 공식으로 나타내면 'FOB 가격 + 운임 + 보험료'가 됩니다. 자세한 내용은 책 『어려운 무역실무는 가라 Part 1. 서술편 및 Part 2. 사례편』을 참고해주세요.

28 WTO 협정세율은 한국으로 수입되는 수입물품의 수출국이 WTO 회원국일 때 적용할 수 있는 세율입니다. 대부분 WTO 회원국이기 때문에 기본세율 혹은 WTO 협정세율 중에 더욱 낮은 세율로 수입신고 할 수 있을 것입니다.

체약국 이외의 국가를 원산지로 하는 물품과는 차별적으로 적용함으로써 체약국 간의 무역 장벽을 완화하거나 철폐하여 체약국 간의 무역 거래를 활성화하기 위한 협정이라 할 수 있습니다.

쉽게 말해서, 한·아세안 FTA 상대체약국으로서 베트남에서 우리나라로 물품을 수입한다고 가정합니다. 베트남을 원산지로 하는 물품이 베트남에서 우리나라로 직접(Direct) 운송되어 우리나라에서 수입신고 할 때 베트남이 원산지라는 사실을 증명하는 한·아세안 FTA C/O를 수출자로부터 전달받는다면, 수입 신고하는 물품에 대한 HS Code상의 기본세율 혹은 WTO 협정세율이 아닌, 더 낮은 세율을 제시하는 한·아세안 FTA 협정세율을 적용받아서 수입 통관 진행할 수 있다는 것입니다.

결국, FTA는 체약국을 원산지로 하는 원산지 물품과 체약국 이외의 국가를 원산지로 하는 비원산지 물품에 대해서 수입 관세 적용에 있어 차별 대우하고 있으며, 수입국에서 수입자는 FTA 협정세율을 적용받기 위해서 수출체약국이 원산지라는 사실을 증명하는 원산지증명서와 직접 운송하였음을 증명하는 운송서류(B/L 혹은 화물운송장)를 확보하고 있어야 합니다.

HS Code 3402.90-3000의 수입관세율 검색 결과					설 명
관세율구분부호 Tariff rate classification Code	관세율구분명 Tariff rate classification	세율 Tariff	적용시작일자 Start date	적용종료일자 End date	
A	기본세율 Basic Tariff	8	2013-01-01	2013-12-31	◀ 조제청정제(비누)를 HS Code 3402.90-3000로 하여 우리나라에 수입신고 할 때 적용되는 관세율의 종류입니다. 수출지가 베트남으로서 베트남을 원산지로 한다는 사실을 한·아세안 FTA 원산지증명서(AK Form)로서 우리나라 세관에 입증시켜주고 베트남에서 우리나라로 직접 운송되는 경우 해당 수입신고 건에 대해서는 한·아세안 FTA 협정세율로서 0%의 관세율이 적용되어 관세가 0원이 됩니다. FTA 체약국이 아닌 역외국으로부터 수입되는 물품이라든지 FTA 체약국으로부터 수입되더라도 원산지가 상대체약국이라는 사실을 원산지증명서로 수입지 세관에 입증하지 못하거나 혹은 직접운송원칙 충족 못 하면 FTA 협정세율을 적용받을 수 없습니다.
C	WTO협정세율 WTO Tariff	6.5	2013-01-01	2013-12-31	
FAS1	한·아세안 FTA협정세율(선택1) K-Asean FTA Tariff (1)	0	2013-01-01	2013-12-31	
FCL1	한·칠레FTA협정세율(선택1) K-Chile FTA Tariff (1)	0	2013-01-01	2013-12-31	
FEF1	한·EFTA FTA협정세율(선택1) K-EFTA FTA Tariff (1)	0	2013-01-01	2013-12-31	
FEU1	한·EU FTA협정세율(선택1) K-EU FTA Tariff (1)	3.2	2013-07-01	2013-12-31	
FIN1	한·인도 FTA협정세율(선택1) K-India CEPA Tariff (1)	0	2013-01-01	2013-12-31	
FPE1	한·페루 FTA협정세율(선택1) K-Peru FTA Tariff (1)	0	2013-01-01	2013-12-31	
FSG1	한·싱가포르FTA협정세율(선택1) K-Singapore FTA Tariff (1)	0	2013-01-01	2013-12-31	
FTR1	한·터키 FTA협정세율(선택1) K-TR FTA Tariff (1)	0	2013-05-01	2013-12-31	
FUS1	한·미 FTA협정세율(선택1) K-US FTA Tariff (1)	3.9	2013-01-01	2013-12-31	
R	최빈국특혜관세 Preferential Tariff for Most Seriously Affected Countries	0	2013-01-01	2013-12-31	
U	북한산 Bukhansan (Mt.)	0	2013-01-01	2013-12-31	

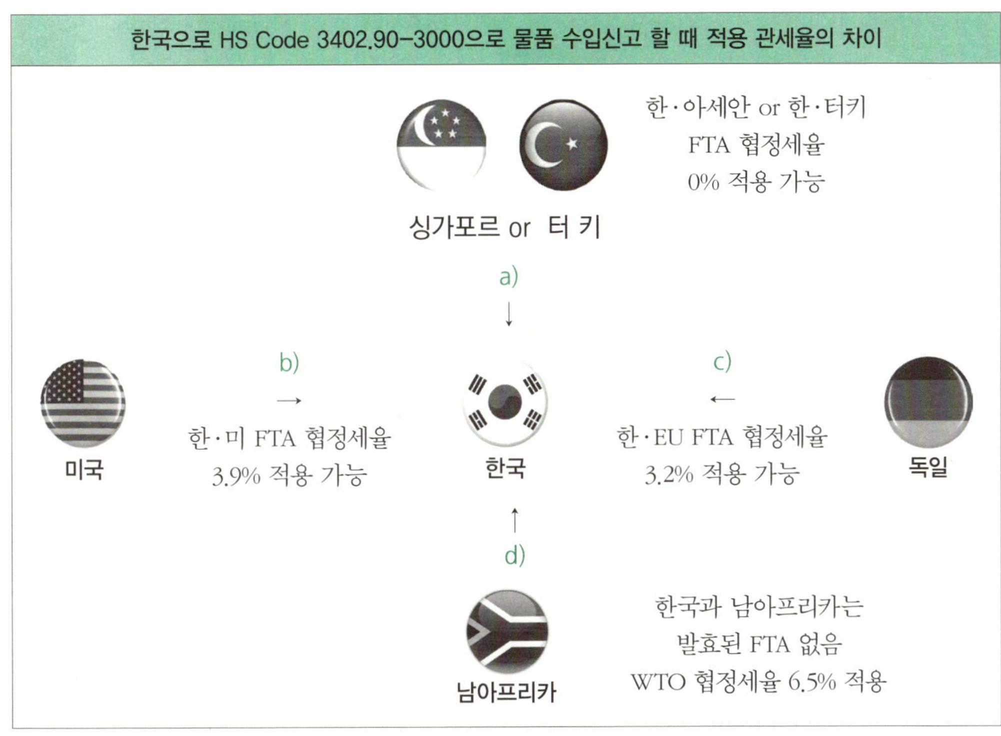

▲ a), b), c)의 경우는 각 협정별 FTA 협정세율을 한국으로 수입신고 할 때 적용받을 수 있지만, d)의 경우는 남아프리카로부터 수입되는 건으로서 2013년 현재 남아프리카와의 FTA 발효 사실은 없기 때문에 기본세율 혹은 WTO 협정세율 중에 더 낮은 세율로 수입신고가 진행될 수밖에 없습니다.

다음 'b) 한·아세안 FTA 체약국으로부터 수입:'의 경우, FTA 협정세율은 단계적으로 철폐되기 때문에 HS Code2202.90-1000이 2013년도에는 비록 한·아세안 FTA 협정세율 8%이지만 향후에는 세율이 더욱 낮아질 수 있습니다. 따라서 한국의 수입자는 한·아세안 FTA 수출체약국의 수출자에게 FTA C/O 기관발급(한·아세안 FTA에서 C/O는 기관발급)에 따른 준비를 요구하는 것이 적절할 수 있겠습니다.

<table>
<tr><th colspan="6">2202.90-1000 관세율 및 요건</th><th>설 명</th></tr>
<tr><td>HS</td><td colspan="5">220290-1000</td><td rowspan="7">a) FTA 체약국 이외의 국으로부터 수입: 기본세율과 WTO 협정세율 중 더 낮은 세율을 적용하면 됩니다. 본 HS Code는 기본세율이 더 낮기 때문에 수입신고 할 때 8% 기본세율 적용하여 신고합니다.

b) 한·아세안 FTA 체약국으로부터 수입: 한·아세안 FTA 협정세율과 기본세율이 동일하기 때문에 수입자는 수출자(FTA 상대 체약국)에게 한·아세안 FTA C/O 요청을 할 필요가 없이 수입지에서 기본세율 적용 받아서 수입신고 진행합니다.

c) 한·EU FTA 체약국으로부터 수입: FEU1 세율은 4%로서 기본세율 및 WTO 협정세율보다 낮습니다. 따라서 수입자는 수출자에게 한·EU C/O(한·EU의 경우 원산지신고서문안이 표기된 인보이스[29]가 C/O 역할, 참고 223쪽)를 요청하여 FEU1 세율 적용받도록 하는 것이 수입 원가를 낮추는 방법이 됩니다.</td></tr>
<tr><td>품명</td><td colspan="5">인삼음료</td></tr>
<tr><td>수량단위</td><td colspan="5">I kg</td></tr>
<tr><td>원산지표시</td><td colspan="5">대상 [원산지제도운영에관한고시]</td></tr>
<tr><td>적정표시방법</td><td colspan="5">대상 [적정표시방법]</td></tr>
<tr><td rowspan="2"></td><td colspan="3">관세</td><td colspan="2">[관세율 적용순위]</td></tr>
<tr><td>관세구분</td><td>관세율</td><td>단위당세액</td><td>기준가격</td><td>적용시작일</td><td>적용종료일</td></tr>
<tr><td colspan="2">A
기본세율</td><td>8</td><td>0.0</td><td>0.0</td><td>2013.01.01</td><td>2013.12.31</td></tr>
<tr><td colspan="2">C
WTO협정세율</td><td>26.2</td><td>0.0</td><td>0.0</td><td>2013.01.01</td><td>2013.12.31</td></tr>
<tr><td colspan="2">FAS1
한·아세안 FTA협정세율(선택1)</td><td>8</td><td>0.0</td><td>0.0</td><td>2013.01.01</td><td>2013.12.31</td></tr>
<tr><td colspan="2">FEU1</td><td>4</td><td>0.0</td><td>0.0</td><td>2013.07.01</td><td>2013.12.31</td></tr>
<tr><td colspan="2">FIN1
한·인도 FTA협정세율(선택1)</td><td>6</td><td>0.0</td><td>0.0</td><td>2013.01.01</td><td>2013.12.31</td></tr>
<tr><td colspan="2">FPE1</td><td>6.5</td><td>0.0</td><td>0.0</td><td>2013.01.01</td><td>2013.12.31</td></tr>
<tr><td colspan="2">FTR1</td><td>8</td><td>0.0</td><td>0.0</td><td>2013.05.01</td><td>2013.12.31</td></tr>
<tr><td colspan="2">FUS1</td><td>4.8</td><td>0.0</td><td>0.0</td><td>2013.01.01</td><td>2013.12.31</td></tr>
<tr><td colspan="2">R
최빈국특혜관세</td><td>0</td><td>0.0</td><td>0.0</td><td>2013.01.01</td><td>2013.12.31</td></tr>
<tr><td colspan="2">U
북한산</td><td>0</td><td>0.0</td><td>0.0</td><td>2013.01.01</td><td>2013.12.31</td></tr>
<tr><td colspan="2">수입요건
[식품의약품안전청]</td><td colspan="5">[식품위생법]
. 식품 또는 식품첨가물의 것은 식품위생법 제19조의 규정에 의거 지방식품의약품안전청장에게 신고하여야 한다.</td></tr>
<tr><td colspan="2">수출요건</td><td colspan="5">수출요건 내역이 없습니다 .</td></tr>
</table>

▲ FPE1은 한·페루 FTA 협정세율, FUS1은 한·미 FTA 협정세율을 뜻합니다.

▲ 본 내용은 해당 HS Code의 품목을 우리나라로 수입하는 경우의 관세율입니다.

3) FTA 협정세율 적용하지 않는 경우

수입자는 FTA 원산지증명서를 FTA 수출체약국의 수출자에게 받아서 수입지에서 FTA 협정세율을 적용받을 수 있다 할지라도, FTA 협정세율이 오히려 일반세율 혹은 WTO 협정세율보다 높은 상황이라고 가정해봅니다. 그러면 FTA 원산지증명서 요청할 필요 없이 기본세율 혹은 WTO 협정세율 중에 낮은 세율로 수입 신고하면 될 것입니다.

---

[29] 실무에서 단순히 인보이스(Invoice)라고 칭하는 서류는 Commercial Invoice(상업송장, 송품장)라고 보면 되겠습니다. 그런데 인보이스와 Proforma Invoice(P/I)를 동일한 서류로 보는 경우가 있는데 이 두 서류는 그 성격이 완전히 다른 서류라 할 수 있습니다. 가격명세서로서 인보이스는 수출자와 수입자 간의 매매계약 성립을 뒷받침함과 동시에 거래 물품에 대한 대금을 청구하는 서류라면, P/I는 계약 체결 전에 수출자가 수입자에게 발행하는 견적서(Quotation)입니다. 그러나 P/I에 Description, Condition 그리고 수출자와 수입자 사인이 들어가면 이는 매매계약서(Sales Contract)로서 역할을 할 수 있습니다.

또한, 특정 품목의 경우 FTA 양허에서 제외되는 품목도 있습니다(참고 61쪽).

4) 기본세율과 FTA 협정세율의 차이가 크지 않는 경우

한국의 수입자가 3402.13-1000으로 분류되는 품목을 수입하는 경우, 기본세율은 2%입니다 (본 품목번호에는 WTO 협정세율이 존재하지 않음). 그런데 한·EU FTA 상대체약국으로부터 수입하는 경우 한·EU FTA 협정세율(FEU1)로서 1.2%를 적용받아서 기본세율 대비 0.8%의 관세 혜택을 받을 수 있습니다.

3402.13-1000 세율 및 요건	설 명

3402.13-1000 세율 및 요건					
HS	340213-1000				
품명	농약원제(農藥原劑)(「농약관리법」에 따라 등록된 것으로 한정한다)				
수량단위	kg				
원산지표시	대상 [원산지제도운영에관한고시]				
적정표시방법	대상 [적정표시방법]				
관세				[관세율 적용순위]	
관세구분	관세율	단위당세액	기준가격	적용시작일	적용종료일
A 기본세율	2	0.0	0.0	2013.01.01	2013.12.31
FAS1 한·아세안 FTA협정세율(선택1)	0	0.0	0.0	2013.01.01	2013.12.31
FEU1	1.2	0.0	0.0	2013.07.01	2013.12.31
FIN1 한·인도 FTA협정세율(선택1)	4	0.0	0.0	2013.01.01	2013.12.31
FPE1	0	0.0	0.0	2013.01.01	2013.12.31

설 명:

◀ 본 HS Code의 기본세율은 2%이며, 한·EU FTA 협정세율(FEU1)은 1.2%입니다.
한국의 수입자는 한·EU FTA 수출체약국의 수출자에게 0.8%의 관세 인하 혜택을 받기 위해서 원산지증명서를 요구할 수도 있습니다. 그러나 해당 건의 인보이스 금액 단위가 크지 않다면 0.8%의 관세 인하 혜택을 보기 위해서 수출자에게 원산지증명서를 요구하는 것은 무리한 요구가 될 수 있습니다.

※ 대부분 수입물품의 수입 관세 계산은 물품 가격을 기준으로 합니다(종가세).

▲ 관세청 홈페이지를 통한 조회 결과로서, 일부 FTA 협정세율은 임의 삭제하였습니다.

수입자 입장에서는 0.8%라도 관세 혜택을 받으면 수입 원가를 그만큼 절감할 수 있어서 좋지만, 문제는 수출자에게 있습니다. 수출자는 수출물품에 대해서 한·EU FTA 원산지결정기준을 충족시켜 원산지 물품으로 인정받기까지 그 절차가 복잡하여 상당한 시간이 발생할 수 있고, 비용 역시 상당히 발생할 수 있습니다. 그리고 수출자의 판단으로 수출물품이 원산지 물품으로 결정되었고 원산지증명서를 기관을 통하여 혹은 자율적으로 발급 후 수입자에게 전달하여 수입자가 결과적으로 수입지에서 FTA 협정세율을 적용받았다 하더라도 사후에 세관이 원산지 검증을 할 수 있습니다. 검증 결과 수출자의 수출물품은 비원산지 물품이 되어야 함에도 원산지 물품으로서 원산지증명서가 발행되었다면 수출자는 그에 따른 책임을 커버해야 합니다.

또한, 한·EU FTA의 경우, 인보이스 건 당[30] 전체가격이 6,000유로 초과하면 해당 건의 수출자는 인증 수출자이어야 합니다. 인증 수출자가 되기 위해서 역시 그 절차에 따른 상당한 시간과 비용이 소요됩니다.

따라서 수출자 입장에서는 수입지에서 수입자가 FTA 협정세율에 따른 관세 인하 혜택을 크게 받지 못하는 경우라면 수입자에게 상기의 어려움이 있으니, FTA 원산지증명서 발급을 보류 요청하는 대신 단가를 어느 정도 낮추어주거나 무상으로 어느 정도의 수량을 공급하는 것도 하나의 방법이 될 수 있습니다. FTA 협정세율은 해가 거듭될수록 단계적으로 그 세율이 줄어드니 협정세율이 상당히 낮아진 시점부터 수출자는 FTA 원산지결정기준에 따라 원산지 물품으로 인정받아서 수입자가 수입지에서 FTA 협정세율 적용을 받을 수 있도록 하는 것이 어쩌면 더 적절한 방법일 수가 있습니다. 물론, 결정은 FTA 수입체약국의 수입자와 FTA 수출체약국의 수출자가 결정할 사항입니다.

그리고 수출자가 당장 FTA 원산지증명서의 기관발급 신청 혹은 자율발급을 할 수 없는 상태라서 일단은 수입자가 수입지에서 기본세율 적용받았지만, 수입신고 수리 후 1년 이내까지 수출자로부터 FTA 원산지증명서를 받으면 협정관세 소급 적용을 받을 수도 있습니다(262쪽 참고).

3. FTA 협정에 따른 관세 즉시 철폐와 단계적 철폐

FTA 협정세율은 체약국과의 FTA가 발효됨과 동시에 즉시 관세철폐가 되어 0%로 적용받을 수 있는 HS Code(품목)가 있는가 하면 발효 후 단계적으로 세율이 인하되는 HS Code도 있으니 FTA 체약국과의 거래에서 무조건 관세율 0%를 적용받을 수 있다고 생각하면 안 됩니다.

---

[30] 한-EU FTA 6천유로 기준은 엄밀히 말하면, '인보이스(상업송장) 발행 건 당'이라기 보다는 '운송서류(B/L, 화물운송장) 발행 건 당'이라 하는 것이 보다 정확할 것입니다.

대부분의 국가는 수입물품으로 인해서 자국 산업이 피해 보지 않기를 원합니다. 자국 산업이 수입물품에 대해서 가격 경쟁력이 약하면 수입 관세율을 높여 수입물품의 가격 경쟁력을 악화시키고, 자국 산업이 수입물품에 대해서 상당한 경쟁력을 갖고 있다면 상대적으로 수입 관세율을 낮게 설정합니다. 우리나라의 경우 농산물에 대한 국제 경쟁력이 낮아서 수입 농산물에 대한 수입 관세율이 대단히 높게 설정되어 있는 반면, 공산품은 국제 경쟁력이 상당하기 때문에 수입 관세율은 상대적으로 낮게 설정되어 있습니다.

이러한 개념은 FTA 협상에서도 적용됩니다. a)국제 경쟁력이 약한 민감품목의 경우 FTA 협정세율 적용을 배제하는 품목으로 협상하기도 하고(양허 제외)[31] FTA 발효와 동시에 관세철폐 되어 FTA 협정세율이 0%로 되는 것이 아니라 매년 단계별로 관세율이 조금씩 낮아지도록 협상하기도 합니다(민감품목의 정도에 따라 관세철폐 스케줄은 장기간입니다.). b)반면, 국제 경쟁력을 갖춘 물품의 경우라면 FTA 발효와 동시에 관세철폐 되어 FTA 협정세율을 0% 적용받더라도 국내 산업에 큰 영향을 미치지 않기 때문에 발효와 동시에 관세철폐가 되는 품목도 있겠습니다.

실무자들이 인지해야 할 것은 FTA 협상에서 모든 품목(HS Code)에 대한 관세 즉시 철폐 혹은 단계적 철폐를 적용하는 것이 아니라, 일부 품목에 대해서는 FTA 협상에서 제외되는 품목도 있다는 것입니다(양허대상에서 제외).

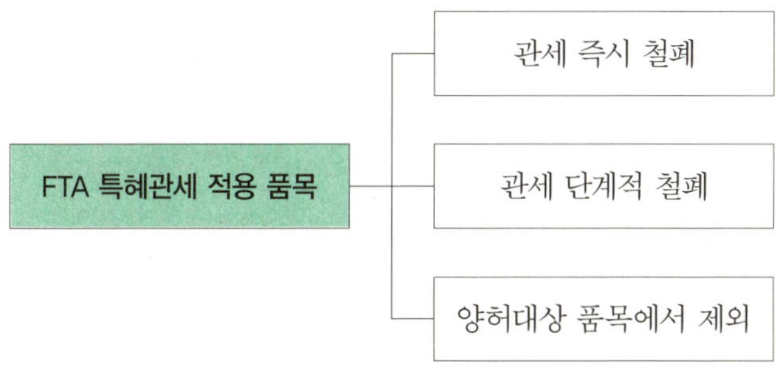

---

31 우리나라로 수입되는 품목 중에 대표적인 양허 제외 품목은 쌀이라 할 수 있습니다.

1) FTA 협정세율 확인 경로 - 관세 즉시 철폐

> FTA 포털(http://fta.customs.go.kr) → 'FTA 수입시 세율' 클릭 → '터키 Turkey' 클릭 [터키 Turkey] -> 검색창에서 HS Code 10자리 검색

a) '모든관세율보기' [모든관세율보] 클릭했을 때 기본세율 8%, WTO 협정세율 6.5%.

b) 한·터키 FTA 2013년 5월 1일 발효.

c) '모든 연도 보기' 클릭. [모든연도보기]

연도 Year	협정세율 Agreement rate
2013	0.0
2014	0.0
2015	0.0
2016	0.0
2017	0.0
2018	0.0
2019	0.0
2020	0.0
2021	0.0
2022	0.0
2023	0.0

d) 발효 즉시 관세철폐.

2) 관세 즉시 철폐에 따른 수입원가 절감의 예

HS Code 3402.90-3000으로 수입신고 된 물품이 FTA 체약국을 원산지로 하여 수입되지 않고, 예를 들어 남아프리카를 수출국으로 하여 우리나라로 수입되었다고 가정합니다. 이때 남아프리카는 우리나라의 FTA 체약 상대국이 아니므로 기본세율(8%) 혹은 WTO 협정세율(6.5%)

중에 하나의 세율을 적용하여 수입신고 합니다. 물론, 해당 물품의 HS Code가 수입지 세관이 인정하는 HS Code로서 3402.90-3000이 맞다면 더 낮은 세율로서 WTO 협정세율(6.5%)을 적용하여 수입신고 할 수 있습니다.

<table>
<tr><th colspan="6">FTA 협정세율 적용받지 못한 경우(WTO 협정세율 적용)</th></tr>
<tr><th>제품명</th><th>FOB 가격</th><th>운임</th><th>보험료</th><th>HS Code / 관세율</th><th>과세환율</th></tr>
<tr><td>조제
청정제</td><td>USD 35,000</td><td>₩1,500,000</td><td>가입하지
않음
↓</td><td>3402.90-3000
6.5%(WTO 협정세율)</td><td>₩1,050</td></tr>
</table>

과세가격	: (USD 35,000 × ₩1,050) + ₩1,500,000 + ₩0 = ₩38,250,000
관세	: ₩38,250,000(과세가격) × 6.5%(관세율) = ₩2,486,250
부가세	: (₩38,250,000(과세가격) + ₩2,486,250(관세)) × 10%(부가가치세율) = ₩4,073,625
세액합계	: ₩2,486,250(관세) + ₩4,073,625(부가세) = ₩6,559,875

FTA 상대체약국으로부터 원산지증명서를 통하여 원산지 물품임을 확인받고 직접운송 된 건이 아니라 FTA 비체약국으로부터 HS Code 3402.90-3000이라는 물품을 수입자가 수입신고 하는 경우, 수입자는 6.5% 만큼의 관세를 부담해야 하며 결과적으로 이러한 부담은 수입물품의 수입원가 상승으로 이어져 소비자들에게 전가됩니다.

반대로 FTA 협정세율 적용받았다면, FTA 발효 전에 비해서 수입자는 6.5% 만큼의 관세를 납부하지 않기 때문에 국내에서 소비자들에게 판매하는 단가도 그만큼 낮아져야 하는데 현실은 그렇지 못한 경우도 있습니다. FTA 발효와 관세 인하 및 철폐에 대한 혜택을 일반 소비자들은 보지 못하고 물품을 수입하는 수입자 혹은 유통업체의 마진을 올려주는 결과가 되기도 합니다.

한·터키 FTA 협정세율 적용받는 경우

제품명	FOB 가격	운임	보험료	HS Code / 관세율	과세환율
조제 청정제	USD 35,000	₩1,500,000	가입하지 않음 ↓	3402.90-3000 0%(한·터키 FTA 협정세율)	₩1,050

과세가격	:	(USD 35,000 딓 ₩1,050) + 원1,500,000 + ₩0 = ₩38,250,000
관세	:	₩38,250,000(과세가격) 딓 0%(관세율) = 원0
부가세	:	(₩38,250,000(과세가격) + 원0(관세)) 딓 10%(부가가치세율) = ₩3,825,000
세액합계	:	₩0(관세) + ₩3,825,000(부가세) = ₩3,825,000

- 관세 = 과세가격(FOB 가격 + 운임 + 보험료) x 수입신고 물품의 HS Code 관세율
  부가세 = (과세가격 + 관세) x 10%(부가가치세율)
- 공식에 의해서 관세율이 0%라도 부가세는 발생합니다.
- 관세청 홈페이지에서 수입물품의 HS Code 상 수입 관세율[32] 및 수입 신고일 당시의 과세환율[33]
  을 조회할 수 있습니다.

조제청정제(비누)를 한·터키 FTA 협정세율을 적용하여 HS Code 3402.90-3000으로 수입신고 하는 경우 관세율이 0%이지만, 남아프리카와 같이 FTA 체약상대국이 아닌 국가로부터 수입하는 경우 WTO 협정세율이 적용되어 6.5%의 관세를 납부해야겠습니다.

그리고 비록 한·터키 FTA 상대체약국으로부터 수입하더라도 수출체약국이 원산지라는 사실을 FTA 원산지증명서[34]로서 수입자가 수입지 세관에 확인시켜주지 못한다면 혹은 해당 건의 운송서류(B/L, 화물운송장)로서 FTA 수출체약국으로부터 수입체약국으로 물품이 직접(Direct) 운송되었음을 증명해주지 못한다면 FTA 협정세율은 적용을 받을 수 없습니다.

---

32 HS Code 관세율 확인의 또 하나의 경로, 관세청 홈페이지(http://customs.go.kr) 메인 화면 → '패밀리사이트(우측 상단)' 클릭 → 'UNI-PASS 전자통관' 클릭 → 새로운 창 나타나고 팝업 설치 완료 -〉 '정보제공' 아래에 '품목분류정보' 클릭 → '품목분류 검색(우측 상단)' 바로가기 클릭 → 검색 창에서 수입물품의 HS Code 검색 → 해당 HS Code의 수입 관세율 및 수출입 요건 有無 확인 가능.

33 관세청 홈페이지(http://customs.go.kr) 메인 화면 → '패밀리사이트(우측 상단)' 클릭 → 'UNI-PASS 전자통관' 클릭 → 새로운 창 나타나고 팝업 설치 완료 → '조회서비스(중앙 하단)' 아래 '주간환율' 클릭 → '과세'로 클릭 후 '조회(우측 상단)' 클릭 → 과세환율 확인 가능.

34 한터키 FTA는 인보이스와 같은 상업서류에 원산지신고서문안을 기재한 원산지신고서가 원산지증명서로서 역할을 합니다(230쪽 참고).

3) FTA 발효 후 단계적인 관세철폐 품목의 예

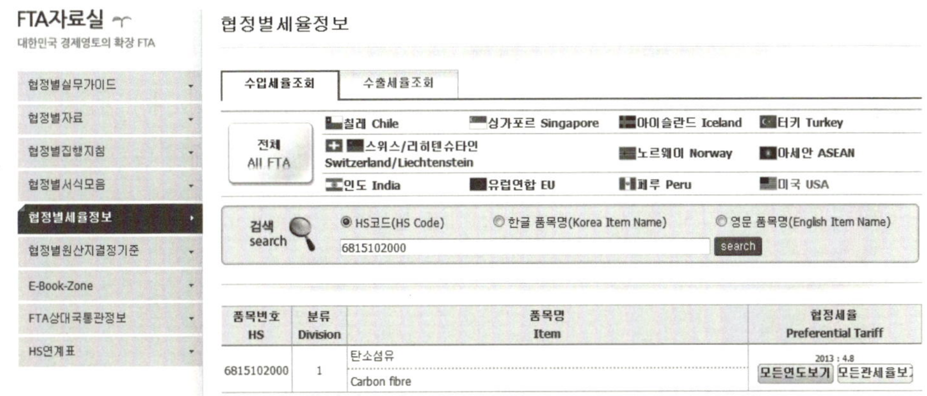

a) 한·미 FTA 2012년 3월 15일 발효.
b) '모든 연도 보기' 클릭.

연도 Year	협정세율 Agreement rate
2013	4.8
2014	3.2
2015	1.6
2016	0

c) 발효 후 관세 단계적 철폐.

한·미 FTA 협정에서 체약상대국인 미국을 원산지로 하고 미국으로부터 '탄소섬유'를 HS Code 6815.10-2000으로 수입신고 하는 경우, 2013년 현재 4.8%의 협정세율을 적용받을 수 있습니다. 한·미 FTA는 2012년 3월 15일에 발효되었으며, HS Code 6815.10-2000은 발효 후 단계적으로 관세가 철폐됨에 따라 해당 HS Code로 수입신고 되는 건에 대해서는 이에 영향을 받겠습니다.

4) 양허대상 품목에서 제외

FTA는 특정 국가 간에 대외무역 증진을 위한 협상으로서 체약국 사이에 거래되는 품목에 대해서 수입 관세율을 양허[35]하기로 협상하여 양허세율(협정세율)을 적용하는 경우라 할 수 있습

---

35 양허에 대한 뜻은 24쪽 참고.

니다. WTO 회원국 간의 거래에서 역시 WTO 회원국 이외의 국가로부터의 수입 품목에 대해서 적용하는 기본세율이 아닌 WTO 협정세율을 적용받을 수 있습니다.

그러나 FTA 협상을 할 때 일부 품목에 대해서는 양허 대상에서 제외하기도 합니다. 이러한 경우 수입 신고 품목에 대한 HS Code에 따라서 기본세율이 적용되는데, 체약상대국이 WTO 회원국이라면 기본세율과 WTO 협정세율 중 더 낮은 세율을 적용하여 세액 납부합니다.

그리고 양허대상 품목인지 혹은 제외 품목인지는 동일한 품목이더라도 FTA 별로 상이할 수 있습니다.

제2장

원산지 결정 기준

※ 본 장은 물품의 원산지를 결정함에 있어 그 기준이 되는 '일반기준'과 '품목별 기준'을 설명하고 있으며, 이러한 설명은 FTA 실무자께서 물품의 원산지 기준에 대한 이해를 돕기 위한 기본적인 개념 설명입니다.

※ 본 장에서 설명하는 원산지를 결정함에 있어 기본이 되는 원산지 기준에 대한 이해를 바탕으로 실무자께서 업무 중에 관세사 사무실의 협조하에 보다 쉽게 업무를 진행할 수 있길 기대합니다.

Ⅰ. 원산지 결정 기준

1. 완전생산물품과 불완전생산물품의 이해

1) 완전생산물품과 완전생산기준

FTA 체약국의 어느 한 쪽 또는 양 당사국의 영역에서 '완전하게 획득되거나 생산된 상품'을 '완전생산물품'이라 합니다. 여기서 말하는 '완전하게 획득되거나 생산된 상품' 혹은 '완전하게 획득된 제품'에 대한 기준, 즉 완전생산기준은 각 FTA 협정별로 조금씩 달리 규정하고 있고 그러한 완전생산기준을 충족해야 완전생산물품이 될 수 있습니다.

A. 완전생산물품의 범위

완전생산물품

당해 국가영역에서	- 광물성 생산품 - 식물성 생산품 - 산 동물 및 그로부터 획득한 물품 - 영역 내 수렵·어로·양식에 의한 생산품
당해 국가의 선박에 의하여	- 영역 밖의 바다에서 체포된 수산물과 기타 물품
당해 국가 또는 국가의 기업이	- 당해 국가 영역 밖의 해저를 탐사할 수 있는 권리를 가지고 있는 경우 영해 밖의 해저 또는 해저 층에서 채취한 물품 - 우주에서 취득한 물품
당해 국가의 영역 또는 선박에서	- 위 물품을 원재료로 하여 생산한 물품

상기와 같이 완전생산물품은 통상적으로 농림수산물 및 광산물 등의 1차 상품이라 할 수 있습니다. 완전생산물품은 1개 당사국 내에서 완전하게 생산되는 물품으로서 1국 완전생산물품

과 2개 이상의 당사국 영역 내에서 완전히 생산된 물품으로서 역내 완전생산물품이 있습니다. 역내 완전생산물품의 예로서 역내에서 출생되고 사육된 양을 상대 체약국이 수입하여 완전생 산물품인 양으로부터 생산한 양모가 될 수 있을 것입니다.

B. 협정별 완전생산품 기준

다음 위치에서 FTA 협정별로 완전생산품에 대한 기준을 확인할 수 있습니다.

칠레	싱가포르	미국	인도	EFTA	아세안	EU
제4.1조 (정의)	제4.1조 (정의)	제6.22조 (정의)	제3.3조 (완전생산품)	부속서 I 제4조 (완전생산품)	부속서3 제3조 (완전생산품)	의정서 제4조 (완전생산품)

완전생산품이 될 수 있는 물품의 범위는 앞에서 설명한 것과 같이 농림수산물, 광산물 등 대부분 1차 상품으로 제한되고 있다 할 수 있습니다.

그렇다고 단순히 한국에서 사육된 소가 한국산으로서 완전생산물품이 될 수 있는 것이 아닙니다. 협정에서 '산 동물'에 대한 완전생산기준을 충족해야 하는데, 대부분 영역 안에서 출생하고 사육될 것을 요구하며 이를 충족해야 완전생산물품이 됩니다. 그리고 '산 동물로부터 획득한 물품'에 대해서도 단순히 산 동물이 아니라 영역 내에서 출생하고 사육된 산 동물을 전제하거나(아세안, 인도, EFTA) 출생은 불문하고 영역 내에서 사육된 산 동물로부터 획득한 물품(EU)이면 완전생산물품으로 인정되는 협정도 있습니다.

그리고 '식물성 생산품'의 경우, 협정에서 영역 내에서 재배되고 수확된 식물성 생산품이면 완전생산물품이라 규정하고 있습니다. 이때 종자 생산 과정은 역외에서 수행되어도 무방합니다. 즉, 역외국에서 파종용 호박 종자(1209.91)를 미국으로 수입하여 파종하고 재배하여 수확한 식용 호박(0709.90)은 미국 완전생산품이 될 수 있습니다.

이렇게 단순히 완전생산물품에 들어갈 수 있는 물품이라 해서 무조건 완전생산물품이 되는 것이 아니며, 비록 종자는 역외산이지만, 협정에서 규정하는 완전생산기준을 충족하면 완전생산물품이 될 수 있습니다. 즉, 완전생산물품이 되기 위해서는 협정에서 규정하는 완전생산기준을 충족해야겠습니다.

원산지 재료(역내산)

FTA 협정에서 원산지결정기준을 충족한 재료를 원산지 재료(OM; Originating Materials)라 하며, 역내산이라고도 합니다. 그리고 원산지 재료의 가치를 원산지재료비(VOM; Value of Originating Materials)라고 합니다.

비원산지 재료(역외산)

반면 원산지결정기준을 충족하지 못한 재료를 비원산지 재료(NOM; Non-Originating Materials)라 합니다. 그리고 비원산지 재료의 가치를 비원산지재료비(VNM; Value of Non-originating Materials)라고 합니다. 또한, 원산지결정기준을 충족하는지에 대한 자료가 부족하여 혹은 생산자의 폐업 등 기타의 이유로 원산지를 입증하지 못하는 재료는 원산지 미상이며, 역외국으로부터 수입한 재료 또는 역내국에서 수입하였지만, FTA C/O로 역내산임을 입증하지 못하는 재료 역시 비원산지 재료(역외산)로 분류될 수 있습니다.

2) 불완전생산물품과 실질변형기준

양모와 같은 경우 완전생산기준을 충족하는 양이라는 원재료로부터 획득할 수 있기 때문에 완전생산물품이 될 수 있고 가공한 수산물의 경우 역시 완전생산기준을 충족한 물고기라는 원재료로부터 생산될 수 있기 때문에 완전생산물품이 될 수 있습니다. 즉, 앞에서 설명한 완전생산물품으로 만든 물품은 완전생산물품이 될 수 있습니다.

하지만 일반 공산품은 완전생산물품이 되기 어렵습니다.

공산품의 생산 공정은 수출국에서 이루어졌다 할지라도 생산품으로서 해당 공산품의 생산 공정에 투입되는 재료는 원산지 재료도 투입되겠지만, FTA 체약국 이외 국(역외국)에서 생산된 역외산 재료 혹은 수출국에서 생산되었지만, 원산지 기준을 충족 못 하거나 원산지를 확인할 수 없는 비원산지 재료(원산지 미상)도 역시 사용될 수 있습니다. 이렇게 생산품의 생산 공정에 비원산지 재료를 함께 사용하여 생산한 물품을 '불완전생산물품'이라 합니다.

다시 말해서 공산품은 역내에서 완전히 생산 또는 획득된 물품으로서 완전생산물품을 원재료로 생산될 수 없는 구조를 가지고 있다 할 수 있습니다.

이러한 '불완전생산물품'에 대한 원산지 결정은 품목별 기준에 의해서 이루어집니다. 즉, 불완전생산물품은 협정별로 HS 6단위를 기초로 규정한 원산지결정기준에서 세번변경기준, 부가가치 기준, 특정공정기준[36](가공공정기준) 중의 하나 혹은 조합 혹은 선택하여 충족할 것을 요구하며, 충족하면 원산지 물품으로서 인정되고 불충족하면 원산지 물품으로서 인정받지 못합니다.

물론 원산지 물품이 되기 위해서는 기본적으로 원산지제도 상의 기본원칙으로서 역내에서 당해 물품의 실질을 변형시키기에 충분할 정도의 공정을 진행해야 한다는 '역내가공원칙'과 '충분가공원칙'을 충족한 상태에서 HS 6단위의 품목별 기준을 충족해야 FTA 원산지증명서 발급을 위한 기본적인 조건을 갖춘다 할 수 있습니다.

여기에 추가적으로 FTA 수출체약국에서 FTA 수입체약국으로의 운송에 있어 제3국을 거치지 않아야 한다는 원산지제도의 기본원칙으로서 '직접운송 원칙' 역시 충족을 해야 수입국에서 FTA 협정세율을 적용받을 수 있는 자격이 부여됩니다.

완전생산물품 역시 FTA 수출체약국에서 완전생산기준을 충족하여 FTA C/O를 기관으로부터 발급받거나 자율적으로 발급 후 FTA 수입체약국에서 FTA 협정세율을 적용받기 위해서 기본적으로 기본원칙으로서 직접운송원칙을 반드시 충족해야 합니다.

---

[36] 특정공정기준(SP, Specific Process Criterion)은 주요 제품에 대해 특정한 생산 공정을 제시하고 이러한 생산 공정을 거쳐야 원산지 상품으로 인정해주는 기준을 말합니다. 통상 섬유의류 상품의 원산지를 결정할 때 사용되는 기준이라 할 수 있으며, 본 책에서는 해당 기준에 대한 설명을 하지 않습니다.

A. 불완전생산물품의 원산지 기준 충족 과정

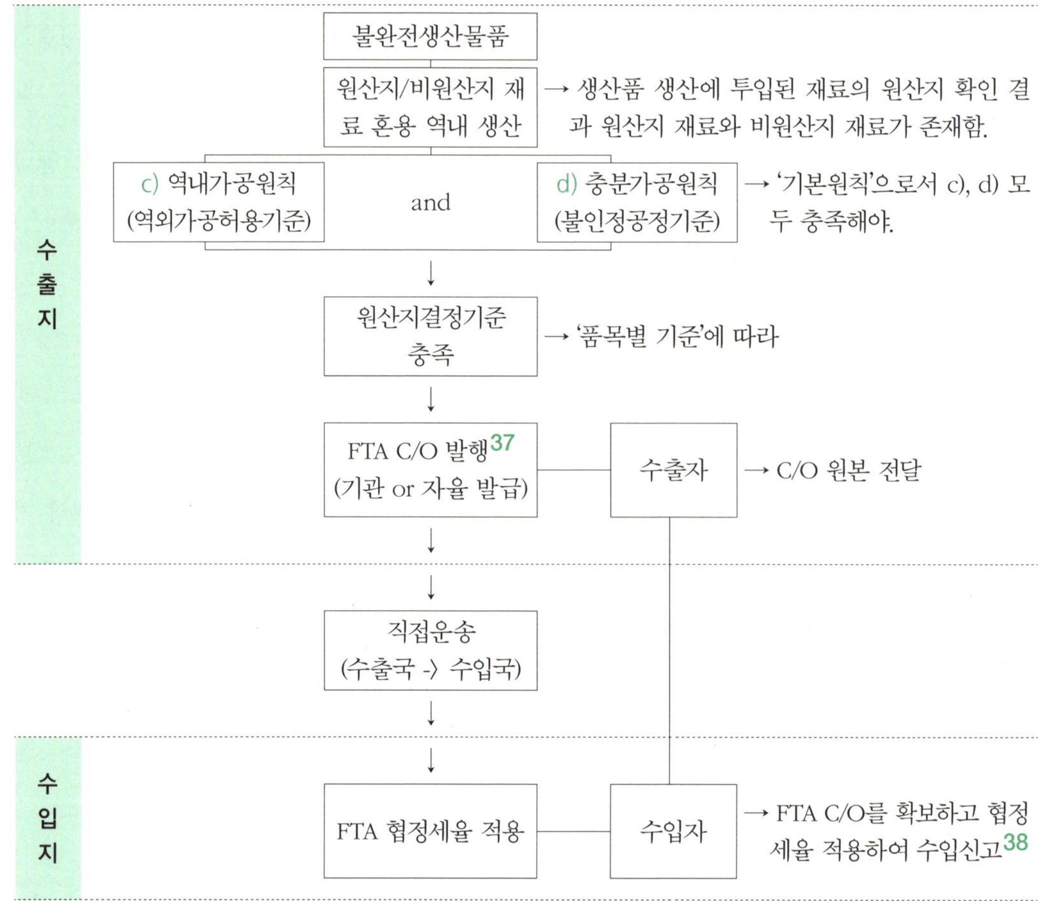

▲ 제조공정도로 역내에서 충분한 가공공정을 진행하였음을 입증합니다. 따라서 원산지 입증서류로서 제조공정도가 필요 할 것입니다(제조공정도 양식 342쪽 참고)[38].

□ 불완전생산물품의 경우, 역외산 원재료를 사용하고 역외에서 어느 정도의 공정을 거쳤더라도 생산품의 수출국으로서 역내국에서 당해 물품의 본질적인 특성을 부여하기에 충분한 정도의 공정이 이루어져야 합니다. 즉 c)와 d)를 모두 충족해야 하며, 이를 기초로 '품목별 기준'

---

37 FTA 원산지증명서를 자율발급 혹은 기관발급 신청하는 수출자/생산자는 사후에 있을 수 있는 원산지 검증에 대비하기 위하여 원산지결정기준을 충족하는 관련 서류 및 해당 물품이 생산되어서 수출되기까지의 일체의 과정을 입증할 수 있는 서류를 모두 5년간 보관하여야 합니다.

38 원산지 검증 때 수출물품이 역내에서 생산되었는지 확인을 위해서 공산품이라면 제조 공장이 FTA 수출체약국에 위치하고 있는지, 농산품이라면 농장이 FTA 수출체약국에 위치하고 있는지 세관은 확인할 수 있을 것입니다. 요즘엔 google로 그 존재 여부를 확인 가능합니다.

역시 함께 충족해야 원산지결정기준을 충족한 생산품으로서 FTA C/O 발급 자격을 갖출 수 있습니다. 물론, 추가로 원산지 국가에서 FTA 상대 수입국으로 직접운송 되어야 수입지에서 FTA 협정세율 적용받을 수 있습니다. 즉, 수출국에서 FTA C/O를 발급받았다 하더라도 직접운송원칙을 충족하지 못하면 FTA 수입체약국에서 FTA 협정세율 적용받을 수 없습니다.

3) 원산지 재료물품

공산품으로서 A라는 생산품을 생산하기 위해서 생산 공정에 투입되는 A-1, A-2, A-3의 재료가 모두 원산지 재료라 하더라도 A라는 공산품은 완전생산품이 되기 어렵습니다. 그 원재료 A-1에 대해서도 누군가가 생산 공정을 거쳐서 생산하였을 것이며, A-1이라는 원재료의 생산 공정에 투입된 원재료들 중에 원산지 재료만 있을 수도 있겠으나 그 원재료의 원재료까지 원산지 재료가 되기는 힘듭니다. 대부분의 공산품은 역외산 재료를 사용하기 마련이기 때문입니다.

즉, 이렇게 원재료의 원재료 그리고 그 원재료의 원재료까지 모두 원산지 재료가 되기 힘들기 때문에 공산품은 대부분 '불완전생산물품'입니다. 그래서 품목별 기준을 적용하여 원산지 결정을 합니다.

그렇지만 A라는 최종 생산품의 생산 공정에 투입된 A-1, A-2, A-3은 모두 원산지 재료이기 때문에 A라는 생산품에 대한 원산지 결정은 따로 하지 않아도 됩니다. 모두 원산지 재료로 생산된 물품이기 때문입니다[39]. 이러한 물품을 '원산지 재료물품'이라 할 수 있습니다.

4) 원산지 결정 절차도

생산품은 완전생산기준을 충족한 완전생산물품('A.원산지 결정'에 해당)과 생산품의 생산 공정에 비원산지 재료를 사용한 불완전생산물품으로 구분할 수 있습니다. 그리고 불완전생산물품은 다시 최종 생산품의 생산 공정에 원산지기준을 충족한 재료만을 사용하여 생산한 원산지 재료물품('B.원산지 결정'에 해당), 그리고 최종 생산품의 생산 공정에 일부 혹은 모든 재료를 비원산지재료

---

[39] 물론 A-1, A-2, A-3이 원산지 물품이라는 사실을 입증하는 원산지 입증서류를 확보해야 할 것입니다.

를 사용하였지만, 원산지결정기준을 충족한 물품('C.원산지 결정'에 해당)으로 구분할 수 있습니다.

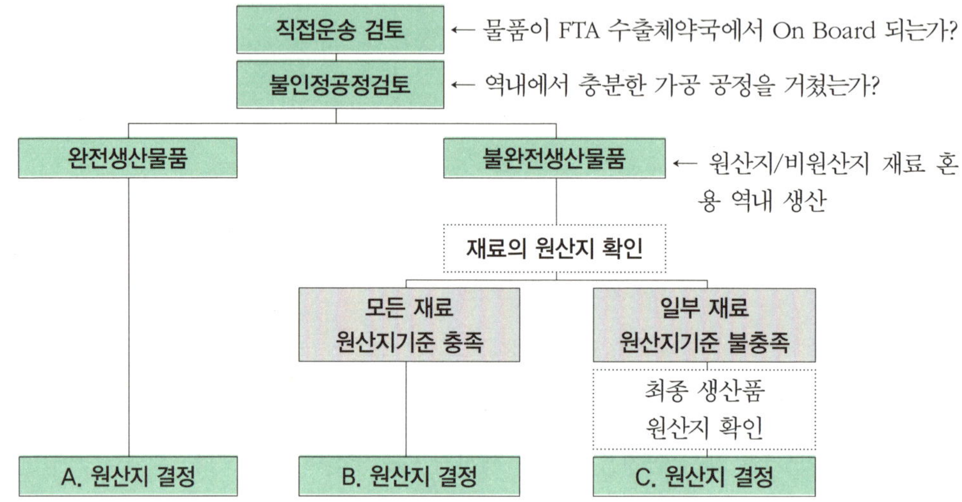

불완전생산품으로서 최종 생산품의 생산 공정에 투입된 원재료에 대한 원산지 결정을 한다고 가정해봅니다.

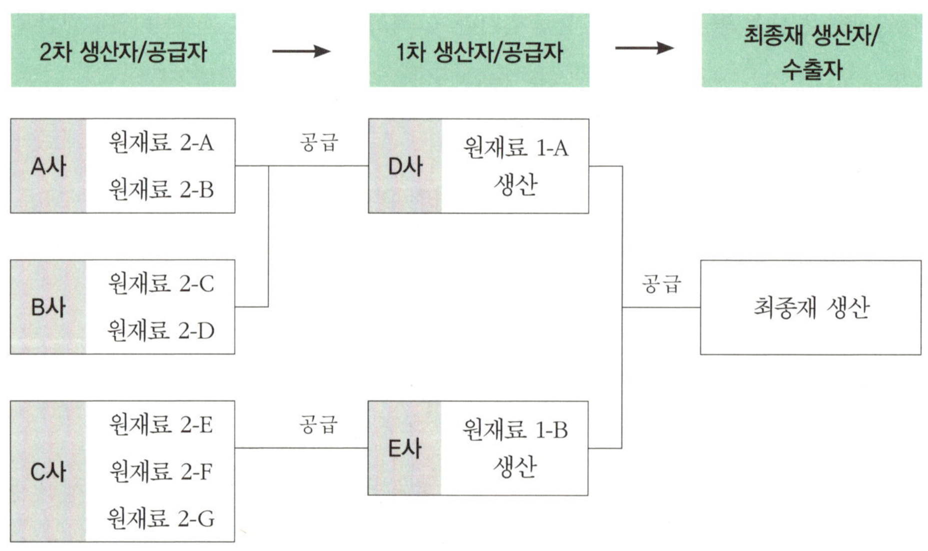

▲ '2차 생산자'의 공급 재료 중에는 비원산지 재료가 포함되어 있습니다.

그 원재료를 생산하여 최종 생산품 생산자에게 공급하는 국내 생산자(D사, E사) 역시 해당 원재료를 생산하기 위해서 2차 공급자로부터 공급받은 원산지 재료 및 비원산지 재료를 사용하였을 것입니다. 그래서 해당 원재료의 생산에 투입된 원재료의 내역으로서 BOM을 작성할 것이며, 그러한 BOM을 바탕으로 해당 원재료가 원산지결정기준을 충족하면 해당 원재료는 원산지 재료가 됩니다.

이렇게 최종 생산품 생산자에게 국내 공급자로서 D사, E사는 원산지결정기준을 충족한 원산지 재료를 공급하고 최종 생산품 생산자가 이러한 원산지 재료만으로 물품을 생산할 수도 있습니다. 이와 같이 생산된 생산품을 '원산지 재료물품'이라 할 수 있으며, 최종 생산품의 BOM상의 모든 재료가 원산지 재료로서 생산품의 HS 6단위에서 요구하는 원산지결정기준이 무엇이든 원산지 재료만으로 생산되었기 때문에 HS 6단위의 원산지결정기준 충족 여부를 확인할 필요 없이 원산지 기준을 충족한 원산지 물품이 됩니다(70쪽 표에서 'B.원산지 결정'에 해당).

반면에 생산품의 생산 공정에 투입된 BOM상의 원재료(원재료 1-A, 원재료 1-B)가 원산지 재료뿐만 아니라 비원산지 재료가 함께 존재하는 경우, BOM을 바탕으로 생산품이 원산지결정기준을 충족하는지를 확인하는 과정이 필요합니다(70쪽 그림에서 'C.원산지 결정'에 해당).

2. 원산지 결정 기준에 대한 이해

1) 기본원칙

기본원칙은 완전생산물품에 대한 기준으로서 완전생산기준과 완전생산품이 될 수 없는 불완전생산물품에 대한 기준으로서 생산품을 생산함에 있어 역내에서 충분한 정도로 생산 공정을 수행할 것을 요구하는 a)역내가공원칙 및 b)충분가공원칙이 있습니다. 그리고 원산지 기준을 충족하여 원산지 물품으로 인정된 후 FTA 수출체약국에서 수입체약국으로 운송됨에 있어 기타의 국가를 거치지 않고 직접(Direct) 운송되어야 한다는 c)직접운송원칙이 기본원칙으로 존재합니다.

FTA 수출체약국에서 FTA 원산지증명서(C/O)로서 원산지결정기준을 충족한 완전생산물품 혹은 불완전생산물품이라는 사실을 입증받았다 하더라도, FTA 수입체약국으로 직접운송 되어야 FTA 협정세율을 FTA 수입체약국에서 적용받을 수 있습니다.

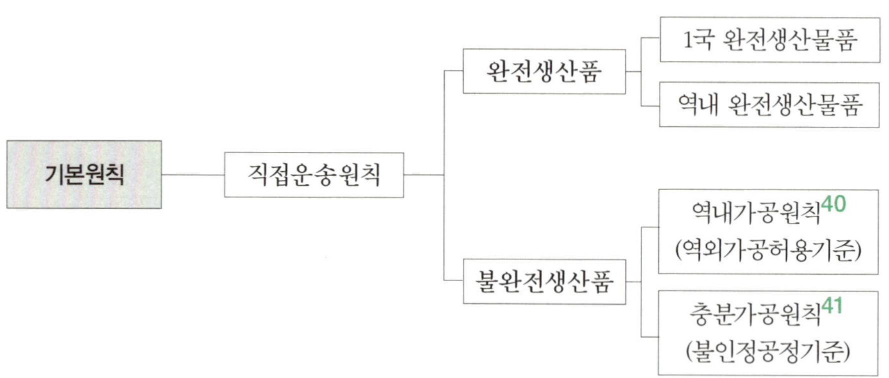

반제품이란 제품이 여러 공정을 거쳐 완성되는 경우, 하나의 공정이 끝나서 다음 공정에 인도될 완성품 또는 부분품으로서 완전한 제품이 된 것은 아니지만, 가공이 일단 완료됨으로써 저장 가능하거나 판매 가능한 상태에 있는 부품을 말합니다. 이것은 전 공정의 제조 작업을 끝마친 최종 생산품인 제품과 구별됩니다. 쉽게 말해서 Blank 상태의 제품이라 할 수 있을 것입니다.

2) 품목별 기준(실질변형기준)[42]

비원산지 재료를 사용한 불완전생산물품에 대해서는 해당 물품의 본질적인 특성을 부여하기에 충분한 정도의 실질적인 변형이 최종적으로 수행된 나라를 원산지로 인정하는 실질변형기

---

[40] FTA에서는 기본적으로 역내가공을 원칙으로 하고 있고, 역외가공은 금지합니다. 즉, 최종 생산품의 수출국이 역외국으로 A라는 재료를 수출하여 반제품 임가공을 의뢰합니다. 그 후 그 반제품을 수입하면 반제품 자체는 관세법상 외국물품으로서 역외국 물품이니 역외산이됩니다. 하지만 일부 FTA 협정에서는 경우에 따라서 반제품에 투입된 A라는 재료의 가치를 역내산으로 인정하여 최종 생산품에 대한 부가가치에 누적하여 원산지결정을 완화하기도 합니다. 그러나 그 범위가 좁기 때문에 이와 같이 예외적인 부분은 무시해도 될 것입니다.

[41] 단순하고 경미한 공정을 거쳐서 생산된 물품의 경우에는 나머지 원산지 요건을 충족시킨 경우라 하더라도 원산지를 인정하지 않는 원칙입니다(단순절단, 혼합, 재포장, 도색 등). 충분가공원칙의 경우 최소공정기준 또는 불인정공정기준이라고도 합니다. (자세한 설명 79쪽 참고)

[42] 참고로 품목별 기준은 말 그대로 품목별, 즉 HS 6단위 별로 규정한 기준입니다. 기본원칙으로서 역내가공원칙과 충분가공원칙을 기본적으로 충족하고 품목별 기준을 충족해야 FTA C/O 발행 가능하겠습니다.

준으로서 품목별 기준을 적용합니다.

품목별 기준(PSR; Product Specific Rules)의 경우 a)생산품의 세번(품목번호)과 그 생산품의 생산공정에 투입된 비원산지 재료의 세번이 상이해야 원산지 물품으로 인정하는 세번변경기준, b)생산품의 부가가치가 역내에서 일정수준 이상이 발생하여야 원산지 물품으로 인정하는 부가가치기준, c)특정한 생산 공정이 수행되어야 원산지 물품으로 인정하는 특정공정기준(가공공정기준)이 있습니다.

이 중에 하나만을 원산지결정기준으로 제시하는 단일기준이 있고, 혹은 2개 기준 이상을 제시하면서 2개 기준 모두를 충족할 것을 요구하는 조합기준(and), 그리고 수출자가 유리한 쪽을 적용할 수 있는 선택기준(or)이 있습니다.

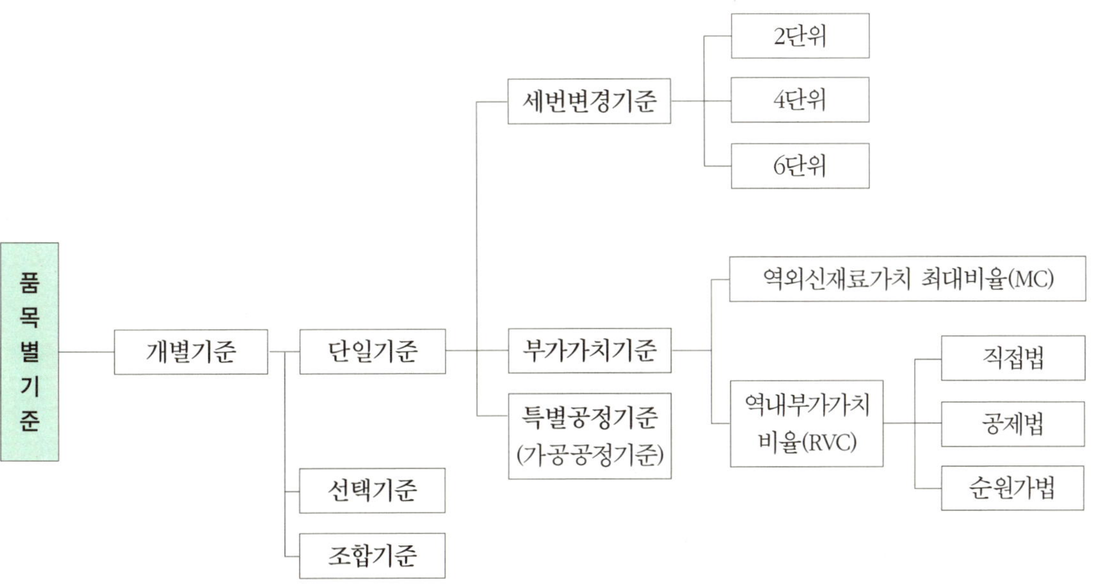

3) 분야별 특혜

마지막으로, 품목별 기준을 보다 완화하여 해당 물품의 원산지 기준 충족을 돕는 분야별 특혜규정이 있습니다. 분야별 특혜규정으로는 a)역내 가공원칙을 완화하는 누적기준, b)세번변경기준을 완화하는 최소기준(미소기준), c)재료비 산정기준을 완화하는 중간재 규정, d)원산지결정의 편의를 위한 대체가능 물품, 세트 물품, 간접재료, 부속품, 포장 등에 대한 특례가 있습니다.

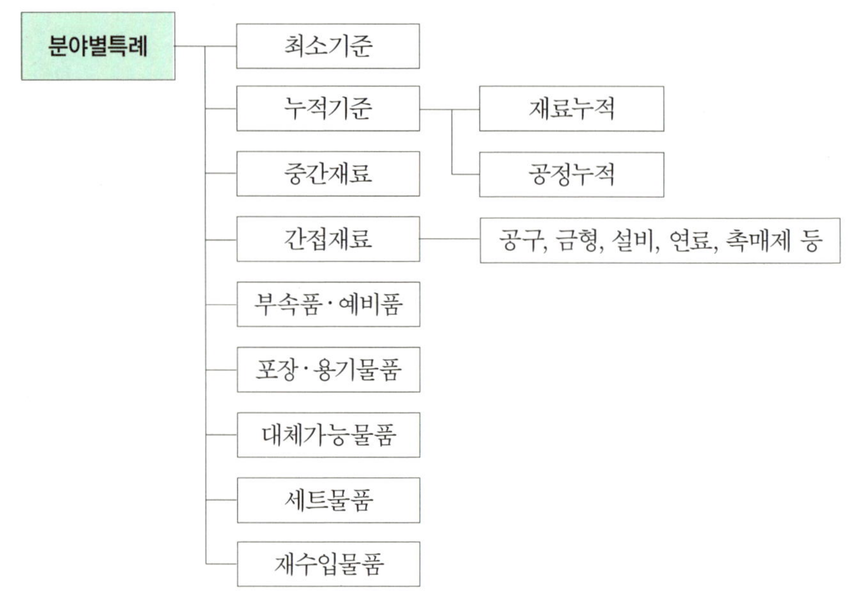

3. 기본원칙 - 역내가공원칙, 충분가공원칙 그리고 직접운송원칙

1) 역내가공원칙(영역원칙, 역외가공 금지원칙)

A. 역내가공원칙

생산품의 생산 공정은 역내에서 중단 없이 수행되어야 하고, 일부라도 역외에서 이루어지면 원산지 물품으로 인정하지 않는 원산지 제도상의 기본원칙입니다[43].

그렇지만 생산품의 생산 공정에 역외에서 생산된 역외산 재료가 사용되었다 할지라도 '생산품의 생산 공정을 역내에서 진행(역내가공)'하고 해당 물품의 원산지결정기준에서 요구하고 있는 품목별 기준을 충족한다면 최종 생산품이 원산지 물품으로서 인정받을 수 있도록 그 기준을 완화하고 있습니다.

결론적으로, 역외산 재료를 사용하더라도 그 최종 생산품(최종재)의 생산 공정은 수출국으로서 역내에서 이루어져야 한다는 것이 바로 역내가공원칙입니다.

---

43 이러한 원칙을 역내가공원칙이라 하며 '영역원칙' 혹은 '역외가공금지원칙'이라고 할 수 있습니다.

BOM(Bill of Material, 소요부품명세서)

- 생산품: Spark Plug(HS 8511.10) I
- 적용협정 : 한·아세안

부품명 (재료명)	품목번호 (HS Code)	원산지	수량	단가	가격(원)	구성비	생산자 /공급자	증빙서류
Mechanical seals	8484.20	한국 (역내산)	1	2,600	2,600	25%	태산(주)	원산지 (포괄)확인서
Ceramic Insulator	8547.10	한국 (역내산)	1	6,300	6,300	60%	태산(주)	원산지 (포괄)확인서
Gasket	8484.10	중국 (역외산)	2	800	1,600	15%	TS Trading	세금계산서
		역내산			8,900			
		역외산			1,600			
		합 계			10,500			

수출지에서 생산하여 최종 수출하는 생산품의 생산에 투입된 재료를 명시한 BOM입니다. 역외에서 생산하여 수입한 역외산 재료(Gasket)가 하나 있습니다. 본 역외산 재료는 생산품을 생산하는 수출자가 역외국의 생산자에게 국외 임가공 의뢰 후 수입한 것이 아니라 단순히 역외국에서 수입한 역외산 재료입니다.

FTA를 특정 국가와 진행한다고 하더라도 재료를 FTA 상대체약국으로부터 조달하기란 국제분업이 자리 잡은 현재의 실정에서는 사실상 어려운 점이 있습니다. 그래서 FTA 상대체약국으로서 역내국이 아닌 역외국으로부터 재료를 조달하는 경우도 많습니다.

이렇게 생산된 Spark Plug(HS Code 8511.10)는 불완전생산물품이며, 따라서 품목별 기준으로 HS 6단위의 원산지결정기준으로서 세번변경기준, 부가가치기준, 특정공정기준 중에 하나(단일기준) 혹은 선택(선택기준) 혹은 조합(조합기준)하여 원산지 기준을 충족하는지를 확인합니다.

HS Code	품목명	영문품목명	원산지기준
8511.10	점화플러그	Sparking plugs	다음 각 호의 어느 하나에 해당하는 것에 한정한다. 1. 다른 호에 해당하는 재료로부터 생산된 것 2. 40% 이상의 역내 부가가치가 발생한 것

한·아세안 FTA에서는 Spark Plug(HS Code 8511.10)에 대한 원산지결정기준으로서 세번변경기준 혹은 부가가치기준의 충족을 요구하는 선택 기준을 제시하고 있습니다. 즉, 둘 중 하나만 충족하더라도 Spark Plug는 원산지 물품으로서 인정을 받을 수 있습니다.

그렇지만 통상적으로 재료와 생산품에 대한 원가 계산을 해서 원산지 기준을 충족해야 하는 부가가치기준은 그 과정이 복잡하고 원가에 대한 소명을 해야 하니 다소 어려울 수 있습니다. 그래서 보다 쉽게 원산지 물품으로 인정받을 수 있는 기준이 세번변경기준이라 할 수 있습니다.

세번변경기준은 생산품의 생산에 투입된 역외산 재료로서 비원산지 재료의 세번과 생산품의 세번이 변경될 정도로 역내에서 역외산 재료를 충분히 가공하여 생산품을 생산했다는 것을 세번의 변경으로 증명함으로써 생산품이 원산지 물품으로 인정받는 기준입니다.

생산품은 85류로 분류되고 역외산 재료 Gasket은 84류로 분류됨으로써 역외산 재료를 역내에서 충분히 가공하였음을 세번의 변경이 말해주고 있습니다[44]. 따라서 해당 생산품은 원산지 물품으로서 인정됩니다.

이때 생산품의 생산 공정은 수출국으로서 역내국에서 이루어져야 합니다. 다시 말해서 한·아세안 FTA 협정국으로서 한국이 수출국이라면 한국이라는 역내국에서 생산 공정을 진행하여야만 최종적으로 원산지 물품으로 인정을 받을 수 있습니다. 한·아세안 FTA 역외국인 호주에서 생산품으로서 점화플러그를 한국이 수입하여 상대체약국으로서 베트남으로 수출을 한다고 했을 때, 그 물품은 한국산이 될 수 없으며 C/O 발급 역시 받지 못하여 베트남에서 FTA 협정세율 적용받을 수 없습니다.

결론적으로, 생산품의 생산 공정은 수출국으로서 역내국에서 이루어져야 합니다.

---

44 세번변경기준은 비원산지 재료를 사용하여 생산품을 생산함에 있어 비원산지 재료를 역내에서 실질이 변경될 정도로 충분히 가공하였는지를 보고 생산품을 원산지 물품 혹은 비원산지 물품으로 구분합니다. 따라서 오직 비원산지 재료의 세번만이 생산품의 세번과 상이하면 되겠습니다.

□ 역내가공원칙 하에서의 해외 임가공

경우에 따라서 예를 들자면, 한국에서 생산품을 생산하여 수출하는 수출자가 역내산 재료를 역외국으로 수출하여 역외국의 생산자에게 임가공 의뢰하는 경우가 있습니다. 이렇게 해외 임가공 의뢰하여 생산된 반제품은 역외국에서 수입되었기 때문에 역외산이지만 여기에 투입된, 즉 한국의 업체가 역외국의 생산자에게 임가공 의뢰하면서 보내 준 역내산 재료의 부가가치를 역내산 부가가치로 인정을 해주느냐 혹은 반제품 자체가 역외산이기 때문에 비록 역내산 재료가 사용되었다 하더라도 무시하고 반제품 자체의 부가가치를 모두 역외산으로 인정하느냐의 문제가 제기될 수 있습니다. 인정하지 않는 것이 원산지제도 상의 기본 원칙입니다.

하지만 FTA 협정에 따라서는 제한적으로 해외 임가공 의뢰할 때 역외의 임가공 업체에 제공한 역내산 재료의 부가가치를 역내산 부가가치로 인정하는 예외적인 경우도 있습니다. 다시 말해서, 역외가공에 사용된 역내산 재료의 부가가치를 생산품의 역내 부가가치 계산에 누적함으로써 생산품이 원산지 물품으로 보다 쉽게 인정받을 수 있도록 하고 있는 것입니다.

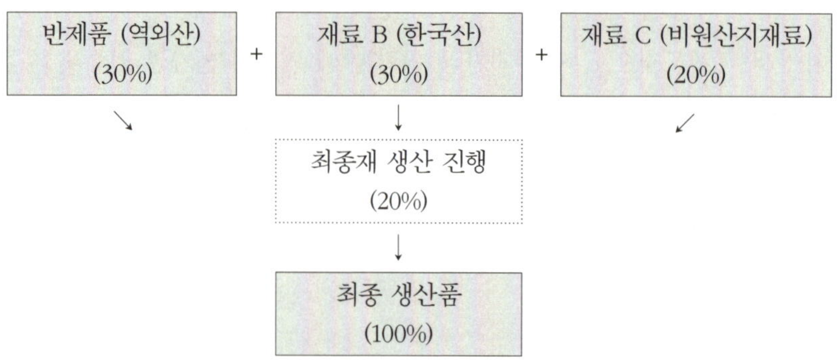

a) 한국의 수출자는 역내산 재료를 역외 국가의 해외 임가공 업체로 수출하여 반제품 생산을 의뢰합니다.

b) 역내산 재료를 사용하여 역외국에서 생산된 반제품을 한국으로 수입하는 경우 비록 역내산 재료가 포함되어 있지만, 반제품 자체는 역외산이 됩니다.

c) '역내가공원칙' 하에서는 반제품 생산을 역외국으로 임가공 의뢰할 때 투입한 역내산 재료에 대해서 역내산 재료만큼의 부가가치를 역내산으로 인정해주지 않습니다. 역내산 재료가 반제품에 포함되어 있더라도 역외국에서 반제품이 생산되었기 때문에 반제품 전체를 역외산으로 분류하고 반제품 전체의 부가가치 역시 역외산으로 분류하여 최종 생산품의 원산지 결정에서 반영합니다.

d) 만약 역외가공을 인정하는 경우, 최종 생산품의 부가가치 대비 반제품의 부가가치가 30%이고 반제품 생산에 투입된 역내산 재료의 부가가치가 20%이므로 그 20%를 역내 부가가치로 인정해 줄 수도 있을 것입니다. 그렇다면 최종 생산품이 원산지 물품으로서 인정될 수 있는 확률이 역외가공을 허용하지 않는 경우보다 높을 것입니다. 하지만 이는 예외 규정이며 원칙은 역외가공을 허용하지 않는 것이라 할 수 있습니다.

* 생산품의 FTA 원산지결정기준 : 역내 부가가치가 상품가격의 60% 이상일 것.

- 역외가공 허용하는 경우

 : 역내 부가가치가 70%로서 생산품이 역내산으로 인정됨.

- 역외가공 허용하지 않는 경우

 : 역내 부가가치가 50%로서 생산품은 역내산으로 불인정됨.

현재 발효된 모든 FTA 협정에서 역외가공을 허용하는 것은 아니며, 허용한다고 하더라도 그 품목을 제한하고 있고 역외가공 의뢰받는 지역 역시 제한하고 있습니다. 즉, 재료를 수출하여 반제품 의뢰하고 수입되는 반제품에 대한 수출국의 재료를 수출국이 원산지로 인정하는 범위는 대단히 제한되어 있다고 이해하면 되겠으며, 기본적으로 이러한 역외가공 허용은 금지한다고 개념을 잡아야 할 것으로 저자는 판단합니다.

2) 충분가공원칙(최소공정기준, 불인정공정기준, 단순가공)

역내에서 원산지 재료와 비원산지 재료를 혼용하여 생산품의 실질을 변형시키기에 충분할 정도의 생산 공정을 거쳐 생산된 생산품에 대해서 실질적인 변형이 최종적으로 수행된 국가에 원산지를 부여하는 것은 원산지 제도의 기본원칙 중의 하나입니다.

생산품의 생산 공정에 단순히 한국산 재료만을 사용하였다면 실질을 변형시키기에 충분할 정도의 가공을 거쳤는지에 대해서 확인할 필요가 없을 것입니다. 하지만 국제 분업과 원재료 공급자의 비협조적인 태도 등으로 인해서 생산자가 공급받는 재료가 항상 한국산 재료만이 될 수 없습니다. 즉, 역외산이라든지 원산지 미상, 원산지 기준 미충족한 비원산지 재료를 공급받기도 합니다. 이렇게 한국산 재료를 포함하여 원산지 재료와 비원산지 재료를 혼용하여 역내에서 생산품을 생산할 때 비원산지 재료를 단순히 건조, 분쇄와 같은 단순 가공을 거쳐서 생산품을 생산하는 것이 아니라 비원산지 재료에 대해서 '충분할 정도의 공정'을 하여 생산품을 생산해야 한다는 것이 충분가공원칙입니다.

다시 말해서, 역내에서 비원산지 재료를 사용하여 생산한 생산품의 원산지 결정을 함에 있어, 생산품의 HS 6단위 원산지결정기준에 명시된 품목별 기준은 충족하였다 하더라도 비원산지 재료를 수입하여 분쇄 또는 절단 또는 포장 등과 같은 단순 공정을 거쳐 생산품을 생산한 경우, 즉 비원산지 재료를 충분히 가공하지 않아서 역외산 재료와 생산품이 완전히 다르냐 할 정도가 아닌 경우에는 기본원칙으로서 충분가공원칙을 충족시키지 못함으로써 원산지 물품으로 인정받을 수 없습니다(68쪽 불완전생산물품의 원산지 기준 충족 과정 참고).

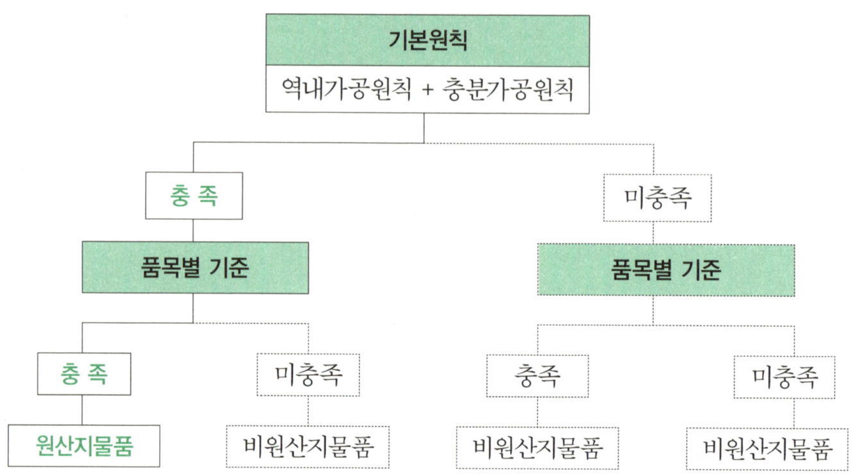

이렇게 기본적으로 기본원칙을 충족시킨 후에 품목별 기준 역시 충족해야 비로소 원산지 물품으로 인정받을 수 있겠습니다. 기본원칙을 충족시키지 못한 상태에서 아무리 품목별 기준을 충족하더라도 원산지 물품으로 인정받지 못하며 결과적으로 FTA C/O 역시 발급할 수 없습니다.

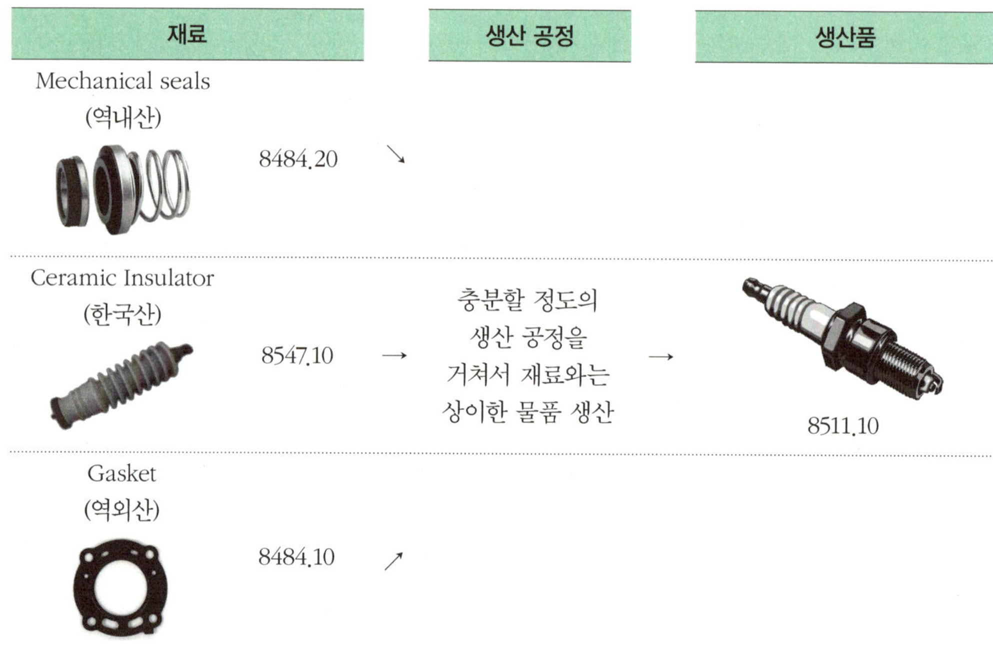

▲ 생산품을 생산함에 있어 원산지 재료(역내산 및 한국산)와 비원산지 재료(역외산 재료 및 미상)를 함께 생산 공정에 투입하였고 충분할 정도의 공정을 거쳐서 '비원산지 재료와는 상이하다고 할 수 있을 정도의 생산품을 생산'하였습니다. 따라서 본 경우는 충분가공기준을 충족한 경우라 할 수 있습니다.

만약 A라는 생산품을 생산함에 있어 원산지 재료로서 역내산 재료 A-1과 한국산 재료 A-2 그리고 비원산지 재료로서 원산지 미상 혹은 역외산 재료 A-3을 사용하였다 가정합니다. 역시 가정하기를, 생산품 A의 HS 6단위 원산지결정기준은 4단위 세번변경기준이며, 비원산지 재료 A-3의 세번 4단위와 생산품으로서 A의 세번 4단위는 상이합니다[45]. 그러면 생산품 A는 원산지 기준을 충족한 원산지 물품이 됩니다.

하지만 원산지결정기준으로서 세번이 변경되었다 하더라도 비원산지 재료를 충분할 정도로, 즉 단순하고 경미하다고 할 수 있는(단순가공) 건조, 분쇄 혹은 포장작업만으로 세번변경기준을 충족했다면 기본원칙으로서 충분가공원칙을 충족하지 못하기 때문에 생산품 A는 원산지 물품으로 인정받을 수 없습니다.

따라서 실무자는 생산품의 HS 6단위 원산지결정기준이 세번변경기준이고 생산품의 생산 공정에 투입된 재료 중에 비원산지 재료의 세번과 생산품의 세번이 상이하다 하더라도 충분할 정도의 가공 공정을 거쳤는지를 확인 후 최종적으로 생산품이 원산지 기준을 충족하였다고 결론 내려야 할 것입니다. 물론 생산품의 원산지결정기준이 부가가치기준 및 가공공정기준일 때 역시 역내에서 충분한 가공 공정을 거쳐야 할 것입니다.

□ 절단 등의 단순공정이더라도 충분가공으로 인정되는 경우

단순공정에 포함되는 예로서, 철판을 수입하여 절단하는 공정을 역내에서 수행하는 것만으로 생산품의 원산지결정기준으로서 세번변경기준을 충족한다고 가정합니다. 그렇지만 절단은 단순공정이기 때문에 세번의 변경이 이루어졌다 하더라도 생산품은 원산지 물품으로서 인정받지 못할 수 있습니다.

그러나 수출국으로서, 한국이라는 역내에서 절단 공정을 수행하는 제조사는 해당 공정을 수행하기 위해서 특별한 기술을 가지고 순식간에 철판을 절단하는데, 0.01mm의 오차도 발생하지 않게 진행한다고 가정합니다. 그러한 기술은 특별해서 해당 제조사만이 혹은 몇몇 제조사만이 가지고 있는 기술이라고 한다면 이는 단순 공정이라 할 수는 없을 것입니다.

---

45 원산지 재료에 대한 세번과 생산품의 세번 변경은 고려 대상이 아닙니다. 비원산지 재료에 대한 세번과 생산품의 세번이 변경되어야 생산품은 세번변경기준으로서 원산지 기준을 충족하게됩니다.

HS Code	품목명	원산지기준
0901.21	볶은 커피	다른 소호에 해당하는 물품에서 제0901.21호에 해당하는 물품으로 변경된 것.

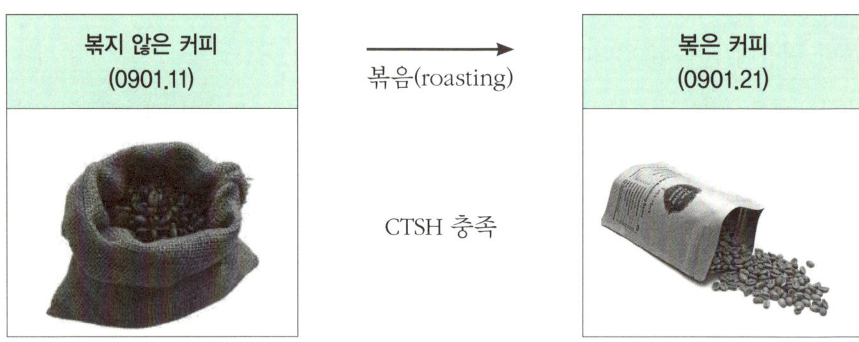

▲ 미국의 수입자가 콜롬비아산 '볶지 않은 커피'를 미국으로 수입 후 일정한 온도를 가하여 볶음(roast-ing). 이 과정에서 생산품으로서 '볶은 커피'의 원산지결정기준으로서 세번변경기준 충족.

상기와 같은 경우, 원두를 볶은 공정은 단순 공정이라 할 수 있습니다. 하지만 원두를 혼합하는 과정에서 각각의 등급을 어느 정도의 비율로 혼합하며, 어느 정도의 온도에서 얼마의 시간 동안 볶느냐에 따라서 커피 맛이 달라집니다. 따라서 원두를 볶는 공정을 수행하는 제조사가 단순히 원두를 볶는 것이 아니라 기술을 가지고 해당 공정을 수행하기 때문에 단순 공정이 아닌 충분한 공정을 수행하는 공정이라 할 수 있을 것입니다.

3) 직접운송원칙

※ 다음은 직접운송원칙에 대한 기본적인 개념입니다. 이에 대한 보다 정확한 개념을 잡기 위해서는 해상 및 항공운송에 대한 스케줄에 대한 이해가 필요합니다. 128쪽 '1. 해상 및 항공운송 스케줄에 대한 이해' 반드시 참고 하길 바랍니다.

어떠한 물품이 FTA 수출체약국에서 FTA 협정에 규정된 원산지결정기준에 따라 원산지 물품으로서 인정받았다 하더라도, 해당 건의 물품이 FTA 수입체약국에서 FTA 협정세율을 적용받기 위해서는 FTA 수출체약국에서 On Board되어 중간에 다른 나라를 거치지 않고 곧바로(직접,

Direct) FTA 수입체약국으로 운송되어야 합니다[46]. 다시 말해서 a)FTA 원산지증명서에 의해서 FTA 수출체약국을 원산지로 하는 물품이라는 사실을 인정받았다 하더라도 b)운송서류(선하증권 혹은 화물운송장)에 의해서 수출체약국에서 수입체약국으로 직접(Direct) 운송되었다는 사실을 인정받아야 합니다[47].

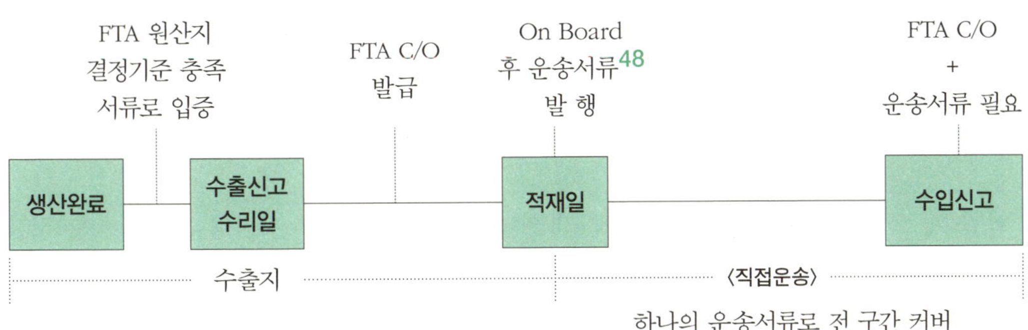

비록 협정에서 정하는 양식과 기재요령에 맞게 작성된 FTA 원산지증명서를 수입자가 수출자로부터 받았다 하더라도 운송서류에 의해서 혹은 기타의 방법으로 직접 운송된 사실이 입증되지 못하면 수입국에서 FTA 협정세율을 적용받지 못합니다[49].

---

46 운송서류(B/L, 화물운송장)의 Port of Loading(Airport of Departure)은 FTA 수출체약국에 위치해야하며, Port of Discharge(Airport of Destination)는 FTA 수입체약국에 위치해야합니다. 기본적으로 환적(T/S) 및 경유를 FTA 역외국에서 하였더라도 운송서류 상에는 기재되지 않습니다.

47 FTA C/O는 FTA 수출체약국에서 수출물품이 On Board 되기 전에 원산지를 증명하는 서류로서 On Board 이후 원산지가 유지됨은 입증하지 못합니다. On Board 이전에 원산지가 아무리 FTA 수출체약국이라 하더라도 On Board 이후 추가가공하면 원산지는 FTA 수출체약국이 아니며 결과적으로 FTA 수입체약국에서 FTA 협정세율 적용을 수 없습니다. 따라서 On Board 이후에도 FTA C/O 상의 원산지가 그대로 유지됨을 입증하는 서류가 바로 운송서류(B/L, 화물운송장)가 되겠습니다. 중요한 부분이니 실무자는 FTA C/O와 운송서류의 개념과 필요성을 정확히 인식하시기 바랍니다.

48 해상의 경우 B/L 혹은 해상화물운송장(SWB). 항공의 경우 항공화물운송장(AWB)

49 FTA 수입체약국에서 FTA 협정세율을 적용받기 위해서는 먼저 협정에서 요구하는 양식과 기재요령에 따라서 작성된 원산지증명서를 수출자로부터 확보해야 하며, 그다음으로 운송서류(B/L 혹은 화물운송장)로서 직접운송 되었음이 확인되어야 합니다.

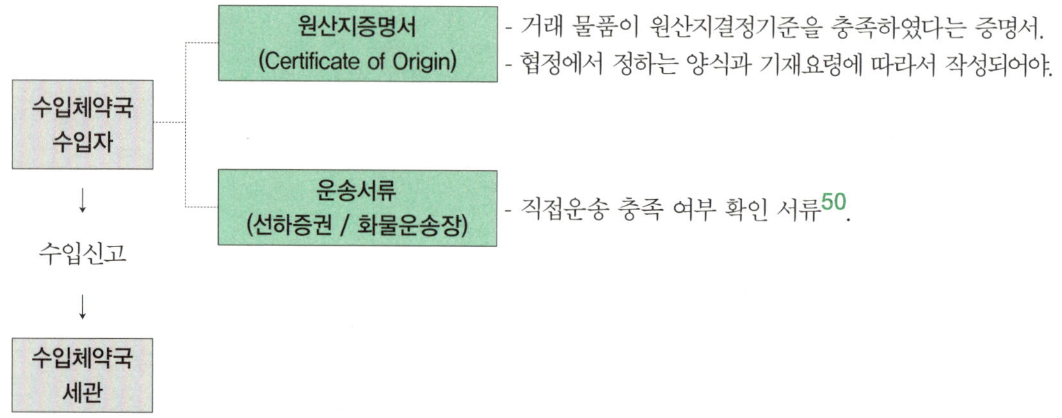

실무자는 직접운송 충족 여부를 이해하기 위해서 다음 문장을 기본 바탕에 두어야 할 것입니다.

직접운송을 충족하기 위해서는 수출체약국에서 물품을 포워더에게 Shipment Booking 할 때부터 수출체약국 내의 선적항/출발공항(Port of Loading / Airport of Departure)에서 적재(On Board)되어 수입체약국을 최종 도착항/도착공항(Port of Discharge / Airport of Destination)로 하여 수출체약국에서 운송서류(선하증권, 화물운송장)가 발행되어야 합니다. 이러한 경우 하나의 운송서류에 의해서 수출체약국에서부터 수입체약국으로 운송이 커버됩니다.

수출체약국에서 물품이 발송되더라도 수입체약국으로 물품이 도착하기까지 2개 이상의 운송서류로 커버 혹은 수입자가 받은 운송서류의 선적항/출발공항이 체약국이 아닌 제3국이라면 직접운송 원칙을 충족 못 했다고 판단해야 하며, 이는 곧 수입지에서 협정세율 적용받기 힘든 상황이라 할 수 있겠습니다.

결국, 수입체약국에서 FTA 협정세율을 적용받기 위해서 직접운송 원칙을 충족해야 하며 이에 관한 확인은 수출체약국에서 출발하여 수입체약국에 도착하기까지 하나의 운송서류로 해결해야 하며 선적항/출발공항이 수출체약국이어야 하며 최종 도착항/도착공항이 수입체약국으로 해당 운송서류에 기재되어 있어야 할 것입니다.

---

50 수출체약국에서의 적재일(On Board Date) 기준으로 수입체약국에 도착한 일자가 합리적인 운송기간(Transit Time, T Time)을 초과하는 경우, 수입지 세관은 그 이유에 대해서 수입자에게 소명할 것을 요구할 수 있습니다. 포워더를 통해서 선사로부터 확인받을 수 있을 것입니다. 적재일은 다른 말로 B/L Date라 하며 해상 B/L 건이든 항공 AWB 건이든 구분 없이 On Board Date를 B/L Date라 합니다.

□ 직접운송을 요구하는 이유

FTA에서 기본원칙으로 직접운송을 요구하는 이유는 명확합니다. 그 이유는 수출지에서 원산지결정기준에 따라 원산지 물품으로 인정받은 물품이 수출체약국에서 수입체약국으로 운송 중에 제3국에서 추가적인 공정을 거치면 원산지가 수출체약국이 되지 않기 때문입니다.

□ B/L 혹은 화물운송장으로 직접운송 여부 확인

수입지 세관은 FTA 협정세율을 적용하여 수입신고 된 건의 B/L 혹은 화물운송장을 근거로 직접운송 여부를 확인합니다[51].

a) 선하증권(B/L) 또는 화물운송장(Seaway Bill, Airway Bill) 상의 선적항(Port of Loading)·출발공항(Airport of Departure)이 체약상대국의 항구 또는 공항으로 기재되어 있고, 양륙항(Port of Discharge, 하역항[52]·도착공항(Airport of Destination)이 우리나라의 항구 또는 공항으로 기재되어 있는지의 여부

b) 체약상대국이 스위스 연방과 같이 내륙지 국가인 경우, ①선하증권(B/L) 또는 화물운송장상의 수출자가 원산지 증빙서류상의 수출자로 기재되어 있고, ②선적항·출발공항이 체약상대국의 인접국가 항구 또는 공항으로 기재되어 있으며, ③양륙항·도착공항이 우리라의 항구 또는 공항으로 기재되어 있는지의 여부

다음은 한국의 수입자와 미국의 수출자 사이의 거래가 해상(By Vessel)으로 진행되는 경우 발행되는 선하증권(B/L)과 항공(By Air)으로 진행되는 경우 발행되는 항공화물운송장(AWB)의 예입니다. 이러한 운송서류로 해당 건의 물품이 수출체약국에서 수입체약국으로 직접 운송하였는지 판단하겠습니다.

---

51 해상 건은 통상 원본으로서 선하증권(Original B/L)이 발행되며, 때에 따라서 사본으로서 해상화물운송장(SWB, Seaway Bill)이 발행됩니다. 항공의 경우는 대부분 항공화물운송장(AWB, Airway Bill)이 발생합니다.

52 하역항에서 하역(荷役)은 아래 하(下)자가 아닙니다. 하역은 '짐을 싣고 내리는 일(loading and unloading)'이라는 뜻입니다.

Shipper **Kaston** **1234 East 0th Street** **Los Angeles, CA 00011, United States**		B/L No. **XXXJKFLD8978**

Multimodal Transport Bill of Lading

Received by the Carrier from the shipper in apparent good order and condition unless otherwise indicated herein, the Goods, or the container(s) or package(s) said to contain the cargo herein mentioned, to be carried subject to all the terms and conditions appearing on the face and back of this Bill of Lading by the vessel named herein or any substitue at the Carrier's option and/or other means of transport, from the place of receipt or the port of loading to the port of dischahrge or the place of delivery shown herein and there to be delivered unto order or assigns. This Bill of Lading duly endorsed must be surrendered in exchange for the Goods or delivery order. In accepting this Bill of Lading, the Merchant agrees to be bound by all the stipulations, exceptions, terms and conditions on the face and back hereof, whether written, typed, stamped or printed, as fully as if signed by the Merchant, any local custom or privilege to the contrary notwithstanding, and agrees that all agreements or freight engagements for and in connection with the carriage of the Goods are superseded by this Bill of Lading

Consignee **EDUTRADEHUB** **xxx, Nonhyundong, Kangnamgu, Seoul, Korea**

Notify Party **Same As Above**

Pre-carriage by	Place of Receipt **LONGBEACH, CA CY**	Party to contact for cargo release **XXX JUNG-GU SEOUL 111-111 KOREA** **TEL : 00-0000-0000 FAX : 00-0000-0000** **ATTN : HONG GIL-DONG**
Vessel Voy. No. **ISLET ACE 832W**	Port of Loading **LONGBEACH, CA**	
Port of Discharge **BUSAN, KOREA**	Place of Delivery **BUSAN, KOREA CY**	Final Destination (Merchant's reference only)

Container No. Seal No. Marks and Numbers XXX834758987 P411999	No. of Containers or Pkgs **7 PLTS**	Kind of Packages ; Description of Goods **SHIPPER'S LOAD, COUNT & SEAL** **1 X 20' CONTAINER S.T.C.** **BABY CARRIER**	Gross Weight **2,500.00 KGS**	Measurement **22.5 CBM**

▲ 선적항(P.O.L.: Port of Loading)은 한·미 FTA 수출체약국으로서 미국에 위치한 항구, 양륙항(P.O.D. ; Port of Discharge) 은 수입체약국으로서 한국에 위치한 항구가 기재되어 있습니다.

▲ 'CA'는 미국의 주(State)로서 캘리포니아 주(State of California)를 뜻합니다.

Exchange Rate	Prepaid at	Payable at **DESTINATION**	Place and Date of Issue **LONG BEACH, USA MAY. 28, 2013**
	Total Prepaid in Local Currency	No. of Original B/L **THREE / 3**	In witness whereof, the undersigned has signed the number of Bill(s) of Lading stated herein, all of this tenor and date, one of which being accomplished, the others to stand void
	Laden on Board the Vessel		
Vessel **ISLET ACE 823W** Port of Loading **LONG BEACH, USA**		DATE **MAY. 28, 2013** BY	As Carrier ABC MARITIME CO., LTD.

▲ Port of Loading으로서 미국 Long Beach에서 외국으로 나가는 배(Vessel)에 적재한 날짜(On Board Date, B/L Date)로 서 'MAY. 28. 2013'이 기재되어 있습니다. B/L Date를 기준으로 수입지로서 우리나라까지의 운송에 소요되는 합리적인 기 간은 직접운송 원칙 충족 여부를 확인할 때 고려될 것입니다. Long Beach Port에서 Busan Port까지 일반적으로 운송시 간(Transit Time)이 15일인데 이보다 상당한 기간이 소요되었다는 이를 입증할 수 있어야 할 것입니다.

Shipper's name and Address Kaston 1234 East 0th Street Los Angeles, CA 00011, United States	Not negotiable Air Waybill (Air Consignment Note) Issued by **ABC Air Freight Service**
Consignee's Name and Address EDUTRADEHUB xxx, Nonhyundong, Kangnamgu, Seoul, Korea	It is agreed that the goods described herein are accepted in apparent good other and condition (except as noted) for carriage SUBJECT TO THE CONDITIONS OF CONTRACT ON THE REVERSE HEREOF THE SHIPPER'S ATTENTION IS DRAWN TO THE NOTICE CONCERNING CARRIER'S LIMITATION OF LIABILITY. Shipper may increase such limitation of liability by declaring a higher value for carriage and paying a supplemental charge if required. as carrier **Also Notify** SAME AS CONSIGNEE

Copies 1, 2 and 3 of this Air Waybill are originals and have the same validity
Special Accounting Information

Airport of Departure ATLANTA, GA	Airport of Destination INCHEON AIRPORT	/// ALL CHARGE COLLECT ///

to ICN	By first Carrier OZ	to	by	to	by	Currency USD	WT/VAL PPD	WT/VAL COLL X	Other PPD	Other COLL X	Declared Value for Carriage N.V.D	Declared Value for Customs

▲ 출발공항(Airport of Departure)은 한·미 FTA 수출체약국으로서 미국에 위치한 공항, 도착공항(Airport of Destination)은 수입체약국으로서 한국에 위치한 공항이 기재되어 있습니다.

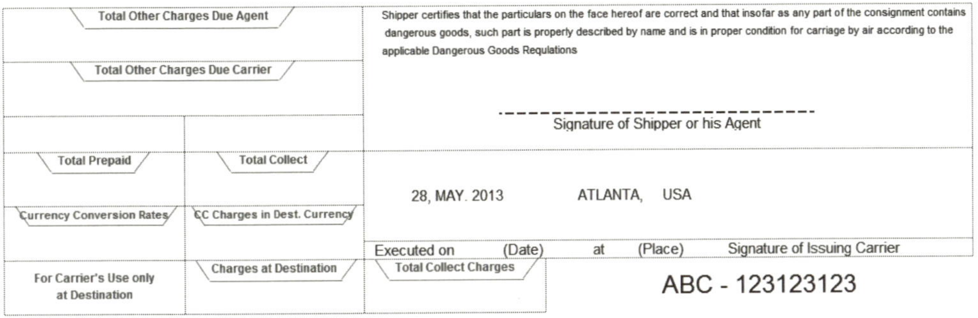

▲ Airport of Departure로서 ATLANTA 공항에서 외국으로 나가는 항공기에 적재한 날짜(On Board Date, B/L Date)로서 '28, MAY. 2013'이 기재되어 있습니다. 수입지로서 우리나라까지의 운송에 소요되는 합리적인 기간이 직접운송 충족 여부 확인할 때 고려될 것입니다.

□ 협정별 직접운송 원칙 규정

FTA	운송 관련 규정
칠레	제4.12조(환적)
싱가포르	제4.15조(직접운송), 제5.9조 다(제3국 단순경유 입증서류)
EFTA	부속서 I 제14조(직접운송)
아세안	부속서 3 제9조(직접운송)
인도	제3.15조(직접운송), 제4.8조 3(제3국 단순경유 입증서류)
EU	의정서 제13조(직접운송)
페루	제3.14조(직접운송)
미국	제6.13조(통과·환적)

※ 관세청 FTA 포털(http://fta.customs.go.kr) 자료

4. 품목별 기준 - 실질변형기준

※ 참고로 세번변경기준은 BOM상의 재료만 보고 생산품이 원산지 물품인지 확인하는 원산지결정기준이라 할 수 있습니다. 반면에 부가가치기준은 BOM과 원가계산서를 바탕으로 생산품의 총 가격(가치) 대비 역내에서 생산된 가격('BOM' 상의 원산지 재료비 총액과 '원가계산서'의 제조 경비 및 수출자 마진 등의 총합계)으로서 역내부가가치가 차지하는 비율이 일정 수준 이상 일 때 혹은 역외부가가치('BOM' 상의 비원산지 재료비 총액)가 일정 수준 이하일 때 원산지 물품으로 인정하는 원산지결정기준입니다. 물론 제조공정도[53] 역시 필요한데, 제조공정도를 통해서 역내에서 충분할 정도의 가공을 하였는지 혹은 불인정공정(단순공정)을 하였는지에 대해서 확인할 수 있습니다.

1) 세번변경기준 (CTC ; Change in Tariff Classification Criterion)

생산품의 HS Code(품목번호, 세번)와 해당 물품의 생산 공정에 사용된 비원산지 재료(역외산, 원산지결정기준 미충족 혹은 원산지 미상)의 HS Code가 일정 단위 이상 다른 경우 해당 물품을 최종적으로 생산한 국가를 원산지로 인정하는 기준을 말합니다. 이때 생산품의 생산 공정에 사용된 원산지 재료(역내산, 한국산)의 HS Code 변경 여부는 불문합니다. 오직 비원산지 재료를 충분히 가공하여야 함에 따라 비원산지 재료의 세번이 생산품의 세번과 비교했을 때 일정 단위 이상 변경될 정도로 충분한 생산 공정을 거쳤느냐를 따집니다[54].

여기서 '일정 단위 이상'이라 함은 비원산지 재료의 HS Code와 생산품의 HS Code를 비교했을 때, HS 2단위 변경(CC; Change of Chapter) 혹은 4단위 변경(CTH; Change of Tariff Heading) 혹은 6단위 변경(CTSH; Change of Tariff Subheading) 되었을 때 실질적인 변형이 이루어졌음을 인정하여 생산품이 원산지 기준을 충족하게 됩니다.

HS(품목분류체계)는 통상 가공도에 따라 번호를 부여하기 때문에 번호가 변화되었다는 것은 기존의 번호에서 상품의 본질적인 특성이 변화될 만큼의 생산 공정을 거쳤다는 뜻이 됩니다. 세번변경기준은 이러한 점을 이용하여 비원산지 재료의 세번과 생산품의 세번이 상이하면 충할 정도의 생산 공정을 거쳤다고 판단하고, 생산품에 대한 원산지 물품 자격을 부여하는 기준이라 할 수 있습니다.

---

[53] 양식 342쪽 참고

[54] 따라서 역내에서 충분한 가공을 하였는지 확인하기 위해서 제조공정도가 원산지 입증서류로서 필요하겠습니다.

CC	Change of Chapter : 2단위 변경기준
CTH	Change of Tariff Heading : 4단위 변경기준
CTSH	Change of Tariff Subheading : 6단위 변경기준

2단위 변경을 요구하는 생산품보다는 4단위 변경을 요구하는 생산품이 원산지 물품으로 결정되기 쉽고 4단위 변경을 요구하는 생산품보다는 6단위 변경을 요구하는 생산품이 원산지 물품으로 결정되기 용이하다 할 수 있습니다. 그 이유는 비원산지 재료의 '류' 단위와 생산품의 '류'단위가 변경된다는 것은 그만큼 가공을 많이 해야 한다는 뜻이 되기 때문입니다.

□ 충분가공원칙과 최소기준(미소기준)

경우에 따라서는 세번이 변경되었음에도 충분할 정도의 생산 공정이 이루어지지 않는 경우도 있습니다. 이러한 경우 충분가공원칙을 위배하는 경우이기 때문에 생산품은 원산지 물품으로 인정될 수 없습니다.

그리고 비록 세번은 변경되지 않았지만 충분할 정도의 생산 공정을 거쳐서 비원산지 재료 대비해서 새롭다 할 정도의 생산품이 생산된 경우 FTA 협정에서 규정하는 범위 내에서 최소기준을 적용하면 생산품이 원산지 물품으로 인정될 수 있도록 원산지 기준을 완화해두었습니다.

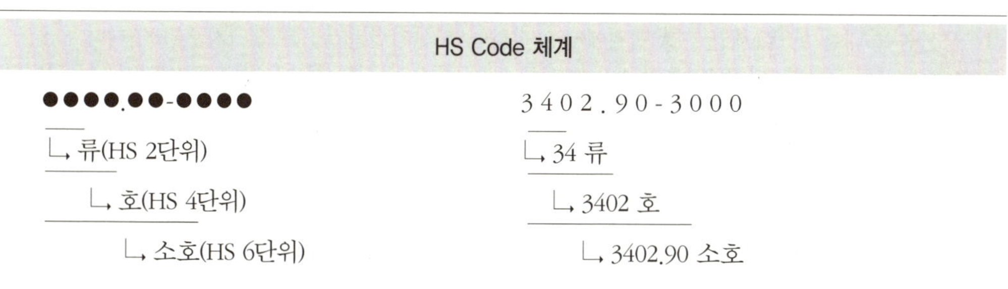

- HS 6단위까지 : 국제적으로 그 분류기준이 동일.
- HS 7단위부터 : 나라마다 세분류하며, 우리나라는 4자리를 추가하여 총 10자리 사용(HSK).

A. 세번변경기준 충족 여부 확인 절차 설명 - BOM 바탕으로

BOM(Bill of Material, 소요부품명세서)

- 생산품: Spark Plug(HS 8511.10)
- 적용협정 : 한·아세안
- 원산지결정기준: CTH (4단위 변경)

부품명 (재료명)	품목번호 (HS Code)	원산지	수량	단가	가격(원)	생산자 /공급자	증빙서류	연락처
Mechanical seals	8484.20	한국 (역내산)				태산(주)	원산지 (포괄)확인서	000-0000
Gasket	8484.10	한국 (역내산)				태산(주)	원산지 (포괄)확인서	000-0000
Ceramic Insulator	8547.10	중국 (역외산)				TS Trading	세금계산서	000-0000

[작성자]업체명/담당부서: Edu Tradehub / 무역부

담당자: 최 규 삼 (서명)

HS Code 8511.10에 대한 한·아세안 FTA 원산지 결정기준

HS Code	품목명	영문품목명	원산지기준
8511.10	점화플러그	Sparking plugs	다음 각 호의 어느 하나에 해당하는 것에 한정한다. 1. 다른 호에 해당하는 재료로부터 생산된 것 2. 40% 이상의 역내 부가가치가 발생한 것

a) 생산품에 대한 한·아세안 FTA 협정에서 규정하는 원산지결정기준은 선택기준(or)입니다. 원산지기준에 보면 "다음 각 호의 어느 하나에 해당하는 것에 한정한다."라고 되어 있기 때문입니다.

b) 선택기준이기 때문에 수출자는 세번변경기준(상기 원산지기준에서 No.1에 해당)과 부가가치기준(No.2) 중에 보다 쉽게 원산지 기준을 충족할 수 있는 기준을 선택합니다. 이때 수출자 자신에게 유리하다고 판단되는 기준이 세번변경기준이라고 결론 내려보겠습니다.

c) BOM에서 비원산지 재료(역외산)는 Ceramic Insulator로서 HS Code 8547.10입니다.

d) 생산품의 HS Code는 8511.10으로서 HS 4단위 변경기준을 충족하고 있습니다.

e) 따라서 수출물품은 한·아세안 FTA 원산지결정기준을 충족하여 원산지 물품으로 인정됩니다. 물론 제조공정도를 통해서 역내에서 충분한 가공 공정을 거쳤다는 사실을 입증해야 할 것입니다.

f) 이때 원산지 재료에 대해서는 세번변경기준을 적용하지 않습니다(상기에서 Mechanical seals와 Gasket이 원산지 재료에 해당됨.). 만약 생산품의 모든 재료가 원산지 재료라면 '원산지 재료물품'(70쪽 'B. 원산지 결정')으로서 생산품의 HS 6단위 원산지결정기준 충족 여부 확인 필요 없이 생산품은 원산지 물품으로 인정됩니다. 물론 이러한 경우에도 기본원칙은 기본적으로 충족해야 합니다.

g) Mechanical seals와 Gasket은 원산지(포괄)확인서로 한국산(KR)이라는 사실이 입증되고 있습니다. 그러나 아무리 한국에서 생산된 재료라 하더라도 원산지(포괄)확인서로 한국산이라는 사실을 공급자가 구매자에게 입증해주지 못하면 한국산 재료가 아니라 원산지 미상이 되어 비원산지 재료로 분류되며, 결과적으로 해당 재료의 세번은 생산품의 세번과 상이해야 생산품이 원산지 물품이 될 수 있습니다.

h) 생산품 생산자는 생산품의 원산지결정기준이 CTH이며, 생산품과 Mechanical seals, Gasket의 4단위 세번이 상이하기 때문에 Mechanical seals와 Gasket의 공급자로부터 원산지(포괄)확인서를 받지 못하여 비원산지 재료로 처리 하더라도 생산품은 원산지결정기준을 충족합니다. 따라서 이러한 경우 굳이 힘들여 원산지(포괄)확인서를 받을 필요가 없겠습니다.

i) 세번변경기준으로 생산품의 원산지 결정을 할 때, 재료에 대한 가격 정보를 확인하여 BOM에 기재할 필요는 없습니다. 비원산지 재료에 대한 세번과 생산품의 세번이 상이한지 여부만 확인하면 되기 때문입니다. 물론 최소기준 적용할 때는 각 재료에 대한 가격 정보와 이를 입증할 수 있는 자료가 필요합니다(112쪽 참고).

- 생산품: 에어백(HS 8708.95) Ⅰ
- 적용협정 : 한·EU FTA
- 원산지결정기준: CTH (4단위 변경)

부품명 (재료명)	품목번호 (HS Code)	원산지	수량	가격(원)	생산자 /공급자	증빙서류
Cover	3926.90	중국 (역외산[55])	1	2,000	TS Trading	세금계산서
Cushion	8708.95	미상 (역외산)	1	2,000	진성(주)	세금계산서
Plate	7326.20	한국 (역내산)	1	4,000	기흥산업(주)	원산지(포괄)확인서
Horn	8306.29	한국 (역내산)	1	6,500	태산(주)	원산지(포괄)확인서
Inflater	8708.95	베트남 (역외산)	1	35,000	Harry Int'l	거래명세서
		역 내 산		10,500		
		역 외 산		39,000		
	제조경비 및 마진			11,500		
	생산품 총액(EXW[56])			61,000		

---

55 'NON-KR' 로 표현해도 됩니다.
56 본 생산품은 한EU FTA 상대체약국으로 수출되기 때문에 EXW를 기준으로 합니다.

a) 생산품, 에어백은 원산지결정기준이 CTH로서 8708호로 분류되고 비원산지 재료 중에 Inflater 역시 8708호로 분류됨에 따라 본 생산품은 최소기준을 적용해 볼 필요가 있습니다. 그러나 최소기준을 적용 한다 하더라도 Inflater의 가격이 생산품의 총액(EXW 기준 61,000원)에서 차지하는 비율이 상당하기 때문에 최소기준 역시 충족하지 못합니다[57]. 따라서 본 생산품은 원산지결정기준을 충족하지 못하며 결과적으로 FTA 원산지증명서를 기관 발급 신청 혹은 자율적으로 발급할 수 없겠습니다.

b) 세번변경기준 혹은 부가가치기준에서 생산품이 이렇게 원산지결정기준을 충족하지 못하는 경우, 비원산지 재료를 원산지 재료로 변경하는 수단을 취해야겠습니다.

c) 본 경우는 세번변경기준으로서 원산지 결정에 큰 영향을 미치는 Inflater를 방법a) 한·EU FTA 상대체약국으로부터 FTA C/O를 바탕으로 수입하여 역내산으로 처리하는 방법(누적기준)[58]과 방법b) 국내 공급자에게 원산지(포괄)확인서를 받아서 한국산으로 처리할 수 있는 방법이 있을 것입니다.

d) a)의 방법을 사용하는 경우, 독일 공급자로부터 FTA C/O를 기초로 공급 받는다 하더라도 독일산이 Harry Int'l로부터 공급받는 베트남산과 비교했을 때 가격 차이가 상당할 것으로 사료됩니다. 따라서 국내에 공급자를 찾아보니 국내 Inflater 공급자가 원산지(포괄)확인서로 한국산임을 충분히 증명해줄 수 있고 무엇보다 베트남산과 비교하였을 때 가격의 차이도 크지 않는 것으로 확인되었습니다. 그렇다면 생산품 생산자는 한국산 Inflater의 가격이 Harry Int'l이 공급하는 가격보다 다소 높다 하더라도 생산품을 한국산 물품으로 인정받기 위해서 방법b)를 선택해야 할 것입니다.

□ FTA 업무는 무역부서, 회계부서, 구매부서, 생산부서 등 회사의 모든 부서가 생산품이 FTA 원산지결정기준을 어떻게 하면 서류상으로 충족시킬 수 있을지 힘을 모아야합니다. 이에 대한 이유로서 BOM 이라는 서류를 작성하여 생산품이 원산지결정기준을 충족하는지 여부를 직접 확인하는 사람은 FTA 업무 담당자일 것이며 무역부서에 속한 내근직 일 것입니다. FTA 업무 담당자는 구매부로부터 전달 받은 생산품의 생산에 투입되는 재료의 내역을 가지고 BOM 을 작성하는데, 어느날 구매부가 생산품 에어백에 투입되는 Horn의 공급자를 (주)태산에서 (주)삼우공업으로 변경하였다고 가정합니다.

그런데 그러한 사실을 FTA 담당자에게 통지하지 않았다면 FTA 담당자는 그러한 사실을 모를 것이며, 그에 따라서 발생될 수 있는 단가의 변화는 생산품(에어백)의 원산지결정기준이 부가가치기준일 때 영향을 미칠 것입니다. 세번변경기준일 때도 기존에 (주)태산에서 공급 받을 때는 원산지(포괄)확인서를 전달 받아서 원산지 재료로 분류하였지만, (주)삼우공업은 원산지(포괄)확인서를 전달하지 못하는 입장에 있다면 세번변경기준 충족에 영향을 미쳐서 기존에 원산지

---

[57] 한EU FTA 최소기준 규정 117쪽 참고. 최소기준 예시 113쪽 참고.
[58] 최종 수출물품으로서 본 생산품이 한EU FTA 상대체약국으로 수출되기 때문에 한EU FTA 상대체약국으로부터 FTA C/O(원산지신고서)를 기초로 수입된 재료는 역내산으로 인정될 수 있습니다.

결정기준을 충족한 생산품이 불충족으로 결론 내려질 수도 있을 것입니다[59].

따라서 관련된 부서 간 업무 협조가 긴밀하게 이루어져야 할 것이며, 회사의 관리자가 그 중요성을 인식하고 직원들 간에 업무 협조가 될 수 있도록 철저한 관리와 체계를 구축할 필요가 있겠습니다. 그렇지 않으면 상기처럼 BOM의 재료가 변경되어서 생산품이 원산지결정기준을 더 이상 충족하지 못하고 있는데도 불구하고 수출자가 FTA C/O를 발행하여 수입자에게 전달할 것이며, 사후에 발생될 수 있는 원산지 검증 때 이러한 사실이 발각되어 낭패를 볼 수 있습니다.

원산지 검증 때 발각되면 수입자는 그동안 받아온 협정세율을 수입지 세관으로부터 추징 당하게 되며, 수입자는 당연히 허위로 FTA C/O를 발행한 수출자에 대해서 손해 배상에 대한 클레임을 제기할 것이며 거래는 더 이상 이루어지지 않을 수도 있습니다.

부서 간에 업무 협조는 너무나 중요한 부분으로서 부디 회사의 관리자가 그 중요성을 인식하였으면 합니다.

B. 세번변경기준의 이해

□ 2단위 변경기준(CC : Change of Chapter) 의 예

한·칠레 FTA 단일기준

HS Code	품목명	원산지기준
7002.31	석영유리제의 것	다른 류에 해당하는 재료로부터 생산된 것

생산품이 '석영유리제의 것'으로서 해당 물품의 HS 2단위(류)와 생산 공정에 사용된 비원산지 재료의 HS 2단위가 서로 상이 해야지만 생산품 7002.31은 원산지 물품으로 인정됩니다.

---

[59] 물론 91쪽의 BOM에서 Horn이 비원산지 재료가 되더라도 생산품(에어백)의 원산지결정기준이 CTH이니 세번의 변경은 이루어집니다.

□ 4단위 변경기준(CTH : Change of Tariff Heading)의 예

 선택기준(or)

HS Code	품목명	원산지기준
8511.10	점화플러그	다음 각 호의 어느 하나에 해당하는 것에 한정한다. 1. 다른 호에 해당하는 재료로부터 생산된 것 2. 40% 이상의 역내 부가가치가 발생한 것 (CTH or RVC 40%)[60]

한·아세안 FTA 선택기준(or)

HS Code	품목명	원산지기준
3917.10	경화 단백질 또는 셀룰로스 물질의 인조거트(소시지 케이싱)	다음 각 호의 어느 하나에 해당하는 것에 한정한다. 1. 다른 호에 해당하는 재료로부터 생산된 것 2. 40% 이상의 역내 부가가치가 발생한 것 (CTH or RVC 40%)

한·미 FTA 단일기준

HS Code	품목명	원산지기준
3102.21	황산암모늄	다른 호에 해당하는 재료로부터 생산된 것

황산암모늄(3102.21)의 경우 한·미 FTA 원산지결정기준과 한·인도 FTA 원산지결정기준(96쪽 참고)이 서로 상이하다는 것을 알 수 있습니다. FTA는 동일한 HS 6단위에 대해서도 협정별로 원산지결정기준이 상이할 수 있습니다. 이러한 이유로 황산암모늄(3102.21)에 대해서 한·미 FTA 원산지 기준을 충족하여 FTA C/O를 발급하였다 하더라도 기타의 다른 FTA 상대체약국으로 수출할 때는 해당 FTA 원산지결정기준을 확인하여 입증 서류 갖추어 충족하면 FTA C/O 발급해야겠습니다. 결국, 동일 품목(HS 6단위)을 여러 FTA 상대체약국으로 수출하는 경우, FTA 별로 원산지결정기준 확인하고 입증서류 갖추어 사후검증에 대비해야겠습니다.

---

[60] 국제 분업으로 인해서 생산품의 가격(100%)에서 차지하는 역내에서 발생된 가격 즉, 역내부가가치비율이 40% 이상 되는 물품을 생산하기란 쉬운 일이 아닐 것입니다.

<table>
<tr><td colspan="3">한·싱가포르 FTA 선택기준(or), 조합기준(and)</td></tr>
<tr><th>HS Code</th><th>품목명</th><th>원산지기준</th></tr>
<tr><td>8536.69</td><td>기타
(Other)</td><td>다음 각 호의 어느 하나에 해당하는 것에 한정한다.
1. 다른 호에 해당하는 재료(제8538호의 것은 제외한다)로부터 생산된 것
2. 다른 호에 해당하는 재료로부터 생산된 것. 다만, 50% 이상의 역내 부가가치가 발생한 것에 한정한다.</td></tr>
</table>

상기는 8536.69로 분류되는 품목에 대한 한·싱가포르 FTA 원산지결정기준입니다. No. 1과 No. 2 중에 하나를 선택할 수 있는데(선택기준), No. 1을 선택하였다고 가정합니다. No. 1에서 '다른 호에 해당하는 재료(제8538호의 것은 제외한다)로부터 생산된 것'의 의미는 8538호에 해당하는 비원산지 재료를 사용해서는 안 된다는 의미로서 4단위 세번변경기준 즉, CTH를 뜻합니다. 이때 원산지 재료는 세번변경기준에 영향을 받지 않기 때문에 8538호에 해당하는 원산지 재료는 사용해도 됩니다.

또한, 8538호에 해당하는 비원산지 재료를 사용하더라도 그리고 기타 비원산지 재료가 세번변경을 이루지 못하더라도, 세번변경이 일어나지 아니한 그 생산에 사용된 모든 비원산지 재료(원산지 미상 재료도 해당)의 가격이 그 생산품의 가격 대비해서 미소할 경우 그 생산품은 원산지 물품으로 인정될 수도 있습니다(최소기준 참고 112[61]쪽).

<table>
<tr><td colspan="3">한·EU FTA 선택기준(or)</td></tr>
<tr><th>HS Code</th><th>품목명</th><th>원산지기준</th></tr>
<tr><td>3402.90</td><td>계면활성제</td><td>다음 각 호의 어느 하나에 해당하는 것에 한정한다.
1. 모든 호(그 제품의 호는 제외한다)에 해당하는 재료로부터 생산된 것. 다만, 그 제품과 동일한 호의 비원산지재료의 가격이 제품의 공장도가격의 20%를 초과하지 아니하는 경우에는 그 재료도 사용될 수 있다.
2. 해당 물품의 생산에 사용된 모든 비원산지재료의 가격이 해당 물품의 공장도가격의 40%를 초과하지 아니한 것</td></tr>
</table>

---

[61] 한·싱가포르 FTA 협정문 제4.10조에서는 '그 상품의 생산에 사용된, 필요한 세번변경이 이루어지지 아니한 모든 비원산지재료의 가치가 그 상품의 관세가격의 10퍼센트를 초과하지 아니할 것.'이라고 최소기준을 기술하고 있습니다.

한·EU FTA에서 3402.90은 세번변경기준과 부가가치기준 중에 하나의 기준을 선택하여 사용할 것을 요구합니다. 이때 세번변경기준에서 4단위 변경을 요구하면서 '다만, 그 제품과 ~ 사용될 수 있다'라는 내용을 추가로 제시하고 있습니다. 해당 원산지결정기준의 의미는 비원산지 재료의 HS 4단위 변경을 요구하는데, 혹시라도 생산품의 HS 4단위(호)와 동일한 비원산지 재료가 있다면 그 비원산지 재료의 가격이 생산품의 공장도가격(EXW) 대비해서 20%를 초과하지 아니하면 원산지 물품으로 인정하겠다는 단순히 4단위 변경을 요구하는 기준보다는 좀 더 완화된 기준으로 판단됩니다. 통상적은 4단위 변경 기준에서 비원산지 재료의 4단위와 생산품의 4단위가 상이하면 생산품은 원산지 물품으로 인정받지 못합니다. 물론 협정별로 정해진 범위 내에서의 최소기준 적용은 가능하며 그 결과에 따라서 원산지 물품이 될 가능성도 있습니다.

한·EU FTA 단일기준		
HS Code	**품목명**	**원산지기준**
3907.30	에폭시수지	모든 호에 해당하는 재료로부터 생산된 것[62]

상기는 CTH 기준이지만, 생산품의 생산 공정에 투입된 비원산지 재료의 4단위 세번이 생산품의 4단위 세번과 동일한 3907호가 되어도 상관없습니다. 즉, 어떤 원재료를 사용하여도 무방하나, 생산품의 생산 공정에 있어 역내에서 충분할 정도의 공정은 거쳐야겠습니다.

□ 6단위 변경기준(CTSH : Chagne of Tariff Subheading)의 예

한·인도 FTA 조합기준(and)		
HS Code	**품목명**	**원산지기준**
102.21	황산암모늄	다른 소호에 해당하는 재료로부터 생산된 것. 다만, 35% 이상의 역내 부가가치가 발생한 것에 한정한다. (CTSH + RVC 35%)

한·미 FTA 단일기준		
HS Code	**품목명**	**원산지기준**
8511.10	점화플러그	다른 소호에 해당하는 재료로부터 생산된 것

---

[62] Preference Criterion : Manufacture from materials of any heading

2) 부가가치기준 (Value Added Criterion)

부가가치기준이란 품목별 기준에 속하며, 당해 물품이 2개국 이상에 걸쳐 생산된 불완전생산 물품의 경우 당해 물품에 대하여 일정 수준 이상의 부가가치를 창출한 국가를 원산지로 인정하는 기준입니다. 물론, 부가가치기준을 충족하는 생산품이라 하더라도 기본원칙으로서 역내가공원칙과 충분가공원칙을 충족해야 수출국에서 FTA C/O를 기관발급 신청 혹은 자율발급 가능하며, 역시 직접운송원칙을 충족해야 수입국에서 FTA 협정세율을 적용받을 수 있습니다[63].

다시 말해서 생산품의 원산지 결정을 함에 있어 FTA 원산지결정기준이 부가가치기준이라면, 기본원칙을 충족시키고 생산품의 생산 공정에서 역내 발생 부가가치가 생산품의 가치 대비하여 일정 수준 이상이 되어야 원산지 물품으로 인정하는 원산지결정기준입니다. 즉, 원산지 재료(한국산, 역내산)의 가격(가치)과 수출국에서 생산품을 생산할 때 발생하는 제조경비(가공비) 및 수출자의 마진이 생산품의 가격에서 차지하는 비율이 높으면 높을수록 해당 생산품은 원산지 물품으로 인정되는 확률이 높아진다 할 수 있습니다. 이때 생산품의 가격은 분모가 됩니다.

A. 부가가치기준의 유형- RC법(공제법, 직접법, 순원가법) 및 MC법

부가가치기준은 크게 RC 법과 MC 법이 있습니다. 생산품의 거래 가격 중 역내 부가가치가 일정 비율 이상일 것을 요구하는 방식이 RC법으로서 공제법(비원산지재료의 가치를 기초로 하는 방법), 직접법(집적법, 원산지 재료의 가치를 기초로 하는 방법), 순원가법이 있으며, 이를 RVC[64]로 나타내기도 합니다. 그리고 역외 부가가치가 일정 비율 이하일 것을 요구하는 방식으로서 MC법이 있습니다.

즉, 역내 부가가치비율(RVC)은 생산품의 가격에서 차지하는 원산지 재료들의 총액과 역내에서 생산품 생산을 위해서 투입된 가공비(제조경비) 및 수출자 마진 등의 역내 가치가 생산품의 가격에서 차지하는 비율이 일정 수준 이상이어야 원산지 물품으로 인정하는 방법입니다. 반면에, 역외 부가가치비율(MC)은 생산품의 가격에서 차지하는 비원산지 재료의 총액 등 역내 가치가 아닌 역외 가치가 생산품의 가격에서 차지하는 비율이 일정 수준 이하이어야 원산지 물품으로 인정하는 방법입니다.

---

[63] 기본원칙을 기본적으로 충족해야 한다는 것은 세번변경기준에서도 동일합니다. 세번변경기준을 충족하기 전에 기본원칙이 충족되어야 하며, 원산지 기준을 충족하여 FTA 원산지증명서를 기관 혹은 자율적으로 발급 하였다 할지라도 수입지에서 FTA 협정세율 적용받기 위해서는 B/L 혹은 화물운송장(Way Bill)으로 직접운송 되었음을 증명해야 합니다.

[64] Regional Value Contents, 백분율로 표시된 생산품의 역내 부가가치 비율

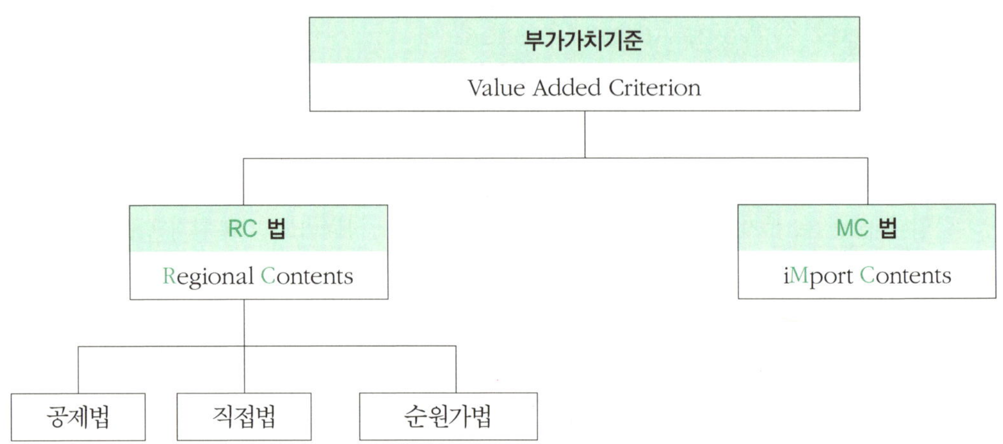

　　RC 법에서의 RC는 Regional Contents의 약자인데, Local Contents라 하여 LC 법이라고도 하며 또한 Domestic Contents라고도 합니다.

구분	싱가포르	인도	칠레	ASEAN	미국	EFTA	EU
기준	RC	RC	RC	RC	RC	MC	MC
산출공식	공제법	공제법	공제/직접법	공제/직접법	공제/직접/순원가법	MC법	MC법
상품가격 (조정가격) 계상기준	관세가격 (실제지급액)	FOB	조정가격 (실제지급액)	FOB	조정가격 (실제지급액)	EX-works	EX-works
공제요소	-	-	국제운송비	-	국제운송비	환급내국세	환급내국세
근 거	제4.1조	제3.4조	제4.1조	제1조	제6.22조	제1조	제1조

▲ 유럽과의 FTA(한·EU, 한·EFTA 및 한·터키)의 경우 상품가격(조정가격)은 EXW를 기준으로하고, 기타의 FTA는 FOB를 기준으로 한다 할 수 있습니다. 이때 중요한 것은 EXW, FOB의 가격기준이 인코텀스 조건 그대로의 가격 기준이라고 이해하면 안 됩니다. 공제되는 가격이 존재할 수 있고 공제되는 항목도 FTA별로 상이할 수 있습니다.

▲ 한-호주 FTA에서 RVC 적용할 때, 분모값으로서 조정가치(상품가격)는 FOB라고 보면 문제없을 것입니다. 최소기준 적요할 때 역시 분모값은 FOB가 된다 보면 될 것입니다.

▲ 한-호주 FTA에서 부가가치기준은 RC이며 분모값은 FOB 가격입니다. 반면 한-캐나다 FTA에서 부가가치기준은 MC법을 사용하며 분모값은 EXW 가격이라 할 수 있습니다.

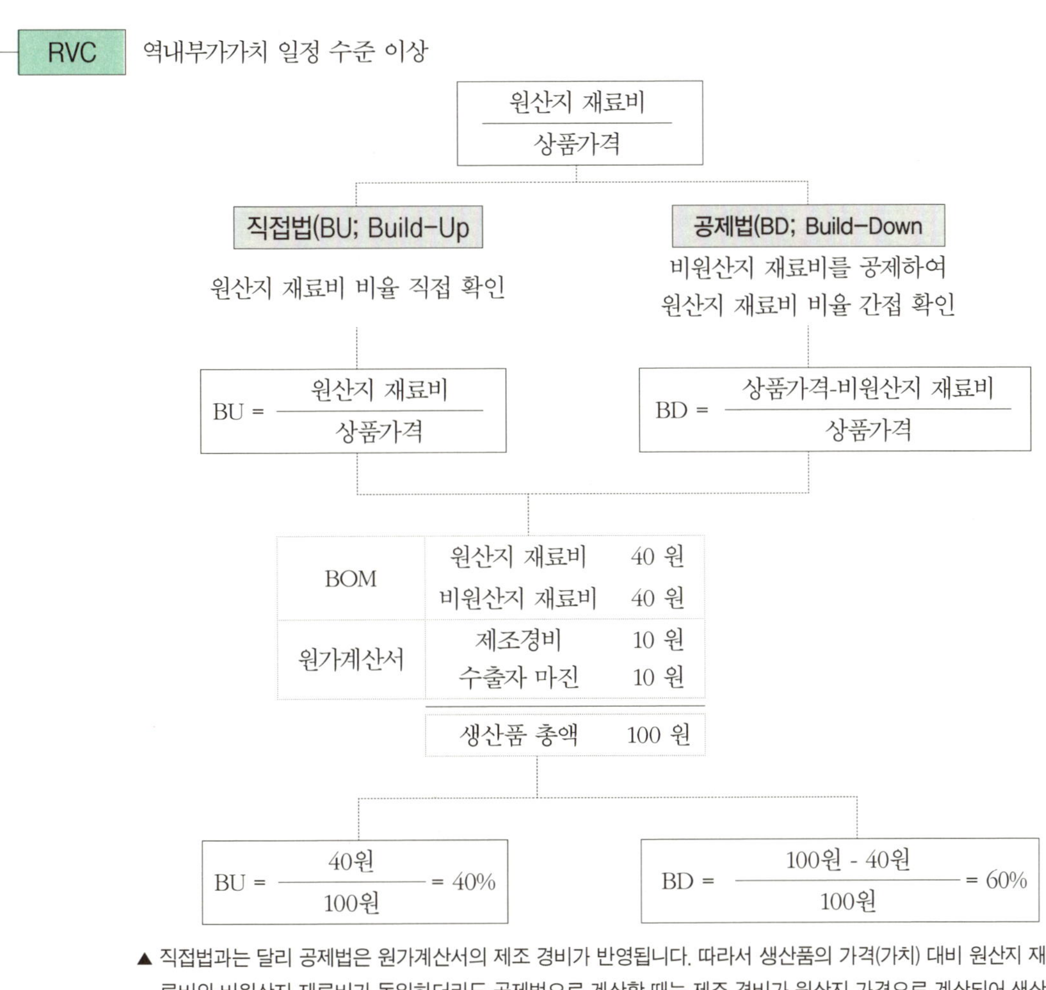

▲ 직접법과는 달리 공제법은 원가계산서의 제조 경비가 반영됩니다. 따라서 생산품의 가격(가치) 대비 원산지 재료비와 비원산지 재료비가 동일하더라도 공제법으로 계산할 때는 제조 경비가 원산지 가격으로 계산되어 생산품의 원산지결정기준 충족을 유리하게 합니다.

□ 한·아세안 FTA에서 공제법을 사용하는 우리나라

한·아세안 FTA에서 우리나라 수출자가 수출하는 물품의 HS 6단위 원산지결정기준이 부가가치기준이라면 공제법으로 원산지결정기준 충족 여부를 확인합니다. 비록 부가가치기준에는 공제법과 직접법이 있다 하더라도 한·아세안 FTA에서는 우리나라 수출물품의 원산지결정기준이 부가가치기준일 때, 공제법을 선택하도록 되어 있습니다(다음 '참고'표 참고).

반대로 말하면, 한국 수입자의 경우 한·아세안 FTA 상대체약국으로부터 FTA C/O를 받을 때 상대체약국이 어디냐에 따라 직접법을 기초로 원산지 결정을 했는지 혹은 공제법을 기초로 했는지 확인할 필요가 있겠습니다. 예를 들어 미얀마에서 수입하는 물품으로서 수출자가 부가가치기준에 의해서 원산지 결정을 한다면, 한국 수입자는 미얀마 수출자가 직접법에 의한 원산지 결정을 기초로 FTA C/O를 기관 발급받았는지 확인해야 할 것입니다.

하지만 한·아세안 FTA를 제외한 기타의 FTA로서 한·칠레, 한·미 FTA의 경우, 공제법과 직접법 중에 수출자는 생산품의 원산지 결정에 유리한 방법을 선택하여 원산지를 결정하면 되겠습니다.

> **참고**
>
> ※ **직접법:** 브루나이, 인도네시아, 라오스, 미얀마, 싱가포르가 채택
> ※ **공제법:** 한국, 캄보디아, 말레이시아, 필리핀, 베트남, 태국이 채택

B. 공제법(BD;Build-Down Method)을 활용한 계산 방법 설명

생산품 가격에서 비원산지 재료의 가격을 제외한 나머지 부분을 역내가치로 보는 방식입니다. 공제법은 제조경비 및 수출자의 마진이, 분모 값으로서 상품가격 대비하여 그 비율이 높은 경우 적용하면 유리하다고 할 수 있습니다.

$$\text{역내 부가가치비율(RVC)} = \frac{[\text{거래(상품)가격} - \text{비원산지재료비(가치)}^{65}]}{\text{거래(상품)가격}} \times 100$$

---

65 VNM(Value of Non-originating Material) : 생산자에 의해 상품의 생산에 사용된 비원산지 재료의 가치

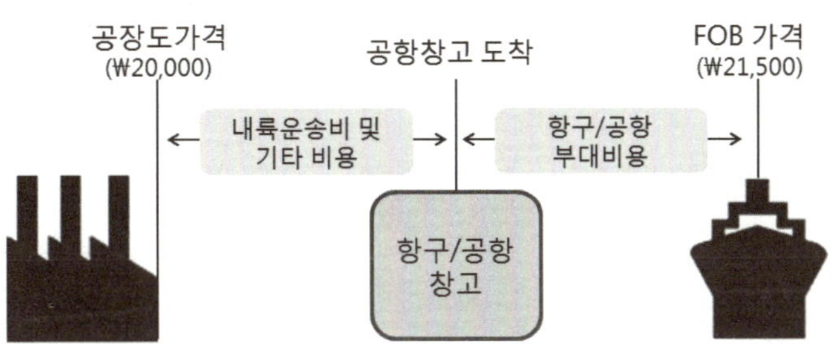

예를 들어 어떤 물품의 공장도가격이 ₩20,000(수출자 마진 포함)이고 내륙운송을 통하여 부두/항구에 도착 후 적재(On Board)할 때까지의 비용이 ₩1,500이 발생하여 FOB 가격은 ₩ 21,500이라고 가정합니다. 그리고 해당 물품에서 원산지 재료의 총 가격은 ₩9,000이고, 비원산지 재료의 총 가격은 ₩ 3,000이라고 가정합니다.

BOM(Bill of Material, 소요부품명세서)

- 생산품: Spark Plug(HS 8511.10) Ⅰ
- 적용협정: 한·아세안

부품명 (재료명)	품목번호 (HS Code)	원산지	수량	단가	가격(원)	생산자 /공급자	증빙서류
Mechanical seals	8484.20	한국 (역내산)	1	2,600	2,600	태산(주)	원산지 (포괄)확인서
Gasket	8484.10	한국 (역내산)	1	6,400	6,400	태산(주)	원산지 (포괄)확인서
Ceramic Insulator	8547.10	중국 (역외산)	2	1,500	3,000	TS Trading	세금계산서
역 내 산					9,000		
역 외 산					3,000		
합 계					12,000		

원가산출내역서

총원가						목표 이익 (마진)	EXW 가격	기타 경비 및 내륙 운송비	FOB 가격
제조원가					판매 및 일반 관리비	+	+	+	+
직접원가			직접 경비	제조 간접비					
직접재료비		직접 노무비							
역내산	역외산								
9,000	3,000	1,300	1,000	1,500	1,200	3,000	20,000	1,500	21,500

▲ 역내산 재료비와 역외산 재료비를 제외하고 최종 물품의 생산이 수출지 국내에서 이루어졌기 때문에 직접노무비, 직접경비 등의 부가가치는 모두 수출지 국내에서 발생한 역내 부가가치가 됩니다.

▲ 실제로 BOM상의 재료 단가라든지 원가산출내역서의 제조 경비는 1,300원, 1,000원, 1,500원 및 1,200원처럼 딱 떨어지지 않을 것입니다.

▲ 상기 '목표이익' 부분을 수출자의 마진이라고 보면 되겠습니다. 마진을 상당히 높게 취할 수 있는 수출자라면 EXW 혹은 FOB 가격 대비 역내 가치는 그만큼 높아져서 부가가치기준 충족을 보다 쉽게 할 수 있을 것입니다.

한·아세안 FTA에서 세번 8511.10을 가진 품목(점화플러그)에 대한 원산지결정기준은 다음과 같습니다.

한·아세안 FTA 선택기준(or)

HS Code	품목명	원산지기준
8511.10	점화플러그	다음 각 호의 어느 하나에 해당하는 것에 한정한다. 1. 다른 호에 해당하는 재료로부터 생산된 것 2. 40% 이상의 역내 부가가치가 발생한 것 (CTH or RVC 40%)[66]

수출자는 세번변경기준보다 부가가치기준이 생산품의 원산지결정기준 충족을 더 쉽고 유리하게 한다고 판단합니다(물론 상기 상황에서 4단위(호, CTH) 변경기준을 적용하면 역외산 Ceramic Insulator 8547과 생산품 8511의 4단위 세번이 상이하기 때문에 쉽게 원산지결정기준 충족을 확인할 수 있습니다.). 이때 우리나라에서 한·아세안 FTA 체약국으로 수출되는 생산품의 원산지결정기준이 부가가치기준이라면, 공제법을 기초로 원산지결정기준 충족 여부를 확인합니다(한·아세안 FTA에서 우리나라는 공제법 채택).

---

[66] 국제 분업으로 인해서 생산품의 가격(100%)에서 차지하는 역내에서 발생된 가격 즉, 역내부가가치비율이 40% 이상 되는 물품을 생산하기란 쉬운 일이 아닐 것입니다.

따라서 공제법을 사용하여 원산지결정기준 충족 여부를 확인하며, 한·아세안 FTA에서의 거래가격은 FOB를 기준으로 하기 때문에 공식에 대입하면 아래와 같습니다.

$$RVC = \frac{(21{,}500 - 3{,}000)}{21{,}500} \times 100 = 86\%$$

그렇다면 해당 물품의 역내 부가가치비율, 즉 '당해물품 거래가격에서 역내 부가가치 비율'은 86%로서 원산지결정기준에서 요구하는 40%를 넘었습니다(역외 부가가치비율은 14%). 따라서 해당 물품은 원산지 기준을 충족한다고 할 수 있습니다.

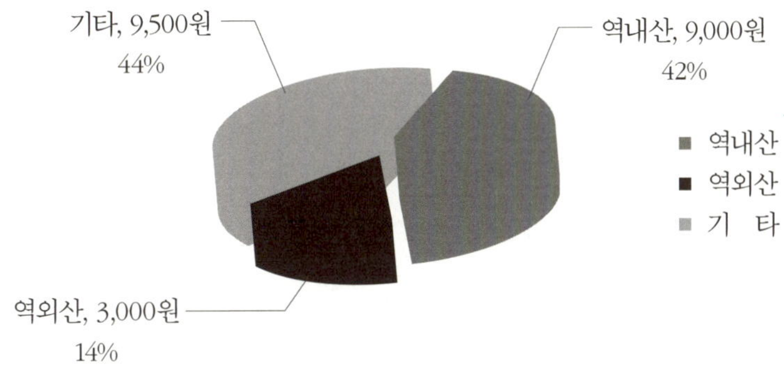

만약 비원산지 재료비가 9,000원이고 원산지 재료비가 3,000원이라고 가정하여 계산을 해보겠습니다. 즉, 앞에서 예를 들은 표의 역내산 재료비와 역외산 재료비를 스위치한 상황이며, 그 결과 역내산 재료비보다 역외산 재료비가 더 큰 상황이 되었습니다.

$$RVC = \frac{(21{,}500 - 9{,}000)}{21{,}500} \times 100 = 58\%$$

비원산지 재료비가 원산지 재료비에 비해서 상당히 높더라도 생산 과정에서 투입된 가공비, 수출자의 마진, 그리고 적재(On Board) 전까지 발생된 비용이 존재하기 때문에 본 상황에서도 해당 물품은 역내 부가가치가 40%를 넘었으며, 그 결과 본 물품은 원산지결정기준을 충족한 원산지 물품으로 인정받을 수 있겠습니다.

C. 직접법, 순원가법, MC법 설명

□ 직접법(BU : Build-Up Method)

공제법은 비원산지 재료의 가치를 기초로 계산하는 방식이기 때문에 비원산지 재료의 가치, 즉 가격이 원산지 재료의 가격과 제조경비 및 수출자의 마진에 비해서 상대적으로 낮으면 생산품이 원산지 물품으로 인정받을 확률이 높아진다 할 수 있습니다. 반면에, 직접법은 원산지 재료의 가치(가격)를 기초로 계산하는 방식입니다. 따라서 오직 원산지 재료비의 비중이 높은 경우 직접법을 적용하면 원산지 물품으로 인정받을 확률이 높겠습니다.

$$\text{역내부가가치비율(RVC)} = \frac{\text{원산지재료비(가치)[67]}}{\text{거래(상품)가격}} \times 100$$

□ 순원가법(NC: Net Cost Method)

순원가법은 한·미 FTA에서 자동차 관련 부분품에 한하여 적용하는 방법으로서 직접법, 공제법과 함께 선택적으로 사용할 수 있도록 하고 있습니다. 본 책에서는 순원가법에 대해서는 언급하지 않겠습니다.

□ MC법(value of iMport Contents)

MC법은 '비원산지재료비가 상품가격의 일정비율 이하일 것'으로 정하는 방식으로서 유럽과의 FTA인 한·EU, 한·EFTA 및 한·터키 FTA에서 채택하고 있습니다.

$$\text{부가가치비율} = \frac{\text{비원산지재료비(가치)}}{\text{거래(상품)가격 (EXW)[68]}} \times 100$$

MC법 계산할 때 역시 생산품에 투입된 재료 명세서로서 BOM, 그리고 EXW 가격이 형성되기 전까지의 역내 부가가치로서 국내 제조경비와 수출자의 마진 등에 대한 원가산출내역서 및 이를 입증하는 원산지 입증서류가 필요하겠습니다.

---

67 VOM(Value of Originating Material) : 생산자에 의해 상품의 생산에 사용된 원산지 재료의 가치
68 EXW 가격에서 수출시 환급되는 내국세를 공제함.

D. 안정적인 부가가치기준 충족을 위한 버퍼율 설정

부가가치기준으로서 RVC 혹은 MC에서 요구하는 기준 대비 그 계산 결과 값의 과부족 범위가 크지 않은 경우가 있습니다. 예를 들어, 원산지결정기준이 RVC 45%인 물품이 있는데, 해당 물품 생산자가 공제법(BD; Build Down)을 선택하여 공제법으로 계산한 결과 값이 47% 나왔다고 가정합니다.

이러한 경우 45% 대비 결과 값이 47%로서 비록 원산지결정기준은 충족하였으나, 그 범위가 단지 2%밖에 되지 않는 불안한 상황이라 할 수 있습니다.

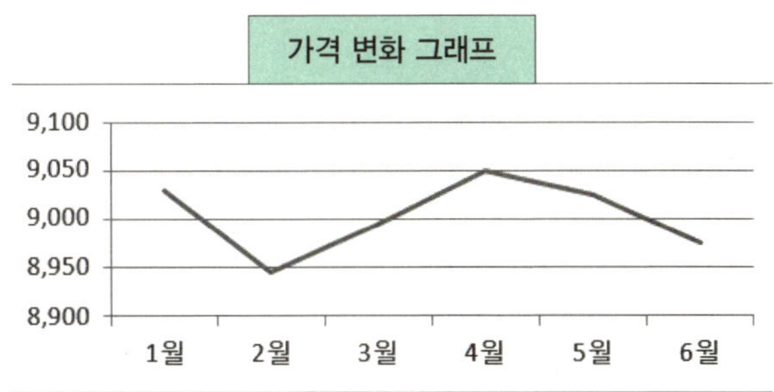

이러한 상황에서는 비록 1월에 생산한 제품의 공제법 결과가 47%라 할지라도 3월에 생산하는 제품의 공제법 결과는 47%가 아니라 기준값으로서 45%보다 낮게 나올 수 있습니다. 그 이유는 제품을 생산함에 있어 투입되는 재료의 가격은 환율 등 시장 환경에 따라서 변경될 수 있으며, 생산품 생산에서 제조경비 역시 항상 동일하지는 않습니다. 예를 들어 전기료, 인건비, 물류비가 동일한 생산품을 생산한다 하더라도 늘 생산품 개당 동일 비용이 발생하는 것은 아니라 할 수 있습니다.

BOM(Bill of Material, 소요부품명세서)

- 생산품: ○○○Ⅰ
- 적용협정 : 한·미 FTA
- 원산지결정기준 : 공제법(BD) 45%
- 가격 : FOB 8,900원

부품명 (재료명)	품목번호 (HS Code)	원산지	수량	가격(원)	생산자 /공급자	증빙서류	연락처
재료 A	0000.00	한국 (역내산)	1	2,500	A사	-	-
재료 B	0000.00	한국 (역내산)	1	500	B사	원산지 (포괄)확인서	000-0000
재료 C	0000.00	미상	1	2,800	C사	세금계산서	000-0000
재료 D	0000.00	중국 (역외산)	1	1,900	D사	세금계산서	000-0000
		역 내 산		3,000			
		역 외 산		4,700			
		합 계		7,700			

[작성자]업체명/담당부서: A사 / 무역부

담당자: 최 규 삼 (서명)

▲ BOM상의 재료 총액은 7,700원이지만 제조경비, 마진을 포함한 수출지의 공항/항구에서 외국으로 나가는 비행기/배에 적재(On Board)하기까지의 내륙운송비 및 항구/공항에서의 부대비용 등을 모두 포함한 가격으로서 FOB 가격은 8,900원이라 가정합니다.

▲ BOM에서 HS 6단위는 기재하여야 하지만, 편의상 0000.00으로 기재하였습니다.

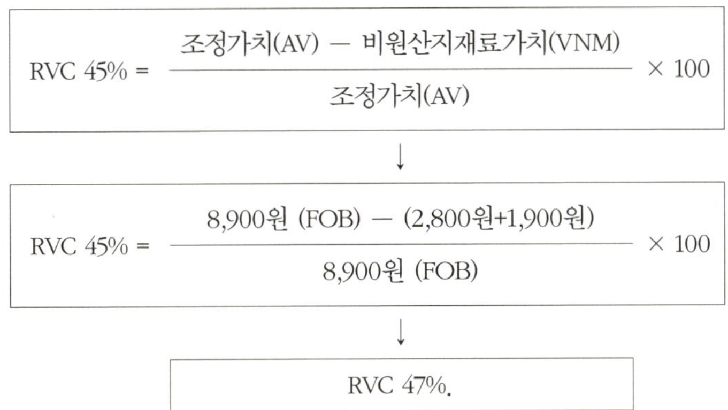

▲ RVC 45%를 요구하는 원산지결정기준을 가진 생산품에 대해서 생산자가 버퍼율 설정을 회사 내부적으로 판단하여 5%로 정해두었다면, RVC 47%가 나온 상기와 같은 경우에는 원산지 물품으로 결론 내리기 어려울 것입니다. 따라서 생산자가 원산지(포괄)확인서를 발행하는 입장에 있는 경우에 발행이 어려울 것이며, 원산지소명서를 발행하는 입장에 있는 경우에도 수치상으로는 충족하나, 자체적으로 설정한 버퍼율을 충족하지 못하기 때문에 해당 생산품이 원산지결정기준을 충족한 한국산(KR) 물품으로 판단하고 원산지소명서 작성에 어려움이 있을 것입니다. 물론, 그 판단은 자체적으로 하는 것이지만, 원산지(포괄)확인서 발행할 때나 원산지소명서 발행할 때 모두 사후 검증에는 대비해야 할 것입니다.

따라서 생산품의 원산지결정기준으로서 RVC 45%를 요구하더라도, 생산품 생산자는 나름대로의 안정 범위를 정하여 RVC 50% 이상 나와야 원산지결정기준을 충족한다고 판단하는 방법을 사용할 수도 있습니다. 즉, 버퍼(Buffer: 완충제 역할을 하는 것, 완충 장치) 개념을 도입하여 버퍼율을 안정적인 범위 내로서 5%~8% 정하여 부가가치기준 충족 여부를 판단하는 것이 좋을 것입니다.

이러한 버퍼의 개념은 국내 공급자가 원산지(포괄)확인서를 작성하여 국내 구매자에게 전달할 때 그리고 생산자/수출자가 원산지소명서를 작성하여 FTA C/O를 기관 발급 신청 혹은 자율적으로 발급하기 전에 도입하여 활용할 필요가 충분히 있습니다. 특히, '포괄' 개념이 있는 원산지확인서를 국내 공급자가 작성할 때 거래 건당이 아닌 12개월의 범위에서 포괄 설정하는 경우, 버퍼의 개념은 충분히 활용 가치가 있습니다.

이는 모두 사후에 일어날 수 있는 세관의 사후 검증(원산지 검증, FTA 별로 직접검증 혹은 간접검증[69])에 대비한 조치입니다. 이러한 상황에 직면하고 있는 실무자는 버퍼율 설정 개념을 충분히 고민

---

[69] 사후 검증에 대한 자세한 내용은 300쪽 참고.

하여 활용할 수 있길 바랍니다.

E. 부가가치기준에 대한 기타 정보

분모의 상품가격은 유럽과의 FTA로서 한·EU, 한·EFTA 및 한·터키 FTA에서는 EX-works, 즉 공장도가격을 기준으로 하며, 기타의 FTA에서는 FOB, 즉 본선인도가격을 기준으로 합니다.

물론 부가가치기준에서의 이러한 분모 값으로서 EXW 및 FOB는 인코텀스이지만, 인코텀스에서 말하는 가격 기준을 바탕으로 공제되는 요소도 존재할 수 있습니다. 따라서 실무자는 이러한 부분에 대해서 관세사 사무실의 협조를 구하여 상품가격을 확실하게 결정하는 것이 좋겠습니다.

그리고 생산품으로서 수출물품을 개발하기까지 큰 비용을 투자하여 개발하였고 특허를 가진 제조사라면 자신의 마진을 상당히 많이 가지고 갈 수 있습니다. 예를 들어, 생산품의 생산원가가 개당 1,000원인데 2배, 5배 혹은 10배 이상 가지고 갈 수도 있을 것입니다. 그러면 분모 값으로서 EXW, FOB 가격이 상승하니 해당 생산품은 부가가치기준에 따라서 원산지 물품으로 인정될 확률이 더욱 높아진다 할 수 있습니다.

반면에 경쟁이 치열한 물품으로서 제지와 같은 물품의 경우는 마진을 많이 못 가지고 가니, 부가가치기준에 따라서 원산지 물품으로 인정될 확률이 더 낮아진다 할 수 있습니다.

□ 부가가치기준의 어려움

문제는 본 기준의 경우 a)부가가치기준으로 원산지 결정을 하기 위해서는 기본적으로 생산품의 생산 공정에 투입된 재료 리스트인 BOM상의 재료에 대한 가격 정보와 그 가격이 형성된 근거 서류로서 가격 입증 자료(거래명세서, 세금계산서 등)가 필요합니다. 그리고 국내에서 생산품을 공장출고 직전까지 생산하면서 발생한 제조경비/가공비(생산비), 공장에서 항구/공항의 배/항공기에 적재할 때까지의 비용에 대한 원가산출(BOM 및 원가산출내역 101, 102쪽 참고)을 해야 하며 그에 대한 근거 자료도 확보해야 할 것입니다.

BOM상의 재료는 구입경로에 따라서, 특히 수입한 물품의 경우는 환율의 등락에 따라 재료비가 상이 할 수 있습니다. 또한, 생산품을 생산하는 공정에서 발생하는 가공비 역시 늘 동일한 비용(전기료, 인건비, 물류비 등)이 발생하는 것이 아니며[70,71], 회계적으로 정리하여 생산품의 FOB 가격 혹은 EXW 가격 형성을 입증할 수 있어야 합니다. 그뿐만 아니라 업체가 재료비 및 가공비에 대한 비용을 임의로 조정하여 생산품이 원산지 물품으로 만들 수도 있는 문제점이 있습니다.

b)그리고 부가가치기준은 BOM상의 재료 가격과 원가산출내역서의 가공비 등에 대해서 회계적으로 입증해야 하기 때문에 회계적인 관리가 필요합니다. 따라서 생산품의 원산지결정기준이 부가가치기준일 때는 실제로 원산지 입증서류를 작성하여 원산지 결정 여부를 확인하는 부서로서 무역부서는 회계부서 및 필요에 따라서는 구매부서와 긴밀한 협조가 필요할 것입니다.

□ 세번변경기준과의 비교 및 재료 공급자 관리 필요성

세번변경기준은 생산품의 재료 리스트라 할 수 있는 BOM상에 각각의 재료에 대한 가격 정보가 필요 없기 때문에 가격에 관한 입증서류 역시 필요하지 않습니다. 오직 비원산지 재료의 세번과 생산품의 세번 차이를 놓고 원산지결정기준 충족 여부를 확인합니다.

따라서 사용된 모든 재료에 대해서 원산지 및 비원산지 재료를 상관 하지 않고 생산품의 HS 6단위에서 규정하는 세번변경기준 충족 여부를 확인하고 충족한다면, 공급받는 물품이 충분히 원산지 재료가 될 수 있다 하더라도 공급자로부터 원산지(포괄)확인서를 받지 않아도 되겠습니다.

물론, 특정 공급업체에서 공급하는 재료는 생산품 대비해서 세번이 변경되지 않고 최소기준을 적용하더라도 충족되지 않는다면, 생산품 생산자는 해당 업체에 대한 관리를 반드시 해서 공급 물품이 원산지 재료가 될 수 있도록 해야겠습니다. 원산지 재료에 대해서는 세번 변경 여부를 따지지 않기 때문입니다.

---

70 작년 대비 전기료 및 인건비 상승으로 인한 제조 경비 부분의 인상 역시 부가가치기준으로 생산품의 원산지 결정을 할 때 영향을 미칠 것입니다. 그리고 이러한 제조 경비 비용의 등락뿐만 아니라 운송 관련 비용에서도 등락 폭이 있을 수 있습니다. 따라서 부가가치기준은 역내 부가가치기준 40%를 요구하는 물품에 대해서 작년에는 충족하였으나 현재는 불충족하는 경우도 발생할 수 있습니다.
71 의류와 같이 바이어가 오더 할 때마다 디자인 등을 매번 변경하는 물품이라면 비록 원산지결정기준은 부가가치기준으로서 동일한 기준이라 할지라도 재료의 가격과 제조 경비에 있어 차이가 발생할 수 있으니, 매번 원산지결정기준을 충족하지 못할 수도 있습니다.

BOM(Bill of Material, 소요부품명세서)

- 생산품: Spark Plug(HS 8511.10)
- 적용협정 : 한·아세안

부품명 (재료명)	품목번호 (HS Code)	원산지	수량	단가	가격(원)	생산자 /공급자	증빙서류	연락처
Mechanical seals	8484.20		1	2,600	2,600	태산(주)		000-0000
Gasket	8484.10		1	6,400	6,400	태산(주)		000-0000
Ceramic Insulator	8547.10		2	1,500	3,000	TS Trading		000-0000

[작성자] 업체명/담당부서: Edu Tradehub / 무역부

담당자: 최 규 삼 (서명)

HS Code 8511.10에 대한 한·아세안 FTA 원산지
결정기준

HS Code	품목명	영문품목명	원산지기준
8511.10	점화플러그	Sparking plugs	다음 각 호의 어느 하나에 해당하는 것에 한정한다. 1. 다른 호에 해당하는 재료로부터 생산된 것 2. 40% 이상의 역내 부가가치가 발생한 것

세번변경기준 선택의 경우 CTH

- 생산품으로서 Spark Plug 생산자는 국내 재료 공급자에게 원산지 확인 요청 필요 없음.
- 모든 재료의 세번 4단위가 생산품의 세번 4단위와 상이하므로 생산품은 원산지 물품.

부가가치기준 선택의 경우 RVC 40%

- BOM에서 가격 구성비가 높은 재료 Gasket을 최대한 원산지 재료로 만들기 위한 노력이 필요함.

반면에, 부가가치기준은 생산품의 FOB 가격 혹은 EXW 가격을 기준으로 역내 발생 부가가치가 어느 정도인지를 놓고 원산지결정기준 충족 여부를 확인합니다. 그래서 원산지 재료의 가치와 생산품을 만들기 위한 가공비의 가치가 생산품의 HS 6단위에서 요구하는 역내가치 기준을

충족하면 생산품은 원산지 물품이 될 수 있습니다. 이때 원가산출내역서의 직접원가, 제조원가 등만으로는 부가가치기준 충족이 어렵기 때문에 공급받는 재료가 원산지 재료가 될 수 있도록 공급 업체 관리가 필요합니다. 물론, 가격비가 높은 원산지 재료 공급업체를 우선적으로 관리할 필요가 있겠습니다.

결국, 생산품을 직접 생산하는 생산자는 생산품의 원산지결정기준이 세번변경기준이든 부가가치기준이든 협정에서 정하는 원산지결정기준을 충족될 수 있도록 힘써야 할 것이며, 이를 위해서 재료 공급자에 대한 관리가 필요하겠습니다.

□ 품명은 같으나 '사이즈'가 다른 경우

생산품으로서 제품 A는 5mm 제품과 20mm 제품이 존재하고 생산자는 제품 A의 생산에 투입되는 원재료리스트(BOM)에 기재되는 재료는 그 사이즈와 관계없이 동일하다고 가정합니다. 그렇지만 5mm 제품 생산할 때 보다 20mm 제품 생산할 때 BOM 상의 재료의 투입 양에 있어서는 20mm 가 많을 것이며 또한 투입 재료의 비용 역시 20mm가 더 많을 수밖에 없을 것입니다.

생산품 A의 원산지결정기준이 세번변경기준이라면 그 투입 양과 관계없이 충족할 수도 있을 것입니다. 그러나 부가가치기준이라면 아무래도 영향을 미칠 수밖에 없을 것이며, 세번변경기준에서 최소기준을 적용해야 하는 경우 역시 늘어난 재료의 양은 영향을 미칠 것입니다.

따라서 이러한 경우에는 각각의 사이즈 마다 BOM을 관리하고 원산지증명서 등 원산지 입증 서류에 품명과 사이즈를 함께 기재하여 관리하는 것이 적절할 것입니다.

5. 분야별 특례(보충적 기준)

1) 최소(허용) 기준(미소 기준, De minimis, tolerance rule)

생산품의 생산 공정에 원산지 재료뿐만 아니라 비원산지 재료가 사용된 경우, 해당 물품은 불완전생산물품으로서 기본원칙을 충족 후 품목별 기준에 따라서 원산지를 결정합니다. 이때 생산품의 원산지결정기준이 세번변경기준이라면, 생산품의 세번(HS Code)과 생산 공정에 투입된 비원산지 재료의 세번이 상이해야 생산품을 원산지 물품으로 인정할 수 있습니다.[72]

그런데 비원산지 재료의 세번(HS Code)과 이를 재료로 역내에서 충분할 정도의 생산 공정을 거쳐서 생산된 생산품의 세번(HS Code)이 규정된 세번변경기준을 충족하지 못하는 경우가 있습니다. 그러면 무조건 해당 생산품은 원산지 물품으로 인정될 수 없는 것이 아닙니다. '비원산지 재료 중에 <u>세번 변경을 이루지 못한</u> 모든 비원산지 재료 가격 합계'가 해당 생산품의 가격[73]에서 차지하는 부분이 미미할 경우, 세번이 변경되는 것으로 간주하는 기준이 존재합니다. 이를 최소(허용)기준 혹은 미소기준이라고 합니다.

따라서 최소기준은 원산지결정기준이 세번변경기준에 의하는 물품에 한하여 적용되며, 부가가치기준 혹은 가공공정기준(특정공정기준) 품목에는 적용되지 않는다 할 수 있습니다.

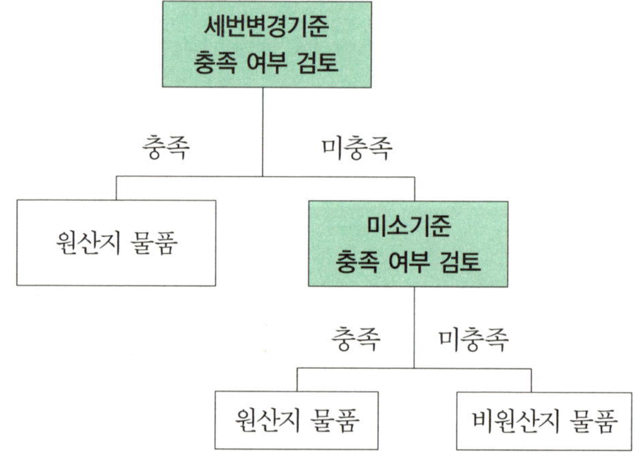

---

[72] 이때 원산지 재료의 세번과 생산품의 세번 변경 여부는 고려 대상이 아닙니다. 오직 원산지 미상을 포함한 비원산지 재료를 역내에서 충분히 가공하여 생산된 생산품의 세번과 그 비원산지 재료의 세번이 다를 정도의 공정을 거칠 것을 요구하는 기준이 바로 세번변경기준입니다. 다시 말해서, 세번변경기준 충족 여부를 판단할 때는 원산지 재료(역내산, 한국산)에 대한 세번과 생산품 세번의 변경 여부를 확인하지 않습니다.

[73] 생산품의 가격 기준은 FTA마다 상이할 수 있습니다. 한아세안 FTA의 경우 FOB, 한EU FTA의 경우 EXW 기준으로 최소기준 충족 여부를 확인합니다.

A. 최소기준 적용하기까지의 과정

BOM(Bill of Material, 소요부품명세서)

- 생산품: 에어백(HS 8708.95)
- 적용협정 : 한·EU FTA

부품명 (재료명)	품목번호 (HS Code)	원산지	수량	가격(원)	생산자 /공급자	증빙서류
Cover	3926.90	중국 (역외산)	1	2,000	TS Trading	세금계산서
Cushion	8708.95	미상[74] (역외산)	1	2,000	진성(주)	세금계산서
Plate	7326.20	한국 (역내산)	1	4,000	기흥산업(주)	원산지 (포괄)확인서
Horn	8306.29	한국 (역내산)	1	6,500	태산(주)	원산지 (포괄)확인서
Inflater	8708.95	한국 (역내산)	1	35,000	태산(주)	원산지 (포괄)확인서
역 내 산				45,500		
역 외 산				4,000		
합　계				49,500		

HS Code 8511.10에 대한 한·EU FTA 원산지결정기준

HS Code	품목명	원산지기준
8708.95	에어백	다음 각 호의 어느 하나에 해당하는 것에 한정한다. 1. 모든 호(그 제품의 호는 제외한다)에 해당하는 재료로부터 생산된 것 2. 해당 물품의 생산에 사용된 모든 비원산지재료의 가격이 해당 물품의 공장도가격의 50%를 초과하지 아니한 것

수출자는 생산품(에어백, HS 8708.95)의 원산지결정기준으로서 세번변경기준을 선택하였다고 가정하며, 4단위(호) 변경(CTH)을 요구하고 있습니다.

BOM에 따르면 생산품의 생산 공정에 사용된 비원산지 재료 Cover 3926.90은 4단위 세번 변경을 이루었습니다. 반면에, 비원산지 재료 Cushion 8708.95는 4단위 세번 변경을 이루지 못하

---

[74] 해당 물품은 비록 국내 거래처에 공급받았지만 해당 재료가 한EU FTA 원산지결정기준을 충족하지 못한 경우가 아니라, 공급자의 비협조적인 태도 혹은 공급 업체가 폐업 등의 이유로 공급자로부터 거래 물품에 대한 원산지 확인받을 수 없는 상황에 해당합니다. 그래서 원산지 미상으로 기재했습니다.

였습니다. 이러한 경우, 생산품은 협정에서 요구하는 원산지결정기준을 충족하지 못하여 원산지 물품으로서 인정받지 못하는 결과를 얻습니다.

하지만 이렇게 세번변경기준을 적용하여 불충족된 경우, 최소기준을 적용하면 원산지 물품으로 인정될 수도 있기 때문에 그 가능성을 최종적으로 확인해 보는 것이 좋겠습니다. 이때 생산품의 생산 공정에 투입된 BOM상의 모든 비원산지 재료 중에 세번 변경을 이루지 못한 비원산지 재료 가격의 합계가 생산품의 가격에서 차지하는 부분이 미미한 수준인지 확인합니다. 다시 말해서 세번 변경을 이룬 비원산지 재료의 가격은 제외하고 세번 변경을 이루지 못한 비원산지 재료의 가격이 해당합니다.

한·EU FTA에서 생산품의 가격은 EXW(공장도가격) 기준이며, 생산품의 생산 공정에 투입된 비원산지 재료 중에 세번 변경을 이루지 못한 모든 비원산지 재료 가격의 합이 생산품의 EXW 가격에서 차지하는 비율이 10%가 안 되면[75] 생산품은 원산지 물품으로 인정받을 수 있습니다.[76]

원가산출내역서

총원가						+	목표 이익	+	EXW 가격
제조원가					판매 및 일반 관리비				
직접원가				제조 간접비					
직접재료비		직접 노무비	직접 경비						
역내산	역외산								
45,500	4,000	1,300	1,000	1,500	1,200		6,500		61,000

단순히 세번변경기준을 적용할 때는 원가산출이 필요하지 않습니다. 하지만 최소기준을 적용하기 위해서는 원재료에 대한 원가를 BOM상에 표기해야 하고, 생산품에 대한 생산 공정에 따른 비용을 원가산출내역서를 만들어 관리해야겠습니다. 왜냐하면, 최소기준 적용을 위해서는 생산품의 FOB 가격 혹은 EXE 가격 대비해서 세번 변경을 이루지 못한 모든 비원산지 재료 가격의 합계가 차지하는 비율을 계산해야 하기 때문입니다.

---

[75] 관련 규정 117쪽 참고.

[76] 만약 Cover 및 Cushion이 비원산지 재료(역외산)가 아니라 원산지 재료(역내산)라면, 생산품의 세번과 세번 변경 검토 대상에서 제외됩니다. 따라서 최소기준(미소기준)을 적용할 필요도 없어집니다. 그 자체가 원산지 재료로서 기타의 재료 역시 모두 원산지 재료기 때문에 생산품은 '원산지 재료물품'으로서 생산품의 HS 6단위에서 요구하는 원산지결정기준 적용 없이 원산지 물품이 됩니다. 원산지 재료만을 사용하여 생산품을 수출국에서 충분히 가공하여 생산되었기 때문입니다.

따라서 최소기준을 적용 시킬 때 중요한 것은 가격 정보이기 때문에 BOM상의 가격을 입증할 수 있는 회계적인 증빙서류를 확보해야겠으며, 역시 생산품의 원가산출내역서를 작성하고 회계적으로 입증할 수 있는 증빙서류를 확보해야겠습니다.

B. 공식에 의한 최소기준 충족 여부 확인

한·EU FTA는 EXW 가격 기준으로 최소기준 충족 여부를 확인합니다. 앞에서 제시한 BOM 상의 비원산지 재료 중 세번 변경을 이루지 못한 비원산지 재료의 합계와 원가산출내역서 상의 EXW 가격을 다음과 같은 공식에 대입합니다. 그러면 EXW 가격에서 차지하고 있는 세번 변경을 이루지 못한 비원산지 재료 전체 합계에 대한 퍼센티지는 3.3%라는 사실을 확인할 수 있습니다. 이는 한·EU FTA에서 허용하는 10% 이하의 값으로서 해당 생산품은 최소기준을 충족함에 따라 원산지 물품으로 인정받게 되었습니다.

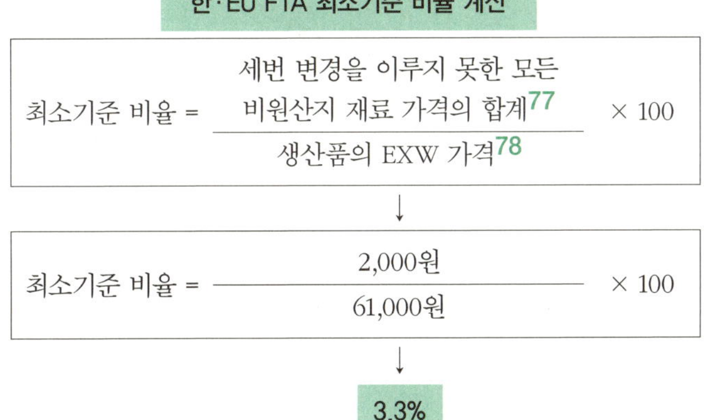

이렇게 원산지결정기준이 세번변경기준에 의하는 물품의 경우, 미미한 수준의 비원산지 재료까지 세번변경기준을 충족시킬 것을 요구한다면 역내에서 충분할 정도로 가공하였다 할지라도 원산지물품으로 인정을 받지 못하여 FTA 실효성이 떨어질 수 있습니다. 따라서 어느 정도 원산

---

[77] 이때 단순히 모든 비원산지 재료의 합계가 분자 값이 되는 것이 아니라, 세번 변경을 이루지 못한 비원산지 재료의 합계가 분자 값이 된다는 것을 인지해야 할 것입니다. 즉, 비원산지 재료로서 Cover 및 Cushion의 합계가 아니라 세번 변경을 이루지 못한 Cushion에 대한 합계만 분자 값이 되는 것입니다. 이때 Cushion과 함께 세번 변경을 이루지 못한 다른 비원산지 재료가 존재한다면, 그 비원산지 재료의 가격도 Cushion의 가격과 합하여 분자값으로 만듭니다.

[78] 한아세안은 FOB 기준이며, 한EU는 EXW 기준입니다.

지 기준을 완화하기 위해서 이렇게 최소기준을 두고 있다고 판단됩니다.

C. 최소기준 미충족 되는 경우

생산품이 세번변경기준을 충족하지 못하여 최소기준을 적용시켜 보았지만, 역시 미충족되었다 가정합니다. 이러한 경우, 생산품 생산자는 FTA 체약상대국에 위치한 수입자와의 거래 지속에 있어 혹은 신규 거래 성사에 있어 어려움에 직면할 수 있습니다. 수입자는 FTA 협정세율을 수입국에서 적용받기 위해서 수출자에게 FTA C/O를 요구할 것이나 생산품은 원산지결정기준을 미충족하고 있기 때문에 FTA C/O 발급 자체를 못하는 상황이기 때문입니다.

따라서 생산자는 FTA 체약상대국으로 생산품을 원활하게 수출 진행하기 위해서 가능하면 생산품이 원산지 물품이 될 수 있도록 자신이 공급받는 재료부터 비원산지 재료가 아닌 원산지 재료를 공급받는 것이 중요하겠습니다.

그래서 생산품 생산자는 비원산지 재료를 공급하는 공급자를 대체할 수 있는 다른 국내 공급자를 찾아볼 수도 있고, 현실적으로 이러한 방법이 어려우면 기존의 공급자에게 양해를 구하고 교육해서 기존에 공급받는 원산지결정기준에 불충족하고 있는 비원산지 재료를 어떻게 해서라도 원산지결정기준에 충족하게 하여 원산지 재료를 공급받을 수 있도록 힘써야 할 것입니다. 또한, 역외국에서 수입된 비원산지 재료(역외산)의 경우에는 역내국에서 해당 원재료를 역내산(원산지 재료)으로 공급해줄 수 있는 업체를 찾는 것도 하나의 방법일 수 있을 것입니다.

결론은 생산품의 생산자는 최대한 FTA 상대체약국의 수입자가 수입지에서 FTA 협정세율을 적용받을 수 있도록 자신이 생산하는 생산품이 원산지 물품이 될 수 있도록 힘써야 한다는 것입니다. 그래야 수출자 입장에서도 앞으로 더욱 활성화될 FTA 환경에서 살아남을 수 있을 것입니다.

D. 관련 규정

최소기준을 적용하는 범위는 협정마다 협정문에 규정하고 있습니다.

FTA 협정	내 용	
아세안	- 세번 변경이 일어나지 아니한 그 생산에 사용된 모든 비원산지 재료의 가격이 그 상품의 FOB 가격의 10퍼센트를 초과하지 아니할 것.	부속서3 제10조
EU	- 비원산지 재료의 총 가치가 그 제품의 공장도 가격의 10퍼센트를 초과하지 아니할 것.	제5조 제2항
미국	- 세번 변경이 이루어지지 아니한 모든 비원산지 재료의 가치가 그 상품의 조정가치[79]의 10퍼센트를 초과하지 아니하는 경우 원산지 상품으로 규정한다.	제6.6조

▲ 상기는 일반품목에 대한 최소기준으로서, 일반품목의 경우 가격을 기준으로 최소기준을 규정하고 있습니다. 반면, 섬유류는 중량을 기준으로 하며, 농수산물은 민감 품목으로서 적용대상에서 제외되기도 합니다. 따라서 실무자는 최종적으로 이러한 내용을 관세사 사무실과 확인해야겠습니다.

▲ 협정마다 생산품의 가격기준이 다름을 인지해야겠습니다. 한·아세안의 경우 FOB를 기준으로 하고 한·EU의 경우 공장도가격(EXW)을 기준으로 합니다.

▲ 본 내용은 관세청 FTA포털(http://fta.customs.go.kr)에서 확인 가능합니다[80].

2) 누적기준(Accumulation)

FTA 수출체약국이 생산하는 생산품의 생산 공정에 FTA 상대체약국을 원산지로 하는 재료를 상대체약국으로부터 수입하여 생산품 생산 공정에 투입 후 생산품을 생산하였다고 가정합니다. 그러면 해당 재료는 비록 해외에서 수입하였지만, 생산품으로서 최종재를 수출하는 FTA 상대체약국으로부터 원산지 인증을 FTA C/O를 통하여 받고 직접 운송하여 수입하였기 때문에 해당 재료의 원산지는 역외산이 되는 것이 아니라 역내산 재료가 되어 한국산 재료와 같은 원산지 재료가 됩니다. 따라서 생산품이 원산지결정기준을 충족하는 데 있어 긍정적인 역할을 할 수 있습니다.

예를 들면, 한국의 수출자가 생산품을 한국에서 미국으로 수출합니다. 이때 생산품 생산 공정에 한·미 FTA 원산지증명서로서 증명된 미국산 재료를 사용하였다면, 그 미국산 재료를 우

---

79 한미 FTA에서 조정가치는 실제 지급액으로서 국제 운송비용을 공제한 가격입니다. 즉, FOB 가격이라 할 수 있습니다.

80 관세청 FTA 포털(http://fta.customs.go.kr) 접속 → 상위 메뉴 'FTA 일반' 클릭 → 'FTA 협정문' 클릭 → 각 협정별로 협정문 확인 가능

리나라의 원산지 재료로 인정하는 것을 의미합니다. 이때 미국산 재료에 대해서는 한·미 FTA 원산지증명서로 원산지 입증이 되어야 하며, 운송서류(B/L 혹은 화물운송장)로서 직접운송 사실 역시 입증되어야 할 것입니다.

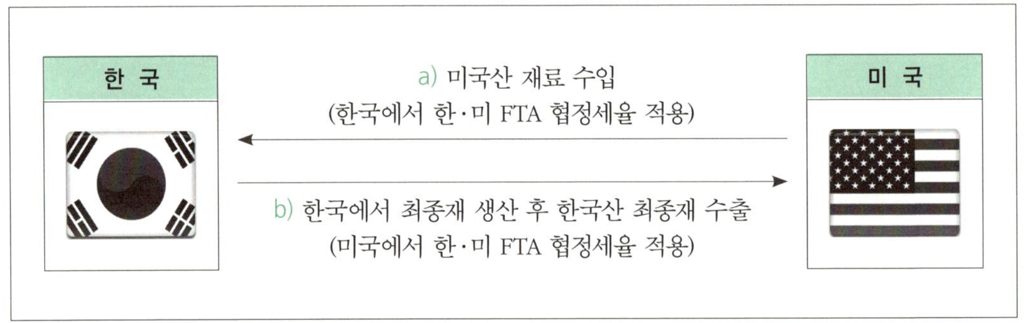

BOM(Bill of Material, 소요부품명세서)

- 생산품: Spark Plug(HS 8511.10)
- 적용협정 : 한·미 FTA
- 원산지결정기준 : CTSH(6단위 변경 기준)

부품명 (재료명)	품목번호 (HS Code)	원산지	수량	단가	가격(원)	생산자 /공급자	증빙서류	연락처
Mechanical seals	8484.20	한국 (역내산)				태산(주)	원산지 (포괄)확인서	000-0000
Ceramic Insulator	8547.10	중국 (역외산)				태산(주)	세금계산서	000-0000
Gasket	8484.10	미국 (역내산)				진성산업(주)	한·미 FTA C/O[81]	000-0000

[작성자] 업체명/담당부서: 진성산업(주) / 무역부
담당자: 최 규 삼 (서명)

▲ 미국산 재료(Gasket)는 누적기준이 적용되어 한국산 재료로 간주하므로 Mechanical Seals처럼 세번 변경 고려 대상이 아닙니다. 즉, Gasket의 6단위 세번이 생산품으로서 Spark Plug의 6단위 세번과 동일하더라도 생산품의 원산지 결정에 영향을 미치지 않습니다.

---

81 최종재를 생산하는 진성산업(주)은 직접 미국으로부터 한미 FTA C/O로 미국을 원산지로 하는 Gasket을 수입하였습니다. 따라서 미국 수출자/생산자로부터 전달받은 한미 FTA C/O와 함께 운송서류 및 수입신고필증을 보관해야 할 것입니다. 만약 Gasket을 국내 A 업체가 수입하여 진성산업(주)에 공급한다면, A 업체는 한미 FTA C/O와 해당 건의 수입신고필증은 자신이 보관하고, 이를 기초로 발급한 원산지(포괄)확인서를 전달하면서 Gasket이 역내산(원산지 재료)이라는 사실을 진성산업(주)에 확인시켜주면 될 것입니다.

<table>
<tr><td rowspan="2">재
료
2</td><td>원산지 재료
재료 A</td><td rowspan="2">+</td><td>비원산지 재료
재료 B</td><td rowspan="2">+</td><td>판관비, 노무비,
제조경비 및 이윤 등</td></tr>
<tr><td>2,000원 (구성비 32%)</td><td>3,000원 (구성비 48%)</td><td>1,300원 (구성비 20%)</td></tr>
</table>

a) 태산(주)은 원산지 재료와 비원산지 재료로 Mechanical Seals(반제품)를 생산하여, 최종재(점화플러그) 생산자인 진성산업(주)에 공급하였습니다. 이때 태산(주)이 생산한 반제품에 비원산지 재료가 포함되었지만, 해당 반제품이 원산지결정기준을 충족한 경우, 한국산으로서 해당 반제품 전체의 가격은 국내에서 발생한 부가가치로 인정합니다.

b) 이때 해당 반제품의 원산지결정기준은 최종재가 미국으로 수출됨으로써 한·미 FTA 원산지결정기준에 따라서 원산지 결정을 하기 때문에 최종재의 생산에 투입된 재료의 원산지 결정 역시 한·미 FTA 원산지결정기준에 따라서 원산지 기준 충족 여부를 확인합니다.

<table>
<tr><td rowspan="6">재
료
1</td><td>한국산(원산지재료)
Mechanical Seals</td><td rowspan="6">+</td><td>중국산(비원산지재료)
Ceramic Insulator</td><td rowspan="6">+</td><td>미국산(원산지재료)
Gasket</td></tr>
<tr><td></td><td></td><td></td></tr>
<tr><td>8484.20</td><td>8547.10</td><td>8484.10</td></tr>
<tr><td>6,300원 (구성비 45%)</td><td>2,600원 (구성비 18%)</td><td>1,900원 (구성비 14%)</td></tr>
<tr><td>공급자 : 태산(주)</td><td>공급자 : 태산(주)</td><td>공급자 : 진성산업(주)</td></tr>
</table>

c) 진성산업(주)이 최종재 생산에 있어 투입한 재료 중에 미국산이 있습니다. 이때 최종재가 미국으로 수출되기 때문에 한·미 FTA 체약상대국을 원산지로 하는 재료[82]가 우리나라에서 생산되는 생산품의 생산 공정에 투입되는 경우, 그 재료의 원산지를 미국이 아닌 우리나라로 본다는 누적기준이 적용될 수 있습니다.

따라서 최종재에 대한 원산지 결정에 있어 Gasket은 한국산과 동일하게 분류되어(비원산지 재료가 아닌 원산지 재료, 역내산) 결과적으로 최종재의 원산지결정기준 충족을 쉽게 합니다.

판관비, 노무비 및 제조경비,
내륙운송비 및 이윤 등

3,300원 (구성비 23%)

---

[82] 본 재료를 최종재 생산자인 진성산업(주)이 직접 미국의 생산자/수출자로부터 수입한 경우, 진성산업(주)은 한미 FTA C/O를 가지고 있기 때문에 해당 재료가 미국산이라는 사실을 한미 FTA C/O로 입증하면 될 것입니다. 그러나 국내의 공급자가 수입한 경우, 공급자가 한미 FTA C/O를 전달할 수도 있겠으나 그게 어렵다면 '원산지(포괄)확인서'로서 공급 재료가 미국산(역내산)이라는 사실을 입증해도 될 것입니다.

▲ 최종재를 생산하는 진성산업(주)에 태산(주)은 '재료 2'의 재료를 사용하여 생산한 반제품 Mechanical Seals와 중국으로부터 수입한 중국산 Ceramic Insulator를 공급하였습니다. 그리고 진성산업은 FTA 체약상대국으로서 미국으로부터 Gasket을 수입합니다.
이렇게 구성된 '재료 1'을 재료로 진성산업(주)은 최종재로서 점화플러그를 생산하여, 한·미 FTA 체약상대국으로서 미국으로 최종재를 수출합니다.

3) 중간재(Intermediate materials)

A. 중간재 규정[83]

중간재란 생산품의 생산자가 생산품을 생산하기 위하여 '자체 생산한 재료'를 말합니다. 즉, 수출국에서 생산품을 생산하는 생산자가 다음 표와 같이 원산지 재료 1-a, 1-c 그리고 비원산지 재료 1-b를 사용하여 자체적으로 직접 생산한 생산품의 생산에 필요한 재료로서 반제품을 중간재라 합니다.

만약 중간재가 원산지결정기준에 따라서 원산지 물품으로 인정되면, 중간재 생산에 투입된 비원산지 재료 가격은 중간재 가격의 일부로서 원산지 재료비로 인정될 수 있습니다. 다시 말해서, 중간재가 원산지결정기준에 따라서 원산지 물품으로 인정되면, 중간재 생산 공정에 비원산지 재료를 투입하였더라도 중간재 자체가 원산지결정기준을 충족하여 원산지 물품으로 인정되었기 때문에 해당 비원산지 재료의 가격은 고려되지 않고 해당 중간재 가격이 모두 원산지 재료 가격으로 인정됩니다(Roll-up). 결과적으로 최종재의 FTA 원산지결정기준이 부가가치기준일

---

[83] 분야별 특례(보충적 기준)에서 최소기준은 품목별 기준에서 세번변경기준을 충족하지 못한 생산품에 대해서 적용할 수 있는 기준입니다. 그리고 역시 분야별 특례에서의 중간재 규정은 생산품의 원산지결정기준이 부가가치기준(품목별기준에 속함)일 때 적용할 수 있는 규정이라 이해하면 적절할 것입니다.

때, 중간재 개념을 적용 시켜서 중간재의 생산에 투입된 비원산지 재료의 가치(가격)을 모두 원산지 재료 가치로 돌릴 수 있다면, 최종재의 부가가치기준 충족은 보다 유리하고 쉬울 것입니다.

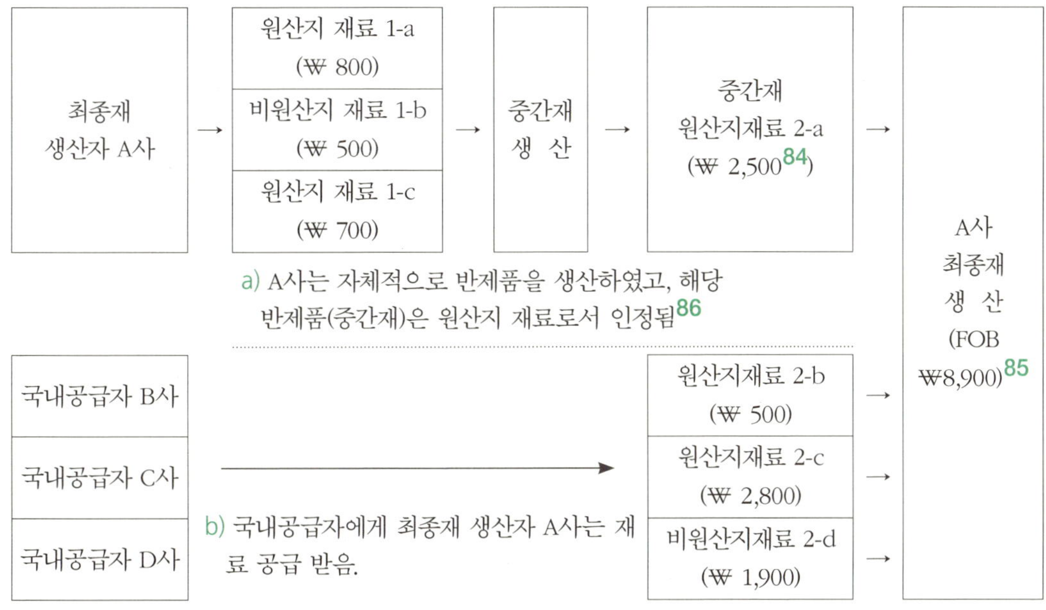

▲ 중간재 규정의 적용은 생산품의 원산지결정기준이 부가가치기준뿐만 아니라 세번변경기준일 때도 적용 가능합니다. 하지만 중간재 지정으로 생산품의 원산지결정기준 충족에 도움이 되는 경우는 부가가치기준이기 때문에 통상적으로 생산품의 원산지결정기준이 부가가치기준일 때 중간재 규정을 활용합니다.

▲ 중간재 규정을 적용하면 그 중간재에 대한 BOM 및 원산지 입증서류를 따로 확보 및 보관해야 하는 번거로움이 있습니다.

▲ 생산품 생산자의 중간재 지정은 선택 사항이지 의무 사항이 아닙니다. 중간재 지정이 생산품의 원산지결정기준 충족에 도움이 되면 지정하는 것이고, 도움이 되지 않으면 지정하지 않아도 무관합니다.

---

84 중간재 생산 공정에 투입된 재료 1-a, 1-b, 1-c의 합계는 ₩2,000입니다. 하지만 이들 재료로 중간재를 최종 생산하기 위해서는 가공비와 같은 기타의 비용이 발생합니다. 그러한 비용을 모두 합쳐야 중간재의 가격이 형성될 것입니다. 따라서 중간재 단가는 1-a, 1-b 및 1-c의 합계로서 ₩2,000보다 높은 가격이 되며, 본 책에서는 그 가격을 ₩2,500으로 설정하고 있습니다.

85 최종재 생산 공정에 투입된 재료 2-a ~ 2-d의 합계는 ₩7,700입니다. 하지만 이들 재료로 생산 공정을 거침에 따라 가공비가 발생할 것이며 또한 외국으로 나가는 배/비행기에 적재(On Board)하기까지의 비용이 추가 발생할 것입니다. 따라서 최종재의 단가 ₩8,900이라는 것은 그러한 비용을 합한 가격입니다.

86 최종재를 거래하는 FTA 상대체약국이 미국이라면, 중간재(원산지재료 2-a)뿐만 아니라 원산지재료 2-b, 비원산지재료 2-c, 비원산지재료 2-d 역시 모두 한미 FTA 원산지결정기준에 따라서 원산지 기준 충족 여부를 확인합니다.

B. 중간재 규정 적용과 미적용의 경우

생산품의 생산자 A사는 1-a, 1-b, 1-c라는 재료를 사용하여 2-a라는 재료를 생산하였습니다. 이때 2-a의 원산지결정기준은 세번변경기준으로서 CTH라 가정합니다. 원산지결정기준에 따라 원산지 충족 여부를 확인해보니 비원산지 재료 1-b의 4단위 세번은 2-a의 4단위 세번과 상이하고 2-a라는 재료를 생산하기 위해서 역내에서 충분한 가공 공정을 거쳤으므로 2-a를 원산지결정기준을 충족한 원산지 재료로서 중간재로 지정합니다.

이때 중요한 것은 2-a를 중간재로 지정함에 있어 생산품의 생산자가 판단하기에 해당 재료를 중간재로 지정하여야 최종 생산품의 원산지결정기준으로서 부가가치기준을 충족할 수 있다고 판단했기 때문이라 할 수 있습니다. 만약 2-a가 재료로서 원산지결정기준을 아무리 충족한 원산지 재료라 하더라도 본 재료를 중간재로 지정하여 최종 생산품의 원산지 결정을 함에 있어 악영향을 미친다면 중간재로 지정할 이유가 없어집니다. 즉, 생산품의 생산자는 중간재 개념을 적용하고 그 결과가 자신에게 불리하다면, 중간재 개념을 적용하지 않을 수도 있다는 것입니다.

생산품 생산자가 직접 생산한 재료	Roll Up /Down	중간재 규정 적용이 생산품의 원산지 결정에 미치는 영향에 따른 적용 여부	중간재 규정
원산지 재료〈경우 1〉	Roll Up	생산품의 원산지 결정에 이익이라 판단	적용
원산지 재료〈경우 2〉	Roll Up	생산품의 원산지 결정에 이익 없다고 판단	미적용
비원산지 재료〈경우 3〉	Roll Down	생산품의 원산지 결정에 불이익이라 판단	미적용

▲ 〈경우 1〉, 〈경우 2〉, 〈경우 3〉을 나누어 설명합니다.

〈경우 1〉 중간재 규정 적용 – 중간재가 원산지 기준 충족

BOM(Bill of Material, 소요부품명세서)

- 생산품: ○○○I
- 적용협정 : 한·미 FTA
- 원산지결정기준 : RVC(35/45)[87]
- 가격 : FOB 8,900원[88]

부품명 (재료명)	품목번호 (HS Code)	원산지	수량	가격(원)	생산자 /공급자	증빙서류	연락처
2-a	0000.00	한국 (역내산)	1	2,500	A사	-	-
2-b	0000.00	한국 (역내산)	1	500	B사	원산지 (포괄)확인서	000- 0000
2-c	0000.00	미상	1	2,800	C사	세금계산서	000- 0000
2-d	0000.00	중국 (역외산)	1	1,900	D사	세금계산서	000- 0000

[작성자] 업체명/담당부서: A사 / 무역부

담당자: 최 규 삼 (서명)

▲ 생산품 생산자 A사는 자신이 직접 생산하여 원산지 재료로 인정받아 중간재로 지정한 중간재 2-a에 대한 BOM 및 해당 BOM의 원산지 입증서류(증빙서류)를 따로 보관해야 할 것입니다.

본 생산품은 원산지결정기준으로서 집적법의 경우 35%, 공제법의 경우 45% 이상의 역내 부가가치 발생을 요구하고 있습니다. 따라서 생산품의 생산자가 직접법과 공제법으로 계산을 해 보니 직접법의 결과가 RVC(역내가치 포함비율) 34%로서 해당 생산품의 원산지결정기준에서 요구하는 35%에 미치지 못하지만, 공제법으로 계산한 결과는 RVC 47%로서 45% 이상의 결과를 얻었습니다[89]. 따라서 생산자는 공제법을 기초로 하여 생산품이 원산지 기준을 충족한 원산지 물품이라는 사실을 입증할 수 있습니다.

---

[87] 원산지결정기준으로서 집적법은 35%, 공제법은 45% 이상의 역내 부가가치 발생을 요구하는 경우. 생산자는 자신이 유리한 방법으로 원산지 결정 가능.

[88] 부가가치기준일 때는 '원가산출내역서'가 있고 이를 근거로 FOB 가격을 확인하나 편의상 FOB 가격만 기재합니다.

[89] 부가가치기준으로서 RVC 혹은 MC에서 요구하는 기준 대비 그 계산 결과 값의 과부족 범위가 크지 않는 경우가 있습니다. 이러한 경우, 생산자는 버퍼(Buffer: 완충제 역할을 하는 것, 완충 장치) 개념을 도입하여 버퍼율을 안정적인 범위 내에서 정하여 부가가치기준 충족 여부를 판단하는 것이 좋을 것입니다(자세한 내용 105쪽 참고).

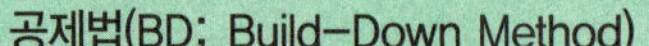

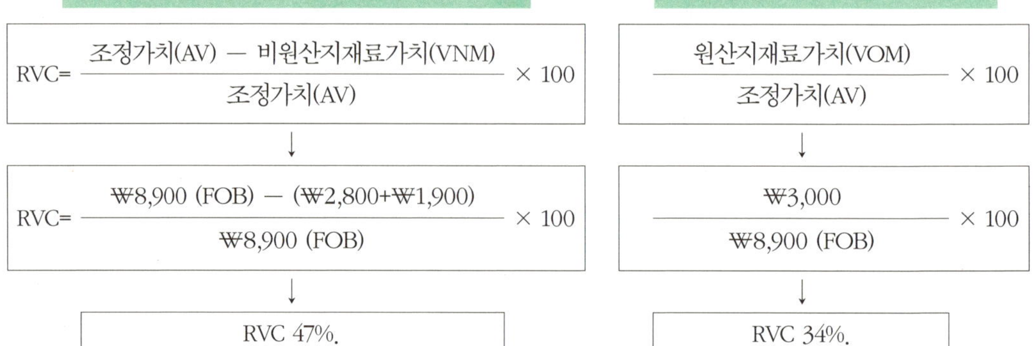

공제법(BD; Build-Down Method)	직접법(BU; Build-Up Method)

$$RVC = \frac{조정가치(AV) - 비원산지재료가치(VNM)}{조정가치(AV)} \times 100$$

$$RVC = \frac{원산지재료가치(VOM)}{조정가치(AV)} \times 100$$

$$RVC = \frac{₩8,900\,(FOB) - (₩2,800 + ₩1,900)}{₩8,900\,(FOB)} \times 100$$

$$\frac{₩3,000}{₩8,900\,(FOB)} \times 100$$

RVC 47%.

RVC 34%.

▲ 한·미 FTA의 경우 조정가치는 FOB를 기준으로 하며, 원산지결정기준으로서 부가가치기준인 경우 공제법과 직접법 중에 유리한 쪽으로 선택하면 됩니다. 상기는 공제법으로 원산지 결정을 하는 것이 유리하다 판단하여 공제법을 적용했습니다.

▲ 재료 2-a의 생산에 투입된 비원산지 재료 1-b는 2-a가 원산지결정기준을 충족한 원산지 재료로서 중간재로 지정됨에 따라 1-b의 비원산지 재료비를 무시하고 중간재(2-a)의 가격 전체를 생산품의 역내 부가가치로 취급합니다(Roll Up).

〈경우 2〉 중간재 규정 미적용 중간재가 원산지 기준 충족함에도 불구하고

생산품의 생산자는 자신이 직접 생산한 재료(중간재)로서 2-a가 원산지결정기준을 충족한 원산지 재료이고 중간재 규정을 생산품의 원산지 결정에 적용할 수 있지만, 자체적인 판단에 의해서 그러한 규정이 특별한 이익이 되지 못한다고 판단할 수도 있습니다. 이러한 경우 생산자는 중간재 규정을 적용하지 않을 수도 있습니다. 즉, 생산자가 선택할 수 있겠습니다.

BOM(Bill of Material, 소요부품명세서)

- 생산품: ○○○Ⅰ
- 적용협정 : 한·미 FTA
- 원산지결정기준 : RVC(35/40)
- 가격 : FOB 8,900원

부품명 (재료명)	품목번호 (HS Code)	원산지	수량	가격(원)	생산자 /공급자	증빙서류	연락처
1-a	-	한국 (역내산)	1	800	E사	원산지 (포괄)확인서	000- 0000
1-b	-	미충족	1	300	F사	세금계산서	000- 0000
1-c	-	미국 (역내산)	1	700	A사	한·미 FTA C/O /수입신고필증	-
2-b	-	한국 (역내산)	1	500	B사	원산지 (포괄)확인서	000- 0000
2-c	-	미상	1	2,800	C사	세금계산서	000- 0000
2-d	-	중국 (역외산)	1	1,900	D사	세금계산서	000- 0000

[작성자] 업체명/담당부서: A사 / 무역부

담당자: 최 규 삼 (서명)

▲ 중간재 규정을 적용하지 않은 BOM 입니다.

제시된 BOM을 바탕으로 최종 생산품의 원산지결정기준은 '집적법의 경우 35%, 공제법의 경우 40% 이상의 역내 부가가치를 발생할 것'이라고 가정해보겠습니다(〈경우 1〉에서는 공제법의 경우 45%). 그리고 수출자는 자신이 직접 생산한 재료 2-a를 중간재로 지정하지 않고, 즉 중간재 규정 적용 없이 원산지결정기준 충족 여부를 확인합니다.

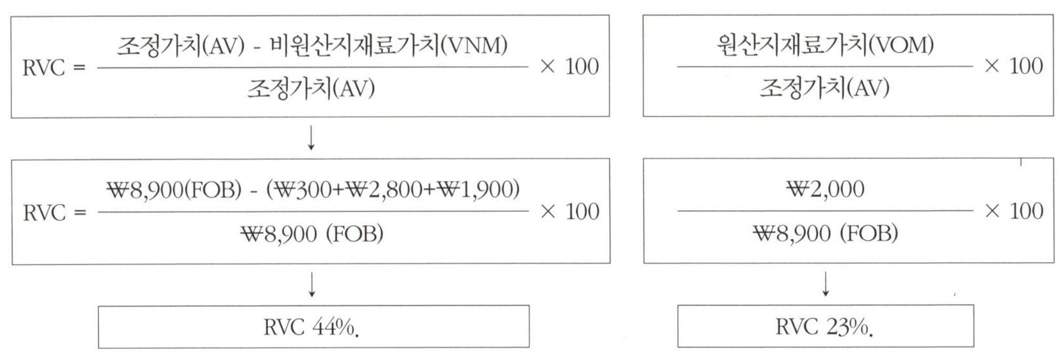

결과는 상기와 같습니다.

생산자는 생산품의 가격에서 역내 부가가치의 비율이 공제법은 44%, 직접법은 23%라는 사실을 확인하였습니다. 이는 해당 생산품의 원산지결정기준으로서 '집적법의 경우 35%, 공제법의 경우 40% 이상의 역내 부가가치를 발생할 것'에서 직접법은 충족하지 못했지만, 공제법으로 계산하면 RVC 40%를 초과했기 때문에 원산지 물품으로서 인정받을 수 있습니다.

다시 말해서, 생산자는 자신이 직접 생산한 2-a를 중간재로 지정하지 않더라도 공제법으로서 생산품이 원산지 물품으로 인정될 수 있음을 확인했기 때문에 굳이 중간재 지정의 필요성을 느끼지 못합니다. 만약 본 경우에도 수출자가 굳이 중간재 지정을 원한다면, 중간재에 대한 BOM을 별도로 만들어 관리해야 하기에 불편이 따를 수 있습니다.

그렇지만 공제법으로서 45% 이상을 요구하는 경우라면 수출자는 2-a를 중간재로 지정해야지만 생산품이 원산지 물품이 될 수 있습니다. 따라서 이러한 경우로서 〈경우 1〉에서는 반드시 중간재로의 지정이 필요하겠습니다.

〈경우 3〉 중간재 규정 미적용 - 중간재 원산지 기준 미충족함에 따라

앞에서 2-a의 원산지결정기준은 CTH라 가정했습니다. 그렇지만 2-a의 생산에 사용된 비원산지 재료로서 1-b의 4단위 세번과 2-a의 4단위 세번이 동일하고 최소기준을 적용하더라도 충족되지 못하여 결국엔 2-a가 비원산지 재료가 되었습니다. 이러한 경우 생산품의 생산자가 2-a에 대해서 중간재로 지정하면 2-a의 모든 가격이 비원산지 재료 가격으로 결정(Roll Down)되어 생산품의 부가가치기준에 따른 원산지 결정에 악영향을 줄 수밖에 없습니다. 따라서 본 경우 2-a를 중간재로 지정할 이유가 없습니다. 따라서 〈경우 2〉와 같이 BOM이 작성되며, 이를 근거로 생산자는 생산품이 원산지결정기준을 충족하는지 여부를 확인하게 됩니다.

결론적으로, 중간재 조항은 강제 조항이 아니며 생산품의 생산자 혹은 수출자의 편의에 따라서 선택하여 적용할 수 있습니다.

II. 무역 거래 형태와 중개무역, 그리고 직접운송 원칙

1. 해상 및 항공 운송 스케줄에 대한 이해

1) 해상 운송 스케줄

해상 건의 경우 직항 노선도 있겠지만 많은 경우 직항 노선보다는 수출지에서 수출자가 포워더에게 Shipment Booking 할 때의 선적항(P.O.L.; Port of Loading)에서 양륙항(P.O.D.; Port of Discharge)까지 배가 이동하면서 기타 국가의 항구를 경유(Via)하거나 대표적인 환적항(T/S Port)에서 다른 배로 환적이 이루어지는 것이 일반적이라 할 수 있습니다[90].

---

90 해상 운송 구간에서의 최초 선적항이라 할 수 있는 P.O.L.을 출항한 선박이 B/L의 'Vessel' 부분에 기재되며, 해당 선박은 여러 항구를 경유하여 해상 운송 구간으로서 최종 도착항이라 할 수 있는 P.O.D.에 도착하거나 혹은 T/S Port에 도착합니다. 직항이 없는 노선의 경우 T/S Port에서 다른 선박으로 화물은 환적되며 T/S Port 및 T/S Port에서 P.O.D.까지 이동하는 선박명은 해당 건의 B/L에 기재되지 않을 것입니다. 그리고 P.O.L.에서 P.O.D.까지는 운송됨에 있어 경유는 여러 번 이루어지나 환적은 2회 이상 이루어지는 경우는 드물고 환적이 된다면 대부분 1회가 될 것입니다. 환적이 2회 이상 이루어지면 Transit Time은 상당히 길어질 것입니다.

A. 하나의 B/L로 커버

상기와 같이 경유를 하던 환적을 하던 수출지에서 수출자가 포워더에게 선적항이 로테르담 항구이고, 최종 목적항이 부산 항구로 Shipment Booking 하면 해당 건의 B/L은 하나의 건으로 발행되고, 해당 건의 B/L에 경유 혹은 환적을 했다라는 표기가 따로 되지 않는 것이 통상적입니다.

그래서 B/L이라는 서류만 보았을 때는 경유를 혹은 환적을 어느 항에서 하였는지 일반적으로 확인되지 않습니다. 그렇지만 P.O.L.에서 선적한 날은 B/L의 On Board Date로 확인 가능하고 P.O.D.에 도착한 날은 입항일로 확인할 수 있으니, 이러한 실제 운송기간(Transit Time)과 수출국 항구에서 수입국 항구까지의 합리적인 운송기간을 비교하여 수입국 세관은 운송 과정 중에 추가 가공 여부에 대한 의심을 하기도 합니다[91]. 합리적인 운송기간 대비 실제 운송기간이 상당히 길었다면, 수입국 세관은 수입자에게 그 사유를 입증할 것을 요구할 수도 있으며, 수입자는 선사를 통하여 환적항(T/S Port)에서의 지연 등으로 인한 사유를 확인받아야 할 수도 있겠습니다.

결론적으로, 하나의 B/L로 FTA 수출체약국의 선적항과 FTA 수입체약국의 양륙항이 커버되고 운송기간이 통상적이라면 이러한 단순 경유, 단순 환적에 대해서 수입지 세관은 문제 삼지 않을 것입니다. 단, 운송기간이 통상적인 기간보다 상당하면 이를 입증하는 것은 화주의 몫이라 할 수 있을 것입니다.

B. 2개의 B/L로 커버

하지만 FTA 수출체약국의 항구에서 FTA 수입체약국의 항구까지 물품이 운송됨에 있어 B/L이 2건 이상으로 발행된 경우라면 직접운송 원칙을 충족하였다 할 수 없습니다. 그리고 B/L이 2건 발행된다는 의미는 FTA 수출체약국(A)에서 제3국(C)으로 물품이 이동하여 a)C국의 보세구역/창고에 상당기간 보관되었거나 혹은 b)C국에서 수입통관 진행 후 해당 물품을 다시 수출 신고하여 FTA 수입체약국(B)로 가기 위해서 선적하였다는 의미일 수 있습니다.

---

[91] 운송 과정 중에 FTA 역외국에서 추가가공이 이루어지면 FTA 수출체약국에서 On Board 이전에 확인 된 원산지 (FTA C/O로 확인)는 변동이 있습니다. 따라서 FTA C/O와 실제 FTA 수입체약국에 도착한 물품의 원산지가 다르니 해당 물품은 FTA C/O가 있음에도 Direct 운송 불충족으로 FTA 수입체약국에서 FTA 협정세율 적용 받지 못할 수도 있겠습니다.

a)의 경우에는 C국의 보세구역/창고에서 해당 물품에 대해서 어떠한 보수작업이 이루어질 수도 있으며 b)의 경우에 역시 C국의 국내로 반입된 물품에 대해서 어떠한 추가적인 공정을 거쳤는지에 대해서 FTA 협정세율을 적용해주는 B국은 확인할 수 없고 확인할 수 있다 하더라도 이를 인정하지 않는 경우도 있습니다.

결론적으로, 물품은 FTA 수출체약국에서 수입체약국으로 해상 운송될 때 경유와 환적이 되더라도 운송 스케줄에 의해서 어쩔 수 없이 그렇게 되어야 하며 제3국을 고의적으로 거쳐서 2건의 B/L로 운송되는 건에 대해서는 수입체약국으로서는 협정세율 적용에 대해서 부정적이라 할 수 있겠습니다.

2) 항공운송 스케줄

항공운송 역시 직항이 있지만, 직항이 없는 노선도 있습니다.

예를 들어, 페루의 리마(Lima)공항에서 인천공항까지 운송한다고 가정합니다. 이때 리마 공항과 인천 공항을 운항하는 항공기가 없다면, 중간에 T/S(환적)를 해야할 것입니다. 이러한 운송상의 불가피한 이유로 인하여 리마 공항에서 항공기 A에 기적(On Board) 된 물품은 인천 공항으로 가기 위해서 T/S 공항으로서 미국의 휴스턴 공항까지 이동되어야 할 것이며, 휴스턴 공항에서 항공기 B에 해당 물품을 기적하여 인천 공항으로 이동될 수 있을 것입니다. T/S되는 공항에서 작업이 늦어지고 스케줄이 지연되면 항공기 B로 T/S되는 시간도 늦어질 것이며, 최종적 도착공항으로서 인천 공항에 물품이 도착하는 시점도 리마 공항에서 On Board된 날짜와 상당히 차이가 있을 수 있습니다. 비록 항공운송 건이지만 인천공항까지 운송에 있어 운송기간이 7일 이상 발생할 수도 있습니다.

하지만 앞에서 설명하였듯 하나의 화물운송장(항공 건은 Airway Bill, 즉 항공화물운송장 발행)에 의해서 리마공항에서 인천공항까지 커버되며 운송 스케줄상 어쩔 수 없는 상황이기 때문에 수입지 세관은 직접운송원칙을 위배하고 있다는 부정적인 결론을 내리기 힘든 상황이라 할 수 있을 것입니다.

3) 경유와 환적의 개념

A. 경유의 개념

경유는 쉽게 말해서, 서울에서 부산 가는 홍길동이라는 사람이 서울에서 출발하여 부산을 최종 도착지로 하여 버스를 예약한다고 가정합니다. 그러나 해당 노선은 직항으로 운행되는 노선이 아닙니다. 그래서 그 버스는 서울터미널에서 20명의 승객을 태우고 대전터미널에 도착하여 10명을 내리고 15명의 승객을 태웁니다. 그리고 다시 버스는 동대구터미널에 도착하고 20명을 내리고 10명의 승객을 태워서 부산터미널에 도착합니다. 이 경우 버스는 대전과 동대구터미널을 경유한 것입니다.

다시 말해서, 네덜란드 수출자가 포워더에게 Rotterdam Port에서 선적하여 최종 목적항을 Busan Port로 하여 컨테이너 1대를 Shipment Booking 하는데, 해당 배가 Busan Port까지 논스톱으로 운행되는 것이 아니라, 중간에 여러 항구에 입항하여 일부 컨테이너를 양륙하고, 또 일부 컨테이너를 선적하여서 Busan Port로 운행된다고 가정합니다(그렇더라도 이 경우 하나의 B/L로 커버됩니다). 그러면 기타의 여러 항구를 경유한 것이 됩니다.

B. 환적의 개념

환적(T/S, Transshipment)이라는 것은 홍길동이라는 사람이 버스를 타고 서울에서 출발하여 부산으로 가야 하는데 부산까지 가는 버스가 없습니다. 그래서 동대구터미널까지 가서 다른 버스로 환승해야 합니다. 즉, 다른 버스로 갈아타야 한다는 뜻입니다.

다시 말해서, 네덜란드 수출자가 포워더에게 Rotterdam Port에서 선적하여 최종 목적항을 Busan Port로 하여 컨테이너 1대를 Shipment Booking 합니다. 그러나 Rotterdam Port를 떠난 그 배는 Busan Port까지 가지 않고 Singapore Port까지만 운행됩니다. 따라서 Singapore Port에서 컨테이너를 양륙하여 Busan Port까지 운행되는 배에 다시 선적하게 됩니다.

그러나 이 경우 최초 선적항으로서 Rotterdam Port에서 Busan Port까지 운송 요청했기 때문에 해당 건의 B/L은 환적을 했더라도 하나의 건으로 발행됩니다. 이렇게 되면 환적을 하였더라도 환적으로 인정되지 않습니다. 만약 Rotterdam Port에서 Singapore Port까지 B/L이 발행되고 Singapore Port에서 Busan Port까지 다시 B/L이 발행되어 2개의 B/L로 커버된다면 이는 환적으로 인정됩니다.

FTA에서 물품이 수출체약국에서 수입체약국으로 운송됨에 있어 환적되더라도 하나의 B/L로 커버되어야 환적으로 인정되지 않고 직접운송 충족으로 인정받을 수 있습니다.

결론적으로, Rotterdam Port에서 출항한 배는 Busan Port로 오는 것이 아니라 Singapore Port까지만 가는 데 있어 그 사이에 여러 항구를 경유합니다. 그리고 Rotterdam Port에서 Busan Port를 최종 양륙항으로 하여 선적된 컨테이너는 Rotterdam Port를 출항한 배가 Singapore Port까지만 운항하기 때문에 Singapore Port에서 양륙하고 Busan Port까지 가는 다른 배로 환적합니다. 그리고 역시 Singapore Port에서 출항한 배는 Busan Port까지 오면서 다른 항구를 경유하며, 해당 컨테이너는 최초 선적항으로서 Reotterdam Port에서 수출자가 Shipment Booking 한 것과 같이 최종 양륙항으로서 Busan Port에서 양륙합니다. 이러한 식으로 경유와 환적은 발생되나 최초 선적항과 최종 양륙항에 대한 운송이 하나의 운송서류(B/L, 화물운송장)로 커버된다면, 이는 실제로 경유를 하더라도 혹은 실제로 환적을 하더라도 경유국에서 혹은 환적국에서 추가적인 가공이 이루어져서 FTA C/O 상의 원산지가 변경되는 사건이 발생되지 않았다고 할 수 있을 것입니다. 결과적으로 FTA C/O상의 원산지가 운송 과정 중에 변경이 없다는 사실이, 운송서류(B/L, 화물운송장)의 내용과 합리적인 운송기간(Transit Time)으로 문제없다고 확인되면 FTA 수입체약국 세관도 수입자의 FTA 협정세율 신청에 문제를 제기하기 힘들 것입니다.

2. 무역 거래 형태와 직접운송

1) 한·EU FTA, 체약 당사자 간의 직접 거래

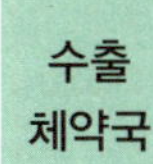

수출 체약국

- 인보이스[92] 건당 전체가격이 EUR6,000 초과 물품의 건[93].
- 수출자는 인증수출자로서 상업서류인 인보이스에 '원산지신고서문안'[94] 기재.
- '원산지신고서문안'에 인증수출자 번호 및 원산지 기재.

P.O.L. : ROTTERDAM, NL

- 하나의 운송서류(B/L, 화물운송장)로 직접운송 진행[95].
- 수출지 On Board Date 기준으로 수입지 입항일이 합리적인 운송기간(Trans Time) 확인.
- 이러한 모든 내용은 B/L(항공은 AWB)을 근거로 확인.

P.O.D. : BUSAN, KR

수입 체약국

- 수입신고 할 때 '원산지신고서문안'이 기재된 인보이스 확보[96].
- 협정에서 정하는 양식과 기재요령에 따라서 원산지신고서문안 작성됨.
- 원산지신고서문안에 기재된 인증수출자 번호(customs authorization No.) 이상 없다는 사실 확인[97].
- 해상 B/L(항공은 AWB)을 근거로 직접운송 여부 확인.
- 한·EU FTA 협정세율 적용하여 수입신고 진행.

▲ 해당 건의 B/L P.O.L.에는 수출체약국 PORT가 명시되고, P.O.D.에는 수입체약국 PORT가 명시되며, 경유(VIA) 및 환적 (TRANSSHIPMENT PORT)을 하였더라도 그러한 내용이 B/L 상에 기재되지 않음.

---

92 상업송장(C/I), Commercial Invoice

93 한EU FTA에서 인보이스 건당 전체가격 EUR6,000 초과라는 기준은 인코텀스 조건과는 상관없이 단순히 하나의 운송 건에 대한 인보이스 상의 '원산지 물품' 전체가격을 말합니다. FOB 기준으로 혹은 CIF 기준으로 EUR6,000이라는 기준을 잡고 있지는 않습니다. 원산지 제품과 비원산지 제품이 하나의 선적 건에 혼재되는 경우, 비원산지 제품의 가격은 EUR6,000에 산입되지 않습니다(217쪽 참고).

94 원산지신고서문안은 219쪽 참고

95 발행되는 운송서류의 Place and Date of Issue 부분의 발행 장소와 Port of Loading(Airport of Departure)은 FTA 수출체약국이어야 할 것이며, Port of Discharge(Airport of Destination)는 FTA 수입체약국이어야 할 것입니다.

96 한EU FTA에서는 원산지신고서문안이 기재된 인보이스와 같은 상업서류가 바로 원산지신고서, 즉 원산지증명서입니다.

97 EU 회원국 인증수출자 번호 체계(382쪽 참고).

물품이 유럽에서 배에 선적되어 한국으로 운송되는 경우, 대표적인 환적항을 거쳐서 운송되는 경우가 많습니다. 그 대표적인 환적항의 예로서 싱가포르의 항구가 있다고 가정하겠습니다. 이때 a)유럽의 선적항에서 물품은 A라는 배에 선적되어 싱가포르 항구까지 A 배가 도착하기 전까지 다른 여러 항구를 경유하면서 일부 컨테이너 양륙 및 선적 작업이 이루어질 것입니다. 그리고 싱가포르 항구에 도착한 배 A는 최종 양륙항(P.O.L.; Port of Loading, 하역항)으로서 한국의 항구로 운항하지 않기 때문에, 싱가포르 항구에서는 유럽의 선적항에서 배 A에 선적된 컨테이너를 양륙하여 배 B로 환적합니다. 그리고 역시 싱가포르 항구를 출항한 배 B는 한국의 항구에 도착하기 전까지 다른 항구를 경유 할 것입니다.

물론 b)최초 선적지에서 출항한 배 A가 환적 없이 최종 양륙항까지 여러 항구를 경유하면서 운송되는 경우도 있을 것입니다[98].

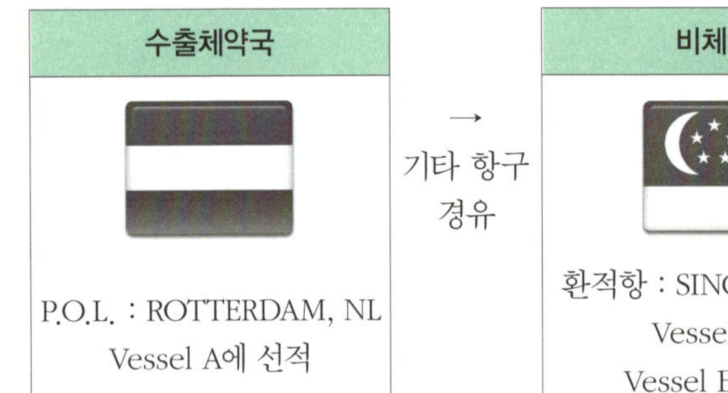

a)의 경우(운송 스케줄상 환적을 할 수밖에 없는 상황) 실제로 환적하였더라도 B/L에 환적항(Transshipment Port)이 명시되지 않으며, 세관은 유럽의 선적항에서 한국의 양륙항까지의 합리적인 운송기간을 고려하여 직접운송 인정을 할 확률이 높다고 판단됩니다.

c)마지막으로, FTA 상대체약국과 매매계약을 체결하고 물품이 운송 중에 환적항에서 환적되는 스케줄로서 a)와 같은 경우인데, 환적항에서 다른 배로 옮겨 선적하는 과정에서 기존의 스케줄과 같이 바로 선적이 진행되지 않고 수일에서 수 주 동안 스케줄이 지연되는 경우도 있습니다. 해당 건은 분명 FTA 수출체약국 내의 선적항에서 수입체약국으로 직접 운송되며, 하나의 B/L로 커버되는 경우이지만 스케줄상 환적이 필요했고, 환적항에서 물량이 몰려서 운송 기간

---

98 선서가 규모가 있고 한국 쪽에서 유럽 나가는 물량과 유럽에서 한국 쪽으로 들어오는 물량이 많다면, 해당 선사는 하나의 배로 해당 구간을 커버할 수 있을 것입니다. 이러한 경우는 경유는 할 것이나 환적은 하지않습니다. 모든 구간이 환적하는 것은 아니며, 상황에 따라서 경우에 따라서 모두 다를 것입니다.

이 생각보다 많이 지연되었습니다. 수입지 세관은 해당 건의 B/L 및 이러한 상황에 대한 수입자의 설명을 바탕으로 직접운송 인정 여부를 판단할 것으로 생각합니다.

2) 한·EU FTA, 원산지 국가와 수출국이 다른 경우

그렇지만 한·EU FTA 체약국으로서 네덜란드 수출자가 유럽산(EU산) 물품에 대해서 한국의 수입자와 최초에 매매계약을 하지 않고, 한·EU FTA 비체약국으로서 예를 들어, 중국에 위치한 업체와 매매계약 후 제3국으로서 중국으로 물품을 운송하여 중국에서 수입통관 완료하였다고 가정합니다.

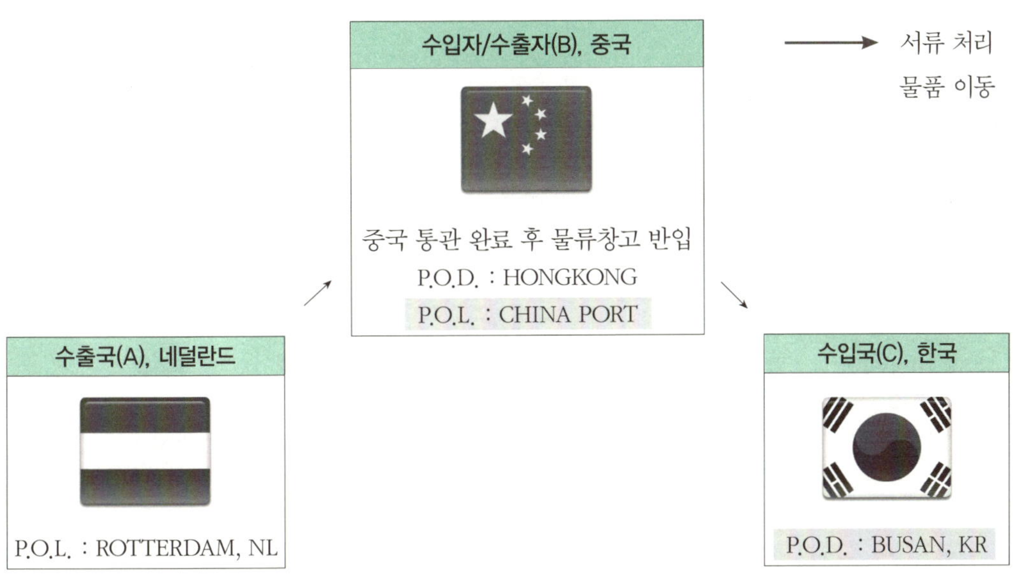

▲ B는 A와의 거래 관계에서는 수입자가 되고, C와의 거래 관계에서는 수출자가 됩니다. 즉, 본 건에서 B는 A와 매매계약을 하고 물품을 받아서 C와 계약을 하여 C에게 판매한 형태입니다. 물품의 원산지가 아무리 유럽이라도 A국에서 최초 선적할 때 최종 양륙항을 C국으로 하지 않고 B국으로 하여 B/L이 발행되고 B가 C에게 오더를 받으면 다시 B국에서 물품을 선적하여 C국으로 운송하니 FTA 양 당사국 간 직접적으로 운송되어야 한다라는 직접운송 원칙에서 벗어난 형태의 거래라 할 수 있습니다.

▲ 본 경우 B/L은 A-B 구간에 대해서 하나, B-C 구간에 대해서 하나가 발행되어 각각 2개의 B/L이 발행됩니다.

▲ P.O.L., P.O.D는 A-B구간에 대한 B/L의 내용, P.O.L., P.O.D.는 B-C구간에 대한 B/L 내용입니다. 수입지(C국) 세관이 확인할 수 있는 B/L(선하증권)에는 적출항(선적항)이 FTA 체약 상대국의 항이 아니라 비체약국항이 됩니다.

이러한 경우는 네덜란드 수출자의 유럽산 물품의 아시아 총괄 본부가 중국에 있고 중국에서 물품을 받아서 중국으로 통관 완료한 물품을 아시아 국가로부터 오더를 받아서 판매하는 형태가 있을 수 있습니다. 즉, 아시아 시장으로 판매할 물품의 물류창고가 중국에 있다 할 수 있습니다.

그러면 아시아 국가로서 한국은 중국의 수출자와 매매계약을 체결할 것이며, 해당 건의 B/L(선하증권) 선적항(적출항)은 당연히 체약상대국의 항구(EU 체약국 내 항구)가 아니라 제3국의 항구로서 중국에 위치한 항구가 되기 때문에, FTA 수입체약국 세관은 FTA 체약국 간에 직접적으로 운송되어야 한다라는 직접운송 원칙을 위배한 것으로 판단할 수 있습니다. 그러면 해당 물품이 아무리 한·EU FTA 원산지결정기준을 충족하고 있는 원산지 물품이라 하더라도 수입지로서 한국에서 한·EU FTA 협정세율을 적용받기 어렵다 할 수 있습니다.

생각해보기

〈상황〉

　a) 한국 업체와 독일 업체가 매매계약 체결.
　b) 독일 업체는 한국 업체로 한-EU FTA 원산지신고서 문안이 기재된 C/I 전달 가능하다 함. (원산지 독일)
　c) 한국 업체가 전달받을 운송서류(B/L, 화물운송장)의 발행지와 P.O.L.은 모두 중국이며 P.O.D.는 한국.

　* 독일 업체는 독일산 물품을 아시아 업체로부터 오더 받으면 신속하게 공급하기 위해서 중국 물류창고에 보관하고 있습니다. 그래서 한국 업체로부터 오더 받고 중국에서 포워더에게 Shipment Booking 하여 물품을 중국에서 On Board 후 한국으로 운송하는 상황입니다.

〈한국에서 한-EU FTA 협정세율 적용 가능성〉

　없습니다. 이유는 물품의 원산지는 비록 한-EU FTA 상대체약국이라는 사실이 한-EU FTA C/O로 확인 가능하나, 운송서류가 FTA 비체약국에서 발행되고 P.O.L.이 한-EU FTA 비체약국의 항구이기 때문입니다. 그렇다 해서 원산지 국가로서 한-EU FTA 수출체약국이 내륙국가로서 항구를 보유하지 않은 국가도 아니고, 그러한 내륙국가와의 거래라 하더라도 해당 국가와 중국은 인접국가로 볼 수 없을 정도로 상당히 멀리 떨어져 위치하기 때문에 이러한 관점으로도 한-EU FTA 협정세율 적용받을 가능성은 없겠습니다.

〈한국에서 한-중 FTA 협정세율 적용 가능성〉

　2015년 10월 현재, 한-중 FTA는 발효되지 않은 상태입니다. 발효되었더라도 본 상황과 한-중 FTA는 아무런 연관성이 없겠습니다. 비록 운송서류가 중국에서 발행되고 P.O.L.이 중국이고 P.O.D.가 한국이더라도 거래 물품은 한-EU FTA 원산지 결정기준을 충족한 독일산 물품으로서 한-중 FTA 원산지 결정기준을 충족한 중국산 물품이 아니기 때문입니다.

〈결론〉

　결국, 어떤 FTA와도 무관한 상황이 되겠습니다.

FTA 수출체약국으로서 유럽에서 선적될 때 최종 양륙항(도착항)을 한국으로 하여 수출자가 포워더에게 Shipment Booking 진행하면 하나의 B/L로 커버됩니다. 그러나 앞에서의 상황처럼 유럽에서 선적될 때 최종 양륙항을 싱가포르 혹은 중국의 항구로 하여 포워더에게 Shipment Booking 하였고, 그 물품을 싱가포르 보세구역 반입 혹은 중국으로 수입통관 진행 후 물류창고에서 물품을 반입해둔 상태에서 한국으로부터 오더 받으면 다시 포워더에게 Shipment Booking 진행하여 선적하였기 때문에 그 각각의 구간에 대해서 각각 B/L이 따로 발행됩니다. 따라서 본 경우는 직접운송 원칙에 위배된다 할 수 있습니다.

3) 한·EFTA FTA, 내륙 국가 물품을 해상운송하는 경우

한·EFTA(유럽자유무역연합) FTA의 상대체약국은 스위스, 리히텐슈타인, 노르웨이, 아이슬란드입니다. 한국의 수입자가 이들 중 내륙국가로서 스위스 수출자로부터 스위스산 물품을 항공이 아닌 해상으로 수입할 경우, 스위스는 항구를 보유하지 못한 내륙 국가이기 때문에 체약상대국으로서 스위스의 인접국가 항구로 내륙 운송하여 해상으로 한국의 항구까지 물품을 운송할 수 있습니다. 따라서 스위스에서 내륙 운송하여 슬로베니아 코페르(KOPER) 항구에서 물품을 선적하는 경우, 해당 건의 B/L 선적항(Port of Loading)은 코페르 항구가 기재될 것이고 양륙항(Port of Discharge, 도착항)은 부산 항구가 기재될 수 있습니다.

이러한 경우, 체약상대국이 아니라 제3국의 항구가 운송서류(B/L 혹은 해상화물운송장) 상에 선적항으로 기재되기 때문에 FTA 체약국 양 당사자 간 직접적으로 운송되어야 하는 기본원칙으로서 직접운송 원칙을 충족시키지 못하는 경우라 할 수 있습니다. 하지만 본 경우는 지역적인 특성상 어쩔 수 없는 경우로서 FTA 수입체약국 세관이 직접운송원칙 충족 여부를 놓고 불충족으로 결론 내리기는 힘들 것입니다.

> **FTA 특례고시 제3-5-1조 제2항 2호**
>
> "체약상대국이 내륙지국가(예 : 스위스연방)로서 ①선하증권 또는 화물운송장 상의 수출자가 원산지 증빙서류상의 수출자로 기재되어 있고, ②적출항이 체약상대국의 인접국가 항구 또는 공항으로 기재되어 있으며, ③도착항이 우리나라의 항구 또는 공항으로 기재되어 있는 경우, 우리나라까지의 운송에 소요되는 합리적인 기간을 감안하여 원산지를 확인할 수 있다."
>
> 즉, 이러한 관련 서류를 확인하여 직접운송 충족 여부를 결정할 것이라 판단합니다.

실무에서 종종 협정세율 적용하여 수입 신고받은 세관 담당자가 이러한 상황에서, 즉 FTA 수출체약국이 내륙국가라서 어쩔 수 없이 인접국가의 항구에서 선적할 수밖에 없는 상황임에도 직접운송이 이루어졌는지를 놓고 까다롭게 대응하는 경우가 있습니다.

이때 우리는 'FTA에서 왜 직접운송을 요구하는가?'에 대한 의문을 가져볼 필요가 있습니다. FTA에서 직접운송을 요구하는 이유는, FTA 수출체약국에서 원산지 물품으로 FTA C/O에 의해서 증명된 물품이 제3국으로 반입되어 어떠한 추가적인 가공 공정을 거치면 해당 물품의 원산지는 애매해집니다. 따라서 FTA에서는 기본적으로 제3국을 거치지 않고 FTA 수출체약국에서 FTA 수입체약국으로 직접(Direct) 운송되어야 합니다.

3. 한·EU FTA & 한·아세안 FTA 개념 차이로 인한 직접운송

한·EU FTA에서 상대체약국은 유럽연합(EU) 회원국으로서 28개국 하나하나가 당사국이 될 수도 있지만, '유럽연합(EU)' 자체도 당사국에 해당합니다. 한·EU FTA를 이해할 때, 후자의 개념으로서 우리나라와 EU와의 FTA로 이해하는 것이 더 적절할 것으로 판단됩니다. 즉, EU 자체가 상대체약국이 되는 것입니다. 그래서 프랑스의 인증수출자가 원산지가 헝가리인 물품을 네덜란드 로테르담 항구에서 선적하여 우리나라로 직접 운송하더라도 해당 국가는 모두 EU 역내 국가이며, 수출자가 인증수출자이기 때문에 한·EU FTA 협정세율을 수입지로서 우리나라로 수입신고 할 때 적용 가능하다 할 수 있습니다.

<참고> 한·EU FTA 집행에 관한 지침

> **2.3. 직접운송의 적용 범위**
> EU 역내 국가이면 수출국과 선적국(출항국)이 다르더라도 EU 역내에서 우리나라로 직접 운송된 경우에는 적용 대상.
>
> **2.4. 원산지신고서의 인정 범위**
> EU 역내에 있는 한 EU 역내에서 수출물품을 생산국가와 수출자의 국가가 다르더라도 인증수출자가 수출하면 적용 가능.
> ※ (예) 독일 수출자가 원산지를 영국으로 하는 영국산 물품을 수출하여도 적용 가능.

반면에 한·아세안 FTA는 우리나라와 아세안 자체의 FTA가 아니라, 우리나라와 아세안 국가 하나하나와의 FTA로서 개별협정으로 보아야 합니다. 즉, 한·아세안 FTA에서 직접 운송은 '수출 당사국'과 '수입 당사국' 영역 간에 직접 운송된 경우에 적용됩니다.

다시 말해서, '수입 당사국'이 우리나라라고 가정하고, '수출 당사국'으로서 아세안을 말하는 것이 아니라 아세안 소속 특정 국가를 뜻합니다. 원산지가 태국이라면 태국 내에 있는 항구/공항에서 적재하여 바로(Direct) 수입 당사국으로서 우리나라로 운송되어야 합니다. 한·아세안 FTA에서는 태국산 물품을 같은 아세안 체약국으로서 베트남 수출자가 베트남으로 운송하여 보관하다가 한국으로 운송하는 형태는 직접운송을 위배한 것으로 판단될 수 있습니다.[99]

---

[99] 한국 수입자가 태국 수출자와 직접 거래하지 않고 베트남 업체와 매매계약하고 베트남 업체가 태국산 물품을 태국 수출자로부터 베트남으로 수입통관 후 한국으로 수출 진행하는 경우, B/L이 각각 2건으로 발행되며 한국의 수입자는 베트남을 선적지로하고 한국을 양륙항으로 하는 B/L을 받습니다. 이때 베트남 업체로부터 Back-to-Back 원산지증명서까지 받으면, 수입지에서 한-아세안 FTA 협정세율을 적용받을 수 있게 되어 있습니다. 그러나 Back-

A. EU 내 수출자(인증수출자) 국가 ≠ 생산자 국가 〈경우 1〉

> ※ 수출자 : 네덜란드(인증수출자, Shipper)
> ※ 원산지 : 독일
> ※ 선적항 : ROTTERDAM, 네덜란드

독일을 원산지로 하는 물품을 네덜란드 수출자가 네덜란드 항구/공항에서 한국으로 직접 운송해도 그 수출자가 인증수출자이면 수입지로서 우리나라 세관은 특별한 입증서류를 요구하지 않고 협정세율 적용받을 수도 있습니다.

이때 네덜란드 수출자는 우리나라 수입자와 매매계약을 체결한 자로서 인보이스, 패킹리스트 등과 같은 상업서류 중 하나에 원산지신고서문안을 기재하는데, 세관인증번호(customs authorization No.)는 네덜란드 수출자의 세관인증번호가 기재되고 제품의 원산지는 독일[100]로 기재하면 됩니다. 상업서류에 원산지신고서문안을 기재할 수 있는 자는 FTA 체결상대국에 소재하고 있는 사업자로서 원산지신고서(원산지증명서)의 작성 권한 및 입증책임이 있는 수출자라고 이해하면 될 것입니다.

본 경우 수입체약국으로서 우리나라의 수입자는 유럽연합이라는 국가의 네덜란드라는 도시에 위치한 수출자와 매매계약을 체결하였고, 수출자는 독일이라는 도시를 원산지로 하는 물품을 독일에서 네덜란드로 내륙운송 후 네덜란드 항구에서 선적하였으니, 운송서류 상으로 직접운송 원칙을 위배하는 문제는 제기될 수 없는 상황이라 이해하면 될 것입니다.

---

to-Back 원산지증명서의 실효성에 대해서는 다소 의문이 있습니다(244쪽 참고).
[100] 원산지신고 문구에 국가명을 기재하여도 되지만, 'EU' 또는 'EC'로 기재하여도 됩니다(참고 220쪽).

B. EU 내 수출자(인증수출자) 국가 ≠ 생산자 국가 〈경우 2〉

> ※ 수출자 : 네덜란드(인증수출자, Shipper)
> ※ 원산지 : 체코
> ※ 선적항 : HAMBURG, 독일

EU 내륙국가로서 체코를 원산지로 하는 물품인데, 수출자는 네덜란드에 위치하고 물품은 독일에서 선적되었다 하더라도 해당 수출자가 인증수출자이면 수입지로서 우리나라 세관에 수입신고 할 때 한·EU FTA 협정세율을 적용받을 수 있다고 보는 것이 적절하다 판단합니다.

앞에서도 언급하였듯이 EU는 개별국가로서의 개념보다는 하나의 국가로서의 개념으로 보는 것이 적절하다고 판단되며, EU라는 국가 내에 위치한 지역으로서 네덜란드라는 도시의 인증수출자와 한국의 수입자는 매매계약을 체결하였고 체코라는 도시에서 생산한 체코 지역산 물품을 독일이라는 항구 도시에서 선적한다는 개념으로 봐야 할 것입니다.

이때 네덜란드 수출자는 인보이스, 패킹리스트 등과 같은 상업서류 중 하나에 원산지신고서 문안을 기재하는데, 세관인증번호(customs authorization No.)는 네덜란드 수출자의 세관인증번호가 기재되고 제품의 원산지는 체코로 기재하면 됩니다.

그리고 해당 건의 운송서류(B/L 혹은 화물운송장) 적출항(Port of Loading, 선적항)은 체약당사국(EU,

하나의 상대 체약국)의 항구로서 독일에 위치한 항구가 기재되고 도착항(Port of Discharge)이 우리나라의 항구로 기재되어 하나의 B/L로 커버되어야 직접운송 충족되었다고 인정받을 수 있습니다.

결론적으로, 한·EU FTA에서 수출자의 국가, 생산국(원산지 국가) 및 선적국이 모두 상이하더라도 이들이 모두 EU 국가 내에 위치한다면 수입지에서 한·EU FTA 협정세율 적용을 받을 수 있습니다. 물론, 거래 물품이 원산지결정기준을 충족하고 있어야 하며, 물품이 직접운송 원칙을 충족해야 할 것입니다.

경우에 따라서 네덜란드의 수출자(인증수출자)가 독일산 물품을 독일에서 선적하지 않고 네덜란드로 운송하여 보관하다가 네덜란드에서 선적하여 한국으로 직접 운송하더라도 수입지로서 한국에서 한·EU FTA 협정세율 적용 가능합니다.

모두 우리나라와 EU의 FTA는 EU 회원국 하나하나와의 FTA가 아니라 EU 자체와의 FTA로 보는 개념이 바탕으로 하고 있다고 할 수 있습니다.

C. 수출국이 체약 상대국이 아닌 경우 〈경우 3〉

> ※ 수출자　: 스위스(Shipper)
>
> ※ 원산지　: 네덜란드
>
> ※ 선적항　: ROTTERDAM, 네덜란드
>
> ※ 비　고　: 한국의 수입자는 물품의 원산지가 네덜란드이기 때문에
>
> 　　　　　　수입신고 할 때 한·EU 협정세율 적용을 기대하고 있음.

a. 원산지신고서문안을 인보이스에 기재하는 경우, 협정세율 적용 불가

한·EU FTA와 한·EFTA FTA의 경우 원산지증명서는 모두 자율발급 방식으로서 '수출자'가 수출물품에 대한 원산지 결정에 따른 검증자료를 바탕으로 상업송장(인보이스) 또는 그 밖의 상업서류(패킹리스트, B/L, 인도증서)에 원산지신고서문안을 기재하여 원산지증명서로써 사용합니다. 여기서 '수출자'는 FTA 체약상대국에 소재하고 있는 사업자를 뜻하며, 원산지신고서문안이 기재된 원산지신고서(원산지증명서)의 작성권한 및 입증책임이 있는 자를 말합니다.

상기의 조건에서 한국의 수입자는 해당 건의 물품이 네덜란드 산으로서 한·EU FTA 협정세율을 수입신고 할 때 적용받기를 원하고 있습니다. 하지만 수출자로서 스위스 업체는 한·EU FTA 체약상대국이 아니라 역외국(제3국)입니다. 한국의 수입자는 스위스의 수출자와 매매계약을 체결하였고 스위스의 수출자가 발행한, 즉 스위스의 수출자가 Shipper인 인보이스를 받습니다. 이때 스위스 수출자는 한·EU FTA 체약상대국에 소재하고 있지 않은 사업자이기 때문에 자신이 발행하는 인보이스에 원산지신고서문안을 기재할 권한이 없습니다(물론, 원산지 국가와 수출자 국가가 모두 EU 역내 국이라면 원산지신고서문안을 인보이스에 기재 가능). 따라서 이러한 경우, 한국의 수입자는 수출자로서 스위스 업체가 직접 원산지신고서문안을 기재하여 발행한 인보이스를 받을 수 없으며, 결론적으로 인보이스를 원산지증명서로써 사용하여 수입지에서 한·EU 협정세율을 적용받기 어렵다 할 수 있습니다.

반대의 상황, 즉 한·EFTA FTA 체약상대국으로서 스위스를 원산지로 하는 물품을 네덜란드 수출자가 한국으로 수출하는 경우에도 한국에서 수입신고 할 때 한·EFTA 협정세율을 적용받기 어렵습니다. 네덜란드 수출자는 한·EFTA FTA 체약상대국에 소재하고 있지 않은 사업자이기 때문에 자신이 발행하는 인보이스에 원산지신고서문안을 기재할 권한이 없습니다.

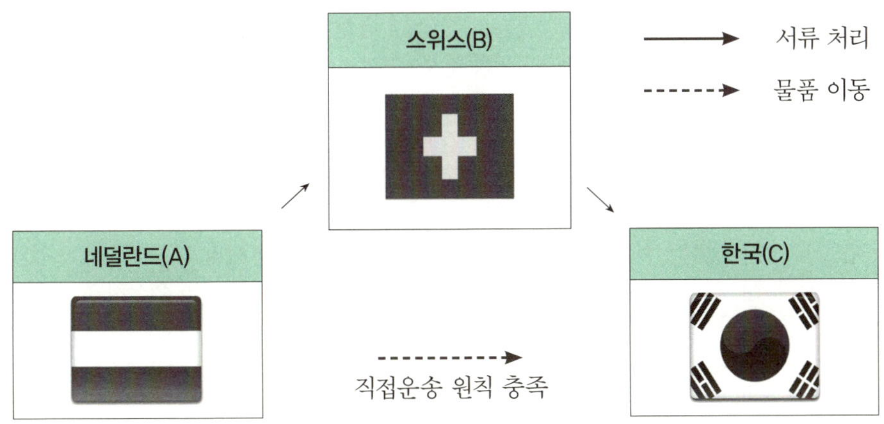

▲ C는 B와 매매계약, B는 다시 A와 매매계약 체결합니다.

b. 원산지신고서문안을 패킹리스트에 기재하는 경우, 협정세율 적용 가능

이때 B는 한·EU FTA 상대체약국에 위치한 수출자가 아니기 때문에 자신이 발행하는 인보이스(상업송장, Commercial Invoice) 혹은 패킹리스트(Packing List) 혹은 인도증서(Delivery Note) 같은 상업서류에 원산지신고서문안을 기재할 수 없습니다.

그러나 A는 C와 직접 거래하지는 않지만, 중간에 위치한 B는 A가 원산지신고서문안을 기재하여 발행한 인보이스 혹은 패킹리스트를 C에게 전달할 수는 있을 것입니다.

문제는 A가 원산지신고서문안을 기재한 서류가 인보이스인 경우, 중간에서 마진을 취하는 B 입장이 곤란해질 수 있습니다. 따라서 B는 단가 정보가 기재되지 않은 패킹리스트를 A에게 받아서 본 서류를 그대로 C에게 전달하여 협정세율 적용받을 수 있도록 합니다.

원산지신고서문안을 상업서류에 기재할 수 있는 자는 '수출자'로서 '수출자'는 FTA 체약상대국에 소재하고 있는 사업자를 뜻하며, 원산지신고서문안이 기재된 원산지신고서(원산지증명서)의 작성권한 및 입증책임이 있는 자를 말합니다. 따라서 원산지신고서문안이 기재된 상업서류로서 원산지신고서의 작성은 B가 하는 것이 아니라 A가 해야 할 것입니다.

결론적으로, B는 A에게 한·EU FTA 원산지신고서문안을 패킹리스트에 기재 요청합니다. 그러면 해당 패킹리스트는 원산지증명서가 되어서 C에게 전달되고 C는 본 서류를 근거로 한·EU FTA 협정세율 적용받을 수 있습니다.

<참고> 수출자의 의미

FTA에서는 '수출자'를 통상적인 거래계약의 일방 당사자 또는 해외 공급자와 달리 규정하고 있습니다. FTA에서 '수출자'라 함은 a)상품이 수출되는 체약 상대국의 영역에 소재하면서 그 상품을 수출하는 자연인 또는 법인을 의미하며, b)원산지증명서의 기관발급 요청 혹은 자율발급의 주체로서 관련 자료의 보관의무를 지며, c)세관 당국이 그 진정성에 대한 검증을 요청할 때 피검증자로서 자료제출의무를 부담하는 자를 말합니다.
다시 말해서, FTA 체결상대국에 소재하고 있는 사업자로서 원산지신고서의 작성 권한 및 원산지 입증 책임이 있는 자라 할 수 있습니다. 결국, 제3국에 위치한 비당사국의 수출자는 원산지증명서를 기관발급 요청 혹은 자율발급할 수 없다 할 수 있을 것입니다.

<경우 1>, <경우 2>의 수출자는 수입체약국의 수입자와 매매계약을 체결한 통상적인 매매계약 상의 수출자이지만 FTA에서 말하는 '수출자'로서의 의미도 가집니다. 그리고 통상적인 매매계약 상의 수출자는 아니지만, 원산지 물품을 생산하여 수입체약국으로 수출하는 <경우 3>의 생산자는 FTA에서 말하는 '수출자'로서 원산지신고서의 작성 권한을 가지고 있으며, 동시에 원산지 입증에 대한 책임도 있습니다.

□ 패킹리스트 발행의 문제점

이 경우에도 문제가 되는 것은 A가 발행한 패킹리스트의 Consignee가 수입체약국에서 해당 서류를 원산지증명서로 사용하여 협정세율 신청하는 C가 되어야 한다는 것에 있습니다. 원산지 신고서문안이 기재된 상업서류를 발행하는 자로서 패킹리스트의 발행자, 즉 Shipper 역시 A가 되는 것이 정확할 것입니다.

따라서 B는 C가 협정세율 적용받게 하기 위해서 A에게 C의 정보를 노출해야 한다는 문제점이 있으며, 패킹리스트에 Shipper의 정보가 있으니 C 역시 A의 정보를 확인할 수 있는 문제점이 있습니다.

그리고 A가 발행하는 패킹리스트 Description의 품명, 수량, 규격 등의 물품 정보가 B가 발행하는 인보이스 상의 Description에 준할 정도로 기재되어야 하겠습니다.

D. 수출자 ≠ 생산자(인증수출자) 〈경우 4〉

본 경우는 수출체약국이 한국이라고 가정합니다.

한국의 수출자는 한국 내의 생산자에게 물품을 국내 거래로 구매하여 한·EU FTA 수입체약국으로서 네덜란드의 수입자에게 수출하는 경우입니다. 만약 수출자가 인증수출자라면 문제될 것 없이 인보이스에 원산지신고서문안을 기재하여 원산지신고서(원산지증명서)로서 수입자에게 전달하면 됩니다. 그러나 수출자는 인증수출자가 아니고 생산자가 인증수출자라는 것이 문제점이 되겠습니다.

이러한 경우, 수출자는 따로 인증수출자로 인증을 받아서 수출 진행하는 것이 적절하겠습니다.

2) 한·아세안 FTA, 중개무역

한국의 수입자가 한·아세안 FTA 체약상대국으로서 베트남산 물품을 수입할 때 한·아세안 FTA 협정세율을 적용받기를 원할 것입니다. 문제는 한국의 수입자와 매매계약을 체결한 수출자가 베트남에 위치한 사업자가 아니라 a)한·아세안 FTA 역내 위치한 다른 국가 혹은 b)한·아세안 FTA 역외국일 수가 있습니다. 이러한 경우, 해당 수출자는 베트남에서 물품을 제조한 제조자에게 한·아세안 FTA 원산지증명서(AK Form)를 전달받아서 한국의 수입자에게 다시 전달하여도 한국의 수입자는 한·아세안 FTA 협정세율을 적용받을 수 있습니다[101]. 물론, 해당 건의 물품은 FTA 수출체약국에서 수입체약국으로 직접운송 되어야 FTA 협정관세 적용을 받을 수 있습니다.

A. 중개무역 개념도

한·아세안 FTA는 한·EU FTA와 다르게 한국과 아세안 개별국가간의 FTA로 봐야 한다고 앞에서 설명하였습니다. 다음부터 설명하는 내용에서 중개자가 한·아세안 FTA 체약국이든 비체약국이든 상관없이 해당됩니다. 물론, 수출국과 수입국은 당연히 한·아세안 FTA 체약국이어야 하며, 수출물품은 한·아세안 FTA 원산지결정기준을 충족한 원산지 물품으로서 직접운송 된다는 사실을 기초로 합니다.

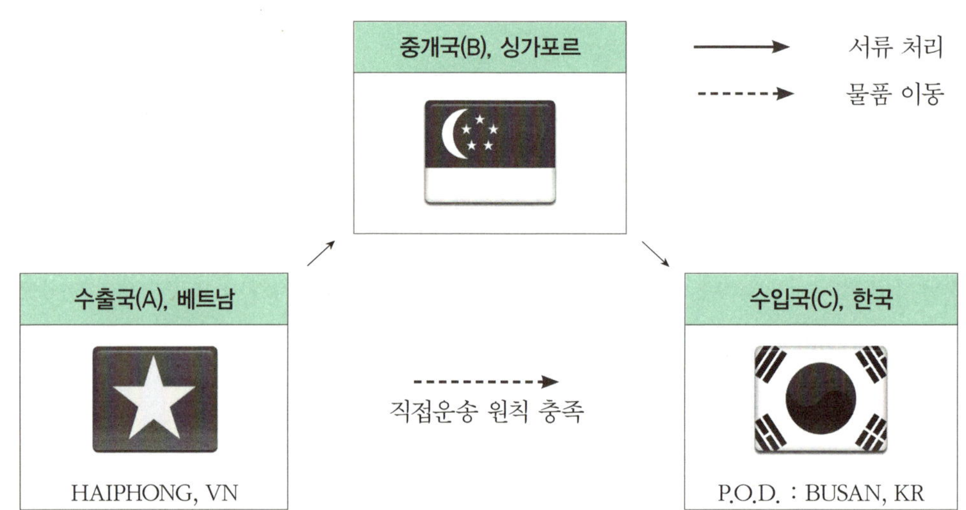

---

101 한아세안 FTA에서 원산지증명서가 수출국의 수출자가 아닌 제3국의 생산자가 발행한 경우, 한아세안 원산지증명서(AK FORM)의 13란 'Third country invoicing'에 체크 표시하고 7번란에 송장 발행회사, 국가명을 기재해야 합니다. 즉, 수출자가 일본이고 생산자가 베트남인 경우 베트남 업체가 한아세안 원산지증명서를 발급하는데 13란에 체크 표시하고 7번란에 송장 발행회사인 일본 회사명과 국가명을 기재하여 일본 수출자에게 전달하고 그 수출자는 다시 FTA 수입체약국의 수입자에게 전달해야 한다는 뜻이 됩니다.

a) B는 A와의 거래 관계에서는 수입자가 되고, C와의 거래 관계에서는 수출자가 됩니다. 즉, 본 건은 중개무역의 형태입니다.

b) 물품은 A국에서 C국으로 직접 운송되지만, A의 서류처리는 B로 향하고 B의 서류처리는 C로 향합니다. 이유는 A는 B와 매매계약을 체결했고, 다시 B는 C와 매매계약을 체결했기 때문입니다.

c) A는 자신이 발행하는 인보이스, 패킹리스트의 Shipper는 A 자신, Consignee는 B로 하여 발행합니다. 반면에 B/L(항공의 경우 AWB)은 B가 C의 정보를 알려주지 않으면 Shipper A 자신, Consignee B로 하여 포워더에게 발행 요청합니다. 이때 B는 해당 B/L을 C에게 전달하기 전에 Consignee를 C로 Switch 후 전달해야 C가 수입지에서 해당 B/L로 물품을 포워더로부터 인수하고 수입통관 진행 가능합니다.

* B/L의 consignee와 인보이스, 패킹리스트의 consignee 개념 차이

B/L을 포함한 기타 운송서류(화물운송장)의 Consignee는 수입지에 도착한 물품에 대해서 수입지 포워더에게 D/O 요청하여 물품을 인도받을 권리가 있는자(송화인)라 할 수 있습니다. 반면에 인보이스의 Consignee는 수출자와 매매계약을 체결하고 수출자에게 대금결제 하는 자라고 이해하면 되겠습니다(T/T 결제에서). 그래서 수출자는 반드시 인보이스의 Consignee로부터 대금결제를 받아야 하며, 제3자로부터 대금결제 받으면 외환거래 관련하여 문제가 발생할 수 있습니다(제3자 지급에 따른 소명 필요할 것).

* 인코텀스 조건에 따른 포워더 지정 문제

수출지에서 수입지로 물품에 대한 운송 서비스 진행하는 포워더의 지정을 인코텀스 조건에 따라서 수입자가 지정하는 경우, 수입자가 포워더에게 요청하여 수출자가 중개자에게 전달한 인보이스를 확보하여 중개자의 마진과 수출자의 중개자에 대한 견적까지 확인하는 상황도 발생할 수 있습니다. 또한, 수입자는 수출자의 정보를 알 수 있으며, 반대로 수출자 역시 수출지 포워더를 통하여 수입자의 정보를

알려고 하면 알 수도 있습니다. 따라서 중개자는 가능하면 자신이 포워더를 지정할 수 있는 인코텀스 조건으로 수출자와 매매계약 체결하고 수입자와의 매매계약 역시 그렇게 해야 할 것입니다. 또한, 자신이 지정한 포워더에게 입단속에 대한 요청도 해야 할 것입니다[102].
자세한 내용은 '어려운 무역실무는 가라 Part 1. 서술편'에서 중개무역 파트 참고해주세요.

d) 문제는 B가 A로부터 받은 한·아세안 FTA 원산지증명서(AK Form)입니다. 이렇게 중개무역의 형태에서 B는 A에게 AK Form[103]을 기관발급 신청할 때 a)양식 13번으로서 'Third Coun-

---

102 EXW, F-Terms 중의 하나로 매매계약하는 경우 수입자가 포워더 지정 권리를 가지며(Freight Collect, 운임 후불), C-Terms, D-Term 중의 하나로 매매계약하는 경우 수출자가 포워더 지정 권리를 가집니다(Freight Prepaid, 운임 선불).
103 359쪽 양식 참고

try Invoicing' 부분에 체크 표시 요청 및 b)양식 7번란 부분에 송장 발행회사 및 국가명을 기재 요청해야 합니다. 즉, 7번란에 B 회사명과 B 국가명을 기재 요청해야겠습니다.

<table>
<tr>
<td colspan="2">

I. Goods Consigned from(Exporter's business name, address, country)

2. Goods Consigned to(Consignee's name, add-ress, country)
</td>
<td>

Reference No.
Reference Code.

KOREA-ASEAN FREE TRADE AREA PREFERENTIAL TARIFF CERTIFICATE OF ORIGIN

(Combined Declaration and Certificate)
FORM AK

Issued in __________ (country)
See Notes Overleaf
</td>
</tr>
<tr>
<td colspan="2">

3. Means of transport and route(as far as known)

Departure date
Vessel's name/Aircraft etc.
Port of Discharge
</td>
<td>

4. For Official Use

□ Preferential Treatment Given Under KOREA-ASEAN Free Trade Area Preferential Tariff
□ Preferential Treatment Not Given (Please state reason/s)

Signature of Authorized Signatory of the Importing Country
</td>
</tr>
</table>

▲ 한·아세안 FTA 원산지증명서의 상단 부분입니다.

▲ No. 3 부분은 해당 건의 B/L의 내용과 일치해야 할 것입니다.

5. Item number	6. Marks and numbers on packages	7. Number and type of packages, description of goods(including quantity where appropriate and HS number of the importing country	8. Origin criterion (see notes overleaf)	9. Gross weight or other quantity, and Value(FOB)	10. Number and date of invoices
11. Declaration by the exporter			**12. Certification**		
13. □ Third Country Invoicing □ Exhibition □ Back-to-Back C/O					

▲ 한·아세안 FTA 원산지증명서의 하단 부분입니다.

B. 한·아세안 FTA 중개무역에서의 문제점

중개무역에서 중개자로서 B는 A에게 C의 정보를 노출하면 안 되는 경우가 많습니다. 그래서 B는 A에게 비록 물품은 A국에서 C국으로 운송되지만, 해당 건의 B/L의 Consignee에는 B 자신으로 기재할 것을 요구합니다. 이렇게 해서 B는 A에게 받은 B/L에 대해서 A국에서 C국으로 물품 운송 서비스하는 포워더의 B 국가에 위치한 파트너 포워더를 통하여 B/L의 Consignee를 C로 Switch 하여 C에게 해당 B/L을 전달합니다.

하지만 FTA 원산지증명서는 Switch를 할 수 없습니다[104].

FTA 원산지증명서는 중개국에서 Switch 불가하기 때문에 중개자로서 B가 수출자로서 A에게 전달받은 FTA 원산지증명서를 그대로 수입자로서 C에게 전달해야 C가 FTA 협정세율 적용받을 수 있습니다. 이것은 다음과 같은 문제점을 발생시킵니다.

한·아세안 FTA에서 수입체약국으로서 우리나라의 세관은 AK Form의 1번란에는 거래 물품을 수출한 수출체약국의 수출자명이 기재되고, 2번란에는 수입체약국으로서 우리나라의 수입자가 기재될 것을 요구합니다[105].

그렇다면 B는 C에게 이렇게 작성된 AK Form을 전달하기 위해서는 어쩔 수 없이 A에게 C의 정보를 알려주어서 A국에서 기관발급 할 수 있게 해야 합니다. 그래야 해당 원산지증명서를 B가 A로부터 받아서 C에게 전달하여 C가 수입지 세관에 수입신고 할 때 협정관세를 적용받을 수 있습니다.

다시 말해서, 한·아세안 FTA에서 중개자는 수입자가 한·아세안 FTA C/O를 원하는 경우 수출자에게 수입자의 정보를 알려줘야 하며, 그로 인해서 전달하는 C/O를 확인하는 수입자 역시 수출자의 정보를 알게 되는 상황을 피할 수 없습니다. 이러한 상황을 원치 않는 경우 중개자는 수입자에게 한·아세안 FTA C/O를 전달 못 하기 때문에 수입지에서 수입자가 협정세율 적용을 받지 못함에 따라 난처한 입장에 처할 수도 있습니다.

---

104 특혜 C/O로서 FTA C/O는 중개국에서 중개자가 상공회의소를 통해서 Switch 할 수 없습니다. 그러나 비특혜 C/O, 즉 일반 C/O는 중개국에서 중개자는 상공회의소(무역인증서비스센터)를 통해서 Switch 할 수 있습니다. 단, C/O 상의 원산지는 여전히 최초 C/O를 발행한 국가로서 변함이 없을 것입니다.

105 FTA C/O의 Shipper는 수출체약국에 위치한 자로서 C/O 상의 물품이 원산지 결정기주을 충족하였음을 입증서류로 입증할 수 있는 자이며, Consignee는 수입체약국에 위치한 자로서 FTA 협정세율 적용 받는 자라 할 수 있습니다.

<h2 align="center">〈문제 2〉 물품 가격 기재 문제(RVC 기준일 때에 한함)[106]</h2>

한·아세안 FTA 수출 당사국으로서 A국에서 원산지증명서가 발행될 때, 9번란과 10번란에 다음과 같이 각각 FOB 가격과 인보이스 번호/날짜를 기재됩니다.

5. Item number	6. Marks and numbers on packages	7. Number and type of packages, description of goods(including quantity where appropriate and HS number of the importing country)	8. Origin Criterion (See Notes overleaf)	9. Gross weight or other quantity and Value (FOB only when RVC criterion is used)	10. Number and date of Invoices
///////	/////////	[HS CODE : 6903.20] 2 PLTS 1,500KGS ORDER QUANTITY – 1,500KGS SERAMIC BALL ////////////////////// End of Page...	CTH ////////	1,580 KGS 8,550.00USD /////////////	IV-15136 //////////

이때 9번란 FOB 가격과 10번란의 인보이스 번호/날짜는 수출국 A에서 최초 발행한 인보이스를 기초로 하여 기재되어야 합니다. 다시 말해서, 중개자로서 B가 한·아세안 FTA 수입 당사국에 위치한 C에게 전달하는 인보이스의 가격과 번호/날짜가 아니라는 것입니다. 그렇다면 수출 당사국에서 발행된 원산지증명서를 B를 통하여 그대로 전달받는 C에게 A사 발행한 인보이스 가격(총액)이 노출되는 문제가 발생합니다.

거래 물품의 원산지결정기준이 부가가치기준인 경우, 한·아세안 FTA에서 분모 값은 FOB 가격을 기준으로 하는데, 그 FOB 가격은 수출 당사국의 수출자에 의해서 형성된 FOB 가격입니다. 그러한 FOB 가격을 분모 값으로 하여 부가가치기준의 충족 여부를 결정하고 충족하면 원산지증명서를 기관으로부터 발급받는 것이 한·아세안 FTA입니다.

따라서 원산지증명서상에 기재되는 FOB 가격은 중개자로서 B가 수입 당사국의 C에게 견적한 FOB 가격은 될 수 없습니다. 만약 그렇게 된다면 수출 당사국 A에서 형성된 FOB 가격보다 B가 C에게 견적한 FOB 가격이 더 크기 때문에 부가가치기준을 계산할 때 분모 값은 더 커지고 결과적으로 부가가치 비율에 있어 왜곡된 결과를 초래할 것입니다.

아울러 한·아세안 FTA C/O 9번란에 FTA 수출체약국에서 형성된 FOB 가격을 기재하는 것은 2014년 7월 1일부터 원산지결정기준이 RVC인 경우에만 기재하도록 개정되었습니다. 따라서 세번변경기준일 때는 FOB 가격이 기재되지 않고 발행된다 보면 되겠습니다.

---

[106] 한-아세안 FTA C/O 상의 물품의 한-아세안 FTA 원산지 결정기준이 세번변경기준일 때는 C/O 9번란에 FOB 가격이 기재되지 않습니다. 따라서 상기 〈문제 2〉에 대한 문제는 발생하지 않을 것입니다. RVC 기준일 때 발생할 수 있는 문제가 되겠습니다.

4. 한·미 FTA와 중개무역

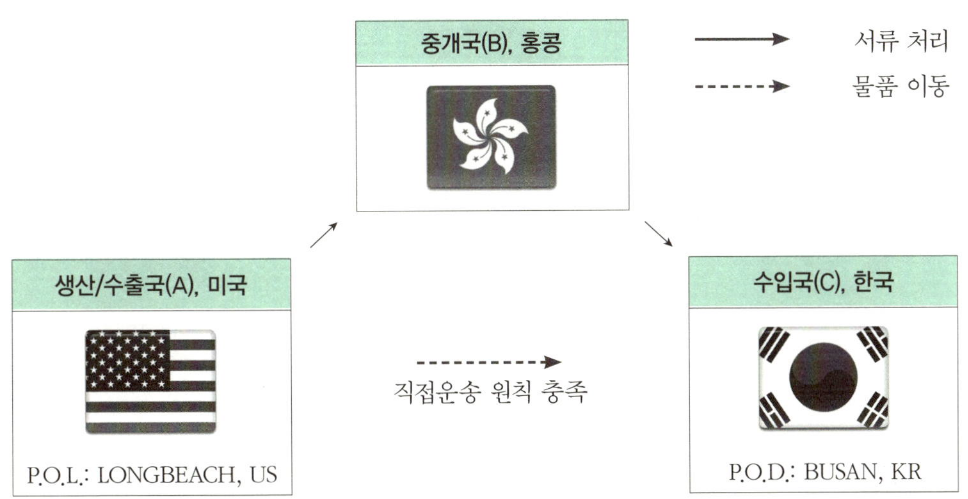

한·미 FTA 원산지증명서에 필수적으로 기재해야 하는 8가지 사항 중에 '수입자'가 포함되지만, 수입자는 아는 경우에만 기재하면 됩니다[107]. 그러나 '수출자'는 생산자와 다른 경우 기재하여야 하는데, 이때 수출자는 한국의 수입자와 매매계약을 체결한 홍콩의 수출자가 아니라 한·미 FTA 상대체약국에서 물품을 수출하는 자를 말할 것입니다. 그뿐만 아니라, 해당 원산지증명서의 증명인의 성명을 연락처와 기타 신원확인 정보를 함께 포함하여 기재해야 하므로 해당 원산지증명서를 홍콩의 업체가 받아서 수입지의 한국 수입자에게 전달하면 한국 수입자에게 미국 생산자로서 수출자의 정보는 노출됩니다.

그러나 한국의 수입자가 한·미 FTA 협정세율을 적용받기 위해서는 한·미 FTA 원산지증명서를 받아야 하니 이러한 상황은 감수해야 할 것입니다.

□ 매매계약은 미국 업체와 하고 물품은 네덜란드로 운송되는 경우

다음과 같이 한·미 FTA 체약국으로서 한국의 수출자와 미국 업체 간에 매매계약을 체결 하였으나 해당 건의 물품은 한·미 FTA 체약국이 아닌 제3국으로서 네덜란드로 운송된다고 가정합니다.

---

[107] 필수사항 239쪽 참고

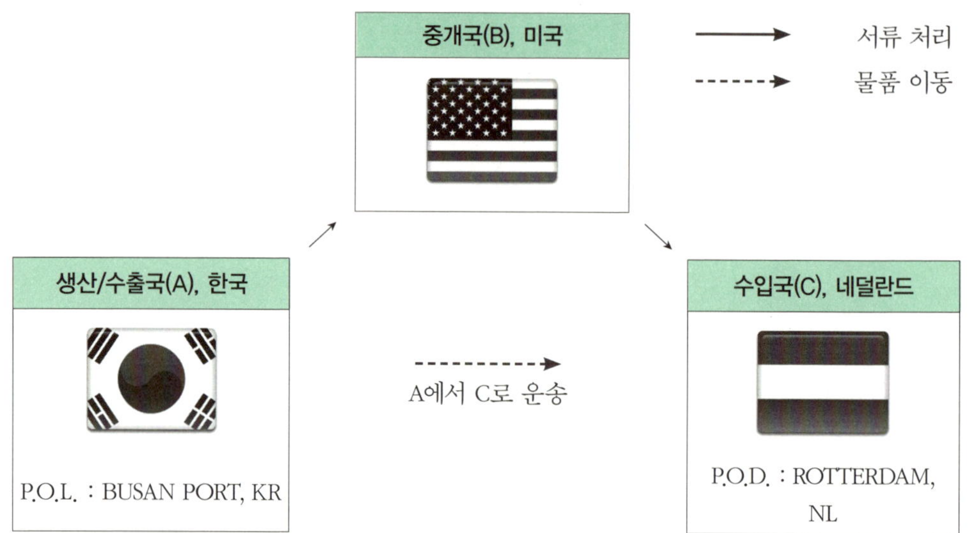

이러한 경우, 한국의 수출자는 해당 건의 물품이 한국에서 외국으로 나가는 배/비행기에 적재(On Board) 되기 전에 한·미 FTA 원산지결정기준을 충족한 물품이라는 사실을 증명하는 한·미 FTA C/O를 발급할 수 있을 것입니다. 그러나 해당 건의 물품이 한·미 FTA 상대체약국으로서 미국으로 직접 운송되는 것이 아니라 한·미 FTA 비체약국으로서 네덜란드를 최종 목적지로 하여 한국에서 물품이 적재되기 때문에 수입지로서 네덜란드에서는 한·미 FTA 협정세율은 적용 받을 수 없습니다.

네덜란드의 수입자가 FTA 협정세율을 적용 받기 위해서는 한국의 수출자가 수출물품에 대해서 한·미 FTA 원산지결정기준을 충족하는 것이 아니라 한·EU FTA 원산지결정기준을 충족하고 원산지 입증 서류를 바탕으로 한·EU FTA C/O(원산지신고서)를 작성하여 미국 업체에 전달하고 미국 업체가 한·EU FTA 상대체약국으로서 네덜란드 업체가 해당 서류를 그대로 전달하여 한·EU FTA 협정세율 적용 받을 수 있도록 해야 할 것입니다. 이때 한국의 수출자는 한-EU FTA 원산지신고서문안을 상업송장(C/I)에 기재하는 것이 아니라 팩킹리스트(P/L, Packing List)에 기재하고 팩킹리스트의 Shipper는 한-EU FTA 수출체약국의 한국 수출자, Consignee는 한-EU FTA 수입체약국에서 한-EU FTA 협정세율을 적용받는 네덜란드의 수입자를 기재해야할 것입니다. 이후 미국 중개자는 한국 수출자가 발행한 Packing List를 그대로 네덜란드 업체로 전달해야 한-EU FTA 협정세율을 적용받을 수 있습니다. 물론 운송서류 상으로 직접(Direct) 운송(한국에서 EU 국가로) 충족되어야겠습니다.

제3장

FTA 원산지증명서 발급

I. FTA 원산지증명서에 대한 이해

※ FTA를 체결함으로써 상대체약국을 원산지로 하는 품목을 수입하는 경우, 역외국으로부터 수입되는 동일한 HS Code를 가진 품목보다 상대적으로 낮은 세율을 적용하여 수입 원가를 낮출 수 있도록 하고 있습니다. 이때 상대체약국이 원산지라는 사실을 원산지증명서라는 서류로서 입증을 해줘야 수입체약국으로부터 FTA 협정세율을 적용받을 수 있습니다. 수출자는 해당 FTA에서 요구하는 원산지결정기준에 따라서 원산지 기준을 충족하고 해당 FTA에서 요구하는 발급 방식에 따라서 기관발급 혹은 자율발급하여 수입자에게 FTA 원산지증명서를 전달하며, 수입자는 수입신고 할 때 FTA 협정세율을 적용받습니다.

1. FTA 협정별 원산지 증명

* 다음은 FTA 포털(http://fta.customs.go.kr) 홈페이지에 공지된 부산세관이 발행한 『누구나 쉽게 보는 FTA 가이드 북』을 참고하였습니다.

구 분	한·미 FTA	한·아세안 FTA[108]
증명방식	자율증명	기관발급
발급주체	생산자, 수출자, 수입자	한국- 세관, 상공회의소[109] 아세안- 세관 등 국가기관
서식[110]	정형화된 양식 없으나 필수 항목은 기재 해야 함.	통일증명서식(FORM AK)
유효기간	발급일로부터 4년	발급일로부터 12개월
제출면제기준	미화 1천 불 이하의 소액물품	FOB 가격 기준 미화 200불 이하(상품 또는 우편물)
포괄증명	포괄증명은 증명일로부터 12개월의 범위 내에 선적된 물품에 적용(포괄 기간 이내에 선적되어야). 기타 자세한 내용 235쪽 참고.	-

---

[108] 협정국가 : 대한민국과 아세안 10개국. 말레이시아, 싱가포르('07.6.1), 베트남('07.6.29), 미얀마('07.11.27), 인도네시아 ('07.12.7), 필리핀('08.1.1), 브루나이('08.7.1), 라오스('08.10.1), 캄보디아('08.11.1), 태국('10.1.1.) 발효

[109] 단, 개성공업지구의 경우 세관에 한정.

[110] 협정별 원산지증명서 서식과 작성 방법에 대한 자세한 내용은 내용은 '제4장 FTA 협정별 원산지증명서 이해하기' 참고.

구 분	한·EFTA FTA[111]	한·EU FTA[112]
증명방식	자율증명	자율증명
발급주체	수출 당사국의 수출자 (스위스 치즈는 기관발급)	1. 수출 당사국의 인증수출자 (총 가격이 6,000유로를 초과하는 경우) 2. 총 가격이 6,000유로를 초과하지 않는 경우 수출 당사국의 수출자
서식	상업송장(인보이스) 또는 그 밖의 상업서류에 규정된 '원산지신고서' 문안 기재	상업송장(인보이스) 또는 그 밖의 상업서류에 규정된 '원산지신고서' 문안 기재
유효기간	서명일로부터 1년	서명일로부터 12개월
제출면제 기준	미화 1,000불 이하	미화 1,000불 이하

구 분	한·싱가포르 FTA	한·인도 CEPA
증명방식	기관발급	기관발급
발급주체	한국 - 세관, 상공회의소, 자유무역관리원 싱가포르 - 세관	한국 - 세관, 상공회의소 인도 - 인도수출검사위원회
서식	양국지정 별도서식 (양국 간 각자 증명서식)	양국 간 통일증명서식(KIN-CEPA 양식)
유효기간	발급일로부터 1년	발급일로부터 12월
제출면제 기준	미화 1,000불 이하	미화 1,000불 이하

구 분	한-터키 FTA	한-호주 FTA
증명방식	자율증명	한국 - 자율증명 호주 - 기관 및 자율증명
발급주체	수출 당사국의 수출자	자율발급 : 수출자, 생산자 기관발급 : 호주 상공회의소(ACCI) 및 호주산업협회(AIG)
서식	상업송장(인보이스) 또는 그 밖의 상업서류에 규정된 "원산지신고서" 문안 기재	한국 - FTA 시행규칙 별지 [별지 제6호의 12서식] 서식에 따른 권고서식 또는 협정에서 정한 필수항목을 기재한 서류

---

111 협정국가: 대한민국과 EFTA 4개국. '06.09.01. 발효(스위스, 노르웨이, 아이슬란드, 리히텐슈타인 4개국)

112 협정국가: 대한민국과 EU 28개국. '11.7.1. 발효(오스트리아, 벨기에, 영국, 체코, 키프로스, 덴마크, 에스토니아, 핀란드, 프랑스, 독일, 그리스, 헝가리, 아일랜드, 이탈리아, 라트비아, 리투아니아, 룩셈부르크, 몰타, 네덜란드, 폴란드, 포르투갈, 슬로바키아, 슬로베니아, 스페인, 스웨덴, 불가리아, 루마니아, 크로아티아 28개국)

유효기간	수출 당사국에서 발급된 날부터 12개월	자율발급: 서명일부터 2년 기관발급: 발급일부터 2년
제출면제 기준	미화 1,000달러	한국으로 수입되는 경우: 미화 1,000달러 호주로 수입되는 경우: 호주 달러 1,000
포괄증명	-	포괄증명의 시작일부터 종료일 (From~To) 증명일은 서명일보다 앞설 수 있음 포괄증명기간 내에 수입되는 것을 기준

구 분	한-캐나다 FTA		
증명방식	자율증명	유효기간	서명일부터 2년
발급주체	수출자, 생산자	제출면제 기준	수입물품 과세가격이 미화 1천 달러 이하의 소액물품에 대해서는 원산지 증명 면제
서식	한국 - FTA 시행규칙 별지 [별지 제6호의 13서식] 서식에 따른 권고서식	포괄증명	포괄증명의 시작일부터 종료일 (From~To) 증명일은 서명일보다 앞설 수 있음 포괄증명기간 12개월(포괄증명기간 내에 수입되는 것을 기준)

A. FTA 원산지증명서의 사용

발급된 FTA 원산지증명서는 FTA별로 규정하고 있는 '유효기간' 이내에 수입지에서 수입신고 할 때 1회 사용 가능하며, 해당 건이 분할로 수입신고 될 때(분할통관)는 분할 사용이 가능합니다[113]. 단, 한·미 FTA 원산지증명서의 경우 포괄증명 기간을 12개월의 범위에서 설정할 수 있으며 포괄 기간에 해당 원산지증명서의 물품에 대해서 반복적으로 한·미 FTA 협정세율 적용을 받을 수 있습니다.

□ 분할통관이란

분할통관은 하나의 운송 건(B/L, AWB)에 대해서 모든 물품, 모든 수량을 한 번에 수입신고 하

---

[113] 하나의 선적 건, 즉 하나의 운송서류(B/L 혹은 화물운송장)에 대해서 FTA C/O를 기초로 협정세율 적용받아서 수입신고 수리받았으나, 계약과 상이한 물품 혹은 불량품으로서 위약 물품으로 인정받아 일부 혹은 전체를 재수출 진행 후 해당 건의 대체품이 수입될 때 한국의 수입자는 FTA 수출체약국의 수출자에게 FTA C/O를 다시 받아야 할 것입니다. 이유는 동일 물품에 대해서 포괄증명기간 설정이 가능한 한미, 한호주 그리고 한캐나다 FTA C/O를 제외한 기타의 FTA에서의 FTA C/O는 1회 선적분에 대해서 작성되어 1회 사용이 가능하기 때문입니다. 위약 물품에 대한 자세한 내용은 '어려운 무역실무는 가라 Part 1, Part 2'를 참고해주세요.

는 것이 아니라 2번 이상 나누어 수입신고 하여 통관하는 것을 말합니다.

	ITEM	Q'ty
〈경우 1〉	Baby Carrier (수입요건 無)	1,000 Boxes
〈경우 2〉	Baby Carrier (수입요건 無)	1,000 Boxes
	Baby Diaper (수입요건 有)	500 Boxes

〈경우 1〉에서 한국의 수입자는 외국 수출자와 매매계약을 체결하고 하나의 운송 건으로, 즉 하나의 B/L 건으로 하여 Baby Carrier 1,000 Boxes를 한 번에 선적 진행하였습니다. 그리고 해당 건의 물품은 한국의 부산 항구에 도착하였습니다. 수입자는 1,000 Boxes를 한 번에 수입신고 하였을 때 한 번에 관세, 부가세를 납부해야 하며 이때 1천만 원이 예상된다고 가정합니다. 수입자는 해당 금액을 확보하지 못하였거나 기타의 이유로 600만 원만 사용 가능하기 때문에 하나의 B/L 건을 분할하여 600 Boxes만 수입신고 하고, 나머지 400 Boxes 보세창고에 반입시켜 둡니다. 그리고 600 Boxes를 국내 거래처에 판매하고 결제받은 대금으로 나머지 400 Boxes를 수입신고 하고 세액 납부하고 통관 완료할 수 있습니다. 이렇게 하나의 B/L을 분할하여 수입신고 하는 것을 분할통관이라 합니다.

〈경우 2〉에서 Baby Carrier와 Diaper(기저귀)를 한 번에 선적하여 하나의 B/L 건으로 한국의 수입자는 수출자로부터 물품을 받습니다. 수입지로서 한국에서 Baby Carrier의 HS Code에는 수입요건이 없는데, Diaper는 수입요건이 존재한다고 가정합니다. 이때 수입요건을 받기 위해서는 일정 기간 보세창고에 장치를 해두어야 합니다. Diaper에 대해서 요건 확인을 받기 위해서 Baby Carrier까지 보세창고에 반입시켜 둔다면 보세창고비가 발생하고 국내거래처에 공급하는 일정이 늦어질 수 있습니다. 그래서 수입요건이 없는 물품을 먼저 수입신고 하고, 수입요건이 있는 물품은 요건 확인받고 수입신고 할 수 있을 것입니다. 이때도 하나의 B/L을 분할하여 수입신고 하기 때문에 분할통관이라 할 수 있겠습니다.

B. '기관발급'과 '자율발급'의 이해

□ FTA 원산지증명서 기관발급

'기관발급'이란 FTA 원산지증명서가 필요한 신청자(통상 수출자)가 수출물품에 대해서 FTA 원산지결정기준을 충족시키고, 그 근거 서류로서 '원산지입증서류'[114]를 바탕으로 발급기관에 FTA 원산지증명서 발급 신청하는 방식을 뜻합니다. 그러면 해당 기관은 원산지 입증서류를 검토하여 해당 물품이 FTA 원산지결정기준을 충족하고 있는 한국산이라는 것을 증명하는 원산지증명서를 발급합니다. 즉, 공인된 발급 기관[115]이 신청자의 자료를 확인 후 해당 물품의 원산지가 한국산이라는 사실을 증명합니다.

□ FTA 원산지증명서 자율발급

반면에 '자율발급'은 통상 수출자[116]가 수출물품에 대해서 FTA 원산지결정기준을 충족시키고 그 근거 서류로서 '원산지입증서류'를 바탕으로 스스로 수출물품의 원산지가 한국산이라는 사실을 증명하는 원산지증명서를 발급하는 방법입니다. 이렇게 자율발급의 경우는 원산지증명서라는 이름으로 자체 서류를 발급[117]하는 방법과 인보이스와 같은 상업서류에 원산지신고서 문안을 기재하여 원산지신고서를 작성함으로써 해당 서류를 원산지증명서로서 역할을 할 수 있도록 발급하는 방법으로 구분됩니다.

---

[114] BOM, 원산지(포괄)확인서, 원산지소명서 등의 자료로서 생산품이 원산지결정기준을 충족하고 있음을 입증하는 서류입니다.

[115] 우리나라의 경우 공인된 기관은 상공회의소 및 세관이 있습니다. 그리고 원산지증명서(C/O, Certificate of Origin)는 특혜 C/O와 비특혜 C/O로 구분됩니다. 특혜 C/O로서 수입지에서 수입신고 할 때 관세 혜택을 받을 수 있는 FTA C/O는 상공회의소 혹은 세관으로부터 발급 받을 수 있습니다. 반면에 비특혜 C/O는 상공회의소에서만 발급 받을 수 있겠습니다.

[116] 한EU, 한EFTA FTA는 수출자가 발급 주체가 되며, 한미 FTA의 경우는 수출자, 생산자, 수입자 중에 하나가 발급 주체가 될 수 있습니다. FTA C/O를 자율발급 한 자는 해당 물품이 FTA 원산지결정기준을 충족하였다는 사실을 원산지입증서류로 입증할 수 있어야 하며, 사후검증 대비하여 일정기간 동안 보관해야겠습니다. 이는 기관발급 신청한 자 역시 마찬가지입니다.

[117] 한미 FTA의 경우, 한미 FTA 원산지증명서에 기재되어야 할 필수 항목을 포함하고 있는 원산지증명서 권고서식이 존재합니다(361쪽 참고).

발급 방식	설 명
기관발급 :	세관 혹은 상공회의소 등이 수출자의 신청을 받아 증명서 발급하는 방식 - 한·아세안, 한·인도, 한·싱가포르 FTA 등 - 기관을 통한 발급이기 때문에 원산지증명서의 공신력[118] 있음 - 발급절차가 복잡하고 시간과 비용 부담 증가
자율발급 :	수출자가 스스로 원산지증명서를 작성하는 방식 - 한·EU, 한·EFTA, 한·터키, 한·미, 한·호주, 한·캐나다 FTA 등 - 자율적으로 발급하기 때문에 발급 절차는 간소하나 공신력 떨어짐

▲ 기관발급 및 자율발급 방식의 단점을 보완하기 위한 제도가 인증수출자제도

▲ 인증수출자가 받는 혜택 273쪽 참고

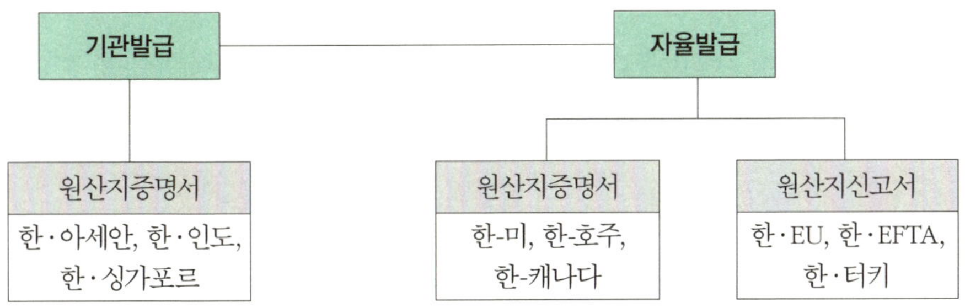

▲ 원산지증명서는 자체적으로 서류가 발행됩니다.

▲ 반면에 원산지신고서는 인보이스와 같은 상업서류에 원산지신고서문안을 기재하여 원산지신고서의 역할을 합니다.

▲ 일반적으로 저개발국가와의 FTA에서 FTA C/O 발급 방식을 기관발급으로 정하고 있는 것을 알 수 있습니다.

C. 기관발급과 인증수출자

인증수출자는 업체별 혹은 품목별로 구분됩니다(271쪽 참고). FTA 원산지증명서를 기관에 발급 신청하는 신청자는 근거서류를 함께 제출해야 합니다. 이때 해당 신청자가 인증수출자인 경우 제출하는 서류가 간소화될 수 있습니다(273쪽 참고).

---

118 여기서 말하는 '공신력'이라 함은, 기관발급의 경우에는 해당 기관이 원산지입증서류를 확인하여 문제없이 충족하면 FTA C/O를 발급함으로서 수출자 혹은 생산자가 자체적으로 원산지입증서류를 확인하여 스스로 판단하기에 충족하면 FTA C/O를 발급하는 자율발급의 경우보다 믿을 수 있다는 뜻이라 이해하면 되겠습니다. 일반적으로 선진국과의 FTA에서는 자율발급 방식을 택하는데 반해서 선진국 이외의 국가와의 FTA에서는 기관발급 방식을 택하는 것이 통상적이라 할 수 있습니다.

D. 자율발급과 인증수출자

'자율발급'이라 해서, 발급하는 수출자가 반드시 '인증수출자'여야 한다는 뜻은 아닙니다. 한·EU의 경우 인보이스 건당 6,000유로[119] 초과 건에 대해서만 수출자가 인증수출자로 지정받아 인보이스와 같은 상업서류에 원산지신고서문안을 기재하고 여기에 세관인증번호를 삽입하여야만 수입지에서 FTA 협정세율을 적용받을 수 있습니다.

반면에, 한·EU FTA 건이라 하더라도 인보이스 건당 6,000유로 이하 건이라면 수출자가 인증수출자가 아니어도 인보이스와 같은 상업서류에 원산지신고 문안을 기재하여 수입지에서 FTA 협정세율 적용받을 수 있습니다. 단, 인증수출자가 아니니 세관인증번호(Customs Authroisation No.)는 없기 때문에 원산지신고서문안에 세관인증번호는 공란으로 할 것이나, 한·EU FTA에서 규정하는 원산지결정기준은 당연히 충족하고 원산지입증서류 갖추고 있어야겠습니다.

그리고 한·EU FTA에서처럼 원산지신고서문안을 상업서류에 삽입하여 자율발급하는 한·EFTA, 한·터키 FTA, 그리고 특별한 양식은 없지만, 권고서식에 의해서 통상 발행되는 한·미 FTA 원산지증명서를 발행하는 수출자 역시 인증수출자가 아니어도 수출 물품이 FTA 원산지기준을 충족했다라는 사실 입증서류를 구비하면 발급이 가능하겠습니다.

마지막으로, 한·터키, 한·미 FTA에서는 인증수출자제도 자체가 없으며, 원산지결정기준을 충족하고 그에 따른 원산지 입증서류를 확보하면 자율적으로 그리고 한·EU FTA처럼 금액의 기준(6,000유로)과도 상관없이 원산지증명서 발급 가능합니다. 역시 인증수출자제도 차제가 없기 때문에 터키 및 미국으로 수출하는 수출자는 업체별 혹은 품목별 인증수출자 신청을 통한 세관으로부터의 인증을 받지 않아도 되겠습니다.

---

[119] 원산지 제품과 비원산지 제품이 하나의 선적 건에 혼재되는 경우, 비원산지 제품의 가격은 EUR6,000에 산입되지 않습니다(217쪽 참고).

2. 원산지증명서(Certificate of Origin)와 원산지신고서(Origin Declaration) 차이

FTA 원산지증명서의 종류	적용국가
원산지증명서 (Certificate of Origin)	칠레, 싱가포르, 아세안, 인도, 미국, 호주, 캐나다
원산지신고서 (Origin Declaration)	EU, EFTA, 터키

칠레, 싱가포르, 아세안, 인도, 미국(권고서식)과의 FTA에서 거래 물품에 대한 원산지 확인은 원산지증명서(Certificate of Origin, C/O)라는 자체 서류가 발행됩니다. 반면에, EU, EFTA 및 터키와의 FTA에서는 거래 물품에 대한 원산지 증명을 자체 서류로서 원산지증명서를 발행되는 것이 아니라, 인보이스와 같은 상업서류[인보이스, 패킹리스트, B/L, Delivery Note(인도증서)]의 공란 부분에 원산지신고서문안(Preferential Declaration of Origin)을 기재하여 원산지를 확인하도록 하고 있습니다. 이를 원산지신고서(Origin Declaration)이라고 하는데, 비록 원산지증명서와 같이 자체 서류로 발행되지는 않지만, 원산지신고서문안이 기재된 인보이스와 같은 상업서류가 곧 원산지증명서의 역할을 한다고 개념을 잡으면 적절할 것으로 판단됩니다.

* 한·아세안 FTA 원산지증명서 양식 359쪽 참고.
* 한·EU FTA 원산지신고서문안 기재 인보이스 223쪽 참고.

□ 자율발급 되는 원산지신고서의 서명은 반드시 서명권자가

원산지증명서로서 원산지신고서는 수출자가 자율발급합니다. 따라서 반드시 서명권자를 지정하여 서명권자의 친필 서명(수기 서명)이 원산지신고서에 들어가야 합니다[120,121,122]. 단, 인증수출자 제도가 있고 원산지신고서를 요구하는 한·EU, 한·EFTA FTA에서 수출자가 인증수출

---

120 원산지관리전담자와 서명권자의 차이점. 284쪽 참고

121 원산지신고서는 원산지증명서이며 자율발급 방식입니다. 원산지증명서를 자율발급할 때 '원산지증명서 작성대장'과 함께 '원산지증명서 서명카드'를 비치하여 관리해야 합니다. 각각 298쪽 297쪽 양식 참고. (FTA 특례고시 제3절 원산지 자율증명 절차)

122 원산지증명서를 기관 발급하는 경우, 원산지증명서 발급기관은 원산지증명서 발급 담당자 및 발급기관의 인장 등을 지정하고 관세청장에게 통보하여야 한다. [FTA 특례고시 제2-2-1조(원산지증명서 발급기관)]

자라면 친필 서명이 들어가지 않아도 됩니다.

　주의할 점은 원산지신고서의 서명은 높은 직위에 있는 사람이 하는 것이 아니라, 서명권자로 지정한 서명권자만이 할 수 있다는 것입니다. 서명권자가 아닌 다른 사람의 대리 서명은 인정되지 않습니다. 따라서 해외출장이라든지 외근이 잦은 영업사원을 서명권자로 지정하는 것이 아니라, 내근직 중에 적절한 사람을 지정하는 것이 좋겠습니다.

　□ 원산지신고서 원본 전달

　기관발급 되는 원산지증명서는 수출자가 기관으로부터 원본으로 발급받아서 원본의 상태 그대로 수입자가 전달받을 수 있도록 합니다[123]. 그러한 의미에서 자율발급되고 인보이스와 같은 상업 서류에 원산지신고서문안을 기재하여 해당 서류를 인보이스의 역할과 원산지증명서로서 역할을 함께 하도록 하는 원산지신고서 역시 수출자가 작성한 상태 그대로, 즉 원본을 수입자가 전달받아야 할 것입니다.

　특히, 원산지신고서문안의 작성자로서 수출자가 서명을 수기로 해야 하는 경우[124]에는 그 원산지신고서를 수입자는 더욱이 원본 상태 그대로 전달받아서 서류보관 기간에 보관해야 할 것입니다(원산지 검증 대비).

　따라서 원산지신고서를 팩스로 전달하거나 혹은 스캔하여 PDF 파일로 이메일에 의해서 수입자에게 전달되면 수입자가 전달받은 해당 원산지신고서는 원본으로서 역할을 하지 못할 것입니다.

---

[123] 결제조건에 따라서 기타의 선적서류(인보이스, 패킹리스트, 운송서류)는 수출자에게서 수입자에게로 전달됩니다. T/T에서 원본서류는 특송으로 발송하며 사본은 스캔하여 PDF 파일로 이메일로 전달되며, L/C에서는 원본과 사본 구분 없이 L/C 46A Documents Required 조항에서 요구하는 선적서류를 수출자는 수출지 지정은행(매입은행)으로 전달하고 수입자는 수입지 개설은행을 통하여 전달받습니다.

[124] 6,000유로 이하 건으로서 수출자가 인증수출자가 아닌 한EU FTA, 6,000유로와 같은 기준은 없지만 수출자가 인증수출자가 아닌 한EFTA FTA, 인증수출자 제도가 없고 6,000유로라는 기준 역시 없는 한터키 FTA에서 원산지신고서를 자율발급하는 수출자는 원산지신고서문안의 서명을 수기로 해야 합니다.

3. 원산지증명서 신청 시기 및 신청 서류

원산지증명서는 기관발급 원산지증명서와 자율증명 원산지증명서로 구분합니다. 그리고 원산지증명서는 협정에서 달리 규정하지 않는 한 수출신고 기준으로 발급 또는 작성·서명하여야 합니다. 다만, 하나의 원산지증명서에 수출신고서의 품목번호별로 구분하여 작성·발급할 수 있으며, 수출물품을 분할 또는 동시 포장하여 적재하는 경우에는 선하증권(B/L) 또는 항공화물운송장(AWB)별로 원산지증명서를 발급 또는 작성·서명할 수 있습니다[FTA 특례고시 제4조(원산지증명서 작성방법)]

> **〈참고〉** 동시 포장이란…
>
> 동시 포장은 2개 이상의 수출신고 수리 건을 하나로 묶어 하나의 카톤 혹은 하나의 팔레트로 동시에 포장하여 외국으로 나가는 배/비행기에 적재(On Board)되는 건을 말합니다. 따라서 동시 포장되면 운송 서류(B/L 혹은 화물운송장)는 한 건으로 발행됩니다.
> 예를 들어 물품 A와 물품 B를 수출자가 수출함에 있어 각각 제조사가 상이한 경우, 수출이행 완료 후 관세 환급받는 당사자는 제조사이기 때문에 각각 환급 신청을 하기 위해서 수출신고를 따로 할 수 있습니다. 물론, 수입자는 동일하기 때문에 하나의 운송 서류로 적재 진행합니다.

1) 기관발급의 경우

기관발급의 경우, 원산지증명서 발급기관(우리나라의 경우 세관 혹은 상공회의소)으로의 FTA 원산지증명서 발급 신청 시기를 '수출물품 선적 이전'과 '수출물품 선적 이후'로 구분하고 있습니다.

구 분	신 청 시 기	신청서류 / 제출서류
원칙[125]	수출물품 선적 이전	- 원산지증명서 발급 신청서(전산으로 신청[126]) - 수출신고필증 사본[127] - 송품장(인보이스) 또는 거래계약서 - 원산지(포괄)확인서 - 원산지소명서 - 원산지소명서의 내용을 입증할 수 있는 서류*

---

[125] FTA 특례시행규칙 제6조(수출물품에 대한 원산지증명서의 발급절차) 제1항.

[126] 우리나라의 기관발급 기간은 상공회의소와 세관이 있습니다. 관세청 유니패스를 통한 EDI 발급 신청 화면은 357쪽, 서식은 352쪽을 참고해주세요.

[127] 원산지증명서 발급기관이 수출 사실 등을 전산으로 확인할 수 있는 경우에는 제출을 생략할 수 있습니다. (규칙 제6조 제1항 제1호)

<table>
<tr><td>예외[128]</td><td>수출물품 선적 이후*
(선적[129]일부터 1년 이내 신청 가능)</td><td>- 수출물품 선적 이전 제출 서류
- 사유서(선적일로부터 30일 이내 신청 시 제외)
- B/L 사본 또는 수출물품 선적사실 입증서류</td></tr>
</table>

▲ 신청자가 인증수출자의 경우, '원산지증명서 발급 신청서'는 작성하나 기타 첨부(제출)해야 할 서류들에 대해서는 제출 생략될 수도 있습니다. 273쪽 참고

▲ 원산지인증수출자로부터 공급받은 원재료 또는 제품을 추가 가공 없이 수출하는 자에 대하여는 원산지증명서 발급신청서 및 원산지확인서를 제외한 그 밖의 서류 제출과 원산지의 확인절차가 생략될 수 있습니다[FTA특례고시 제9조(원산지증명서 발급신청) 제2항].

인증수출자의 혜택은 한·아세안 FTA처럼 기관발급의 경우, 원산지증명서 발급신청 시 첨부서류의 제출이 생략될 수 있다는 것이지, 신청 서류의 구비 및 보관의무까지 면제되는 것은 아닙니다. 사후 원산지 검증에 대비해서 원산지입증서류를 5년간 보관해야겠습니다(274쪽 참고).

*** FTA 특례고시 제10조(원산지소명서 입증서류)**

'원산지소명서에 기재된 내용을 입증할 수 있는 원산지확인서류'는 다음과 같으며, 증명서 발급 기관이 필요하다고 인정하여 제출을 요구하는 경우에 한하여 제출하면 될 것입니다.

*** 세번변경기준 입증서류**　원료구입명세서, 자재명세서(BOM), 생산공정명세서, 사용자매뉴얼, 홍보책자 등

*** 부가가치기준 입증서류**　원료구입명세서, 자재명세서(BOM), 원료수불부, 원가산출내역서 등

*** 원산지증명서 선적 이후 발급 신청**

FTA 원산지증명서를 기관을 통해서 발급하는 한·싱가포르, 한·아세안, 한·인도에서 부득이한 사유가 있는 경우 수출물품을 선적한 후 1년 이내에 원산지증명서를 발급할 수 있도록 하고 있습니다. 이 경우 한·싱가포르 및 한·아세안 원산지증명서에는 선적 후에 발급하였음을 나타내는 문구로서 "Issued Retroactively"를 표기하며, 한·인도의 경우는 원산지증명서 양식 6란 Remarks 부분에 "Issued Retrospectively" 표기합니다(168쪽 참고).

원산지확인서는 국내에서 거래되는 물품에 대한 원산지가 한국산(FTA 원산지결정기준을 충족) 혹은 역내산(FTA C/O로 입증)이라는 사실을 증명해주는 서류로서 공급자/생산자가 작성합니다. 반

---

128 FTA 특례시행규칙 제6조(수출물품에 대한 원산지증명서의 발급절차) 제3항.

129 적재(On Board)는 외국으로 나가는 배 혹은 비행기에 수출물품을 Loading 한다는 뜻으로 풀이하면 되고, 적재는 By Vessel 건에 대해서는 '선적', By Air 건에 대해서는 '기적'이라고는 용어로 구분될 수 있습니다. 실무에서는 By Air 건에 대해서도 선적이라는 용어를 구분 없이 사용하기도 합니다.

면에, 수출자가 수입자에게 수출하는 물품의 원산지를 증명하는 원산지증명서의 물품이 어떠한 근거로 원산지 물품이라는 사실을 설명(소명)하는 원산지소명서는 생산자뿐만 아니라 수출자도 작성할 수 있습니다.

그러나 원산지소명서를 작성하기 위해서 해당 물품의 생산에 어떠한 원재료가 어떠한 구성비로 투입되었으며, 그 원재료에 대한 가격 정보 및 그 원재료가 원산지 재료인지 혹은 비원산지 재료인지에 대한 많은 정보를 바탕으로 물품에 대한 원산지를 소명(설명)하여 원산지 물품임을 입증해야 합니다.

따라서 생산자와 수출자가 다른 경우, 생산자는 원산지소명서 작성을 위한 정보를 수출자에게 고스란히 전달하지 않기 때문에 수출자가 원산지증명서 발급신청서를 작성하여 상공회의소 무역인증서비스센터 혹은 세관에 원산지증명서 발급 신청할 때, 원산지소명서는 생산자가 따로 해당 기관으로 전달하여도 되겠습니다.

또한, 그 밖의 원산지증명서 발급 신청할 때 첨부되는 서류로서 원산지 입증을 위한 서류 역시 생산자가 정보를 제공해준다 하더라도 수출자가 작성하기 어려울 수 있기 때문에 생산자가 별도로 FTA 원산지증명서 발급 기관으로 제출할 수 있도록 하고 있습니다.

A. 원산지증명서 신청자

기관발급 원산지증명서는 신청자의 신청이 있을 경우에 한하여 발급할 수 있습니다.

한·아세안 FTA	: 아세안회원국과의 협정에서 원산지증명서 발급을 신청할 수 있는 자는 생산자 또는 수출자(생산자 또는 수출자로부터 권한을 서면으로 위임받은 자를 포함한다. 이하 같다)를 말한다.
한·인도 FTA	: 인도와의 협정에서 원산지증명서 발급을 신청할 수 있는 자는 생산자 또는 수출자(생산자 또는 수출자로부터 권한을 서면으로 위임받은 자를 포함한다)를 말한다.
한·싱가포르 FTA	: 싱가포르와의 협정에서 원산지증명서 발급을 신청할 수 있는 자는 수출자(수출자로부터 권한을 서면으로 위임받은 자를 포함한다. 이하 같다)를 말한다.

	한·싱가포르	한·아세안	한·인도	한·페루
신청 원칙	선적이 완료되기 전에 신청			
신청자	수출자	생산자 또는 수출자	생산자 또는 수출자	수출자
	수출자로부터 권한을 서면으로 위임받은 자 포함			

B. 신청서류 심사 및 보정요구 (FTA 특례고시 제11조)

신청자의 원산지증명서 발급 신청에 따라서 원산지증명서 발급기관은 다음의 사항을 심사해야 합니다. 그리고 제출된 서류의 보정을 요구하는 경우, 그 기간은 5일 이상 10일 이내로 합니다.

- 원산지증명서 신청자가 신청자격이 있는지 여부
- 원산지증명서 발급신청일이 선적일부터 1년이 경과되었는지 여부
- 체약상대국의 협정관세 적용품목인지 여부
- 체약상대국의 원산지결정기준 충족 여부
- 원산지증명서 발급신청서가 기재요령과 일치하는지 여부
- 원산지증명서 발급 신청서류 구비 여부

또한, 원산지증명서 발급기관은 신청인의 주소·거소·공장 또는 사업장 등을 방문하여 원산지의 적정 여부를 확인(현지 확인)할 수 있습니다. 다만, 원산지인증 수출자의 경우에는 그 확인을 생략할 수 있습니다(규칙 제6조 제4항).

□ 원산지증명서가 발급기관을 통하여 발급되는 경우, 이와 같이 발급기관의 심사와 보정요구가 필터링 역할을 합니다. 따라서 그만큼 기관발급 된 원산지증명서에는 오류가 적다 할 수 있습니다.

반면에 필터링 역할을 기관에서 하는 것이 아니라 발급자 스스로 하는 자율발급의 경우에는 오류가 상대적으로 많을 수 있습니다.

B. 원산지증명서 발급(FTA 특례고시 제14조)

원산지증명서 발급기관은 수출물품에 대하여 원산지증명서 1회 발급을 원칙으로 합니다. 그리고 발급기관이 원산지증명서를 발급하는 때에는 원본 1부와 부본 2부(인도와의 협정은 3부)를

작성하여 신청인에게 원본 1부와 부본 1부(인도와의 협정은 2부)를 교부하고 증명서발급기관이 부본 1부를 보관합니다.

C. 원산지증명서 재발급(FTA 특례고시 제15조)

증명서발급기관은 원산지증명서를 발급받은 자가 분실·도난·훼손 그 밖의 부득이한 사유로 원산지증명서의 재발급을 신청하는 경우에는 원산지증명서를 재발급할 수 있습니다. 이 경우 재발급 신청자는 원산지증명서 재발급 신청서 및 재발급 신청사유서를 애초 원산지증명서의 발급을 신청한 증명서발급기관에 제출하여야 합니다.

이에 따라 증명서발급기관이 원산지증명서를 재발급하는 경우에는 다음과 같이 원산지증명서 양식에 '재발급 스탬프'를 날인하여 발급합니다.

재발급 스탬프 내용	'CERTIFIED TRUE COPY(세로 0.8cm, 가로 7cm)'

상기와 같은 재발급 스탬프는 발급기관에 의해서 재발급 된 원산지증명서의 특정 항목에 날인됩니다.

기관발급 FTA	한·싱가포르	원산지증명서 양식 15번 항목(Certification)에 날인
	한·아세안	원산지증명서 양식 12번 항목(Certification)에 날인
	한·인도	원산지증명서 양식 6번 항목(Remarks)에 날인

D. 원산지증명서 정정발급 (FTA 특례고시 제16조)

고시 16조에 따라 원산지증명서를 발급받은 자가 수출신고 수리필증의 정정, 원산지증명서의 오탈자, 수량, 품목번호 등의 착오, 누락, 또는 기재오류 등을 이유로 원산지증명서를 정정하려는 때에는 다음의 서류를 증명서 발급기관에 제출하여야 합니다.

- 원산지증명서 원본[130,131]
- 정정사유를 입증할 수 있는 객관적인 서류

신청을 받은 증명서발급기관은 정정사유가 타당하다고 인정하는 때에는 원산지증명서를 정정하여 원산지증명서를 발급합니다.

E. 원산지증명서 선적 후 발급(FTA 특례고시 제17조)

원산지증명서의 발급을 신청하려는 자는 수출물품의 선적이 완료되기 전까지 원산지증명서 발급신청서에 163쪽에서 설명한 서류들을 첨부하여 증명서발급기관으로 제출하여야 합니다(다만, 원산지인증수출자의 경우에는 첨부서류의 제출을 생략할 수 있습니다.).

그럼에도, 수출자의 과실·착오 그 밖의 부득이한 사유로 인하여 수출물품의 선적이 완료되기 전까지 원산지증명서의 발급을 신청하지 못한 자는 수출물품의 선적일부터 1년 이내에 원산지증명서의 발급을 신청할 수 있습니다.

□ 선적 후 발급된 원산지증명서 스탬프

증명서발급기관이 이에 따라 원산지증명서를 선적 후 발급하는 경우에는 다음과 같이 원산지증명서 양식에 '선적 후 발급 스탬프'를 날인하여 발급합니다.

원산지증명서 소급발급 스탬프	한·인도	'ISSUED RETROSPECTIVELY(세로 0.8cm, 가로 7cm)'
	싱가포르와의 협정 아세안회원국과의 협정	'ISSUED RETROACTIVELY(세로 0.8cm, 가로 7cm)'

---

[130] 수출자는 수입자에게 결제조건에 따라서(T/T의 경우 수출자가 수입자에게 특송으로 바로 전달, L/C의 경우 은행을 통해서 전달. 무역에서 서류처리 굉장히 중요하며 관련 내용은 책 '어려운 무역실무는 가라' 참고.) FTA 원산지증명서 원본을 수입자에게 전달합니다. 수출자의 손을 떠나 수입자의 손에 '기관 발급 된' FTA 원산지증명서 원본이 있는 상황에서 해당 FTA 원산지증명서에 오류가 있어 정정해야하는 경우, 수입자는 특송(Courier Service ; DHL, Fedex, UPS 등)을 이용하여 수출자에게 FTA 원산지증명서 원본을 전달하고 수출자는 다시 발급한 기관에 원본을 제출해야겠습니다. '자율 발급 된' FTA 원산지증명서를 수입자가 전달 받고 오류가 발견된 경우라면 수입자가 수출자에게 단순히 재발행 요청하면 될 것입니다.

[131] 다만, 아세안회원국과의 협정에 따른 원산지증명서의 경우 사본 제출이 가능하며, 사본 제출시에는 정정신청일로부터 30일 내에 원본을 제출하여야 한다. 〈'14.4.24.개정〉

상기와 같은 소급발급 스탬프는 원산지증명서의 특정 항목에 날인됩니다.

기관발급 FTA	한·싱가포르	원산지증명서 양식 15번 항목(Certification)에 날인
	한·아세안	원산지증명서 양식 12번 항목(Certification)에 날인
	한·인도	원산지증명서 양식 6번 항목(Remarks)에 날인

□ 선적 후 기관 발급된 한-아세안 FTA 원산지증명서의 예

다음은 한·아세안 FTA 원산지증명서(AK Form) 우측 하단 부분으로서 선적 후 소급 발행된 건이라는 사실을 나타내는 'ISSUED RETROACTIVELY' 스탬프가 날인되어 있습니다.

본 AK Form의 발행 일자가 2013년 7월 25일인 것으로 보아, 해당 건의 B/L Date(On Board Date)는 그보다 앞설 것이라는 추측이 가능합니다. 그리고 한·아세안 FTA 원산지증명서는 발급일(25. Jul. 2013)로부터 그 유효기간이 12개월입니다. 따라서 수입자는 본 AK Form의 발급일로부터 12개월 이내에 수입지 세관에 FTA 협정세율 적용하여 수입신고 해야겠습니다.

□ 선적 후 기관 발급과 선적 후 발급 스탬프

기관발급 되는 원산지증명서에 대한 기관으로의 발급 신청은 원칙적으로 수출신고 하여 수리받고 그 수리일로부터 외국으로 나가는 배/비행기에 수출물품이 적재(On Board, 선적, 기적)되기 전의 시점이라 할 수 있습니다.

그러나 한·아세안 FTA 원산지증명서의 경우, 선적일(적재일) 포함하여 선적일로부터 근무일수 3일 이내에 발급되면 사후 발급 스탬프를 날인하지 않습니다. 그리고 한·인도 FTA 원산지증명서의 경우, 선적일(적재일) 포함하여 선적일로부터 근무일수 7일 이내에 발급되면 사후 발급 스탬프를 날인하지 않습니다(FTA 특례고시 제17조).

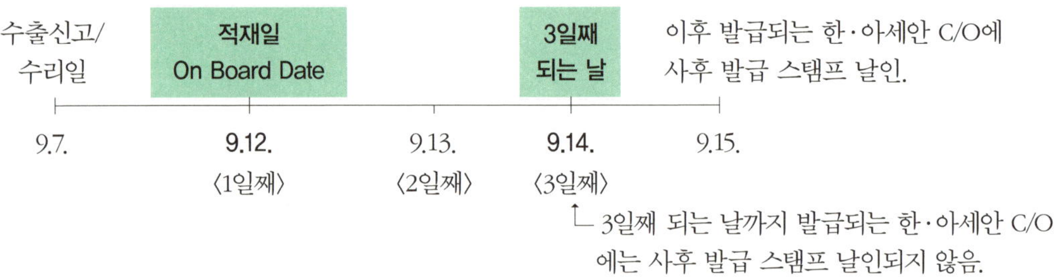

실무에서 한·아세안 FTA 원산지증명서를 기관으로 발급 신청할 때, 수출신고 수리하고 적재 전에 신청하는 것보다는 B/L이 발행되는 적재일 기준으로 3일 이내에 발급 신청하는 것이 보다 업무를 효율적으로 하는 하나의 방법이 될 수 있습니다.

적재일 이전에 미리 신청하여 FTA C/O를 발급받았는데, 수출신고 내용이 변경되거나 선적 스케줄 등 선적 관련 내용이 변경됨으로 인해서 FTA C/O를 정정 발급 신청(167쪽 참고)해야 하는 불필요한 상황이 발생 될 수 있습니다. 따라서 FTA C/O 신청자의 선택 사항이긴 하나, 적재가 완료된 이후에 발급 신청하는 것이 업무에 대한 효율성을 높이는 방법이 될 수도 있겠습니다.

F. FTA 원산지증명서 발급기관

FTA 협정에서 원산지증명서를 기관발급 요구하는 경우, 반드시 정해진 기관을 통하여 발급 받아야 합니다. 우리나라의 경우는 상공회의소 혹은 세관입니다.

우리나라의 수입자가 한·인도 FTA, 한·아세안 FTA 등과 같이 기관발급 요구하는 FTA 상대 체약국을 원산지로 하는 물품을 수입할 때 협정세율 적용받기 위해서는 반드시 해당 FTA에서 지정한 기관을 통하여 발급된 원산지증명서를 수출자로부터 전달받아야 합니다.

따라서 우리나라의 수입자는 기관발급 되는 FTA 원산지증명서를 수출자에게 요청할 때 해당 기관을 서로 확인하는 것이 적절할 것이며, 수출자로부터 FTA 원산지증명서를 전달받았을 때 정해진 기관을 통하여 발급되었는지를 확인해야 할 것입니다.

2) 자율발급의 경우

A. 자율 발급 시기

실무상으로 수입지에서 수입신고 전까지만 수입자에게 발급해주면 큰 무리가 없는 것으로 보입니다. 물론, 자율발급이라 해도 수출지에서 적재(On Board) 이전에 발급하는 것이 어찌 보면 원칙이라 할 수도 있겠으나 실무적으로 수출지에서 적재 이후 혹은 수입지에서 수입신고 이전까지만 발급해서 수입자에게 전달하여 수입자가 수입지 세관에 수입신고를 하더라도 수입지 세관에서 문제 삼지 않는 것으로 봅니다.

통상적으로 인보이스와 같은 상업서류에 원산지신고서문안을 기재하여 원산지 증명을 하는 한·EU, 한·EFTA의 경우 수출자와 수입자가 매매계약을 체결하고 바로 인보이스를 받거나 다소 시간이 지난 이후에도 받는 경우가 있으나 대부분 수입지에서 수입신고 이전까지는 받습니다.

그리고 수입 신고할 때 FTA 원산지증명서를 수출자에게 미처 전달받지 못하는 경우, 수리 이후에 세관에 제출하여 FTA 협정세율을 소급적용도 가능하겠습니다.

자율발급으로 발급되는 한·미 FTA 원산지증명서는 포괄증명기간을 설정할 수 있으며, 포괄증명기간을 설정한 한·미 FTA 원산지증명서를 근거로 수입지에서 한·미 FTA 협정세율 적용하여 수입신고하는 시점에 대해서는 235, 236쪽을 참고해주세요.

B. 원산지 입증서류 보관

기관발급의 경우는 발급 신청할 때 신청자가 해당 물품이 어떻게 원산지 물품으로 결정 되었는지에 대한 원산지 입증서류를 함께 제출합니다(물론, 인증수출자의 경우는 생략될 수 있음). 하지만 자율적으로 발급하는 자율발급의 경우는 발급 주체가 그 입증서류를 원산지증명서 발급할 때 어떤 기관에 제출하는 것이 아닙니다. 그렇지만 기관발급 신청할 때와 같은 원산지 물품이라는 사실을 증명하는 근거 서류로서 원산지 입증서류[132]는 5년 동안 보관해야 합니다. 이는 세관의 원산지 사후검증[133]에 대비하기 위함이기도 합니다.

---

132 원산지 입증서류는 BOM, 원산지소명서, 원산지(포괄)확인서, 제조공정도 등이 있습니다.

133 FTA에서 수출지에서 생산자 및 수출자에 의해서 이루어지는 FTA 원산지증명서 발급 절차와 수입지에서 수입자에 의해서 이루어지는 협정세율 적용은 모두 이를 성실하게 근거 서류를 작성하여 성실하게 신고할 것이라는 수출지 및 수입지 세관의 가정을 바탕에 두고 있습니다. 따라서 해당 시점에서 문제 삼지 않더라도 사후 관리를 하게 되고 사후에라도 원산지 검증이 이루어질 수 있음에 생산자, 수출자, 수입자는 주의해야겠습니다. 先통관 後검증.

C. 원산지증명서 작성 및 서명자(FTA 특례고시 제23조)

원산지증명서를 자율발급하는 경우, 발급자로서 수출자는 원산지증명서의 서명권자를 지정 및 관리하기 위하여 원산지증명서 서명카드를 비치해야 합니다.

그리고 수출자(발급자)가 서명권자를 변경 또는 추가하고자 하는 경우에는 원산지증명서 서명카드에 새로운 서명권자의 서명, 부서명, 직책, 성명, 지정일자 및 사유를 기재하여야 하며 종전의 서명권자에 대하여는 서명 권한 해제일자 및 사유를 각각 기재하여야 합니다.

[별지 제7호서식] 원산지증명서 서명카드

원산지증명서 서명카드

일련번호	서 명[134]	부서명	직책	성명	지정일자 및 사유	해제일자 및 사유
1			대표	최규삼	2012. 3. 5. 업무분장	
2	박지민	무역부	차장	박지민	2012. 3. 5. 업무분장	2013. 5. 1. 퇴사
3	홍길동	무역부	과장	홍길동	2013. 5. 1. 업무분장	

명판 · 직인

D. 원산지증명서 작성대장 기록 및 관리(FTA 특례고시 제25조)

수출자는 수출물품의 원산지가 확인된 경우 원산지증명서 기재요령에 따라 원산지증명서를 작성·서명한 후 체약상대국 수입자의 요구에 따라 원산지증명서를 제공할 수 있습니다. 그리고 수출자는 원산지증명서를 작성·서명한 후 원산지증명서 작성대장에 기록·관리해야 합니다.

---

134 서명권자의 자필서명을 기재하여 관리하면 될 것입니다.

원산지증명서 작성대장

가. 자율증명하는 수출자가 작성하는 원산지증명서 작성대장

발급 번호	발급 일자	수출신고번호 및 수리일자	품명·규격	품목 번호	수량	금액	원산지	생산자 (공급자)	수입자 및 수입국명	협정명칭 및 원산지 결정기준	비 고
13- 001	2013 1.5.	010-00-11- 00000000 2013.1.13.	Spark Plug / 16mm	8511.10	1,000		KR	미래공업(주)	Kaston / 네덜란드	한-EU FTA / CTH	
13- 002	2013 2.28.	010-00-11- 00000000 2013.2.28.	Spark Plug / 18mm	8511.10	500		KR	미래공업(주)	Harry / 미국	한-미 FTA / CTSH	
13- 003	2013 3.8.	010-00-11- 00000000 2013.3.17.	Spark Plug / 16mm	8511.10	1,500		KR	미래공업(주)	Kaston / 네덜란드	한-EU FTA / CTH	

명판 · 직인

※ 비고란은 신규발급 또는 재발급 여부 등을 기재

4. 원산지 증빙 서류 및 보관 기간

1) 수입자, 수출자, 생산자가 보관해야 할 원산지 증빙 서류

구 분	보관해야 하는 서류
수입자	· 원산지증명서(전자문서를 포함한다) 사본 · 수입신고필증 · 수입거래 관련 계약서 · 지식재산권거래 관련 계약서 · 수입물품의 과세가격결정에 관한 자료 · 수입물품의 국제운송 관련 서류 · 사전심사서 사본 및 사전심사에 필요한 증빙서류(사전심사서를 교부받은 경우에 한함)
수출자	· 체약상대국의 수입자에게 제공한 원산지증명서 사본 및 원산지증명서 발급 신청서류 사본 · 수출신고필증 · 당해 물품의 생산에 사용된 원재료의 수입신고필증(수출자 명의로 수입 신고한 경우) · 수출거래 관련 계약서 · 당해 물품 및 원재료의 생산 또는 구입 관련 증빙서류 · 원가계산서 원재료내역서 및 공정명세서 · 당해 물품 및 원재료의 출납·재고관리대장 · 생산자가 해당 물품의 원산지 증명을 위하여 작성한 후 수출자에게 제공한 서류
생산자	· 수출자 또는 체약상대국의 수입자에게 당해 물품의 원산지 증명을 위하여 작성·제공한 서류 · 수출자와의 물품공급계약서 · 당해 물품의 생산에 사용된 원재료의 수입신고필증(수출자 명의로 수입 신고한 경우) · 당해 물품 및 원재료의 생산 또는 구입 관련 증빙서류 · 원가계산서 원재료내역서 및 공정명세서 · 당해 물품 및 원재료의 출납·재고관리대장 · 재료생산자가 해당 재료의 원산지 증명을 위하여 작성한 후 생산자에게 제공한 서류

▲ FTA 시행령 제13조 제1항

2) 원산지증명서 관련 서류의 보관 기간 및 방법

FTA 원산지증명서를 발급받거나 발급하는 것만큼 생산품이 어떠한 근거로 원산지결정기준을 충족하여 원산지 물품이 되었는지에 대한 입증서류를 보관하는 업무는 대단히 중요한 업무라 할 수 있습니다. 이는 사후에 일어날 수 있는 원산지 검증(사후 검증)을 대비한 업무이기도 하겠습니다.

A. 원산지증명서 관련 서류의 보관 기간

□ FTA 협정에서의 규정

구 분		수출자 그리고/또는 생산자		수입자	
		기산일	보관기간	기산일	보관기간
협정문	한·아세안	C/O 발급일	3년	수입일자	5년
	한·칠레, 인도, 싱가포르 미국	C/O 발급일	5년	수입일자	5년
	한·EFTA, EU	-	5년	수입일자	5년

한·페루, 한·인도, 한·싱가포르, 한·미 FTA는 협정문 자체에서 수입자의 원산지 근거 서류의 보관을 수입일로부터 5년간 보관할 것을 규정하고 있으며, 한·EU, 한·EFTA, 한·아세안 FTA의 경우에는 협정문에 "수입자는 수입 당사국의 국내법령에 따라 수입 관련 기록을 보관하여야 한다."라고 규정하고 있기 때문에 FTA 특례법령(법, 시행령, 시행규칙)에서 규정하고 있는 기간인 수입신고 수리일로부터 5년간 관련 서류를 보관합니다.

□ 한·터키 FTA의 서류 보관 기간(발효일 : 2013년 5월 1일)

구 분	기산일	보관기간
수출자	수출신고 수리일로부터	5년
생산자	원산지증빙서류 작성일로부터	5년
수입자	수입신고 수리일로부터	5년

구 분	생산자		수출자		수입자	
	기산일	보관기간	기산일	보관기간	기산일	보관기간
FTA 시행령 제13조 제2항	원산지증빙서류를 작성한 날	5년	수출신고 수리일	5년	협정관세의 적용을 신청한 날의 다음 날	5년

▲ 국내법으로서 FTA 특례법이 FTA 협정과 상충하는 경우에는 FTA 협정을 우선 적용합니다.

B. 원산지증명서 관련 서류의 보관 방법

□ 보관 방법

- 1개의 원산지증명서에 관련된 모든 증빙자료를 일괄하여 원산지증명서별 1권(책)으로 편철하여 날짜순으로 보관
- 원산지증명서를 포함한 관련 증빙자료를 디스크 또는 이와 유사한 전산 매체에 보관하되 관련 증빙자료와 원산지증명서와의 관계를 나타낼 수 있는 관리번호 부여

□ 보관 매체 및 검색 조건

아래의 매체 중 하나의 방법으로 자료 보관, 다만 관련 증빙자료를 신속하게 검색이 가능하도록 관리/보관해야 할 것입니다.

- (종이서류) 모든 서류를 종이로 출력하여 편철 보관
- (이미지 전산파일) 모든 서류를 이미지 상태로 전산 매체에 보관
- (전자서식) 모든 서류를 전자서식으로 전산 매체에 보관
- (혼합) 위 1, 2, 3을 혼합/연계하여 보관

II. 국내 공급자와 구매자(수출자/생산자)의 업무 및 서류 처리

* 본 내용은 국내의 공급자가 국내의 구매자에게 완제품의 생산에 투입되는 재료의 공급에 한정되지 않고 완제품을 공급하는 경우도 해당한다 할 수 있습니다.

1. 원산지 재료/물품과 비원산지 재료/물품 이해

우리나라의 수출자가 수출하는 수출물품이 FTA 원산지결정기준을 충족하여 한국산(KR)으로 결정되기 위해서는 먼저 수출물품의 생산 공정에 투입된 원재료에 대한 원산지 결정이 먼저 이루어져야 합니다. 그러한 원재료의 구분(원산지 재료, 비원산지 재료)과 구입경로는 다음과 같이 정리할 수 있습니다.

구 분		국내 공급자/제조사의 공급 '원재료'	국내 제조사/수출자가 직접 생산 혹은 직접 수입한 '원재료'
원산지 재료	한국산	- 국내 공급자/제조사로부터 공급 받은 원재료로서 FTA 원산지결정기준을 충족한 경우.	- 한국 내에서 생산된 원재료로서 FTA 원산지결정기준을 충족한 경우.
	역내산	- FTA 상대체약국으로부터 수입한 원재료로서 국내 공급자는 상대체약국 수출자로부터 받은 FTA 원산지증명서로 역내산이라는 사실을 입증[135].	- FTA 상대체약국으로부터 수입한 원재료로서 상대체약국 수출자로부터 받은 FTA 원산지증명서로 역내산이라는 사실을 입증.
비원산지 재료	원산지 미상	- 한국 내의 공급자/제조사가 공급하는 원재료이지만 FTA 원산지결정기준 미충족 된 경우. - 한국 내의 공급자/제조사의 비협조적인 태도로 원재료에 대한 원산지 확인을 하지 못한 경우. - 한국 내의 공급자/제조사로부터 원재료를 공급 받았지만 폐업 등 원산지 확인을 하지 못하는 상황에 처한 경우.	

---

135 국내 공급자가 국내 구매자에게 공급하는 물품이 역내산이라는 사실을 FTA 원산지증명서로 입증하기 힘든 경우, 원산지확인서로 입증 가능.

역 외 산	- 한국 내의 원재료 공급자가 생산품을 수출하는 FTA 상대체약국으로로부터 수입한 원재료이지만, 상대체약국 수출자로부터 FTA 원산지증명서를 받지 못하여 역내산이라는 사실을 입증 할 수 없는 경우. - 생산품을 수출하는 FTA 상대체약국이 아닌 다른 국가로부터 수입한 경우.	- 생산품을 수출하는 FTA 상대체약국으로부터 수입한 원재료이지만 상대체약국 수출자로부터 FTA 원산지증명서를 받지 못하여 역내산이라는 사실을 입증 할 수 없는 물품. - 생산품을 수출하는 FTA 상대체약국이 아닌 다른 국가로부터 수입한 물품. - FTA 상대체약국으로부터 수입한 원재료이지만, 상대체약국 수출자로부터 받은 FTA 원산지증명서의 오류로 인해서 원산지 인정을 받지 못한 경우.

▲ '국내 공급자/제조사'는 물품을 '국내 제조사/수출자'에게 공급합니다. 이때 그 공급 물품이 원산지 재료(한국산, 역내산)일 수도 있고 비원산지 재료(원산지 미상, 역외산)일 수도 있습니다. 수출자의 생산품이 FTA 원산지결정기준을 충족하기 위해서는 가능한 공급 받는 물품이 원산지 재료로 인정 받아야 할 것입니다.

2. 원재료와 생산품의 원산지 확인 과정

재료공급자

- 원재료에 대한 FTA 원산지결정기준에 따른 원산지 확인[136].
- 원산지 기준 충족한 한국산(KR) 혹은 생산품을 수출하는 FTA 상대체약국으로부터 FTA C/O를 바탕으로 수입한 역내산 재료[137], 즉 원산지 재료에 대해서 공급자는 원산지 재료라는 사실을 입증하는 서류로서 '원산지(포괄)확인서'를 생산자/수출자에게 전달.
- 원산지 기준 미충족, 원산지 미상 혹은 역외국으로부터 수입한 재료의 경우 거래 입증서류로서 구매확인서, 세금계산서 등 택 1 전달(참고 183,184쪽).
- 관련 서류 보관 의무(원산지증빙서류를 작성한 날로부터 5년)

생산자/수출자

- 생산품을 FTA 원산지결정기준에 따른 원산지 확인.
- 원산지 기준 충족된 수출물품에 대한 근거 서류를 바탕으로 발급 기관으로 원산지증명서 발급 신청 혹은 자율적으로 발급.
- 관련 서류 보관 의무(수출신고 수리일로부터 5년)

원산지증명서

- 수입자에게 원산지증명서 원본 전달.

수입자

- 관련 서류 보관 의무(협정관세의 적용을 신청한 날의 다음 날로부터 5년)

---

136 생산품이 한아세안 FTA 체약국으로 수출되는 경우, 생산품은 한아세안 FTA에서 규정하는 원산지결정기준에 따라 원산지가 결정되는 것과 같이 생산품의 생산에 투입된 원재료에 대한 원산지 결정 역시 한아세안 FTA에서 규정하는 원산지결정기준에 따릅니다.

137 한국에서 생산된 재료에 대해서는 FTA 원산지결정기준에 따라서 원산지 재료인지 비원산지 재료인지 판단합니다. 그러나 FTA 원산지증명서를 바탕으로 역내에서 수입한 경우, 해당 원산지증명서가 협정에서 정하는 양식과 기재 요령으로 작성되었는지 확인하여 이상 없으면 역내산으로서, 즉 원산지 재료로서 인정받을 수 있다 할 수 있습니다.

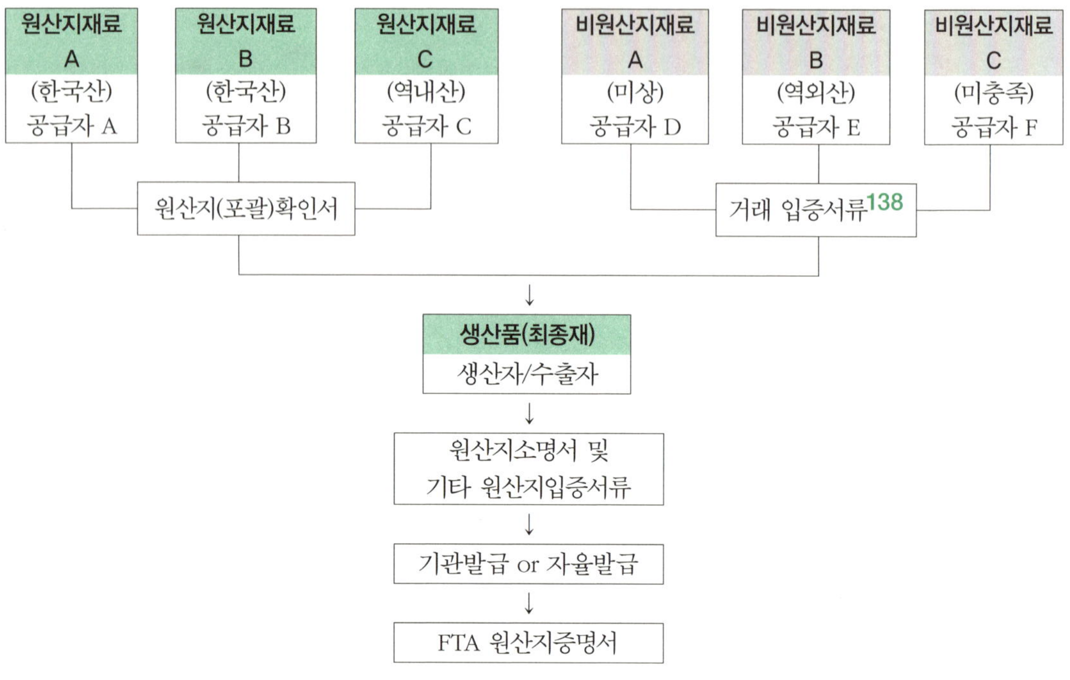

1) 원산지(포괄)확인서 & 원산지소명서 & 원산지증명서의 차이

원산지(포괄)확인서라는 것은 '국내의 공급자'가 '국내의 구매자'에게 공급하는 물품(완제품 혹은 재료(반제품))이 FTA 원산지결정기준을 충족한 원산지 물품(한국산, 역내산)이라는 사실을 증명하는 서류입니다[139]. 다시 말해서, 국내의 '원산지 물품 공급자'가 국내의 구매자에게 공급하는 물품의 원산지가 한국산 혹은 역내산이라는 사실을 증명하는 공급자가 자체 발행하는 '국내용 (For Local) 원산지증명서'라 할 수 있습니다. 이때 공급하는 물품은 완제품일 수도 있고 완제품의 생산 공정에 투입되는 재료일 수도 있습니다.

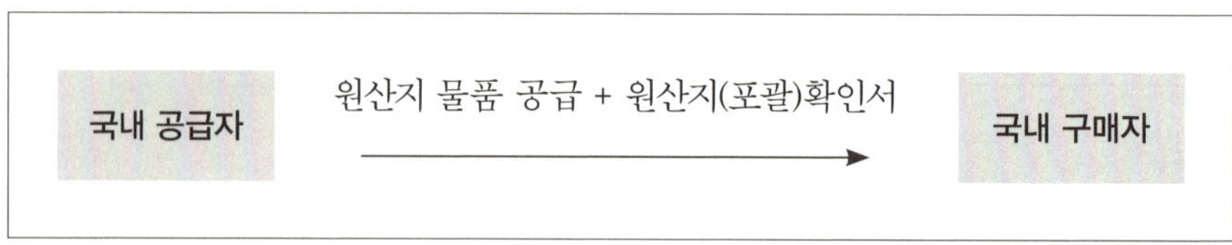

---

138 184쪽 참고

139 경우에 따라서 국내 구매자는 공급받는 물품이 비원산지 물품이라는 사실을 알지만, 국내 공급자에게 원산지(포괄)확인서를 요구하는 경우가 있습니다. 이러한 경우 국내 공급자는 공급 물품이 원산지 물품이 아니라는 사실을 원산지(포괄)확인서로 증명해주면 됩니다. 원산지(포괄)확인서의 '8. 원산지결정기준 충족 여부' 부분을 '미충족'으로 선택하여 국내 구매자에게 전달하면 될 것입니다.

반면에 FTA 원산지증명서는 'FTA 수출체약국 생산자/수출자'가 'FTA 수입체약국 수입자'에게 수출하는 생산품(완제품 혹은 재료(반제품))으로서 수출물품이 FTA 원산지결정기준을 충족한 한국 산이라는 사실을 증명하는 서류입니다. FTA 원산지증명서가 기관을 통하여 혹은 자율적으로 발급되기에 앞서 FTA 상대체약국으로 수출하는 물품이 FTA 원산지결정기준을 이러이러하게 충족하고 있음을 설명(소명)하는 서류로서 원산지소명서가 작성됩니다.

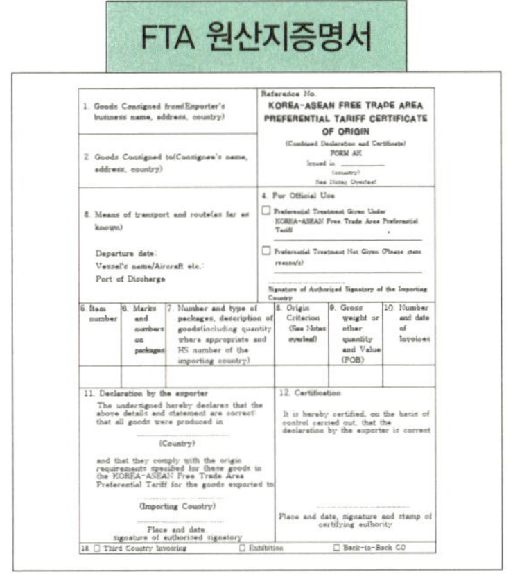

▲ 생산자/수출자 → 수입자에게 전달

▲ 국내 공급자 → 국내 구매자에게 전달

↑ ※ FTA 원산지증명서를 기관/자율발급 전에 원산지소명서 필요.

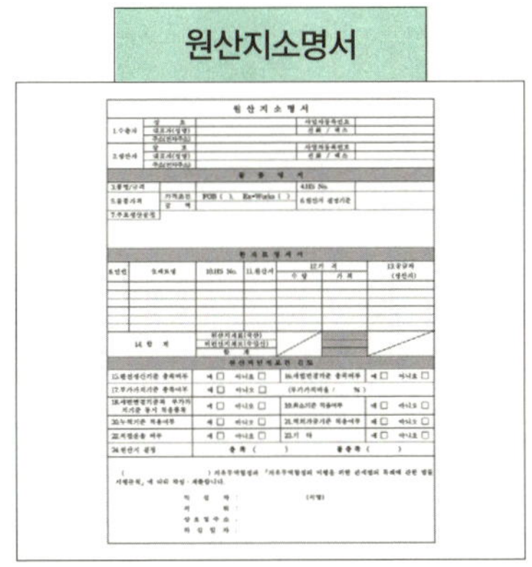

▲ 생산자/수출자가 발행

생산자/수출자는 원산지소명서를 기초로 수출물품의 원산지가 한국이라는 사실을 입증(소명) 해야 수출물품에 대한 FTA 원산지증명서를 기관으로 발급 신청 혹은 자율적으로 발급 가능합 니다.

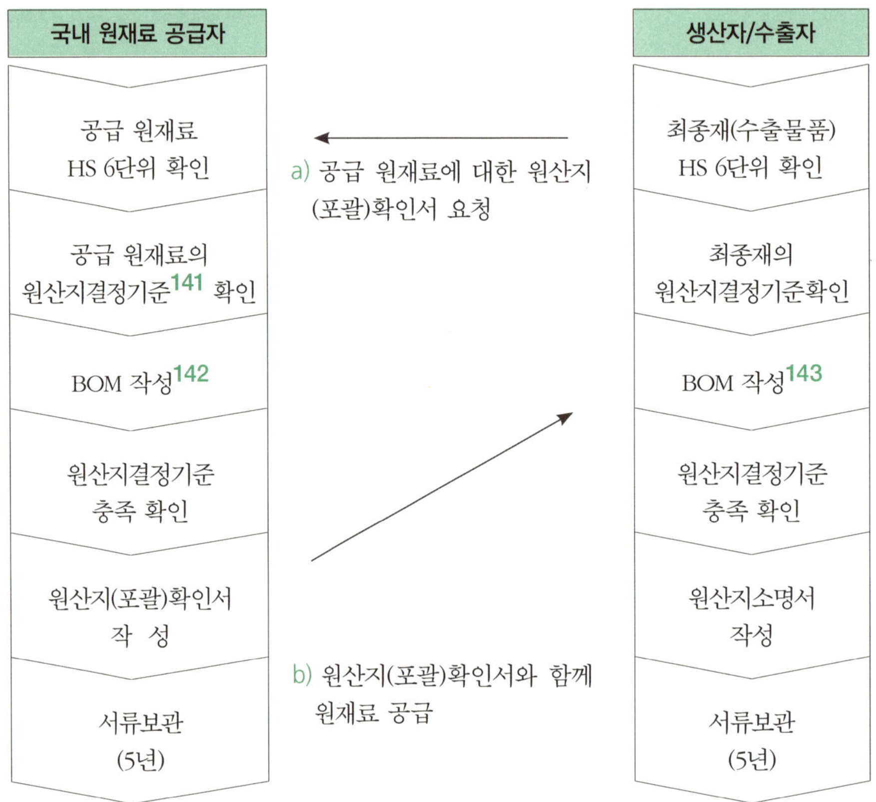

□ '한국산' 원재료의 원산지 확인 - 국내 생산

국내의 원재료 공급자는 국내의 수출자가 어떠한 FTA 체약국으로 최종재로서 수출물품을 수출하는지와 국내 공급자 자신이 공급하는 원재료에 대한 HS 6단위를 확인합니다. 만약 수출물품이 한·EU FTA 상대체약국으로서 독일로 수출된다면, 공급하는 원재료의 원산지결정기준 역시 한·EU FTA에서 규정하는 HS 6단위의 원산지결정기준 충족 여부를 확인합니다. 이때 원재료 공급자는 원재료에 대한 BOM을 작성하여 자신이 공급하는 원재료가 원산지결정기준을

---

140 원산지(포괄)확인서의 의미는 193쪽에서 자세히 설명하고 있습니다. 그 의미에 대해서 먼저 읽어 보는 것을 권합니다.

141 '최종재(수출물품)'가 한-아세안 FTA 상대체약국으로 수출되는 경우, 해당 수출물품에 투입되는 원재료의 원산지결정기준 역시 한-아세안 FTA에서 정하는 원산지결정기준을 충족하는지 확인해야 합니다.

142 '최종재(수출물품)'의 생산에 투입되는 원재료(A)에 대한 BOM을 작성한다는 뜻입니다. 즉, 원재료(A)의 생산에 투입되는 원재료(A)의 원재료 리스트(BOM)이며, 이를 기초로 원재료(A)가 확인된 원산지결정기준을 충족하는지 결론 내릴 수 있습니다.

143 '최종재(수출물품)'의 생산에 투입되는 여러 원재료에 대한 리스트로서 BOM을 작성합니다.

충족하는지를 체크합니다.

원산지결정기준을 충족하면 원산지(포괄)확인서를 작성하여서 생산자/수출자에게 전달하고, 충족하지 못하면 한국산 물품이 아니므로 원산지(포괄)확인서 작성할 필요가 없어지며, 단순히 공급에 따른 증빙 서류만을 전달합니다.

□ '역내산' 원재료의 원산지 확인 - FTA 상대체약국으로로부터 수입

수출물품이 한·EU FTA 상대체약국으로서 독일로 수출됨에 있어, 국내 공급자가 수출물품 생산자에게 공급하는 원재료는 프랑스에서 한·EU FTA 원산지신고서(원산지증명서)로서 원산지 입증이 된 원재료라고 가정합니다. 이때 공급자는 BOM을 작성하여 HS 6단위에 대한 원산지결 정기준 충족 여부를 확인하는 것이 아닙니다. 프랑스 수출자에게 한·EU FTA 원산지신고서를 받았으니 이로써 해당 물품을 역내산이라는 것이 입증되었으며, 이를 바탕으로 원산지(포괄)확 인서를 작성하여 국내 구매자로서 생산자에게 전달할 수 있습니다.

3. 원산지/비원산지 재료/물품의 국내 거래에 따른 증빙서류

국내의 공급자가 국내 구매자(생산자/수출자)에게 공급하는 원재료는 다음과 같이 크게 원산지 재료와 비원산지 재료로 구분할 수 있습니다. 그리고 다시 원산지 재료는 '한국산'과 '역내산'으 로 구분하며, 비원산지 재료는 국내에서 생산하였지만, 원산지 기준 '미충족' 재료, 확인이 불가 한 '미상' 혹은 FTA 역외국으로부터 수입한 '역외산'으로 구분할 수 있습니다.

이렇게 거래의 형태를 구분하여 해당 거래에 따른 적절한 증빙서류는 다음 표와 같습니다.

구 분		구입경로	입증서류
원산지 재료	한국산	A가 B에게 공급	원산지(포괄)확인서
	역내산	A가 B에게 공급	원산지(포괄)확인서, 수입신고필증, FTA C/O 중 택 1[144]
		B가 직접 수입	수입신고필증, FTA C/O 중 택 1
비원산지 재료	원산지기준 미충족/미상	A가 B에게 공급	구매확인서, 세금계산서 중 택 1
	역외산	A가 B에게 공급	수입신고필증, 구매확인서, 세금계산서 중 택 1
		B가 직접 수입	수입신고필증

▲ A는 국내 공급자, B는 국내 구매자.

▲ 164쪽에 있는 '세번변경기준 입증서류'와 '부가가치기준 입증서류'는 최종재(수출물품)에 대한 원산지소명서에 기재된 내용을 입증할 수 있는 원산지확인서류입니다. 상기 표의 입증서류는 BOM상의 원산지 재료 및 비원산지 재료에 대한 입증서류라 할 수 있습니다.

1) 원산지 재료/물품- 한국산의 경우(국내생산)

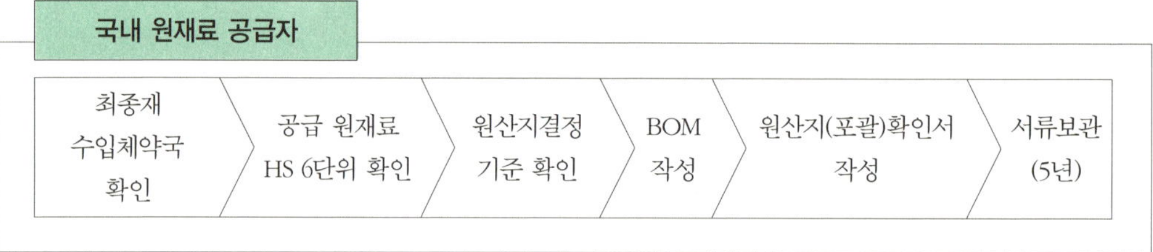

생산자/수출자는 생산품에 대한 원산지를 확인하기 위해서 생산품의 생산에 투입된 모든 원재료에 대한 원산지를 확인하여 BOM을 작성하고, 그 BOM을 바탕으로 생산품이 FTA 원산지결정기준을 충족하는지 여부를 확인합니다. 이때 생산자/수출자가 그 원재료에 대한 원산지까지 직접 확인해야 한다면 상당히 어려울 것입니다. 그래서 생산자/수출자는 원재료 공급자에게 직접 공급 물품에 대한 HS 6단위와 원산지결정기준을 확인하여 원산지결정기준을 충족한 원산지 물품(한국산/역내산)이라면 그러한 사실을 원산지(포괄)확인서라는 서류로 증명할 것을 요구합니다.[145]

---

144 본 경우 A가 수입신고필증 혹은 외국 수출자에게 전달받은 원산지증명서를 B에게 전달하면 가격 정보라든지 외국 수출자의 정보 등이 노출됩니다. 따라서 일반적으로 원산지(포괄)확인서를 전달한다고 보면 되겠습니다.

145 비협조적인 국내 공급자라든지 공급 후 폐업을 한 공급자로부터는 원산지(포괄)확인서를 받기가 힘듭니다. 그리고 원산지결정기준을 미충족한 원재료에 대해서는 비원산지 재료이기 때문에 공급자는 원산지(포괄)확인서를 발급하지 않아도 되겠습니다.

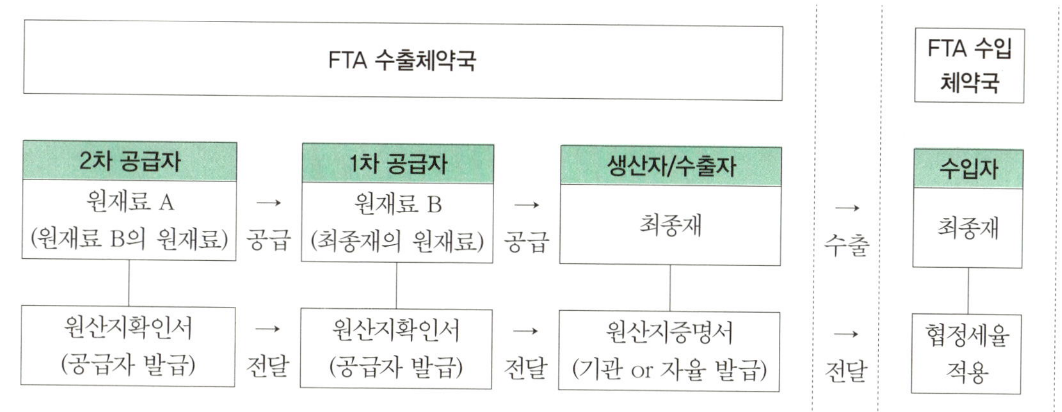

▲ 원산지확인서는 국내의 공급자가 국내의 구매자에게 공급하는 원재료 또는 완제품(최종재)이 한국산 또는 역내산이라는 사실을 증명하는 서류로서 국내의 원재료 또는 완제품 공급자가 국내의 구매자로서 수출자 또는 생산자에게 전달하는 서류입니다. 즉, 국내 거래 물품의 원산지증명서라 할 수 있습니다.

▲ 그리고 생산자/수출자가 외국의 수입자에게 공급하는 수출 물품이 한국산이라는 사실을 소명(설명)하는 서류로서 원산지소명서가 있으며, 이를 바탕으로 기관으로 신청 혹은 자율적으로 발급하는 서류를 원산지증명서라 합니다. 수입자는 수출자로부터 FTA 원산지증명서를 전달받아야 수입지에서 FTA 협정세율을 적용하여 수입신고 할 수 있습니다.

2) 원산지 재료/물품- 역내산의 경우(FTA 상대체약국으로부터 수입)

A. 국내 원재료 공급자가 국내 구매자에게 역내산 재료 공급

원재료 공급자가 공급하는 원재료가 국내에서 제조되어 원산지결정기준을 충족한 원산지재료로서 한국산 재료가 아니라 생산품을 수출하는 FTA 상대체약국으로부터 수입한 역내산 재료라면, 원산지증명서를 국내 원재료 공급자는 상대 수출자에게 전달받아서 다시 국내 최종재 생산자에게 전달합니다. 그래서 최종재 생산자는 최종재에 대한 BOM을 작성할 때 해당 역내산 재료에 대해서 전달받은 FTA 원산지증명서로서 원산지 입증을 합니다.

문제는 B사가 A사로부터 전달받은 FTA 원산지증명서를 C사에 그대로 전달하면, 원산지증명서상의 정보가 C사에 유출될 수 있다는 것입니다. 그렇기 때문에 역내산이라는 사실을 원산지확인서를 B사가 작성하여 C사에 공급하는 것으로 대신할 수 있습니다[146,147].

146 원산지확인서는 국내 공급자와 국내 구매자 사이에서 거래되는 한국산 재료 및 역내산 재료에 대해서 모두 발행될 수 있습니다.

147 본 경우(FTA 상대체약국으로부터 FTA C/O 전달 받아서 원산지확인서 발행하는 경우)에 B사(FTA 상대체약국으로부터 FTA C/O를 전달 받은 자)는 국내 공급자로서 국내 구매자(C사)에게 공급하는 물품이 향후에도 지속적으로 FTA 원산지결정기준을 충족한 물품이라는 사실을 100% 장담 할 수 없을 수도 있습니다. B사 자신이 생산하여 국내 구매자에게 공급하는 경우에도 지속적으로 원산지결정기준을 충족할 수 있다고 확신 할 수 없을 수도 있

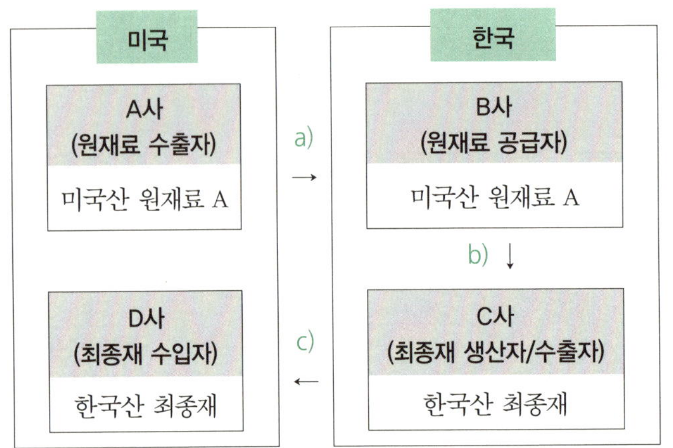

a) 한국의 B사는 한·미 FTA 상대체약국인 미국에서 미국산 원재료 A를 수입하며, 이때 A사로부터 한·미 FTA 원산지증명서 받음.

b) B사는 수입한 원상태로 원재료 A를 C사에 공급하며, A사로부터 받은 한·미 FTA 원산지증명서 혹은 원산지확인서 C사에 전달.

c) C사는 한·미 FTA 상대체약국으로서 미국산 원재료 A를 역내산 재료로 분류하여(누적기준, 117쪽 참고) 최종재의 HS 6단위에 따른 원산지결정기준을 충족시키고, 최종재를 한국산 물품으로 한·미 FTA 원산지증명서를 발급하며, 최종재를 한·미 FTA 체약상대국으로서 미국으로 수출 진행.

B. 최종재 생산자가 역내산 재료 직접 수입

최종재 생산자가 최종재의 생산에 투입되는 재료를 최종재가 수출되는 FTA 상대체약국으로부터 직접 수입한 경우, 상대체약국 수출자에게 FTA 원산지증명서를 전달 받을 수도 있습니다. 만약 FTA 원산지증명서를 전달 받았다면, 최종재 생산자는 BOM 작성할 때 해당 재료를 역내산 재료로 분류하여 최종재의 원산지결정기준 충족을 보다 쉽게 할 것입니다.

3) 비원산지 재료/물품- 원산지기준 미충족/미상(국내생산)

국내의 공급자가 국내의 구매자에게 공급한 물품이 FTA 협정에서 규정하는 해당 공급물품의 HS 6단위 원산지결정기준을 충족하지 못하는 경우, 비원산지 재료가 됩니다. 혹은 원산지결정기준을 충분히 충족할 수 있음에도 공급자의 비협조적인 태도 및 업무에 대한 이해 부족으로 인해서 비원산지 재료로 구분할 수밖에 없는 상황도 있을 수 있겠습니다. 또한, 공급자가 물품을 구매자에게 공급 후 폐업을 하거나 잠적을 할 수도 있을 것입니다. 이러한 경우에도 원산지 확인을 하지 못하니 해당 공급 재료는 원산지 미상으로 되어 비원산지 재료로 분류되겠습니다.

습니다. 이렇게 국내 공급자는 자신이 국내 구매자에게 공급하는 물품이 향후에도 지속적으로 FTA 원산지결정기준을 충족할 것이라는 100% 확신이 없을 때는 포괄기간을 설정하지 않고 건 by 건으로 원산지확인서를 발급하는 것이 보다 적절할 것으로 보입니다.

이러한 비원산지 재료에 대해서는 원산지 재료라는 사실을 증명하는 서류로서 원산지(포괄)확인서 발급을 하지 못하며, 단순히 거래가 이루어졌음을 증명하는 세금계산서라든지 구매확인서로, 생산품의 생산자는 BOM상의 해당 재료에 관한 입증서류로서 활용합니다[148].

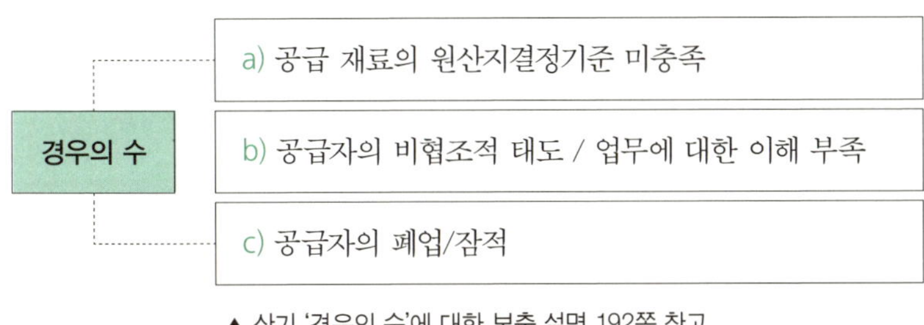

▲ 상기 '경우의 수'에 대한 보충 설명 192쪽 참고.

4) 비원산지 재료/물품 - 역외산의 경우(역외국으로부터 수입)

A. 국내 원재료 공급자가 국내 구매자에게 역외산 재료 공급

국내 공급자가 생산품을 수출하는 FTA 체약국 이외의 국가에서 재료를 수입하여 국내 구매자에게 판매합니다. 그러면 해당 재료는 역외국을 원산지로 하기 때문에 역외산이 됩니다.

이러한 경우 공급자는 수입신고필증을 구매자에게 전달하면, 수입신고필증에 있는 외국 수출자의 정보라든지 물품의 가격 정보를 모두 구매자에게 공개하는 결과가 됩니다. 따라서 구매확인서 혹은 세금계산서로서 거래 사실을 구매자에게 확인시켜줍니다.

B. 최종재 생산자가 역외산 재료 직접 수입

생산품의 생산자가 생산품을 수출하는 FTA 체약국 이외의 국가에서 재료를 수입하면 해당 재료는 역외산이 됩니다. 또한, 생산품을 수출하는 FTA 체약국에서 재료를 수입하였다 하더라도 상대 수출자에게 FTA 원산지증명서를 받지 못하면 해당 재료는 역외산이 된다 할 수 있습니다.

결론적으로, 해당 재료는 생산품의 생산 공정에 투입되며 생산품의 BOM에 역외산 재료로서 표기됩니다. 그에 따른 입증서류는 수입신고필증이 될 것입니다.

---

[148] 물론 예외적으로 경우에 따라서 국내 공급자가 공급하는 재료/물품이 비원산지 재료/물품이라는 사실을 입증하기 위해서 원산지확인서를 발급하기도 합니다. 이때 원산지확인서의 '8. 원산지결정기준 충족 여부'에 '미충족'을 선택하고 '9. 원산지'에 '미상'이라고 기재해야 할 것입니다.

Ⅲ. 공급자/생산자가 작성하는 원산지 확인 서류

1. BOM(Bill of Material, 자재명세서, 소요부품명세서)

1) BOM의 의미

BOM이란 생산 물품의 생산 공정에 투입된 각각의 원재료들에 대한 품명, HS Code, 원산지, 수량, 단가, 생산자/공급자 등을 기술 한 서류로서, 하나의 물품을 제조/생산하기 위해서 소요된 원재료에 대한 리스트(Parts List)입니다.

특히, BOM은 생산 물품을 구성하는 각각의 원재료가 원산지 재료인지 비원산지 재료인지, 그리고 이를 입증하는 서류가 무엇이 있는지에 대해서 한눈에 확인할 수 있는 자료라 할 수 있습니다. 또한, 물품 생산자는 자신이 작성한 BOM을 바탕으로 생산 물품이 FTA 원산지결정기준을 충족하는지를 판단하기 위한 기초자료로 활용합니다.

다시 말해서, BOM은 생산품을 생산하는 생산자(A)뿐만 아니라 그 생산자에게 원재료를 생산하여 공급하는 생산자(B) 역시 BOM을 작성합니다. B가 BOM을 작성하는 이유는 공급하는 물품이 그 물품의 HS 6단위에서 요구하는 원산지결정기준을 충족하고 있는 원산지 물품/재료라는 사실을 입증하기 위한 기초 자료로 사용하기 위함이며, A가 BOM을 작성하는 이유는 수출하는 수출물품이 그 물품의 HS 6단위에서 요구하는 원산지결정기준을 충족하고 있는 원산지 물품/재료라는 사실을 입증하기 위한 기초 자료로 사용하기 위함이라 할 수 있습니다.

B는 A에게 공급하는 물품이 원산지 재료라면 BOM을 전달하는 것이 아니라 원산지(포괄)확인서를 전달합니다. 그리고 BOM 및 BOM상의 원산지 재료에 대한 원산지 입증서류와 비원산지 재료에 대한 거래 입증서류는 보관해야겠습니다. A 역시 생산품에 대한 BOM 및 관련 서류를 보관해야 합니다.

BOM(Bill of Material, 소요부품명세서)

□ 완제품 내역

제품명(모델명)	모델 규격	HS Code	수입국	적용협정	수출단가(원) (FOB[149])
Spark Plug	-	8511.10	태국	한·아세안 FTA	16,500[150]

□ 완제품 생산에 투입된 원재료 사용 내역

부품명 (원재료명)	품목번호 (HS Code)	원산지	수량	단가	가격 (원)	구성비	생산자 /공급자	증빙서류	연락처
Mechanical seals[151]	8484.20	한국 (역내산)	1	2,600	2,600	20%	Edu Tradehub		000-0000
Plastic Insulator	8547.20	태국[152] (역내산)	1	1,400	1,400	11%	Kaston	원산지 (포괄)확인서	000-0000
Ceramic Spark-plug Bodies	8547.10	미상 (역외산)	1	1,400	1,400	11%	대성(주)	세금계산서	000-0000
Ceramic Insulator	8547.10	한국 (역내산)	1	6,300	6,300	47%	태산(주)	원산지 (포괄)확인서	000-0000
Gasket	8484.10	호주 (역외산)	2	800	1,600	12%	TS Trading	세금계산서	000-0000
		역내산			10,300				
		역외산			3,000				
		합 계			13,300				

[작성자] 업체명/담당부서: Edu Tradehub / 무역부

담당자: 최 규 삼 (서명)

▲ BOM의 원재료 사용 내역은 원산지소명서의 원재료 명세서 내역과 일치해야겠습니다.

▲ 최종재의 원산지결정기준이 세번변경기준인 경우, 가격을 기재하지 않아도 됩니다. 단, 세번변경기준이지만 최소기준을 적용해야 하는 경우에는 BOM상의 가격 정보가 필요하며, FOB 가격 혹은 EXW 가격까지 알아야 하므로 제조경비 등을 확인할 수 있는 원가산출내역서 및 이를 입증하는 입증서류가 함께 필요합니다.

---

149 수출단가는 적용협정에 따라 상이합니다. 유럽과의 FTA로서 한EU, 한EFTA는 EXW이고, 기타의 FTA에서는 FOB 입니다. 이때 EXW, FOB는 인코텀스에서 정하는 가격조건을 기초로 하지만 공제되는 비용도 있기 때문에 실무자는 이러한 내용을 확인할 필요가 있습니다.

150 BOM상의 합계 13,300원은 생산품에 투입된 재료에 대한 합계입니다. 이러한 재료들을 생산 공정에 투입하여 생산품을 생산하기 위해서는 제조비용이 발생하며 포장하고 외국으로 나가는 배/비행기에 On Board 할 때 동안 추가 비용이 발생합니다. FOB 가격 16,500원은 이러한 모든 비용과 수출자의 마진을 합한 가격입니다.

151 생산자 Edu Tradehub가 직접 생산한 재료로서 중간재로 지정하였다 할 수 있습니다. 그러면 본 중간재에 대한 BOM은 따로 작성하여 보관해야 할 것입니다.

152 태국은 한아세안 FTA 체약국으로서 원재료가 태국산으로 확인되면 역내산으로 인정됩니다. 이때 공급자로서 Kaston은 태국 수출자에게서 받은 한아세안 FTA 원산지증명서(AK Form) 혹은 수입신고필증을 원산지입증(증빙) 서류로 전달하게 되면 단가 및 공급자(태국 수출자)의 정보 등이 노출되니 원산지(포괄)확인서를 전달하였습니다.

2) 완제품(최종재) 생산자와 원산지 재료 생산자의 BOM 작성

기본적으로 FTA에서 특정 물품에 대한 원산지를 결정함에 있어, 품목별(HS 6단위)·협정별(FTA)로 원산지결정기준이 상이할 수 있습니다. 그래서 물품에 대한 HS 6단위를 확인해야 하고, 최종재(수출물품)가 어떤 FTA 체약상대국으로 수출되는지 파악해야 합니다. 최종재의 HS 6단위가 8511.10으로서 태국으로 수출한다면, 태국은 한·아세안 FTA 상대체약국이기 때문에 한·아세안 FTA에서 규정하고 있는 8511.10에 대한 원산지결정기준을 해당 최종재가 충족을 해야지만 한국산으로 인정될 수 있습니다. 이때 최종재의 원산지를 결정함에 있어 최종재 생산에 투입된 원재료가 원산지 재료(한국산, 역내산) 인지 혹은 비원산지 재료(미상, 미충족, 역외산)인지를 확인해야 하며, BOM에 내역을 정리합니다.

여기서 최종재 생산자가 공급받은 원재료에 대한 원산지를 아무런 근거 자료도 없이 결정할 수 없기 때문에, 원재료 공급자가 공급하는 원재료에 대한 원산지를 직접 결정하여 공급할 것을 최종재 생산자는 원재료 공급자에게 주문합니다. 이때 최종재가 한·아세안 FTA의 영향을 받고 있기 때문에 원재료 역시 한·아세안 FTA 원산지결정기준을 따릅니다.

따라서 원재료의 HS 6단위를 확인하고 한·아세안 FTA에서 규정하는 원산지결정기준을 충족하는지 확인해야 할 것입니다. 확인 결과 그 기준을 충족하면 한국산(KR)이 되어 원산지 재료(한국산)로서 공급자는 원산지(포괄)확인서를 제공하고, 충족하지 못하면 아무리 한국에서 생산하였다 하더라도 단순히 공급했다는 사실을 입증하는 서류(세금계산서, 거래명세서 등)를 전달하고 그 물품은 비원산지 재료(역외산 혹은 미상)가 됩니다.

이때 국내 공급자로서 원재료 생산자는 BOM을 작성하여 공급 물품이 한국산이라는 사실을 입증서류로 보관해야 할 것입니다. 반면에 국내 공급자가 공급하는 원재료가 국내서 생산된 것이 아니라 외국의 수출자에게 공급받아서 국내 구매자에게 공급하는 경우 BOM 작성은 필요하지 않습니다(본 경우 BOM 작성을 할 수 없는 상황).

※ 물품의 HS 6단위 확인 방법 31쪽 참고
※ FTA 원산지결정기준 확인 방법 47쪽 참고

3) 원재료 원산지 확인할 때 유의사항

A. 국내 업체가 생산한 재료라도 비원산지 재료일 수 있다.

국내에서 국내 업체가 생산한 생산품이 무조건 한국산(KR)이 되는 것은 아닙니다. FTA에서는 각 협정마다 특정 품목에 대한 원산지를 결정하는 기준으로서 원산지결정기준을 규정하고 있습니다. 아무리 한국에서 국내의 업체가 생산한 생산품이라 할지라도 FTA 원산지결정기준을 충족해야 한국산으로 인정되며 충족하지 못하면 한국산이 될 수 없습니다. 물론, FTA 원산지결정기준을 충족한다면 그에 대한 원산지 입증서류를 확보/보관하여 사후에 있을 수 있는 원산지 검증(사후 검증)에 대비해야 할 것입니다.

그리고 한국에서 한-아세안 FTA 상대체약국으로 수출되는 Spark Plug(8511.10)의 생산에 투입되는 Mechanical Seals(8484.20)가 한-아세안 FTA 원산지결정기준을 충족한 한국산(KR) 물품일지라도, 최종 생산품으로서 Spark Plug가 한-EU FTA 상대체약국으로 수출되면 Mechanical Seals는 한-EU FTA 원산지결정기준을 따로 충족하고 있음을 입증서류로서 입증해야 한국산(KR)이 될 수 있습니다. Mechanical Seals가 한-아세안 FTA 원산지결정기준은 충족하는데, 한-EU FTA 원산지결정기준은 충족하지 못하면, 최종 생산품으로서 Spark Plug가 한-EU FTA 상대체약국으로 수출될 때 해당 건의 BOM 상에서 Mechanical Seals는 비원산지 재료가 되어 최종 생산품의 원산지결정기준 충족에 악영향을 줄 수 있겠습니다.

결국, 한국에서 한국 업체를 통해서 생산되었지만, FTA 원산지결정기준을 충족하지 못하면 원산지 재료/물품이 될 수 없으며 비원산지 재료/물품이 됩니다.

B. 수입 재료 중 체약상대국의 재료라 할지라도 비원산지 재료일 수 있다.

FTA 상대체약국에서 수입한 재료에 대해서 FTA 원산지증명서를 수입자가 수출자로부터 확보했다면 원산지 재료로 취급합니다(누적기준 117쪽 참고). 다만, FTA 체약상대국에서 생산된 재료라 할지라도 FTA 원산지 결정기준을 충족하지 못하였거나 혹은 충족하여 FTA 원산지증명서가 발행되었으나 해당 FTA 협정에서 정하는 양식과 기재 요령에 맞게 작성되지 않았다면 해당 재료는 비원산지 재료로 취급합니다. 또한, FTA 원산지 결정기준을 충족하고 해당 FTA 협정에서 정하는 양식과 기재 요령에 맞게 FTA 원산지증명서가 작성되었더라도 운송서류(B/L, 화물운송장) 상으로 직접 운송 원칙 충족하지 못하면, 해당 재료는 비원산지 재료로 취급합니다.

C. 국내 구입한 재료 중 원산지 확인이 곤란하거나 명확하지 않은 재료는 비원산지 재료로 취급한다.

a) 공급자의 폐업

국내 도매시장에서 구입한 재료 중에는 폐업 등의 이유로 생산자를 알 수 없거나, 중고물품 등 원산지를 확인하기 어려운 것들이 간혹 있습니다. 이런 경우 국내 공급자로부터 구입을 했다 하더라도 원산지 미상으로서 비원산지 재료로 취급되며, 해당 비원산지 재료의 가격이 수출물품(최종재)의 가격에서 차지하는 비율이 상당히 높거나[153] HS Code가 수출물품과 비슷하면[154] 수출물품의 원산지결정에 있어 원산지결정기준을 충족하기 힘들게 할 수 있습니다. 따라서 비원산지 재료보다는 가능하다면 원산지결정기준을 충족하는 대체품을 구입하여 사용하는 것이 수출물품을 원산지 물품으로 인정 될 수 있도록 하는 방법이며, 수출물품에 대한 FTA 원산지증명서를 발급 할 수 있도록 하고 FTA 원산지증명서를 바탕으로 수입체약국에서 보다 낮은 FTA 협정세율 적용을 받을 수 있게 하는 방법이 되겠습니다.

b) 공급자의 비협조적인 태도

또한, 국내 공급자의 원산지 확인에 대한 비협조적인 태도 역시 공급받은 원재료를 비원산지 재료로 분류하게 하는 원인이 될 수 있습니다. 이러한 문제를 해결하기 위해 FTA 시행규칙 제6조의3(수출용 원재료 원산지 확인)에서는 수출자가 재료 생산자 및 공급자에게 재료의 원산지를 확인·제출하여 줄 것을 요청할 수 있는 근거를 마련하였으나 실효성이 없는 경우도 있을 수 있습니다.

또한, 공급자가 비협조적인 태도를 보이는 또 다른 이유로서 원산지(포괄)확인서를 작성한 자는 공급 물품에 대한 원산지 확인에 있어 문제가 발생하였을 때 모든 법적 책임을 해결해야 하기 때문일 수도 있습니다.

---

[153] 수출물품(최종재)의 원산지결정기준이 부가가치기준인 경우 악영향을 줄 수 있습니다.
[154] 수출물품(최종재)의 원산지결정기준이 세번변경기준인 경우 악영향을 줄 수 있습니다.

c) 공급자의 업무 이해 부족

국내 공급자가 무역에 대한 지식이 전혀 없으면 원재료 공급자가 구매자의 요청에 협조한다고 하더라도 HS Code가 무엇인지부터 원산지결정기준이 무엇이며 이를 충족하기 위한 절차를 하나하나 국내 구매자가 공급자에게 알려주어야 하고 그에 따른 시간도 상당히 걸릴 수 있습니다.

결론적으로, 국내 공급자로부터 원산지(포괄)확인서를 전달 받는 일은 결코 쉽지 않습니다.

2. 원산지(포괄)확인서

1) 원산지확인서의 의미

원산지(포괄)확인서는 국내 공급자와 국내 구매자 사이에 원재료 혹은 완제품을 거래할 때 거래 물품(원재료 또는 완제품(최종재))에 대한 원산지가 a)한국산(KR) 또는 b)역내산이라는 사실을 공급자가 구매자(수출자 또는 제조자)에게 확인시켜주는 서류[155]입니다. 즉, 다시 말해서 국내 공급자의 공급 물품이 원재료이든 완제품이든 국내의 공급자가 국내의 구매자에게 공급하는 물품이 FTA 원산지결정기준을 충족하고 있는 원산지 재료/물품(한국산 혹은 역내산)이라는 사실을 입증하는 서류라 할 수 있습니다.

구매자는 공급자에게 공급받는 물품을 원산지 물품으로 만들기 위해서는 반드시 원산지(포괄)확인서를 받아야 합니다. 따라서 구매자는 생산품이 수출되는 FTA 체약국이 어디며 원산지 결정을 할 때 어떠한 FTA에 영향을 받는지 공급자에게 통지해야 할 것이며, 필요하다면 해당 재료의 HS 6단위 및 원산지결정기준, 그리고 그러한 기준을 충족하기 위한 절차 역시 교육해야 할 것입니다.

생산품을 생산하여 수출하는 자는 어떻게 해서든 원산지 재료를 생산품의 생산 공정에 투입해야 생산품이 원산지 물품으로 인정받을 수 있는 확률이 높아지기 때문입니다.

---

[155] 본 서류는 원산지증명서 발급신청(기관발급) 또는 자율발급을 위한 근거서류로 사용됩니다.

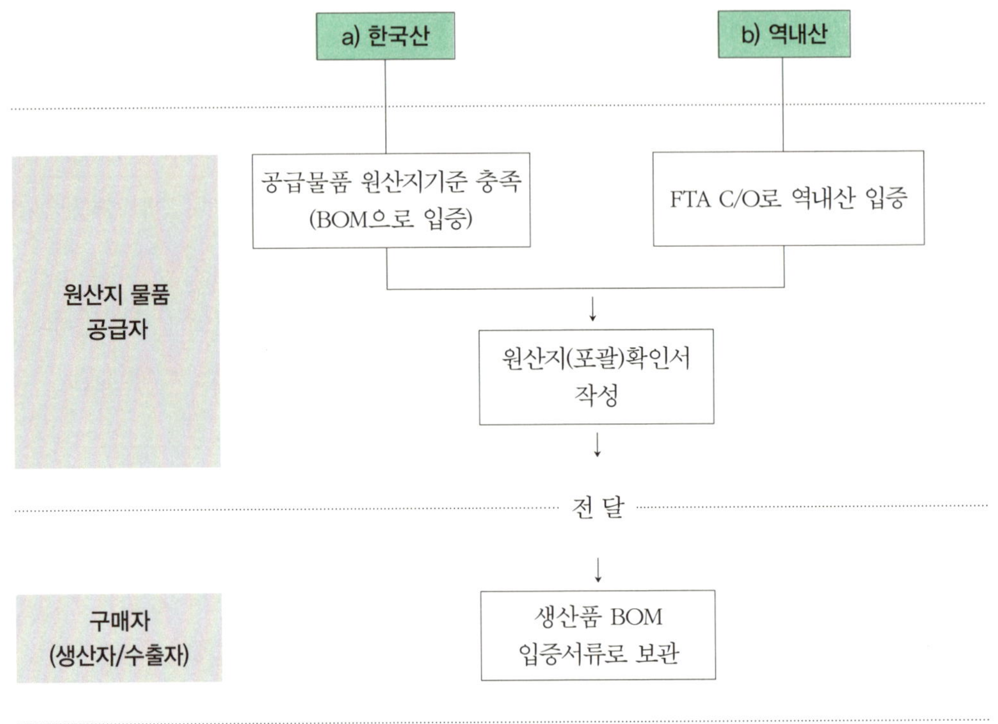

A. 한국산의 경우

a)한국산의 경우, 국내 공급자가 국내 구매자[156]에게 공급하는 물품이 원산지결정기준을 충족하였음을 증명하는 서류로서 원산지(포괄)확인서를 전달하며, 공급자는 해당 서류를 국내 구매자에게 전달하기 전에 어떠한 절차와 근거로 공급 물품이 한국산이 되었는지 BOM 작성으로 확인해야 하며 이러한 입증서류를 5년 동안 보관할 필요가 있습니다.

B. 역내산의 경우

b)역내산의 경우, 최종물품(최종재)이 만약 한·EU FTA 상대체약국으로 수출되는 경우 한·EU FTA 상대체약국으로부터 수입된 물품이라면 역내산으로 결정될 수 있는데 이를 가공하지 않고 그대로 국내 구매자(수출자 또는 제조자)에게 전달한다면 원산지(포괄)확인서로 증빙할 수 있습니다.

한·EU FTA의 원산지증명서는 통상 인보이스에 원산지신고서문안을 기재하여 확인하기 때문

---

156 여기서 말하는 국내 구매자는 공급자에게 원재료를 받아서 다른 공급자에게 받은 원재료와 생산품을 생산하여 수출도 함께하는 생산자이자 수출자일 수도 있고 공급자에게 받은 물품을 그대로 수출하는 수출자일 수도 있습니다.

에 한·EU FTA 상대체약국에서 해당 재료를 수입한 국내 수입자로서 공급자가 최종재 생산자에게 해당 인보이스를 전달하면 수입 원가가 그대로 노출되기 때문에 원산지(포괄)확인서를 작성하여 역내산이라는 사실을 입증하는 것이 적절할 것입니다[157]. 물론, 원산지(포괄)확인서를 전달할지 혹은 원산지신고서문안이 기재된 인보이스를 전달할지는 국내 공급자의 선택 사항이라 할 수 있습니다[158].

만약 최종물품이 한·아세안 FTA 상대체약국으로 수출되고 국내 공급자가 한·아세안 FTA 상대체약국으로부터 재료를 수입하여 최종물품 생산자에게 공급하는 경우 한·아세안 FTA는 AK Form이라는 원산지증명서 양식이 존재합니다. 공급자는 해당 원산지증명서를 구매자로서 수출물품 생산자에게 전달할 수도 있겠습니다. 하지만 해당 원산지증명서의 내용을 국내 공급자가 구매자에게 유출을 원하지 않는다면 원산지(포괄)확인서를 작성하여 전달하여도 되겠습니다[159].

공급물품 명세서

3.연번	4.적용대상 협정	5.품목번호 (HS 6단위)	6.품명· 규격	7.원산지결 정기준	8.원산지기준 충족여부		9.원산지	10.원산지포괄확인기간 (년월일~년월일)
					충족	미충족		
1	한·EU	8482.99	Cage	CTH	[√]	[ ]	EU	2013.05.01 ~ 2014.04.30
					[ ]	[ ]		

▲ 원산지(포괄)확인서의 일부 내용(전체 336쪽 참고).

▲ 최종물품이 한·EU FTA 상대체약국으로 수출되는 상황에서 최종물품의 생산에 투입되는 원재료의 국내 공급자가 해당 원재료를 한·EU FTA 상대체약국으로부터 수입하였고, 이러한 내용이 원산지신고서(원산지증명서)로 입증되고 있다면, 국내 공급자는 그러한 원산지신고서를 기초로 원산지(포괄)확인서를 작성하여 국내 구매자에게 전달합니다. 그러면 국내 구매자로서 최종물품을 생산하여 수출하는 자는 최종물품의 BOM상의 재료로서 해당 재료를 역내산으로 분류할 수 있을 것이며 결과적으로 최종물품의 원산지결정기준 충족을 용이하게 할 것입니다.

▲ 물론, 최종물품이 한·아세안 FTA 상대체약국으로 수출되는 상황에서 상기와 같은 EU산 재료는 역내산이 될 수 없겠으며 누적기준으로 적용할 수 없을 것입니다.

이렇게 국내의 재료 공급자가 해당 재료의 원산지를 한·EU FTA 상대체약국 혹은 한·아세안 FTA 상대체약국이라는 사실을 증명하는 원산지(포괄)확인서를 국내 구매자에게 확인시켜 주면 국내 구

---

157 이때 국내 공급자가 작성하는 원산지(포괄)확인서의 '8. 원산지기준 충족 여부'에는 '충족'으로 체크되고 '9. 원산지' 부분에는 한EU FTA 상대체약국의 국명이 기재될 것입니다.

158 예를 들어, 재료는 한EU FTA 상대체약국으로서 독일에서 수입한 독일산 재료이지만, 최종재를 다른 FTA 협정국으로 수출하는 경우 해당 재료는 역외산이 되기 때문에 원산지 재료(한국산 또는 역내산)에 대해서만 발급하는 원산지(포괄)확인서를 공급자는 구매자에게 전달하지 않아도 되겠습니다.

159 상기 두 가지 예에서 FTA 상대체약국으로부터 FTA 원산지증명서를 전달받아서 수입한 자가 수출물품을 직접 생산하여 수출하는 생산자라면 원산지 증빙 서류로서 FTA 원산지증명서를 그대로 사용할 수 있을 것입니다.

매자로서 최종물품의 생산자/수출자는 재료 누적을 적용할 수 있을 것입니다(누적기준 적용)

2) 수출물품 생산자와 수출자가 동일한 경우 및 상이한 경우

□ 수출물품 생산자 ≠ 수출자

이러한 경우 수출물품 생산자에게 한국산 재료 혹은 역내산 재료를 공급하는 자는 해당 재료에 대해서 원산지(포괄)확인서를 발행하여 해당 재료가 원산지 재료라는 사실을 확인시켜줍니다. 그리고 수출물품 생산자가 수출자에게 해당 물품을 공급할 때 완제품으로서 한국산 혹은 역내산이라는 사실을 원산지(포괄)확인서로 확인시켜줍니다.

모두 국내 거래에서 거래되는 물품이 한국산 혹은 역내산이라는 사실을 증명하기 위한 목적으로 원산지(포괄)확인서를 발행한다 할 수 있습니다.

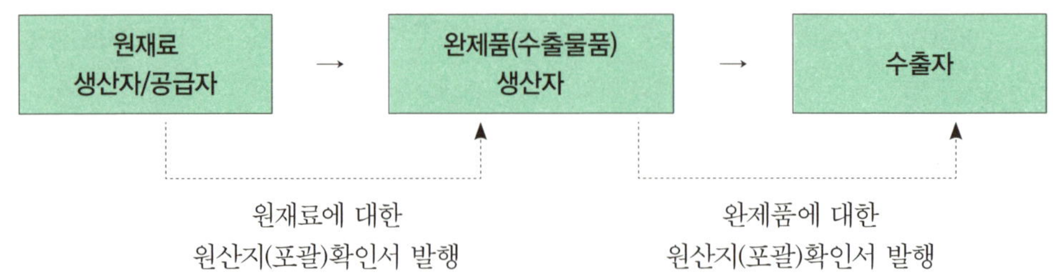

추가적으로 국내의 생산자가 생산한 물품을 국내의 수출자가 공급 받아서 추가적인 가공 없이 공급 받은 원상태 그대로 FTA 수입체약국으로 수출할 때 주의할 부분이 있습니다.

수출물품을 생산한 국내 생산자는 해당 물품이 FTA 원산지결정기준을 충족하고 있는 원산지 물품인지 여부를 확인할 것입니다. 그러기 위해서는 HS 6 단위 확인이 필요한데 생산자가 확인한 생산품으로서 수출물품의 HS 6 단위와 그 물품을 공급 받아서 그대로 수출 진행하는 수출자가 수입자를 통하여 확인한 FTA 협정세율 적용해주는 수입지 세관이 인정하는 HS 6 단위가 상이하다면 문제가 발생됩니다. 다시 말해서, 생산자는 원산지(포괄)확인서와 원산지소명서를 발행하며, 수출자는 FTA C/O를 기관으로 발급 신청 혹은 자율발급하는데 이들 서류의 HS 6 단위는 동일해야겠습니다.

따라서 수출자는 수입자를 통하여 수입지 세관에서 확인 받은 수출물품에 대한 HS 6단위를 생산자에게 통지하여 생산자가 해당 HS 6단위를 기초로 원산지결정기준 확인 및 충족 여부를 확인하고 충족하면 원산지(포괄)확인서 및 원산지소명서를 발급할 수 있도록 해야겠습니다.

- FTA 수입체약국의 세관이 인정하는 HS 6단위를 확인하여 수출물품에 대한 FTA 원산지결정기준을 확인해야 한다는 내용 관련하여 27쪽 '참고' 부분을 참고하기 바랍니다.

□ 수출물품 생산자 ≡ 수출자

수출물품을 생산자가 생산하여 생산자가 수출하는 경우에는 한국산으로서 완제품에 대한 국내 거래가 이루어지지 않기 때문에 완제품에 관한 원산지(포괄)확인서 발행은 필요하지 않습니다. 생산자로서 수출자는 국내 거래처로부터 공급받은 원산지 재료에 대해서만 원산지(포괄)확인서를 받아서 입증 자료로 보관하면 되겠습니다.

생산자로서 수출자는 원산지증명서를 기관으로 발급 신청 혹은 자율발급하기에 앞서 해당 수출물품이 원산지결정기준을 충족하고 있다는 내용을 원산지소명서로 입증하면 되겠습니다.

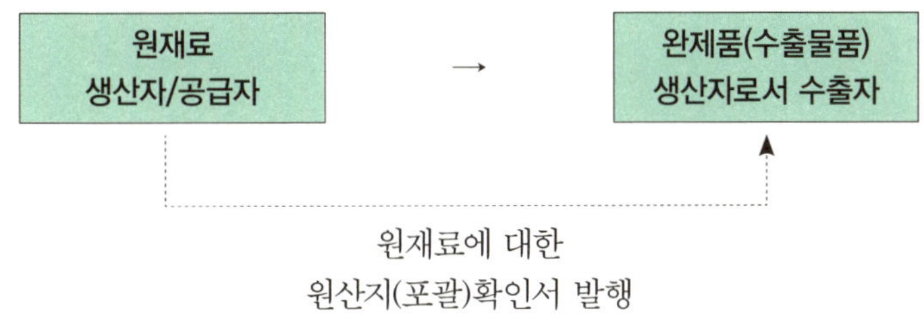

2) '포괄'의 의미

동일한 생산자 또는 수출자에게 장기간 그것도 동일한 물품을 계속/반복적으로 국내 공급자가 공급하는 경우, 매번 공급할 때 마다 원산지확인서를 작성하면 불편할 수 있습니다.

따라서 a)동일한 구매자(생산자/수출자)에게 b)동일한 물품을 c)장기간·지속적으로 공급하는 경우에는 d)원산지확인서 작성일로부터 12개월을 초과하지 아니하는 범위에서 최초의 원산지확인서를 반복하여 사용할 수 있도록 해당 원산지확인서에 포괄기간을 기재[160]하여 포괄기간 이내에는 최초의 원산지확인서 하나로 반복 사용하는데 이러한 원산지확인서를 원산지포괄확

---

[160] 원산지(포괄)확인서의 '10 원산지포괄 확인기간(년 월 일 ~ 년 월 일)' 부분에서 해당 원산지(포괄)확인서 작성일자로부터 12개월 이내까지 포괄 기간 설정 가능합니다. 예)2013년.12.01(작성일). ~ 2014.11.30.

인서라 합니다.

다시 말해서, 무조건 12개월로 하여 원산지확인서를 발급할 필요는 없으며, 투입되는 원재료의 종류·비용 등이 가변적인 경우에는 포괄확인기간을 축소하거나 건별로 발급하는 것이 보다 안정적이라 할 수 있습니다.

3) 비원산지 재료와 원산지(포괄)확인서

원산지확인서는 원산지결정기준을 충족하는 원산지 재료를 공급하는 경우에만 공급자는 발행하고[162], 비원산지 재료를 공급하는 경우 발급하더라도 의미가 없습니다. 따라서 원산지(포괄)확인서는 국내 공급자의 공급 물품이 원산지 재료(한국산 또는 역내산)라는 사실을 입증하는 서류로서 비원산지 재료(원산지 기준 미충족 또는 미상 또는 역외산)를 공급받은 구매자는 공급자에게 본 서류를 요구할 필요가 없습니다.

그러나 때에 따라서 비원산지 재료 구매자는 공급자에게 해당 재료가 비원산지 재료라는 사실을 입증해줄 것을 요구하기도 합니다. 이러한 경우 상호 합의하에 원산지(포괄)확인서를 공급

---

161 포괄기간 설정 가능한 한-미, 한-호주 및 한-캐나다 FTA C/O 발행자에게도 해당되는 내용입니다. (원산지확인서는 국내 공급자가 국내 구매자에게 공급하는 물품에 대한 국내용 C/O, FTA C/O는 수출자가 수입자에게 공급하는 물품에 대한 대외용 C/O)

162 원산지(포괄)확인서를 작성할 때 공급 물품이 원산지결정기준을 충족한 원산지재료인 경우 원산지(포괄)확인서상의 '8. 원산지기준 충족 여부' 부분에 '충족'을 선택하고 '9. 원산지' 부분에는 한국산이라면 'KR', 상대 체약국이라면 그 체약국의 국명을 기재하면 되겠습니다.

자는 발행할 수도 있습니다.

물론, 공급하는 물품이 비원산지 재료이기 때문에 공급자는 원산지(포괄)확인서를 발행할 때 '8. 원산지결정기준 충족 여부'에 '미충족'을 선택하고 '9. 원산지' 부분에는 '미상'으로 기재해야 할 것입니다.

4) 품목별 기준과 원산지(포괄)확인서

□ 세번변경기준

생산품의 원산지결정기준이 세번변경기준일 때, 원산지 재료에 대해서 세번이 변경되었는지는 확인하지 않고 비원산지 재료에 대해서만 세번이 변경되었는지 확인합니다. 이때 공급자로부터 공급받은 재료가 충분히 원산지 인정을 받고 공급자가 원산지(포괄)확인서 역시 발급이 가능하지만, 해당 재료의 세번이 생산품의 세번과 상이한 경우라면 발급하지 않아도 되겠습니다.

하지만 세번이 변경 안 되고 원산지 기준을 충족하는 경우라면 생산자/수출자는 공급자에게 원산지(포괄)확인서를 전달받아야지만 해당 재료가 원산지 재료로 인정되어 세번 변경 여부와 상관없이 생산품의 원산지 결정에 악영향을 주지 않게 됩니다.

□ 부가가치기준

생산품의 원산지결정기준이 부가가치기준일 때, BOM상의 재료 중에 분모 값으로서 상품의 가격(EXW 가격 혹은 FOB 가격) 대비해서 가격 비율이 낮은 재료에 대해서는 비원산지 재료로 분류하더라도 생산품이 부가가치기준을 충족하는 데 큰 영향을 미치지 못할 수도 있습니다. 따라서 그러한 재료는 재료 공급자로부터 원산지(포괄)확인서를 쉽게 받을 수 있는 경우에는 받더라도, 받기 어려운 상황에서는 굳이 받으려고 노력하지 않아도 될 것입니다.

※ 원산지소명서 전체 양식은 338쪽에 있습니다. 아래는 작성법 설명을 위해서 양식을 나누었습니다.

A. 공급자 및 공급처(수출자/생산자) 기재란

원산지 물품을 실제로 공급하는 자의 정보를 '1. 공급하는 자' 부분에 기재하고, 해당 물품을 구입하는 자의 정보를 '2. 공급받는 자' 부분에 기재합니다.

	상호	사업자등록번호
1. 공급하는 자	(주)태성공업	100-00-00020
	대표자(성명) 홍 길 동	전 화 / 팩 스 031-100-2200 / 031-000-0000
	주소 / E-mail 경기도 안산시 *** / (teasung@korea.com)	인증수출자 인증번호 010-13-000000
2. 공급받는 자	상호 (주)진성산업	사업자등록번호 101-22-10010
	대표자(성명) 최 철 수	전 화 / 팩 스 031-200-3100 / 031-000-0000
	주소 / E-mail 경기도 시흥시 *** / (jinsung@jinsung.com)	

'1. 공급하는 자' 부분의 '인증수출자 인증번호'는 모든 FTA 협정에 대해서 그리고 모든 물품에 대해서 원산지 판단 능력 인정받은 업체별 인증수출자만 기재하는 것이 좋습니다. 일부 FTA 협정과 일부 품목에 대해서 원산지 판단 능력을 인정받은 품목별 인증수출자는 '공급물품명세서'에 기재되는 협정과 물품들에 대해서 인증수출자면 기재하고, 그렇지 않고 일부 물품 일부 품목에 대해서만 인증수출자인 경우 생략하는 것이 적절할 것입니다.

B. 공급물품 명세서 기재란

<table>
<tr><td colspan="10" align="center">공급물품 명세서</td></tr>
<tr>
<td rowspan="2">3.연번</td>
<td rowspan="2">4.적용대상협정</td>
<td rowspan="2">5.품목번호
(HS 6단위)</td>
<td rowspan="2">6.품명·규격</td>
<td rowspan="2">7.원산지결정기준</td>
<td colspan="2">8.원산지기준 충족여부</td>
<td rowspan="2">9.원산지</td>
<td rowspan="2">10.원산지포괄확인기간
(년월일~년월일)</td>
</tr>
<tr><td>충족</td><td>미충족</td></tr>
<tr><td>1</td><td>한·미</td><td>8482.99</td><td>Cage</td><td>CTH</td><td>[√]</td><td>[ ]</td><td>KR</td><td>2013.05.01 ~
2014.04.30</td></tr>
<tr><td>2</td><td>한·미</td><td>8708.95</td><td>Inflater</td><td>CTSH</td><td>[√]</td><td>[ ]</td><td>US</td><td>2013.05.01 ~
2014.04.30</td></tr>
<tr><td>3</td><td>한·아세안</td><td>8482.99</td><td>Cage</td><td>RVC40%</td><td>[√]</td><td>[ ]</td><td>KR</td><td>2013.05.01 ~
2014.04.30</td></tr>
<tr><td></td><td></td><td></td><td></td><td></td><td>[ ]</td><td>[ ]</td><td></td><td></td></tr>
</table>

□ (주)태성공업(공급자)으로부터 (주)진성산업(구매자)은 Cage와 Inflater라는 2가지 물품을 공급받습니다. 그리고 구매자로서 (주)진성산업은 해당 재료와 타 구매자로부터 혹은 구매자 자신이 직접 수입한 재료로 생산품(볼베어링, 8482.10)을 한·미 FTA 상대체약국으로서 미국 수입자와 한·아세안 FTA 상대체약국으로서 베트남 수입자에게 수출합니다.

따라서 공급자 (주)태성공업은 자신이 공급하는 Cage와 Inflater에 대해서 한·미 FTA 협정과 한·아세안 FTA 협정을 각각 적용하여 원산지결정기준을 충족한 물품임을 확인시켜줍니다.

□ Cage의 경우, 공급자가 한국에서 직접 생산하여 각 협정별로 원산지결정기준을 충족한 한국산 물품입니다. 이때 동일 물품으로서 HS 6단위까지 동일하지만 협정별로 규정하는 원산지결정기준이 상이하니 해당 물품으로 최종 수출물품이 수출되는 FTA 협정별로 구분하여 원산지결정을 해야겠습니다[163].

원산지 결정을 위한 과정으로서 BOM 작성 역시 Cage에 대해서 한·미 FTA와 한·아세안 FTA를 구분하여 작성하고 입증서류를 보관해야 할 것입니다. 반면에, Inflater의 경우 공급자가 한·미 FTA 상대체약국으로서 미국 수출자에게 한·미 FTA C/O를 바탕으로 공급받은 미국산 물품입니다.

따라서 입증서류로서 공급자는 한·미 FTA C/O를 보관해야겠습니다. 미국산 Inflater의 경우

---

[163] 물론 FTA 협정이 다르더라도 동일한 HS 6단위에 대한 원산지결정기준은 동일할 수도 있습니다. 예를 들어 8482.99의 원산지결정기준은 한EU FTA에서 CTH or MC50%이며, 한터키 FTA에서도 CTH or MC50%입니다.

이를 사용하여 최종 생산된 생산품이 미국으로 수출되는 경우에만 역내산으로 인정되기 때문에 생산품이 한·아세안 FTA 체약국으로 수출되는 경우에는 역내산으로 적용 불가능하고 역외산이 됩니다.

□ '8. 원산지기준 충족 여부'에서는 '충족' 부분에 표시되어 있어야 합니다. '미충족' 부분에 표시되어 있으면 해당 물품은 원산지결정기준을 미충족하였다는 것을 뜻하기 때문에 원산지(포괄)확인서 자체를 발행할 수 없습니다.

□ 공급자가 공급하는 재료/물품이 원산지 재료/물품이 아니더라도 원산지(포괄)확인서에 기재하는 경우가 있습니다. 특별히 필요하지는 않지만, 이는 비원산지 재료/물품이라는 사실을 입증하기 위한 경우라 할 수 있습니다.

공급물품 명세서

3. 연번	4. 적용대상협정	5. 품목번호 (HS 6단위)	6. 품명·규격	7. 원산지결정기준	8. 원산지기준 충족여부		9. 원산지	10. 원산지포괄확인기간 (년 월 일~년 월 일)
					충족	미충족		
1	한·미	8482.99	Cage	CTH	[ ]	[√]	미상	

C. 작성자 서명란

「자유무역협정의 이행을 위한 관세법의 특례에 관한 법률 시행규칙」 제6조의 3에 따라 위와 같이 원산지를 확인합니다.

작　성　자 : 홍길동　　　　　　　　　　(서명 또는 인)

직　　　위 : 대 표

상 호 및 주 소 : (주)태성 공업 경기도 안산시 ***

　　　　　　　　　　　　　　　　　　　　　　명판·직인

작성자는 원산지(포괄)확인서를 작성한 날이 5월 6일이라면 '작성일자'에 5월 6일이라 기재합니다. 작성일이 5월 6일이라 하더라도 작성자로서 공급자가 공급받는 구매자에게 물품을 공급한 날짜가 5월 1일이고 포괄 기간을 정하길 원한다면 '10. 원산지포괄확인기간'의 포괄 확인 기간 시작일은 공급일자인 5월 1일을 기준으로 기재할 수 있을 것입니다.

원산지확인서에 포괄 기간을 설정하여 원산지포괄확인서를 발행하는 경우, 그 원산지포괄확인서의 증명일은 설정한 포괄기간 이내에 들어가지 않아도 문제 되지 않을 것이다. 중요한 것은 설정한 포괄기간 이내에 국내의 공급자가 국내의 구매자에게 해당 물품을 공급해야 한다는 것이며, 따라서 세금계산서상의 물품 공급일자는 원산지포괄확인서의 포괄기간 이내여야 하겠다.

3. 원산지소명서

1) 원산지소명서의 의미

원산지소명서는 생산품(최종재)의 최종 수출자/생산자가 작성하며, 수출물품이 FTA 원산지결정기준을 충족하는 이유를 설명(소명)하는 증명 서류입니다.

다시 말해서, 원산지소명서는 생산품의 생산자가 원산지소명서 상의 '원재료명세서'부분에 기재된 원재료를 사용하여 '물품명세'의 'No.7 주요생산공정'과 같이 역내에서 충분할 정도의 생산 공정을 거쳐서 '물품명세'와 같은 생산품을 생산하였으며, 본 생산품은 '원산지인정요건 검토' 부분에 따라 검토를 해보았더니 원산지결정기준을 충족하고 있는 원산지 물품이라는 사실을 소명하는 서류라 할 수 있습니다(원산지소명서 338쪽 참고).

2) 수출물품 생산자와 수출자가 동일한 경우 및 상이한 경우

A. 수출자 = 생산자

생산품을 수출하는 수출자가 생산품을 직접 생산한 경우, 제조 공정과 투입되는 재료의 내역, 그리고 가격 정보 및 이를 입증하는 서류[원산지 재료에 대해서는 원산지(포괄)확인서]를 스스로 알 수 있고 확보하고 있으니 BOM 작성을 직접 할 수 있습니다. 그리고 생산자로서 수출자는 BOM을 바탕으로 생산품이 어떻게 원산지 기준을 충족하였는지를 설명하는 원산지소명서 역시 직접 작성할 수 있습니다.

따라서 a)기관발급의 경우 생산자로서 수출자는 BOM과 원산지소명서를 작성하여 이들 서류를 FTA C/O 발급기관(우리나라는 상공회의소 혹은 세관)에 제출하여 FTA C/O 발급 신청하면 FTA C/O를 발급받습니다. 반면에, b)자율발급의 경우는 이들 서류를 확보한 상태에서 직접 FTA C/O를 발급합니다.

이때 기관발급이든 자율발급이든 생산자로서 수출자는 생산품이 원산지결정기준을 충족하고 있다는 사실을 입증하는 자료로서 원산지소명서와 기타의 원산지 입증서류를 반드시 미리 확보해야 하며 이들 서류를 향후 5년 동안 보관하여야 합니다.

기관 발급

생산자=수출자		기관 (세관/상공회의소)
원산지소명서 원산지소명서 입증서류[164] 수출신고필증 사본[165] 인보이스 or 거래계약서	2) 전산으로 FTA C/O 발급신청 →	FTA C/O 발급

↕1) 수출신고 및 수리

세 관
수출신고 수리

그리고 생산자는 BOM상의 한국산 혹은 역내산 재료에 대해서 국내 공급자에게 원산지(포괄)확인서를 받지만, 완제품에 대해서는 자신이 생산자로서 수출자이기 때문에 발급하지 않습니다.

하지만 다음에 설명하는 생산자와 수출자가 상이한 경우에는 생산자가 공급하는 완제품, 즉 생산품에 대해서 생산자는 수출자에게 원산지소명서와 함께 원산지(포괄)확인서를 발급합니다.

B. 수출자 ≠ 생산자

반면에 수출자가 생산자에게 생산품을 구입하여 수출하는 경우, 생산자는 자신이 생산한 물품이 FTA 원산지 결정기준을 충족한 물품이라는 사실을 원산지(포괄)확인서로 증명할 수 있습

---

[164] BOM 및 원산지(포괄)확인서 등.
[165] 인터넷 신청 시 신고번호만 시스템에 입력.

니다. 그렇다고 해서 생산 물품에 대한 원산지입증서류로서 BOM 및 원산지소명서 등을 생산자가 수출자에게 공개하는 것은 생산자 입장에서 거부할 수도 있습니다[166].

이러한 경우, 기관 발급 건이라면 수출자는 a)기관으로의 C/O 발급 신청은 수출자 자신이 EDI로 진행하고, 원산지소명서 등 원산지 입증서류를 생산자가 제출 할 것을 요청할 수 있고, 혹은 b)C/O 신청과 원산지 입증서류 제출 모두 생산자가 하여 C/O를 생산자가 받아서 수출자 자신에 전달할 것을 요청할 수도 있습니다[167]. 자율 발급 건이라면 C/O 발급 신청을 하는 것이 아니라 자체적으로 원산지결정기준 충족을 확인하여 입증서류는 생산자가 보관하고 C/O는 수출자가 발급합니다[168]

이렇게 기관발급 및 자율발급 건 모두에서 생산자와 수출자가 다른 경우, 생산자는 BOM 및 원산지소명서 등 외부로 유출할 수 없는 자료는 수출자에게 전달할 수 없을 것입니다. 그러나 생산자가 수출자에게 공급하는 물품이 FTA 원산지결정기준을 충족한 한국산(KR) 물품이라는 사실을 입증하기 위해서 '원산지(포괄)확인서'는 작성하여 전달해야겠습니다.

---

166 생산자(제조사)는 수출자에게 BOM 및 원산지소명서를 제공하지 않을 수도 있으나, 공급 물품이 FTA 원산지 결정기준을 충족하고 있다는 사실은 원산지(포괄)확인서로 증명해줘야 할 것입니다. 그래야 206쪽 '기관발급 경우 a)'에서 수출자가 원산지 물품임을 확인하고 기관으로 FTA C/O 발급 신청할 수 있을 것입니다. 또한, 수출자가 FTA C/O를 자율 발급하는 FTA 상대체약국으로 수출하는 경우에도 수출자는 국내 생산자에게 구입한 물품이 원산지 물품이라는 사실을 원산지(포괄)확인서로 확인받을 필요가 있겠습니다.

167 한아세안, 한인도, 한싱가포르 FTA에서는 FTA C/O를 기관에서 발급합니다. 한아세안, 한인도의 경우 FTA C/O 신청자는 수출자 또는 생산자이며, 한싱가포르는 수출자입니다.

168 한미 FTA의 경우는 수출자뿐만 아니라 생산자 그리고 심지어 수입자 역시 자율적으로 발급 가능합니다. 한EU, 한EFTA, 한터키 역시 자율발급이며 모두 수출 당사국의 수출자만이 발급 가능합니다.

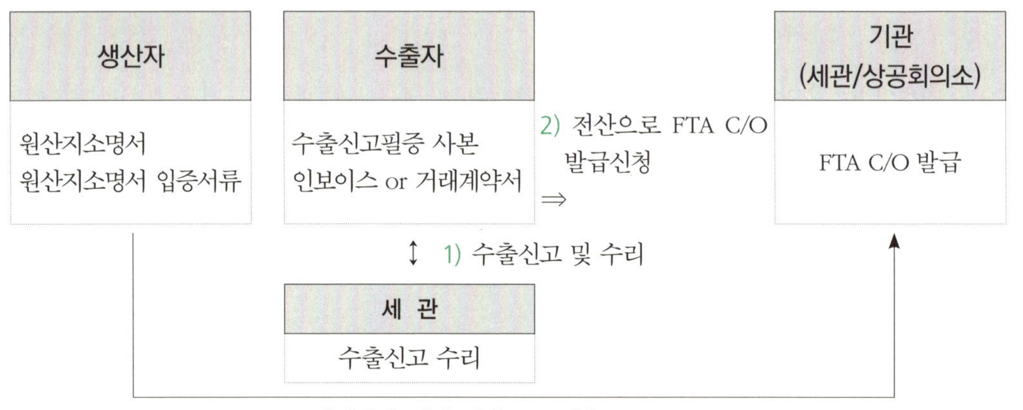

▲ 본 경우는 FTA C/O 발급 신청은 수출자가 하고 원산지소명서와 원산지 입증서류는 생산자가 제출하는 경우입니다.

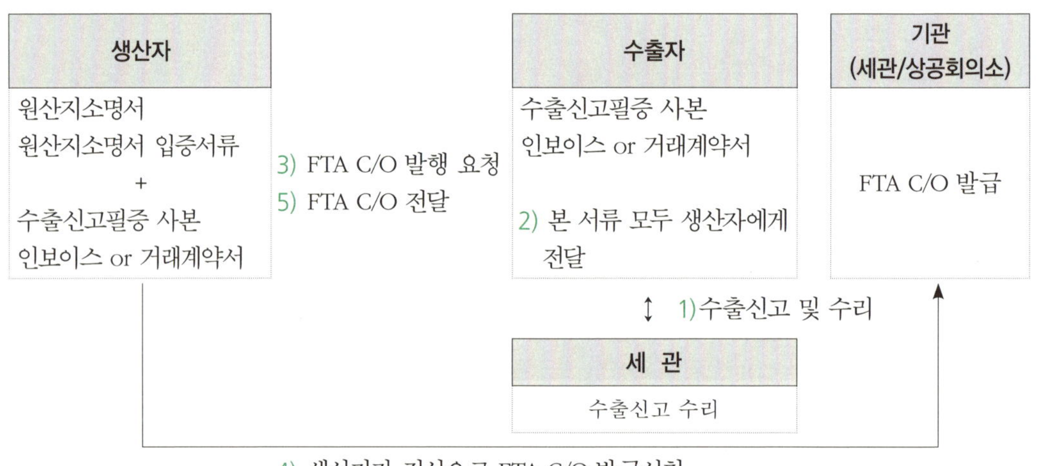

▲ 본 경우는 FTA C/O 발급 신청을 수출자가 하지 않고 원산지 입증서류를 보유한 생산자에게 요청하는 경우입니다. 생산자가 FTA C/O 발급 신청을 하려면 상기 서류들을 생산자에게 제공해야 합니다. 이때 문제가 수출 신고가격과 수입자의 정보가 생산자에게 공개된다는 것입니다. 그럼에도 수출자가 필요하다면 요청할 수 있겠습니다. 그래서 생산자가 기관으로 FTA C/O 발급 신청 후 C/O를 발급받으면 수출자에게 전달합니다.

C. FTA C/O 자율발급의 경우 원산지소명서 발급 여부

FTA C/O를 자율발급하는 경우로서 수출물품의 생산자와 수출자가 다르다면 원산지소명서를 생산자가 수출자에게 전달하기 힘들 것이지만 수출물품의 생산자는 수출자에게 원산지(포괄)확인서는 전달할 수 있을 것입니다(기관 발급할 때 역시 동일함). 이때 수출자는 원산지(포괄)확인서를 근거로 FTA C/O를 자율발급 할 수 있습니다.

반면에 생산자와 수출자가 동일하다면 FTA C/O를 자율발급하기 전에 원산지소명서를 작성하여 수출물품이 원산지결정기준을 충족한 내용을 해당 서류로서 설명/소명할 수 있는 원산지 입증서류로 보관해야 할 것입니다.

3) 원산지소명서 작성 방법

□ 세번변경기준의 경우

생산품의 원산지결정기준이 세번변경기준이라면, 원산지소명서 상의 수출물품 가격을 기재하는 '5. 물품가격'과 원재료에 대한 가격을 기재하는 '12. 가격' 부분에 가격을 기재하지 않아도 됩니다. 단순히 원재료 중에서 비원산지재료가 생산품과 세번이 변경될 정도로 충분한 가공을 역내에서 하였다면 원산지 기준 충족하였다고 인정해주기 때문에 가격 정보는 세번변경기준에서는 크게 중요하지 않을 수 있습니다. 물론, 비원산지 재료가 생산품 대비 세번이 변경되지 않은 경우에 최소기준을 적용해 볼 필요가 있기 때문에 이때는 가격 정보가 필요할 수 있습니다.

그리고 공급자로부터 공급받은 재료가 충분히 원산지 재료로 결정될 수 있고 원산지(포괄)확인서까지 받을 수 있는 상태라 하더라도 해당 재료가 세번이 변경된다면, 원산지(포괄)확인서 받지 않고 비원산지 재료로 분류해도 될 것입니다. 그래도 세번이 변경되기 때문에 생산품이 원산지결정기준 미충족하는데 영향을 주지 못하기 때문입니다.

□ 부가가치기준의 경우

반면에 생산품의 원산지결정기준이 부가가치기준이라면 '5. 물품가격' 그리고 '12. 가격' 부분에 모두 가격 정보가 기재되어야 합니다. 부가가치기준으로 원산지 결정을 하면 원재료 가격에 대한 증거 서류가 필요하고 생산품의 제조 원가 등의 자료가 필요하여 많은 어려움이 따릅니다.

반면에 세번만 변경하면 원산지 기준을 충족하는 것으로 보는 세번변경기준으로 원산지 결정을 진행하면 보다 간단하고 쉽게 그 결과를 알 수 있습니다. 따라서 선택기준(or)일 때 되도록 세번변경기준으로 진행하는 것이 좋겠습니다.

A. 수출자, 생산자 정보 기재란

* 원산지소명서 전체 양식은 338쪽에 있습니다. 아래는 작성법 설명을 위해서 양식을 나누었습니다.

<table>
<tr><th colspan="5">원 산 지 소 명 서</th></tr>
<tr><td rowspan="3">1. 수출자</td><td>상   호</td><td></td><td>사업자등록번호</td><td></td></tr>
<tr><td>대 표 자(성명)</td><td></td><td>전화/팩스</td><td></td></tr>
<tr><td>주소(전자주소)</td><td colspan="3"></td></tr>
<tr><td rowspan="3">2. 생산자</td><td>상   호</td><td></td><td>사업자등록번호</td><td></td></tr>
<tr><td>대 표 자(성명)</td><td></td><td>전화/팩스</td><td></td></tr>
<tr><td>주소(전자주소)</td><td colspan="3"></td></tr>
</table>

생산자와 수출자가 동일 업체인 경우 수출자가 직접 작성하고, 상이한 경우에도 생산자의 협조가 있으면 수출자가 작성할 수 있지만, 생산자가 BOM 구성내역 등 제품에 대한 정보 제공을 꺼리는 경우에는 생산자가 작성할 수도 있습니다.

B. 물품명세 기재란

생산품에 대한 정보를 기재하는 곳입니다.

<table>
<tr><th colspan="5">물 품 명 세</th></tr>
<tr><td>3.품명/규격</td><td colspan="2"></td><td>4.HS No.</td><td></td></tr>
<tr><td rowspan="2">5.물품가격</td><td>가격조건</td><td>FOB ( ), Ex-Works ( )</td><td rowspan="2">6.원산지결정기준</td><td rowspan="2"></td></tr>
<tr><td>금   액</td><td></td></tr>
<tr><td>7.주요생산공정</td><td colspan="4"></td></tr>
<tr><td colspan="5"></td></tr>
</table>

□ 3. 품명/규격

본 부분은 해당 건의 인보이스에 기재된 수출물품의 품명/규격과 동일해야겠습니다. 또한, 수출자는 인보이스를 기초로 수출신고 하기 때문에 수출신고필증 상의 '(29)모델·규격' 부분과 일치할 것입니다.

그리고 원산지소명서의 품명은 기관 발행된 원산지증명서에 기재되기 때문에 일반적인 품명을 기재하는 것이 좋습니다. 수입자가 수입지 세관에 HS 6단위를 확인할 때의 품명이라든지 확인된 HS 6단위에 대한 조회 결과로 나오는 일반적인 품명을 기재하는 것이 수입지 세관에서 문제 삼을 확률을 낮추는 방법이라 봅니다.

□ 4. HS No.

생산품의 '4. HS No.'는 수입지 세관이 인정하는 HS Code가 되어야 합니다. 이유는 FTA 협정세율 적용하여 수입자에게 관세 혜택을 부여하는 곳은 수입지 세관이기 때문입니다.

상당히 중요한 부분임에도 수출자가 이를 무시하고 수출지 세관에서 인정하는 HS Code 혹은 스스로 HS Code를 결정하여 해당 HS Code의 6단위로 원산지결정기준을 확인하고, 충족하였다고 결론 내린 것으로 가정해 보겠습니다. 이후 수출지에서 원산지증명서를 발급받거나 자율적으로 발급하였으며, 해당 FTA 원산지증명서에 HS Code가 기재되어 있으며, 수입자에게 전달한 FTA 원산지증명서를 수입지 세관이 확인한 결과 기재된 HS Code가 잘못되었다고 결론 내린다면 수입지에서 FTA 협정세율 적용받지 못할 수도 있습니다(자세한 내용 31쪽 참고).

□ 5. 물품가격

'5. 물품가격'에서 '가격조건'은 아래의 표와 같이 FTA 협정별로 서로 다르게 규정되어 있습니다. 유럽과의 FTA로서 한·EU, 한·EFTA는 EXW(공장출고가격)이며 그 이외의 FTA는 FOB를 선택합니다.

구분	싱가포르	인도	칠레	ASEAN	미국	호주	EFTA	EU
상품가격 (조정가격) 계상기준	FOB	FOB	FOB	FOB	FOB	FOB	Ex-Works	Ex-Works

그리고 '5. 물품가격'에서 '금액'의 경우는 a.통화단위)수출자가 외국의 수입자에게 전달하는 인보이스의 통화단위를 기초로 하며, b.가격조건)FTA 협정에 따라 FOB 혹은 EXW 조건으로 거래물품 전체 가격을 기재하거나 혹은 거래 물품 하나에 대한 단가(예: USD200/EA)를 기재합니다.

이때 FOB 혹은 EXW 가격의 기준은 인코텀스에서 규정하는 비용/위험 분기점을 기초로 결정되어 수출자가 수입자에게 견적하여 인보이스 및 수출신고필증에 기재되는 가격과는 상이할 수 있습니다. 즉, 원산지소명서의 '금액'에 FOB를 기준으로 단가 혹은 총액을 기재할 때 해당 건의 수출신고필증에 나타나는 '(45)총신고가격(FOB)' 부분의 금액은 일치하지 않을 수도 있습니다. 그러나 원산지소명서의 '5. 물품가격' 부분에 '가격조건'을 FOB로 선택하고, '금액'을 FOB 기준으로 기재할 때, 수출신고필증상의 '총신고가격(FOB)'과 일치시키는 것이 적절할 수도 있습니다.

이 문제에 대해서는 실무 담당자가 관세사 혹은 세관에 도움을 받아서 최종적으로 결정하는 것이 좋을 것 같습니다.

□ 6. 원산지결정기준

생산품(최종재)의 원산지결정기준이 부가가치기준일 때만 '5. 물품가격'의 '금액' 부분에 생산품의 금액과 '12. 가격' 부분의 원재료 가격을 기재하면 됩니다. 세번변경기준의 경우에는 '금액' 부분의 금액과 '가격' 부분의 가격을 기재하지 않아도 되겠습니다.

반면에 생산품의 원산지결정기준과 상관없이 생산품의 품목번호로서 '4. HS No.'는 기재해야 하고, 원재료에 대한 품목번호로서 '10. HS No.' 역시 기재해야 하겠습니다.

□ 7. 주요생산공정

주요생산공정 부분은 수출물품에 대한 제조공정도에서 설명되어 있는 제조 공정 절차를 기초로 작성하면 되겠습니다.

7. 주요생산공정	혼합과정 → 1차 성형 → 선별 공정(불량/양호) → 2차 성형 → 건조, 양생 → 소성 → 검사

C. 원재료 명세 기재란

생산품의 생산 공정에 투입된 원산지 재료 및 비원산지 재료에 대한 내역을 기재하는 곳입니다. BOM을 기초로 작성하면 되겠습니다. 따라서 BOM의 원재료 사용내역과 원산지소명서의 원재료명세서 내역은 일치해야겠습니다.

원 재 료 명 세 서						
8. 연번	9. 재료명	10. HS No.	11. 원산지	12. 가 격		13. 공급자 (생산자)
				수 량	가 격	
14. 합 계			원산지재료(국산)			
			비원산지재료(수입산)			
			합 계			

생산품에 투입되는 재료가 모두 10개라면 그 10가지 재료를 모두 적어야 합니다. 원산지소명서의 '원재료명세서' 부분에 투입된 재료를 모두 적지 못하는 경우, '별첨'하여 별지에 투입된 모든 재료의 내역을 기재하고 보관해야 할 것입니다.

□ **12. 가격**

'12. 가격'의 '가격' 부분에 생산품의 원산지결정기준이 부가가치기준일 때 원재료에 대한 가격을 기재합니다.

이때, 가격 계산에 있어 협정별로 그 기준이 존재합니다. 한·아세안 FTA의 경우, a)국내 공급자로부터 공급받는 원산지 재료에 대해서 가격을 기재할 때는 '생산비용+운송비용+이윤'으로서 세금계산서 발행금액을 기재하면 적절할 것입니다. b)역외에서 수입된 역외산으로서 비원산지 재료는 수입신고필증의 '(55)총과세가격'(CIF 금액)을 기재하거나 국내공급자로부터 비원산지 재료를 공급받는 경우 '상품 생산 국내 최초확인가격'이라 하여 역시 세금계산서 발행 금액을 기재하면 적절할 것으로 판단됩니다.

a)의 경우에 한국산 재료를 공급하는 공급자에게 원산지(포괄)확인서와 세금계산서를 전달받을 것이며, b)의 경우에는 생산자/수출자가 직접 역외산 재료를 수입한 경우 수입신고필증 상의 과세가격이 원산지소명서의 '가격' 부분에 가격으로 기재될 것입니다. 그리고 b)의 경우 원산지 기준 미충족 재료라든지 미상 재료로서 비원산지 재료는 세금계산서로서 가격을 확인하고, 국내 공급자가 역외에서 수입한 역외산 재료를 가공 없이 원상태 그대로 구매자에게 공급하는 경우에도 역시 공급자는 해당 물품의 과세가격에서 수입통관비 및 자신의 마진을 붙여서 판매할 것이며 해당 금액은 세금계산서의 가격으로서 원산지소명서의 '가격'에 기재할 것입니다.

이러한 원산지재료비와 비원산지재료비의 가격 계산은 협정별로 상이할 수 있습니다.

□ 재료비 계산 기초가격

항 목	아세안	칠레 / 미국	EFTA / EU	인 도
수입재료	-	실제 지급가격 - 국제운송비	-	-
국내조달재료	-	실제 지급가격	-	-
무료(할인) 조달재료, 자가생산재료	-	생산제비용+이윤	-	-
원산지재료비	생산비용+운송비용+이윤	원산지재료비에 다음 금액이 포함되어 있지 않은 경우 가산 • 운송비(국제+국내) • 조세(환급액 제외) • 관세사수수료 • 폐기물비용 (재활용분 제외)	비원산지재료비 가격의 정의를 준용한 원산지 재료의 가격	비원산지재료비 가격의 정의를 준용한 원산지 재료의 가격
비원산지재료비	CIF 또는 상품 생산 국내 최초확인가격	비원산지재료비에 다음 금액이 포함된 경우 공제 • 운송비(국제+국내) • 조세(환급액 제외) • 폐기물비용 (재활용분 제외) • 역내생산 비원산지 재료비에 포함된 원산지재료비	수입 시 과세가격 또는 이를 알 수 없거나 확인할 수 없는 경우, 당사국 내에서 최초 확인 가능 가격	비원산지재료비에 다음 금액이 포함된 경우 공제 • 내륙운송비 • 수입 제세 • 통관비 • 추가가공비

원산지소명서의 '원재료명세서' 부분에 생산품의 생산에 투입된 원산지 재료와 비원산지 재료의 내역이 기재되고 해당 재료비에 대한 합계가 '14. 합계'에 기재됩니다. 그렇다면 생산품의 원산지결정기준이 부가가치기준으로서 EXW 인 경우 생산자가 해당 재료를 사용하여 생산품의 생산하여 공장출고 할 때까지의 비용과 마진은 원산지소명서만으로 확인이 불가능합니다. 역시 FOB인 경우에도 재료에 대한 가격만 원산지소명서를 통하여 확인 가능할 뿐 수출지에서 적재 (On Board)하기 전까지의 생산비용, 마진, 내륙운송비 등은 확인이 불가능합니다. 따라서 이를 입증하기 위한 서류로서 BOM(자제명세서), 원가산출내역서 등을 작성하고 이들 서류의 내용을 입증하는 또 다른 서류를 확보 및 보관해야겠습니다.

D. 적용 기준과 원산지 기준 충족 여부 확인란

원 산 지 인 정 요 건 검 토			
15. 완전생산기준 충족 여부	예 □ 아니오 □	16. 세번변경기준 충족 여부	예 □ 아니오 □
17 부가가치기준 충족 여부	예 □ 아니오 □	(부가가치비율: %)	
18. 세번변경기준과 부가가치기준 동시 적용품목	예 □ 아니오 □	19. 최소기준 적용 여부	예 □ 아니오 □
20. 누적기준 적용 여부	예 □ 아니오 □	21. 역외가공기준 적용 여부	예 □ 아니오 □
22. 직접운송 여부	예 □ 아니오 □	23. 기타[153]	예 □ 아니오 □
24. 원산지 결정	충족( ) 불충족( )		

대부분의 공산품은 비원산지 재료를 사용하여 생산을 합니다. 따라서 불완전생산품이며, 원산지 결정을 할 때 품목별 기준으로서 세번변경기준, 부가가치기준, 가공공정기준에 대해서 선택(or), 조합(and), 단일기준 중의 하나로 원산지결정기준에 대한 충족 여부를 판단합니다. 생산품에 대해서 이러한 3가지 기준 중의 하나의 기준 혹은 조합하여 원산지결정기준을 충족하는지 점검합니다.

그리고 세번변경기준을 적용하였을 때 비원산지 재료 가격에 대해서 최소기준을 적용하였다면 그 적용 여부를 체크해야겠으며, FTA 상대체약국으로부터 수입한 역내산 재료를 사용한 사

---

[169] 특정공정기준(SP)은 따로 원산지소명서 '원산지인정요건 검토'에 따로 표기가 없습니다. 따라서 수출물품의 '6. 원산지결정기준'이 'SP'(특정공정기준)라면 '기타'를 클릭합니다.

실이 있다면 누적기준 적용하였음을 체크합니다.

또한, FTA에서는 역내가공을 원칙으로 하지만, 일부 FTA에서 일부 품목에 대해서 역외 임가공 할 때 역내산 재료에 대해서 역내 부가가치로 인정해주기 때문에 역외 가공을 한 사실이 존재하면 해당 부분을 체크합니다.

마지막으로, 수출지에서 원산지결정기준을 충족하여 FTA 원산지증명서를 기관발급 혹은 자율발급하였더라도 B/L 상으로 직접운송이 이루어져야지만 수입지에서 FTA 협정세율을 적용받을 수 있습니다. 직접운송 여부를 묻는 부분에 대해서도 체크해야겠으며 그리고 '22. 원산지 결정' 부분에서는 '충족' 부분을 선택해야지만 FTA 원산지증명서 발급이 가능하겠습니다.

E. 작성자 서명란

생산품이 한·EU FTA 상대 체약국으로 수출되는 경우 다음과 같이 괄호 안에 '한·EU'라고 기재하면 되겠습니다.

<table>
<tr><td colspan="2">(한·EU) 자유무역협정과 「자유무역협정의 이행을 위한 관세법의 특례에 관한 법률 시행규칙」
에 따라 작성·제출합니다.</td></tr>
<tr><td>작　성　자 : 최철수
직　　　위 : 대 표
상 호 및 주 소 : (주)진성 산업 경기도 시흥시 ***
작 성 일 자 : 2013.6.20.
직　　　위 : 대 표</td><td>(서명 또는 인)

명판·직인</td></tr>
</table>

결론적으로, 원산지소명서는 생산자/수출자가 '원재료명세서'에 기재한 원재료를 사용하여 '물품명세' 부분에 기재한 물품을 생산하였으며, '원산지인정요건 검토'에 대해서 원산지 검증을 해 보았더니, 원산지 기준을 충족하였다는 것을 설명하는 서류라 볼 수 있습니다.

FTA 협정별 원산지증명서 이해하기

I. 자율발급 FTA 원산지신고서 & 원산지증명서

1. 한·EU FTA 원산지신고서

※ 161쪽에서 설명한 것과 같이 원산지신고서와 원산지증명서는 다르지만, 원산지신고서는 원산지증명서와 동일한
효력을 가진다 할 수 있습니다.

대한민국을 원산지로 하는 물품이 한·EU FTA 상대체약국으로 수입될 때, 그리고 한·EU FTA 상대체약국을 원산지로 하는 물품이 대한민국으로 수입될 때, 수출자는 해당 건의 송품장(Commercial Invoice. C/I, 상업송장), 패킹리스트(Packing List), 인도증서(Delivery Note) 또는 그 밖의 상업서류(B/L)에 '원산지신고서' 문안을 기재하여 수입자에게 전달합니다. 이렇게 '원산지신고서' 문안이 기재된 상업서류를 원산지신고서라고 하는데, 이는 곧 원산지증명서입니다. 만약 '원산지신고서' 문안을 인보이스에 기재하였다면 인보이스는 인보이스의 역할과 원산지증명서의 역할을 함께 한다 할 수 있습니다.

1) 인증수출자와 6,000유로에 대한 기준

A. 인보이스 총액이 선적 건당 6,000유로 초과 건

한·EU FTA에서 하나의 선적 건당 Invoice 총액(Amount)이 6,000유로 초과하여 수출할 때는 인증수출자에 한하여 원산지신고서문안을 인보이스와 같은 상업서류에 기재하여 원산지신고서(원산지증명서)를 자율발급하도록 하고 있습니다. 그래서 수입자는 수출자가 인증을 받은 수출자인지 여부를 계약 전에 확인할 필요가 있습니다[170].

---

[170] 우리나라 같은 경우 세관으로 인증수출자 신청하여 인정받기까지 품목별보다는 업체별이 다소 더 많이 걸릴 수도 있지만, 그 기간이 상당히 길지는 않습니다. 그러나 한EU FTA 체약국의 유럽 수출자에게 인증수출자로 인정받기까지는 상당한 비용과 상당한 시간이 걸립니다. 따라서 한국의 수입자는 유럽의 수출자와 매매계약을 할 때 수출자가 인증수출자인지 확인할 필요가 있습니다. 그 당시 인증수출자가 아니고 혹은 인증수출자 신청한 상태에 있다면 일단은 일반세율로 한국에서 수입신고 하고 수입신고 수리일로부터 1년 이내까지는 수출자가 인증수출자로서 인정받도록 요청하여 원산지증명서 원본을 받아서 사후에 협정세율 신청하는 방법을 취해야 할 것입니다.

우리나라의 경우, 인증수출자제도는 업체별과 품목별로 구분합니다. 업체별의 경우 전체 협정·전체 품목(모든 HS 6단위)에 대해서 혜택이 있지만, 품목별의 경우는 인증 심사받은 협정·인증 받은 품목(품목별 인증 받은 HS 6단위에 한정 됨.)에 대해서만 혜택이 있습니다. 따라서 수출자는 자신이 보유한 '품목별 원산지인증수출자 인증서'에 한·EU FTA 협정에 대해서 그리고 8482.10(볼베어링)으로 분류되는 품목[171]에 대해서 스스로 원산지 결정을 할 수 있는 능력을 보유하고 있다고 인증 받았다면, 해당 품목의 인보이스 가격이 EUR6,000 초과 된 경우에도 해당 물품이 원산지 물품이라는 사실을 증명하는 한·EU FTA 원산지신고서를 자율발급 할 수 있습니다(원산지신고서문안 작성 요령 219쪽, 기재 요령 223쪽 참고).

다시 말해서, 인증수출자가 아닌 수출자는 자신이 한·EU FTA 체약국으로 물품을 수출함에 있어 해당 물품이 한·EU FTA 원산지결정기준을 충족함에도 인보이스 총액이 6,000유로 초과 건이면 원산지신고서 발행하지 못하며[172], 수입자는 수입지에서 한·EU FTA 협정세율 적용을 받지 못합니다. 그래서 한·EU FTA에서 수출자는 인증수출자로 지정받는 것이 수출 경쟁력을 높이는 중요한 부분이 되겠습니다.

<table>
<tr><td>〈참고〉</td><td>6,000유로에 대한 정확한 의미[173]</td></tr>
</table>

6,000유로라는 기준은 원산지 물품에 대한 총액으로서, 원산지 물품과 비원산지 물품이 하나의 선적 건으로 혼재되어 수출되는 경우 비원산지 물품의 가격은 6,000유로에 산입하지 않습니다(즉, '인보이스 건당 6,000유로'라는 것은 해당 건의 인보이스 상의 모든 물품이 원산지 물품이라는 가정이 기초하고 있다고 봐야 할 것으로 판단합니다).

이렇게 혼재되는 경우, 원산지신고서문안을 통상적으로 기재하는 인보이스는 하나의 선적 건에 대해서 a)원산지신고서문안을 기재하는 원산지 물품에 대한 인보이스와 b)원산지신고서문안을 기재할 수 없는 비원산지 물품에 대한 인보이스를 각각 발행하는 것이 좋습니다.

---

[171] 여기서 품목은 제품의 이름이 아니라 품목으로서 품목별 인정을 받은 HS 6단위를 말합니다. 8482.10으로 품목별 인정을 받았다면, 해당 HS 6단위로 분류될 수 있는 모든 제품명에 대해서 원산지 판단 능력을 세관으로부터 인정 받은 품목별 인증 수출자라 할 수 있습니다. 그렇다면 인정받는 8482.10으로 분류되는 모든 품목에 대해서 해당 수출자는 인증수출자로서 혜택을 받을 수 있겠습니다.

[172] 인증수출자가 아닌 한EU FTA 수출체약국의 수출자가 하나의 선적 건에 대해서 인보이스 총액이 EUR6,000 초과 건에 대해서는 원산지신고서문안을 인보이스와 같은 상업서류에 기재할 수 없지만, EUR6,000 이하 건이면 인증수출자가 아니라도 인보이스와 같은 상업서류에 원산지신고서문안을 기재할 수 있습니다. 물론 후자의 경우에 해당하는 경우에도 한EU FTA 원산지결정기준을 충족하고 있다는 사실을 BOM 등의 입증서류로 입증 할 수 있어야 겠습니다. 입증 못하는 경우 인증수출자 및 인증수출자가 아닌 자 모두는 원산지신고서문안을 인보이스와 같은 상업서류에 기재 불가하겠습니다.

[173] 「한EU FTA 집행에 관한 지침」 '2.5. 원산지신고서 작성 관련 사항' 참고

각각 발행할 것을 요구하는 이유로서 만약 혼재됨에도 하나의 인보이스에 원산지신고서문안을 기재한 경우, 수입자가 오해하고 원산지 물품과 비원산지 물품이 모두 원산지 물품이라고 판단하여 수입신고 할 수도 있고, 수입신고 받는 수입지 세관 역시 이에 대해서 혼란스러워 할 수도 있기 때문입니다.

수입신고 받는 수입지 세관 역시 이에 대해서 혼란스러워 할 수도 있기 때문입니다. 물론 해당 건의 인보이스에 원산지 물품과 비원산지 물품에 대해서 구별될 수 있도록 구분해둘 수도 있으나 오해를 불러일으킬 수 있는 행동은 최대한 하지 않는 것이 사후 있을 수 있는 원산지 검증에 대비하는 방법이 될 수 있습니다.

본 내용은 중요한 부분이니 실무자는 반드시 주의를 해야 할 것입니다(자세한 내용 225쪽 참고).

B. 인보이스 총액이 선적 건당 6,000유로 이하 건

하나의 선적 건당 Invoice 총액이 6,000유로 이하 건에 대해서는 인증수출자 여부와 관계없이 수출자는 원산지신고서문안을 인보이스와 같은 상업서류에 기재할 수 있으며, 수입자는 해당 원산지신고서로서 수입지에서 한·EU FTA 협정세율을 적용 신청을 할 수 있습니다.

본 경우 원산지신고서문안을 기재하는 수출자가 인증수출자가 아니라면, '인증수출자번호'는 없기 때문에 당연히 해당 부분은 공란으로 둬야 할 것이지만, '원산지' 표기와 성명은 기재하여야 하며 반드시 '서명은 수기'로 해야 합니다[174].

마지막으로 6,000유로 이하 건에 대해서 비록 인증수출자가 아니어도 원산지신고서를 작성할 수 있지만, 중요한 것은 수출물품이 한·EU FTA 원산지결정기준을 충족하고 있어야 한다는 것과 원산지 입증서류를 원산지 검증에 대비하여 보관하고 있어야 한다는 것입니다.

<참고>

참고로 한·EU FTA는 EU 개별국가와의 FTA라기보다는 EU 자체와 체결한 FTA로 보는 것이 보다 적절할 것입니다.
EU 역내에서 위치하는한 수출물품의 생산국가와 수출자의 국가가 다르더라도 (인증)수출자가 수출하면 수출자는 인보이스에 원산지신고서문안을 기재하여 수입자에게 전달할 수 있습니다(관련 내용 139쪽 참고). 물론 인보이스 건당 6,000유로 초과 건이면 인증수출자만이 원산지신고서문안을 기재 가능하고, 인증수출자가 아니면 6,000유로 초과 건에 대해서는 기재 불가합니다.

---

[174] 반면 인보이스 총액 6,000유로 이하 건에 대해서 원산지신고서문안을 기재하여 발행하는 원산지신고서 작성자가 인증수출자라면 인보이스 총액이 6,000유로 초과 건과 차이 없이 원산지신고서문안을 기재하면 될 것입니다.

2) 원산지신고서문안(Preferential Declaration of Origin) 작성 요령

The exporter of the products covered by this document (customs authorisation No …①) declares that, except where otherwise clearly indicated, these products are of …② preferential origin[175].

'장소 및 일자' …③

수출자 또는 신고서 작성자의 성명 및 서명 …④

▲ 통상 수출자가 발행하는 인보이스의 공란에 기재합니다.

▲ 원산지신고서문안이 수기로 작성되는 경우, 잉크를 사용하여 대문자로 작성해야 합니다.

① 인증수출자 번호(customs authorisation No.)

원산지신고서문안이 인증수출자에 의해서 작성되는 경우, 인증수출자의 인증번호가 본란에 기재되어야 합니다. 즉, 업체별 인증수출자 또는 품목별 인증수출자의 인증번호를 적습니다. 인증수출자가 아닌 경우에는 빈칸으로 두거나 생략할 수 있습니다. EU 회원국 인증수출자 번호 체계는 382쪽에서 설명하고 있습니다.

경우에 따라서 한·EU FTA 상대체약국으로서 EU 역내 국가의 수출자가 EORI 번호(통관고유번호) 혹은 VAT 번호(사업자등록 번호)를 기재하는 경우도 있는데, 모두 인정될 수 없겠습니다. 인증수출자 번호를 기재하는 부분에 기재된 번호가 EORI 번호인지 혹은 VAT 번호인지 확인하는 방법은 각각 316쪽, 318쪽에서 설명하고 있습니다.

② 원산지

제품의 원산지를 기재하는 부분으로서, 아래와 같이 '국가명' 혹은 'EU'라고 기재하면 되겠습니다.

만약 원산지가 EU 역내 여러 국가인 물품을 EU 역내 인증수출자가 수출하는 경우, 원산지신고서문안의 원산지란에 'EU' 또는 'EC'로 기재하거나 각각의 원산지를 기재하면 적용 가능할 것입니다[176].

---

175 preferential origin은 특혜 원산지라는 뜻입니다.
176 「한EU FTA 집행에 관한 지침」 '2.5. 원산지신고서 작성 관련 사항' 참고

□ 원산지신고서문안에 작성하는 원산지 표기 인정 범위

- 협정문에 있는 당사자명 (예) THE FEDERAL REPUBLIC OF GERMANY
- 국제적으로 통용되는 국가명 (예) GREECE
- 당사자 국가의 ISO 코드 (예) IT
- 'EU' 표기, 'EC' 및 'European Community' 표기[177, 178]
- 원산지가 영국인 제품 : 'UK' 표기 (협정문상 표기된 약어)
- EU 측 각 당사자 언어 협정문에 표기된 'EU' 표기
    (예) - 스페인, 프랑스, 이탈리아, 폴란드, 포르투갈, 루마니아, 말타 : 'UE' 표기
          - 라트비아, 리투아니아 : 'ES' 표기
          - 그리스 : 'EE' 표기
          - 불가리아 : 'EC' 표기

□ 수출자와 원산지국이 다른 경우

한국의 수입자는 한·EU FTA 체약국으로서 네덜란드의 수출자와 매매계약을 체결하였기 때문에 수출자는 네덜란드에 위치하지만, 거래 물품은 독일을 원산지로 하는 물품이 거래되는 건이라고 가정합니다. 이때 수출자로서 네덜란드의 수출자는 원산지신고서문안의 '인증수출자 번호'에는 자신의 세관인증번호를 기재하고 '원산지' 부분에는 독일로 기재합니다.

□ 원산지신고서문안의 원산지 표기와 현품에 원산지 표기

한-EU FTA 원산지신고서문안에 원산지 표기는 앞에서 언급한 것과 같이 국명과 EU라는 지역·경제적연합체로 표기 가능합니다. 그러나 현품에 원산지 표기는 대외무역관리규정에서 그 표기 방법을 다음과 같이 규정하고 있습니다. 따라서 원산지신고서문안에 원산지가 EU로 표기되어 있더라도 현품에는 반드시 다음과 같이 국명으로 표기되어야 하겠습니다. 만약 현품에 Made in EU로 표기되어 있다는 사실을 FTA 수입체약국으로서 한국으로 수입 신고하여 물품검사로 지정되어 세관 직원에 의해서 발각되면 충분히 문제가 될 수 있습니다.

---

177 원산지신고서문안에 원산지를 European Economic Community(유럽경제공동체)의 약자로서 'EEC'로 기재하는 경우가 있습니다. 이는 원산지 표기 인정 범위에 들어가지 않는 적절치 못한 표기로 해석될 수 있습니다.

178 원산지신고서문안에 원산지 표기는 수출국가 명 혹은 EU, EC와 같이 표기할 수 있습니다. 그러나 그 물품 자체에는 Made in EU 혹은 EC라고 원사지 표기하면 안 되고 Made in France와 같이 원산지 국명이 기재되어 있어야 겠습니다.

- **수입물품의 원산지 표시**: 대외무역관리규정 제76조에 따라서 수입물품에 대한 원산지 표시는 '국명'을 기재하는 것이 적절할 것이라 판단됩니다.

그리고 「원산지제도운영에관한고시」 제8조 3호에 따라서 각각의 개별 국가가 아닌 지역·경제적연합체는 이를 원산지로 표시할 수 없다라고 규정하고 있습니다.

③ 장소 및 일자

원산지신고서를 작성한 장소 및 날짜를 적습니다. 만약 본 내용이 문서 자체에 포함되는 경우, 인증수출자이든 아니든 상관없이 본 표기는 생략될 수 있습니다.

- 통상 인보이스(상업송장)를 작성할 때 인보이스에 '장소 및 일자'를 기재하니, 인보이스에 수출자의 장소(주소일 것임)와 발행일자가 표시되어 있으면 생략 가능
- 상업송장 발행일자와 원산지신고서 작성일자가 다른 경우에는 기재

여기서 '장소'라 함은 원산지신고서문안을 작성한 장소로서 수출자의 주소를 뜻하며, '일자'라 함은 원산지신고서문안을 인보이스와 같은 상업서류에 기재한 날짜가 되겠습니다.

통상 수출자는 원산지신고서문안을 인보이스의 공란에 작성합니다. 그런데 인보이스 자체에는 수출자의 주소와 인보이스 발행일이 따로 기재되어 있습니다. 이러한 인보이스에 원산지신고서문안을 기재하게 되면 그 기재 장소는 당연히 수출자의 주소가 되며, 기재 날짜는 인보이스 발행일이 될 것입니다. 따라서 원산지신고서문안 내의 '③ 장소 및 일자'는 생략 가능합니다. 그런데 만약에 원산지신고서문안을 해당 서류 작성일 이후에 명시하면 따로 일자를 명시할 필요가 있습니다.

④ **수출자 또는 신고서 작성자의 성명 및 서명**

인증수출자의 경우, 인증심사 할 때 '원산지인증수출자의 서면확인서'(351쪽)를 제출하므로 '④ 성명 및 서명' 역시 생략될 수 있습니다. 서면확인서는 인증수출자가 원산지신고서에 관해 모든 책임을 지겠다는 서면 약속을 수출당사자의 관세 당국에 제공하는 확약서입니다.

- 인증수출자가 원산지인증문구를 기재하는 경우, 생략 가능
- 인증수출자가 아닌 업체의 경우, 성명 및 서명을 기재해야 하며 '수기로 작성된 원본 서명'
  이 반드시 있어야 합니다(한·터키 FTA에서도 동일).
- 서명을 해야 하는 경우, 반드시 '수기로 서명'해야 함을 주의하기 바랍니다.

3) 인보이스의 사인과 원산지신고서문안의 사인

기본적으로 인보이스에는 사인을 하지 않아도 됩니다[179]. 그렇지만 통상적으로 사장님의 사인 혹은 회사의 명판 혹은 업무 담당자의 사인이 들어갑니다. 이는 인보이스에 대한 사인입니다. 원산지신고서문안에도 사인을 해야 하는데, 인증수출자라면 사인을 생략할 수 있고 인증수출자가 아니라면 수기로 사인해야 합니다.

수기로 사인을 해야 하는 경우, 주의할 점은 인보이스의 사인과는 다른 서명등록자의 사인이 들어가야 한다는 것입니다. 인보이스의 사인이 사장님 혹은 담당자의 사인이고 서명권자 역시 사장님 혹은 담당자로서 두 개의 사인이 일치할 수도 있고 상이할 수도 있을 것입니다.

---

[179] 결제조건이 신용장이라면, 신용장 문구 46A Documents Required 부분에서 인보이스를 요청할 때 Signed Commercial Invoice 3 Copies 혹은 Manually Signed Commercial Invoice 3 Copies로 요구하기 때문에 신용장 하에서 발행되는 인보이스에는 반드시 사인해야 합니다.

4) 인보이스에 기재된 원산지신고서문안

A. 모든 물품이 원산지 물품의 경우

다음은 한·EU FTA 원산지신고서(원산지증명서)로서, 인증수출자에 의해서 인보이스가 발행되는 날 원산지신고서문안이 함께 기재되어 발행되었다 할 수 있습니다[180]. 그래서 원산지신고서문안의 날짜는 인보이스 발행일(Jun. 22. 2013)로 대신하고 있으며, 원산지신고서문안의 서명 역시 생략되어 있습니다.

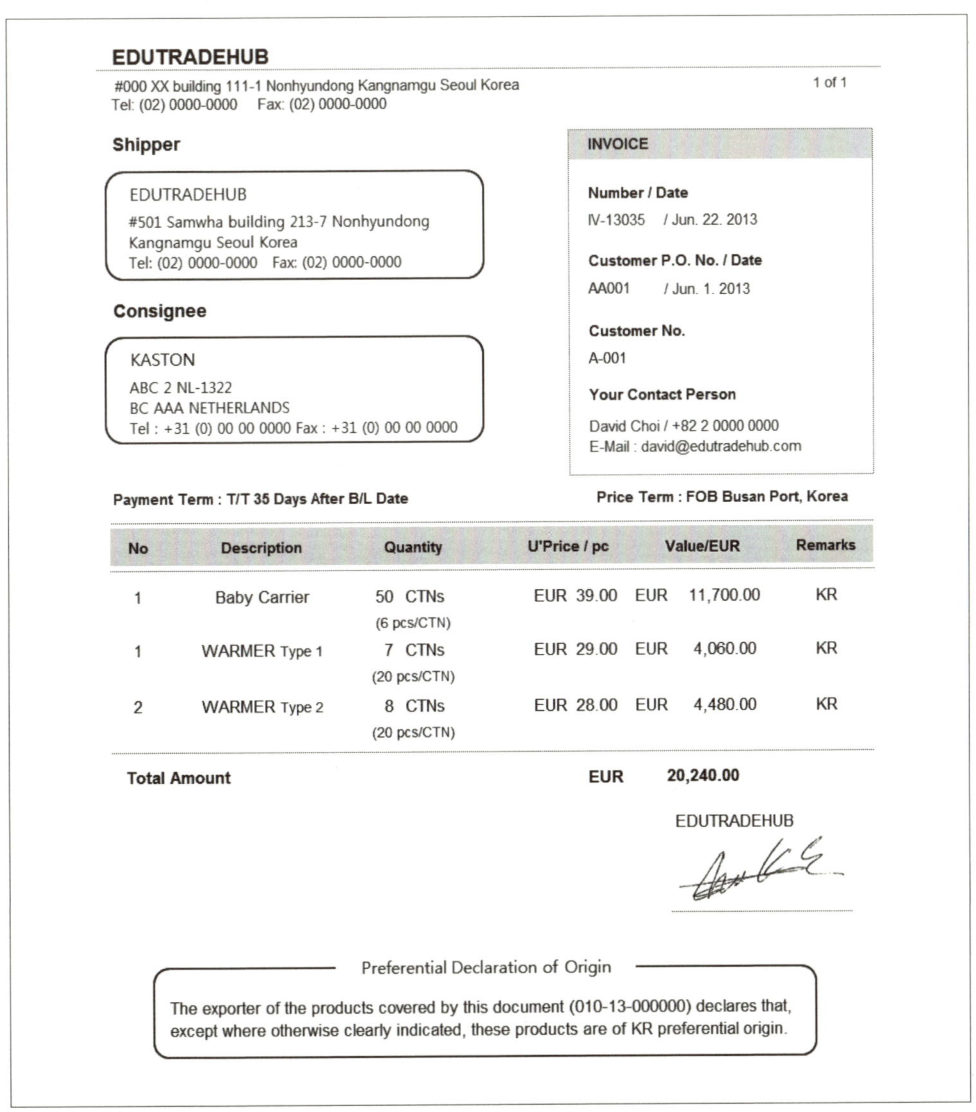

EDUTRADEHUB

#000 XX building 111-1 Nonhyundong Kangnamgu Seoul Korea   1 of 1
Tel: (02) 0000-0000   Fax: (02) 0000-0000

Shipper

EDUTRADEHUB
#501 Samwha building 213-7 Nonhyundong Kangnamgu Seoul Korea
Tel: (02) 0000-0000   Fax: (02) 0000-0000

Consignee

KASTON
ABC 2 NL-1322
BC AAA NETHERLANDS
Tel : +31 (0) 00 00 0000 Fax : +31 (0) 00 00 0000

INVOICE

Number / Date
IV-13035   / Jun. 22. 2013

Customer P.O. No. / Date
AA001   / Jun. 1. 2013

Customer No.
A-001

Your Contact Person
David Choi / +82 2 0000 0000
E-Mail : david@edutradehub.com

Payment Term : T/T 35 Days After B/L Date   **Price Term : FOB Busan Port, Korea**

No	Description	Quantity	U'Price / pc	Value/EUR	Remarks
1	Baby Carrier	50 CTNs (6 pcs/CTN)	EUR 39.00	EUR 11,700.00	KR
1	WARMER Type 1	7 CTNs (20 pcs/CTN)	EUR 29.00	EUR 4,060.00	KR
2	WARMER Type 2	8 CTNs (20 pcs/CTN)	EUR 28.00	EUR 4,480.00	KR

Total Amount   **EUR 20,240.00**

EDUTRADEHUB

Preferential Declaration of Origin

The exporter of the products covered by this document (010-13-000000) declares that, except where otherwise clearly indicated, these products are of KR preferential origin.

---

180 한EU FTA, 한EFTA FTA, 한터키 FTA에서는 인보이스와 같은 상업서류에 원산지신고서문안을 기재하여 원산지신고서(원산지증명서)를 발행합니다. 만약 인보이스에 원산지신고서문안을 기재하였다면 해당 서류는 인보이스로서의 역할과 원산지신고서로서의 역할을 함께 한다 할 수 있겠습니다..

앞에서 해당 건의 결제조건이 L/C 조건이고 L/C 46A 조항에서 인보이스를 요구할 때 Signed Commercial Invoice를 요구하지 않는 이상, 상업송장 즉 인보이스 자체에는 서명 혹은 회사 명판 날인이 특별히 필요하지 않다고 설명했습니다. 따라서 상기 제시한 인보이스에는 서명 혹은 회사 명판 날인이 생략되었습니다.

그리고 상기 인보이스는 인보이스로서 역할도 하지만 원산지신고서문안이 기재되어 있기 때문에 한·EU FTA 원산지신고서(원산지증명서)로서의 역할도 합니다. 그런데 원산지신고서문안에 서명이 필요한데 인증수출자에 의해서 원산지신고서문안이 기재되었기 때문에 원산지신고서문안에 대한 서명 역시 생략되었습니다.

만약 인증수출자 스스로 판단하기를, 원산지신고서문안 자체에는 서명하지 않고 인보이스에 대한 서명을 한다는 의도로 아래와 같이 서명했다 가정해봅니다. 비록 인증수출자는 그러한 의도였으나 사후에 원산지 검증 때 세관은 그 서명이 원산지신고서문안에 대한 서명으로 판단할 수 있고 그렇다면 서명권자의 수기 서명이 들어가야 하는데 서명권자의 서명이 아니거나 수기 사인이 아니라면 문제가 될 수도 있을 것입니다.

따라서 인증수출자로서 원산지신고서문안을 인보이스와 같은 상업서류에 기재함에 있어 혼란을 줄 수 있는 요인은 가급적 하지 않는 주의가 필요하겠습니다[181].

Box No.	Description	Quantity	U'Price / pc	Value/USD	Remarks
001~050	Baby Carrier	50 CTNs (6 pcs/CTN)	EUR 39.00	EUR 11,700.00	KR
051~057	WARMER Type 1	7 CTNs (20 pcs/CTN)	EUR 29.00	EUR 4,060.00	KR
058~065	WARMER Type 2	8 CTNs (20 pcs/CTN)	EUR 28.00	EUR 4,480.00	KR

Total Amount EUR 20,240.00

EDUTRADEHUB

Preferential Declaration of Origin

The exporter of the products covered by this document (010-13-000000) declares that, except where otherwise clearly indicated, these products are of KR preferential origin.

---

[181] 물론 수입지에서 수입자가 FTA 협정세율 사후적용 받기 위해서 수출자에게 FTA C/O 원본을 제출 요구하는 경우에는 원본이라는 사실을 나타내기 위해서 수기로 사인을 따로 해야 할 수도 있을 것입니다. 관련 하여서는 162쪽을 참고해주세요.

B. 원산지 물품과 비원산지 물품이 혼재되는 경우

원산지 물품과 비원산지 물품이 혼재되는 경우, 해당 건의 원산지신고서를 작성할 때, 비원산지 물품이 달리 명확하게 표시되어 원산지 물품과 비원산지 물품을 확인할 수 있으면 협정관세 적용 가능하다고 할 수 있습니다[182].

흔히 한·EU FTA 원산지신고서는 인보이스에 원산지신고서문안을 기재하여 사용하는데, 인보이스에 기재되는 Baby Carrier라는 물품은 한·EU FTA 원산지결정기준을 충족하고 있는 원산지 물품이나 기타의 다른 물품은 비원산지 물품이라면 해당 선적 건에 대해서는 원산지신고서문안을 기재하는 원산지 물품에 대한 인보이스(Invoice No. : IV-13029A)와 원산지 물품이 아니므로 원산지신고서 문안을 기재할 수 없는 비원산지 물품에 대한 인보이스(Invoice No. : IV-13029B)를 각각 발행하는 것이 가장 명확하다 할 수 있습니다.

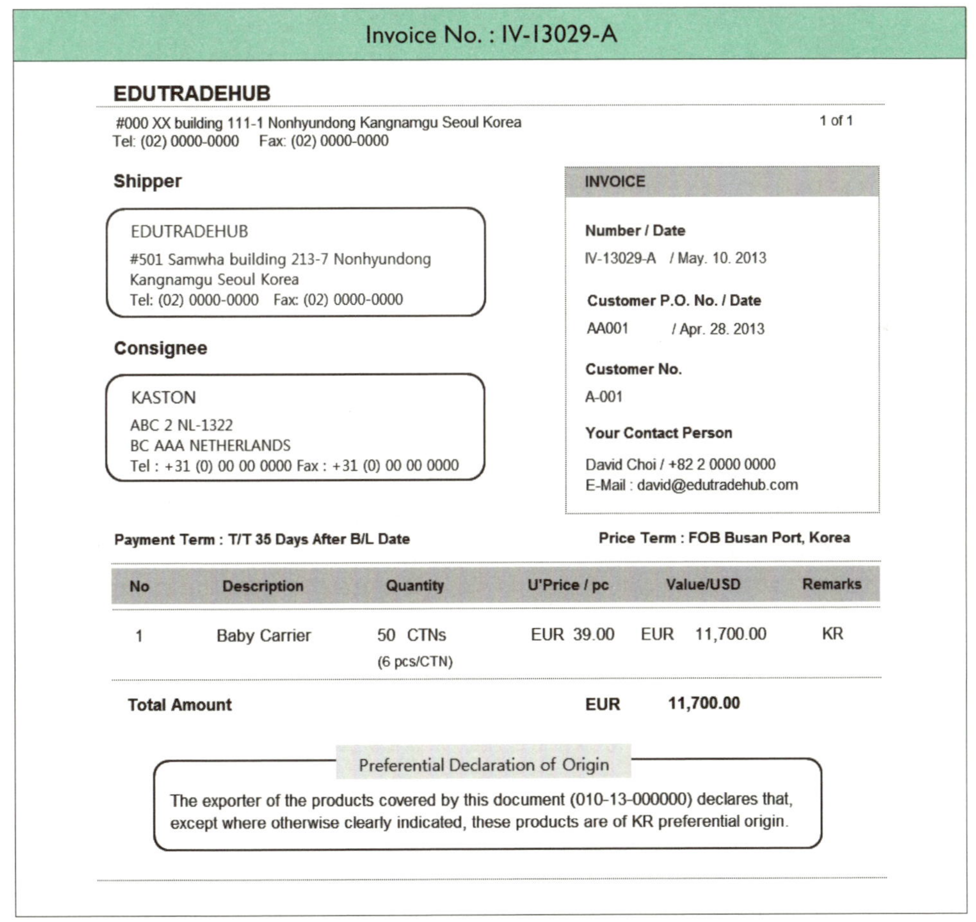

Invoice No. : IV-13029-A

EDUTRADEHUB

#000 XX building 111-1 Nonhyundong Kangnamgu Seoul Korea
Tel: (02) 0000-0000   Fax: (02) 0000-0000

1 of 1

Shipper

EDUTRADEHUB
#501 Samwha building 213-7 Nonhyundong Kangnamgu Seoul Korea
Tel: (02) 0000-0000   Fax: (02) 0000-0000

Consignee

KASTON
ABC 2 NL-1322
BC AAA NETHERLANDS
Tel : +31 (0) 00 00 0000 Fax : +31 (0) 00 00 0000

INVOICE

Number / Date
IV-13029-A   / May. 10. 2013

Customer P.O. No. / Date
AA001   / Apr. 28. 2013

Customer No.
A-001

Your Contact Person
David Choi / +82 2 0000 0000
E-Mail : david@edutradehub.com

Payment Term : T/T 35 Days After B/L Date

Price Term : FOB Busan Port, Korea

No	Description	Quantity	U'Price / pc	Value/USD	Remarks
1	Baby Carrier	50 CTNs (6 pcs/CTN)	EUR 39.00	EUR 11,700.00	KR
Total Amount				**EUR 11,700.00**	

Preferential Declaration of Origin

The exporter of the products covered by this document (010-13-000000) declares that, except where otherwise clearly indicated, these products are of KR preferential origin.

---

182 「한·EU FTA 집행에 관한 지침」 '2.5. 원산지신고서 작성 관련 사항' 참고

Invoice No. : IV-13029-B

EDUTRADEHUB

#000 XX building 111-1 Nonhyundong Kangnamgu Seoul Korea　　　　1 of 1
Tel: (02) 0000-0000　　Fax: (02) 0000-0000

Shipper

> EDUTRADEHUB
> #501 Samwha building 213-7 Nonhyundong
> Kangnamgu Seoul Korea
> Tel: (02) 0000-0000　Fax: (02) 0000-0000

Consignee

> KASTON
> ABC 2 NL-1322
> BC AAA NETHERLANDS
> Tel : +31 (0) 00 00 0000 Fax : +31 (0) 00 00 0000

INVOICE

Number / Date
IV-13029-B　/ May. 10. 2013

Customer P.O. No. / Date
AA001　　　/ Apr. 28. 2013

Customer No.
A-001

Your Contact Person
David Choi / +82 2 0000 0000
E-Mail : david@edutradehub.com

Payment Term : T/T 35 Days After B/L Date　　　　**Price Term : FOB Busan Port, Korea**

No	Description	Quantity	U'Price / pc	Value/USD	Remarks
1	Baby Gloves	6　CTNs (50 pcs/CTN)	EUR 13.50	EUR　4,050.00	-
2	Baby Socks	7　CTNs (80 pcs/CTN)	EUR　5.80	EUR　3,248.00	-
Total Amount				**EUR　　7,298.00**	

한·EU FTA에서는 원산지 물품에 대한 원산지증명서로서 인보이스와 같은 상업 서류에 원산지
신고서문안을 기재하여 해당 물품이 원산지 물품이라는 사실을 나타냅니다. 한·아세안 FTA
등과 같이 기관발급 되는 원산지증명서를 보더라도 원산지결정기준을 충족하는 원산지 물품
에 대해서만 원산지증명서상에 나타납니다. 즉, 하나의 선적 건으로서 A, B 물품을 수출하더라
도 A라는 원산지 물품에 대해서만 원산지증명서에 기재합니다.

그러한 의미에서 원산지신고서문안을 인보이스와 같은 상업서류에 기재하여 원산지증명서로
대신하는 한·EU FTA 원산지신고서 역시 해당 서류에 기재되는 물품은 원산지 물품만 기재되
는 것이 적절하다 판단합니다.

2. 한·EFTA FTA 원산지신고서

1) 한·EU FTA와의 차이점

□ 인증수출자가 아니어도 거래 금액 상관없이 발행 가능

한·EU FTA에서는 인보이스 건당 6,000유로라는 기준을 정하여 그 금액을 초과하는 건에 대해서는 인증수출자만이 원산지신고서문안을 상업서류에 기재할 수 있고 그 이하 건이면 인증수출자가 아니어도 기재하여[183] 수입지에서 수입자가 협정세율 적용받을 수 있게 하고 있습니다.

반면에 한·EFTA FTA에서는 그러한 기준 금액이 존재하지 않습니다. 수출자로서 수출물품이 한·EFTA FTA에서 규정하는 원산지결정기준을 충족하면 인증수출자 여부와 관계없이 원산지신고서문안을 인보이스에 기재하여 원산지신고서 발행이 가능합니다[184]. 다시 말해서, 한·EFTA FTA에서는 인증수출자 여부와 관계없이 누구나 한·EFTA FTA 원산지결정기준을 충족하면 원산지신고서를 수출자가 자율적으로 발급할 수 있다는 것입니다(단, 스위스 치즈는 기관발급).

그렇다고 해서 인증수출자 제도 자체가 존재하지 않는 한·미, 한·터키 FTA처럼 한·EFTA FTA에서 인증수출자 제도가 존재하지 않는 것은 아닙니다(한·EFTA FTA는 인증수출자 제도 존재함).

---

[183] 물론 원산지신고서문안의 인증수출자 번호 기재 부분은 공란으로 비워둘 것.

[184] 인증수출자면 원산지신고서문안에 인증수출자 번호 기재하고 아니면 공란으로 비워 둘 것.

2) 원산지신고서문안 작성 요령

원산지신고서문안

The exporter of the products covered by this document(customs authorisation
No.......... ①) declares that, except where otherwise cleary indicated, these products
are of .... ②) preferential origin

(Place and date) ···③

(장소 및 신고일자)

(Signature of the exporter) ···④

(수출자의 성명 및 서명)

(Remarks) ···⑤

(특기사항)

▲ 통상 수출자가 발행하는 인보이스의 공란에 기재합니다.

▲ 원산지신고서문안이 수기로 작성되는 경우, 잉크를 사용하여 대문자로 작성해야 합니다.

① 인증수출자 번호(customs authorization No.)

인증수출자인 경우 인증번호를 적습니다. 인증수출자가 아닌 경우에는 빈칸으로 두거나 생략할 수 있습니다.

② 원산지

해당 물품의 원산지국가는 해당 국가의 국명 또는 다음과 같이 ISO 알파 2단위 부호를 적습니다.

- 대한민국 : 228KR   - 아이슬란드 : IS
- 노르웨이 : NO   - 스위스(리히텐슈타인을 포함한다.) : CH

③ 장소 및 신고일자

원산지신고서를 작성한 장소 및 신고일자를 기재합니다. 다만, 장소 및 신고일자가 상업송장 등 원산지신고서문안이 기재되는 서류에 포함되어 있는 경우에는 생략할 수 있습니다.

④ 수출자의 성명 및 서명

인증수출자가 아닌 경우 수출자의 성명을 정확하게 기재하고, '수기로 서명'을 하여야 합니다. 인증수출자의 경우에는 성명 및 서명을 따로 기재하지 아니하여도 됩니다.

3. 한·터키 FTA 원산지신고서

1) 한·EU, 한·EFTA FTA와의 비교

A. 인증수출자 제도가 존재하지 않는 FTA 그리고 서명

한·미 FTA처럼 한·터키 FTA에서는 인증수출자 제도가 존재하지 않기 때문에 한·터키 FTA 원산지신고서문안에는 인증수출자 번호 기재란이 없습니다. 역시 해당 협정에서는 인증수출자 제도가 없기 때문에 업체별 혹은 품목별 인증수출자로서 인정받을 수도 없겠습니다.

그리고 한·터키 FTA에서 원산지신고서문안의 수출자명을 기재하고 '서명은 반드시 수기'로 기재하여야 합니다(한·EU, 한·EFTA FTA에서는 인증수출자가 아닌 경우에만 서명을 수기로 하고 인증수출자인 경우 수출자명, 서명 생략 가능).

B. 한·EU & 한·EFTA FTA와의 차이점

a)한·터키 FTA는 한·EU FTA처럼 인보이스 건당 6,000유로 초과 건의 경우에 인증수출자만이 원산지신고서문안을 인보이스와 같은 상업서류에 기재할 수 있다라는 기준이 없습니다. 그리고 b)한·EFTA FTA처럼 인증수출자가 아니어도 금액 단위 상관없이 원산지신고서문안을 인보이

스와 같은 상업서류에 기재 가능합니다[185]. 또한, c)한·터키 FTA에서는 인증수출자 제도가 없기 때문에 원산지신고서문안을 상업서류에 기재하는 모든 수출자는 '수기 서명'해야겠습니다.

2) 원산지신고서문안 작성 요령

원산지신고서문안

The exporter of the products covered by this document declares that, except where otherwise clearly indicated, these products are of ....① preferential origin.

(Place and date) ···②

(Signature of the exporter, in addition the name of the person signing the declaration has to be indicated in clear script) ···③

▲ 통상 수출자가 발행하는 인보이스의 공란이 기재합니다.

▲ 원산지신고서문안이 수기로 작성되는 경우, 잉크를 사용하여 대문자로 작성해야 합니다.

① 원산지

물품의 원산지를 적습니다. 예를 들어, 원산지가 한국이라면 KR 혹은 KOREA로 기재하고 터키라면 TR 혹은 TURKEY로 기재합니다.

② 원산지신고서 작성장소와 작성일자

이들 정보가 원산지신고서문안에 기재되어 있는 경우 생략할 수 있습니다.

③ 수출자의 성명 및 서명

수출자의 성명을 정확하게 적고, 수기로 서명을 합니다.

---

[185] 단, 인증수출자 여부와 상관없이 원산지신고서문안을 인보이스에 기재 가능하지만, 이를 위해서는 기본적으로 수출 물품이 한터키 FTA 원산지결정기준을 충족하고 있음을 입증하는 근거 서류를 확보하고 있어야겠습니다.

4. 한·미 FTA 원산지증명서

1) 한·미 FTA의 특이점

A. 원산지증명서의 발급 주체

수출물품이 FTA 원산지결정기준을 충족하면 자율적으로 원산지신고서문안을 인보이스와 같은 상업서류에 기재하여 원산지증명서로서 활용하는 한·EU, 한·EFTA, 한·터키 FTA에서 원산지증명서의 발행 주체는 바로 수출자입니다.

이때 '수출자'라 함은 FTA 체약상대국에 소재하고 있는 사업자이어야 하며, 제3국의 수출자는 원산지신고서문안을 기재한 원산지증명서(= 원산지신고서)의 작성 권한 및 입증책임(능력)이 없다 할 수 있습니다.

반면에, 한·미 FTA에서 원산지증명서의 발급주체는 수출자, 생산자뿐만 아니라 수입자도 발급 가능합니다. 단, 이를 발급하기 위해서는 거래 물품이 한·미 FTA 원산지결정기준을 충족하고 있음을 입증하는 근거 서류를 확보해야겠습니다.

따라서 수출지에서의 수출자 혹은 생산자가 발급하기에는 무리가 없을 수 있겠지만, 수입자가 직접 한·미 FTA 원산지증명서를 발급하기란 쉽지 않을 거라 판단합니다.

다시 말해서, 한·미 FTA서는 특이하게 수입자도 FTA 원산지증명서를 발급은 할 수 있으나, 수입 물품이 어떻게 원산지결정기준을 충족하고 있는지에 대한 원산지 입증서류를 수입자가 수출국의 수출자 혹은 생산자로부터 전달받기는 실제로 힘들기 때문에 수입자가 한·미 FTA 원산지증명서를 발급하기란 쉽지 않으리라 판단하고 있습니다.

그리고 차후에 있을 원산지 검증은 원산지증명서를 발급한 자가 책임지고 원산지결정기준 충족했다는 사실을 입증해야 하기에 원산지 입증서류 확보가 어려운 수입자가 원산지증명서를 발급한다는 것은 힘들 뿐만 아니라 위험한 행위라 할 수 있습니다.

결론적으로, 한·미 FTA에서 수입자도 FTA C/O 발급은 가능하나, 해당 물품이 어떠한 근거로 한·미 FTA 원산지결정기준을 충족하고 있는지에 대한 원산지 입증서류를 확보하여 입증할 수 없으니 사실상 수입자가 FTA C/O를 발급하기란 어렵다 할 수 있습니다.

B. 수입자가 원산지증명서를 발급하는 경우

수입자가 자율적으로 원산지를 증명하는 경우, 세관은 구두 및 안내문 발송 또는 원산지증명서에 스탬프 날인 등의 방법으로 의무사항(366쪽 참고)이 있음을 안내할 수 있습니다.

수입자가 원산지증명서를 발급한 경우, 상품이 특혜관세대우의 자격이 있음을 증명하기 위하여 필요한 모든 기록과 증명서 발급대장을 5년간 보관하여야 하고 서명권자를 지정 관리하여야 합니다. 이를 위반한 경우 FTA 특례법에 의하여 협정관세 적용배제 등 불이익을 받을 수 있습니다.

C. 인증수출자 제도 존재하지 않음

한·터키 FTA처럼 한·미 FTA에서는 인증수출자 제도가 존재하지 않습니다. 발급주체가 수출물품에 대해서 한·미 FTA에서 규정하는 원산지결정기준을 충족하고 그에 대한 원산지 입증서류만 확보하면 발급 가능합니다.

FTA 원산지증명서가 기관발급 되는 경우는 발급 기관으로의 원산지 입증서류를 제출하고 해당 기관에서 검토하는 절차가 있어 필터링 역할을 하여 원산지결정기준 미충족 되었음에도 발급되는 경우가 없고 발급되더라도 규정된 서식에 맞게 발급될 것입니다.

하지만 이렇게 자율적으로 발급하고 그것도 인증수출자 여부와 상관없이 원산지증명서를 발급하는 경우에는 그 발급 과정에서 필터링 역할을 발급하는 자 스스로 하기 때문에 규정된 서식과 필수 기재 내용의 누락이 발생할 수도 있고, 원산지결정기준을 미충족하였음에도 발급하여 원산지 검증 때 수입지에서 그동안 적용받은 협정관세를 모두 추징당하는 경우도 있을 수 있습니다.

D. 원산지증명서 발급 시기

한·미 FTA에서는 원산지증명서 발급 시기에 대한 제한이 없습니다[186]. 따라서 수출 당사국에서 수출물품의 선적이 완료된 후에 원산지증명서를 발급한 경우도 수입지에서 협정세율 적용받을 수도 있을 것입니다.

---

[186] 「한미 FTA 발효에 따른 운영지침」 참고

선적일	C/O 작성일	비고
2012.01.15.	2012.01.30.	유효

다만, 예를 들어 한국의 수입자가 미국의 수출자로부터 수입하는 물품에 대해서 한국 세관에 협정관세 적용하여 수입신고 할 때, 그 전에 발행된 FTA 원산지증명서를 미국 수출자에게선 전달받아서 수입신고 해야 할 것입니다.

2) 포괄 증명 기간 설정과 주의 사항

A. 원산지 포괄 증명 기간과 인정 범위

원산지증명서는 하나의 B/L 당 하나의 원산지증명서가 개별적으로 발행되어 수입지에서 FTA 관세 혜택을 받습니다(단, 분할 가능[187]). 하지만 한·미 FTA에서는 원산지증명서의 증명일로부터 12개월을 초과하지 아니하는 포괄 증명[188] 기간을 설정하여 그 기간 이내에 동일 물품을 복수 선적(반복적인 선적)할 수 있으며 그 기간 이내에서 최초 발행된 원산지증명서로 복수 선적되는 동일 물품의 원산지를 증명하는 서류로서 사용 가능합니다.

따라서 수출자와 수입자 간에 한·미 FTA 원산지결정기준을 충족하고 있는 동일 물품에 대해서 반복적으로 거래가 이루어지는 경우, 한·미 FTA 원산지증명서 발급자는 증명일로부터 12개월 이내의 포괄 증명 기간을 기재하여 매 선적 건당(B/L 당) 원산지증명서 발행이라는 불편함을 해소할 수 있습니다.

C/O 증명일	포괄 증명 기간	비고
2013.05.03.	2013.05.03. ~ 2013.11.30	포괄증명은 증명일로부터 12개월 범위 내에 선적된 물품에 적용

▲ 'C/O 증명일'이라 함은 C/O 발행한 발행일이 될 것입니다.

상기와 같이 증명일로부터 포괄 증명 기간이 12개월의 범위 내에 있으면 괜찮으나, 포괄 증명

---

[187] 다만 하나의 B/L(AWB)에 대해서 하나의 원산지증명서가 발행되어 해당 B/L의 물량을 분할 통관 진행한다면 원산지증명서 역시 분할 적용 할 수 있을 것입니다.

[188] 예) From(부터) 2013/07/25 To(까지) 2013/07/24

기간이 원산지증명서의 발행일, 즉 증명일 이전으로 기재되는 경우 문제가 될 수 있습니다[189].

B. 원산지 포괄 증명 기간과 적재일(선적일, On Board Date)

C/O 포괄증명기간	: 2013.05.03. ~ 2013.12.31
B/L(AWB) 적재일	: 2013.04.28

포괄 증명 기간이 기재된 한·미 FTA 원산지증명서를 기초로 수입지에서 협정세율 적용하여 수입신고 할 때는 그 포괄 증명 기간 내에 적재된(On Board) 된 물품에 대하여 협정세율 적용 가능하다 할 수 있습니다.

따라서 상기와 같이 한·미 FTA 원산지증명서에 포괄 증명 기간이 기재되어 있고 해당 건의 B/L On Board Date가 포괄 증명 기간 내가 아니라면 협정세율 적용받지 못할 수 있다는 것입니다.

한·미 FTA 원산지증명서	시행규칙 제6호의 9 서식

미합중국과의 협정에 따른 원산지증명서의 서식

<table>
<tr><td colspan="4" align="center">Certificate of Origin
Korea-US Free Trade Agreement</td></tr>
<tr><td rowspan="5">1.Exporter
(수출자)</td><td>Name(성명)</td><td>Harry Trading</td><td rowspan="5">2. Blanket Period
(원산지포괄증명기간)

YYYY MM DD   YYYY MM DD
(년) (월) (일) (년) (월) (일)
From:2013 / 05 / 03 To:2013 / 12 / 31
(부터)   (까지)</td></tr>
<tr><td>Address(주소)</td><td>101 17TH AVENUE, 2ND FLOOR
MIAMI, FLORIDA USA</td></tr>
<tr><td>Telephone(전화)</td><td>855)122-0333</td></tr>
<tr><td>Fax(팩스)</td><td>855)121-0355</td></tr>
<tr><td>E-mail(전자주소)</td><td>gerrit@harry-garment.com</td></tr>
</table>

▲ '2. Blanket Period' 부분에 포괄 증명 기간을 기재하고 있습니다.

▲ 전체 서식 361쪽 참고.

---

189 FTA 포털(http://fta.customs.go.kr) 「한미 FTA 원산지증명서 공지사항 및 처리지침 참고

Exchange Rate	Prepaid at	Payable at **DESTINATION**	Place and Date of Issue **LONG BEACH, USA MAY. 28, 2013**
	Total Prepaid in Local Currency	No. of Original B/L **THREE / 3**	In witness whereof, the undersigned has signed the number of Bill(s) of Lading stated herein, all of this tenor and date, one of which being accomplished, the others to stand void
	Laden on Board the Vessel		
Vessel **ISLET ACE 823W**		DATE **MAY. 28, 2013**	As Carrier **ABC MARITIME CO., LTD.**
Port of Loading **LONG BEACH, USA**		BY	

▲ 선적항(P.O.L. ; Port of Loading)으로서 미국 Long Beach에서 외국으로 나가는 배(Vessel)에 적재한 날짜(On Board Date)로서 'MAY. 28. 2013'이 기재되어 있습니다.

		Shipper certifies that the particulars on the face hereof are correct and that insofar as any part of the consignment contains dangerous goods, such part is properly described by name and is in proper condition for carriage by air according to the applicable Dangerous Goods Regulations
Total Other Charges Due Agent		
Total Other Charges Due Carrier		------------------------------ Signature of Shipper or his Agent
Total Prepaid	Total Collect	28, MAY. 2013 ATLANTA, USA
Currency Conversion Rates	CC Charges in Dest. Currency	Executed on (Date) at (Place) Signature of Issuing Carrier
For Carrier's Use only at Destination	Charges at Destination	Total Collect Charges
		ABC - 123123123

▲ AWB 하단의 내용으로서 B/L Date는 '28. MAY. 2013'으로 기재되어 있습니다. 항공 건으로서 B/L이라는 용어는 적절하지 않으나, 실무에서 B/L Date는 해상 및 항공 구분 없이 수출지 항구/공항에서 외국으로 나가는 배/비행기에 적재한 날짜(On Board Date)로 인식합니다.

그러나 한·미 FTA 원산지증명서에 포괄 증명 기간을 정하지 않은 경우라면, 해당 원산지증명서의 작성일 이전에 물품이 선적되어도 수입지에서 협정세율 적용받을 수 있을 것입니다.

C. 포괄증명기간과 수입체약국 입항일 및 수입신고일

한·미 FTA 원산지증명서에서 포괄증명기간을 설정한 경우, 그 포괄증명기간 내에 수출체약국에서 적재(On Board)되면 해당 물품이 포괄 기간 이후에 수입체약국에 도착하든 혹은 포괄증명기간 이내에 수입체약국에 도착했지만, 어떠한 이유로 수입신고를 포괄증명기간 이후에 하였더라도 협정세율 적용받을 수 있을 것입니다. 물론, 그 배경에는 해당 포괄증명기간이 기재된 한·미 FTA 원산지증명서의 유효기간(발급일로부터 4년) 이내여야겠습니다.

다시 말해서, 포괄증명기간 이내에 수출체약국에서 적재되었다면, 해당 물품이 수입체약국에 포괄증명기간이 넘어서 도착하던 수입신고를 포괄증명기간 넘어서 하던 수입자는 해당 포괄원산지증명서로 협정세율 적용받을 수 있다는 것입니다.

	C/O 증명일	포괄증명기간	적재일[190] (E.T.D.)	입항일 (E.T.A.)	수입신고일	협정세율 적 용
〈경우1〉	2013.01.09.	2013.01.09. ~ 2013.12.31.	2013.12.10.	2013.12.25.	2014.01.03.	가 능
〈경우2〉	2013.01.09.	2013.01.09. ~ 2013.12.31.	2013.12.30.	2014.01.14.	2014.01.15.	가 능

상기 예는 C/O 증명일 이전에 포괄증명기간을 설정하지 않았으며, 포괄증명 이전에 On Board 하지도 않았습니다. 그리고 동일한 수출자가 동일한 수입자에게 동일한 물품을 반복적으로 수출함에 따라 포괄증명기간을 설정하고, 하나의 원산지증명서로 수입자로 하여금 반복적으로 사용하여 협정세율 적용받을 수 있도록 하고 있을 것입니다.

□ (관세청 지침) 미국과의 자유무역협정에 따른 원산지포괄증명물품의 협정관세 적용지침

출처 : 관세청 Yes FTA(http://www.customs.go.kr) 공지사항
공지일자 : 2014/08/21

〈미국과의 자유무역협정에 따른 원산지포괄증명물품의 협정관세 적용지침〉

① 원산지포괄증명서 포괄증명기간의 시작일은 원산지포괄증명서의 발급일자와 다를 수 있으므로 포괄증명기간의 시작일 이후에 소급 발급되거나 포괄증명기간의 시작일보다 먼저 발급된 원산지포괄증명서는 인정되며 해당 수입물품은 협정관세 적용 대상

(예시)

구 분	원산지포괄 증명기간	증명일자	협정관세 적용여부
(사례1)소급발급되는 경우	2014.1.1 ~ 2014.12.31	2014.4.1 또는 2015.2.1	적용
(사례2)먼저 발급되는 경우	2014.1.1 ~ 2014.12.31	2013.12.1일	적용

---

190 적재일은 외국으로 나가는 배 혹은 비행기에 물품을 On Board 하는 On Board Date로서 해상/항공 구분 없이 B/L Date로 표현합니다. 그리고 그날은 다른 표현으로 출발예정시간(Estimated Time of Departure; E.T.D.)로 표현할 수 있을 것입니다.

② 원산지포괄증명은 동일상품을 복수 선적할 때 적용하는 것이므로 원산지포괄증명기간에 협정 체약상대방인 수출국(미국)에서 선적된 물품에 적용

- 포괄증명기간에 선적된 물품이 아닌 경우 보정을 요구하여 처리하되, 증빙이 되지 않는 경우 협정관세 적용 배제

* 포괄증명기간에 선적되지 않은 물품에 대하여는 「자유무역협정의 이행을 위한 관세법의 특례에 관한 법률」 시행규칙 제16조제5항에 따라 원산지증명서의 보정을 요구하여 처리

(예시)

구 분	원산지포괄 증명기간	선적일자	증명일자	협정관세 적용여부
(사례1) 포괄증명기간에 선적된 경우	2014.1.1 ~ 2014.12.31	2014.12.15	2015.1.15	적용
(사례2) 포괄증명기간에 선적되지 않은 경우	2014.1.1 ~ 2014.12.31	2013.12.15	2014.1.15	적용배제

③ '한-미 FTA 원산지포괄증명 협정관세 적용 지침(청 자유무역협정집행기획담당관-1228('12.6.19)호'에 따라 원산지 검증의뢰된 건에 대한 처리방법

- (원칙) 검증대상에서 제외
- (예외) 원산지위반 가능성이 있는 물품에 한하여 검증실시

※ 이 지침은 2014.9.22(월)부터 협정관세 적용을 신청하는 물품부터 적용하며 이 지침 시행에 따라 '한-미 FTA 원산지포괄증명 협정관세 적용 지침(청 자유무역협정 집행기획 담당관-1228('12.6.19)호'은 폐지함. 끝.

D. 포괄증명 원산지증명서의 'Quantity & Unit' 기재 문제

동일한 수출자가 동일한 수입자에게 공급하는 동일한 물품에 대해서 선적할 때마다 한·미 FTA 원산지증명서를 발급하기에는 불편함이 있어 포괄증명기간을 설정하였습니다. 포괄증명기간 이내에 동일한 수출자가 동일한 수입자에게 동일한 물품을 공급하는 것은 당연하지만, 선적할 때마다 동일한 수량을 선적할 수는 없을 것입니다. 그래서 포괄증명기간을 설정한 한·미 FTA 원산지증명서에서는 'Quantity & Unit', 즉 '수량 및 단위' 부분은 기재하지 않아도 문제가 되지 않을 것입니다.

참고로 한·미 FTA 원산지증명서에 필수적으로 기재해야 하는 8가지 사항에 '수량 및 단위'는 포함되어 있지 않습니다.

<table>
<tr><td colspan="2" rowspan="2" align="center">Certificate of Origin
Korea-US Free Trade Agreement</td></tr>
<tr></tr>
<tr>
<td rowspan="6">1.Exporter
(수출자)</td>
<td>Name(성명)</td>
<td></td>
<td colspan="2" rowspan="3">2. Blanket Period
(원산지포괄증명기간)

YYYY　MM　DD　　YYYY　MM　DD
(년)　(월)　(일)　　(년)　(월)　(일)
From: __ __ __ __/__ __/__ __　　To: __ __ __ __/__ __/__ __
(부터)　　　　　　　　(까지)</td>
</tr>
<tr><td>Address(주소)</td><td></td></tr>
<tr><td>Telephone(전화)</td><td></td></tr>
<tr><td>Fax(팩스)</td><td></td><td colspan="2"></td></tr>
<tr><td rowspan="2">E-mail(전자주소)</td><td rowspan="2"></td><td colspan="2"></td></tr>
<tr><td colspan="2"></td></tr>
<tr>
<td rowspan="6">3 . P r o -
ducer
(생산자)</td>
<td>Name(성명)</td>
<td></td>
<td rowspan="6">4.Importer
(수입자)</td>
<td>Name(성명)
Name(성명)</td>
<td></td>
</tr>
<tr><td>Address(주소)</td><td></td><td>Address(주소)</td><td></td></tr>
<tr><td>Telephone(전화)</td><td></td><td>Telephone(전화)</td><td></td></tr>
<tr><td>Fax(팩스)</td><td></td><td rowspan="2">Fax(팩스)</td><td rowspan="2"></td></tr>
<tr><td rowspan="2">E-mail(전자주소)</td><td rowspan="2"></td></tr>
<tr><td>E-mail(전자주소)</td><td></td></tr>
<tr><td colspan="6" align="center">5.원산지증명대상물품내역</td></tr>
<tr>
<td>Serial No.
(연번)</td>
<td>Description of Good(s)
(품명·규격)</td>
<td>Quantity & Unit
(수량 및 단위)</td>
<td>HS No.
(품목번호 HS 6단위)</td>
<td>Preference Crite-
rion1)
(원산지결정기준)</td>
<td>Country of
Origin
(원산지 국가)</td>
</tr>
<tr><td>

</td><td></td><td></td><td></td><td></td><td></td></tr>
<tr><td colspan="6">6. Observations:
　(특이사항)238</td></tr>
</table>

E. 포괄증명기간 미적용 C/O에 인보이스 번호 기재

포괄증명기간을 미적용하면 선적 건당 FTA C/O를 발행해야합니다. 즉, 단일 선적 물품에 대해서 각각 FTA C/O를 발행해야 합니다. 이때 해당 건의 인보이스 번호를 FTA C/O 공란에 기재하는 것이 적절하겠습니다.

3) 원산지증명서 작성 요령

A. 원산지증명서 서식이 정형화되지 않음

한·미 FTA에서 거래 물품에 대한 원산지 확인 서류로서 원산지증명서의 서식은 정형화되지 않았습니다. 그렇지만 협정에서는 원산지증명서에 필수 기재 항목 8가지를 제시하고 있습니다. 우리나라의 경우 이러한 필수 기재 항목을 포함하고 있는 권고서식을 시행규칙 별지에서 제공하고 있습니다.

> ※ FTA 시행규칙 제6호의 9서식 361쪽 참고.
> ※ 한국 측 제공 영문 원산지증명서 권고서식 363쪽 참고.
> ※ 미국 측 제공 영문 원산지증명서 권고서식 365쪽 참고.

한·미 FTA 원산지증명서에 기재해야 하는 필수항목 이외의 정보라도 잘못된 정보가 기재되어 있는 경우와 한·미 FTA가 아닌 다른 종류의 원산지증명서를 사용하는 경우에는 해당 원산지증명서는 한·미 FTA 원산지증명서로서 인정받지 못할 수도 있습니다[191].

B. 원산지증명서 필수항목 설명[192]

> ※ 원산지증명서 필수항목 [협정문 제6.15조 2항]
>
> ① 증명인의 성명(필요한 경우 연락처 또는 그 밖의 신원확인 정보 포함)
> ② 상품의 수입자(아는 경우에 한한다.)
> ③ 상품의 수출자(생산자와 다른 경우에 한한다.)
> ④ 상품의 생산자[193](아는 경우에 한한다.)
> ⑤ 물품의 HS 품목번호 및 품명
> ⑥ 상품이 원산지 상품임을 증명하는 정보
> ⑦ 증명일자
> ⑧ 증명서 유효기간(포괄증명의 경우)

한·미 FTA 원산지증명서에는 협정문에서 정한 필수항목 이외의 정보를 기재하여도 가능합니다. 그리고 송품장(상업송장) 등 상업서류에 기재하거나 별도의 원산지증명서를 작성해도 적용 가능하나, FTA 시행규칙 별지 제6호의 9 서식으로서 권고서식을 사용하는 것이 좋겠습니다.

---

191 FTA 포털(http://fta.customs.go.kr) 「한미 FTA 원산지증명서 공지사항 및 처리지침」 참고

192 한-미 FTA C/O 서명 관련 ; 한국에서 미국으로 수출되어 수입지로서 미국 세관으로부터 한-미 FTA 협정세율을 적용 받는 경우, 해당 C/O에는 한국 수출자/제조사의 서명이 되어 있어야 할 것입니다. 반면에 미국에서 한국으로 수입되는 물품에 대한 C/O에는 서명이 없어도 한국 세관은 문제 삼지 않을 수도 있습니다. 이렇게 미국 세관은 한-미 FTA C/O에 C/O 발행자의 서명을 별도로 요구하고 있으니 참고 하기 바랍니다.

193 수입자가 원산지증명서를 발행하여 수입물품의 원산지를 증명하는 경우, 수입물품의 생산에 관한 사항을 입증할 수 있어야 하므로, '생산자'를 표기해야 합니다(「한미 FTA 원산지증명서 공지사항 및 처리지침」 참고).

① 항 관련	• '성명', '주소','전화번호', 'e-mail 주소' 등을 기재 - '성명' 이외 동 원산지증명서와 관련되어 연락 가능한 정보(예: Email, 전화번호)를 기재
②~④ 항 관련	• '수출자'는 '생산자'와 다른 경우에는 반드시 기재 - '수출자'와 '생산자' 중 하나의 항목은 반드시 기재
⑤ 항 관련	• HS2002 기준에 의한 HS 품목번호 기재 　※ 국내 수출자는 HS2002 기준에 의한 품목번호임을 명시 　　(예시) 9503.10 (HS 2002) 　※ 수입물품은 HS2012 기준으로 작성된 경우에도 적용 가능 • 원산지증명서의 HS 품목번호(HS 6단위)와 수입신고서의 HS 품목번호(HS 6단위)가 다른 경우, 원산지증명서의 물품과 수입신고 물품과의 동일성이 확인되고 수입신고서의 HS 품목번호에 따른 원산지결정기준에 충족한다면 협정관세 적용 가능
⑥ 항 관련	• 상품이 동 FTA에 따른 원산지 상품임을 증명하는 정보를 기재 (예시) "I certify that the goods originate in the territory of one or both Parties and comply with the origin requirements specified for those goods in the Korea-United State of America Free Trade Agreement." (예시) "These Goods are of KOREA Preferential origin in the Korea-Unit ed State of America Free Trade Agreement"
⑦ 항 관련	• 작성자의 서명은 필수항목이 아님
⑧ 항 관련	• '원산지포괄증명'이란 반복되어 선적되는 동일물품에 대하여 원산지증명서 발급(작성)일부터 12개월을 초과하지 아니하는 범위 안에서 최초의 원산지증명서를 반복하여 사용하는 것

C. 원산지결정기준 기재

　원산지결정기준 기재에 있어 완전생산물품은 WO, 불완전생산물품은 CC, CTH, CTSH, BU, BD, MC 등으로 표기됩니다. 그러나 한·미 FTA에서 불완전생산물품은 크게 두 가지로 그 기재 방법을 표현하고 있습니다. 불완전생산물품이긴 하지만 일부 혹은 모든 재료가 원산지결정기준을 불충족한 비원산지 재료 혹은 원산지 미상의 재료로 생산된 물품에 대해서는 PSR이라 표현하며, 모든 재료가 원산지결정기준을 충족한 원산지 재료만으로 생산된 물품에 대해서는 PE로 표현하고 있습니다[194].

---

[194] 70쪽 표에서 'A. 원산지 결정' 부분이 WO, 'B. 원산지 결정'이 PE, 'C. 원산지 결정'이 PSR이 될 것입니다.

<table>
<tr><td colspan="6" align="center">5. 원산지증명대상물품내역</td></tr>
<tr>
<td>Serial No.
(연번)</td>
<td>Description of Good(s)
(품명·규격)</td>
<td>Quantity & Unit
(수량 및 단위)</td>
<td>HS No.
(품목번호 HS 6단위)</td>
<td>Preference Criterion [176]
(원산지결정기준)</td>
<td>Country of Origin
(원산지 국가)</td>
</tr>
<tr><td></td><td></td><td></td><td></td><td></td><td></td></tr>
</table>

그러나 '원산지결정기준'은 한·미 FTA 원산지증명서에 필수적으로 기재되어야 하는 항목이 아닙니다. 따라서 기재하지 않아도 문제는 없을 것입니다.

물론 발급자가 원산지결정기준을 기재 원하는 경우, PSR이 아니라 물품의 HS 6단위에 대한 원산지결정기준에 따라서 CC, CTH, CTSH, BU, BD 등의 표현을 기재하여도 될 것입니다.

D. 수출물품 2개 이상 & 생산자 역시 2개 업체 이상인 경우

수출자가 물품을 수출함에 있어 2개 이상의 생산자(제조사)로부터 물품을 각각 구매하고, 해당 물품을 하나의 건으로 함께 배/항공기에 적재하여 수입지의 특정 업체 1 곳으로 발송하는 경우가 많습니다. 즉, 수출자(Kaston)는 국내 생산자로서 (주)태산에게 에어백을 공급 받으며, (주)진성에게 점화플러그를 공급 받습니다. 물론 두 물품은 한·미 FTA 원산지결정기준을 충족하고 있는 상태입니다. 이러한 경우, 한·미 FTA C/O 발급 방법에 대해서 알아보겠습니다.

  * 2개 이상의 제품을 하나의 선적 건으로 진행하는데 제조사가 각각 다른, 이와 동일한 경우로서 자율발급이 아니라 기관발급 되는 한·아세안 FTA C/O의 발행 방법은 251쪽을 참고해주세요.

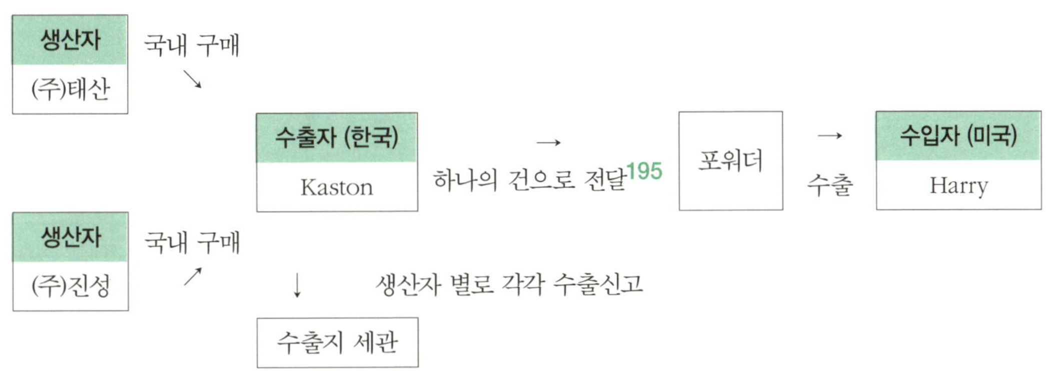

---

[195] Originating goods in accordance with Article 6.1(a) of the Agreement(미합중국과의 협정 제6.1조 가호에 따른 원산지물품): WO

Originating goods in accordance with Article 6.1(b) of the Agreement(미합중국과의 협정 제6.1조 나호에 따른 원산지물품): PSR

Originating goods in accordance with Article 6.1(c) of the Agreement(미합중국과의 협정 제6.1조 다호에 따른 원산지물품): PE

수출신고 후 외국으로 나가는 배/비행기에 적재하면(수출이행 완료) 해당 건에 대해서 관세 환급 신청을 할 수 있습니다. 그런데 국내에서 제조한 물품으로서 수출이행 완료된 물품에 대한 관세 환급은 수출자가 받는 것이 아니라 제조사(생산자)가 받습니다. 그래서 수출자는 제조사가 다른 2개 이상의 물품을 하나의 선적 건으로(운송서류 한 건으로 발행) 수출하는 경우, 제조사가 수출 이행 후에 관세 환급 받을 수 있도록 제조사별로 수출신고 진행합니다.

예를 들어 (주)태산이 제조한 에어벡에 대해서 수출자로서 Kaston이 수출신고 함에 있어 제조사를 (주)태산으로 하여 수리 받으며, (주)진성이 제조한 점화플러그에 대해서 수출자 Kaston은 수출신고 함에 있어 제조사를 (주)진성으로 하여 수리 받습니다. 그러면 각각 수출신고필증이 발행됩니다. 그러나 포워더에게 Shipment Booking은 함께 선적 되도록 진행하였으니 운송서류(B/L 혹은 화물운송장)는 하나의 건으로 발행되며, 수출자 Kaston이 발행하는 인보이스, 패킹 리스트에는 에어벡과 점화플러그가 함께 기재될 것입니다.

□ 한·미 FTA C/O 발행 방법

이러한 경우, 한국 수출자(kaston)는 미국 수입자(Harry)에게 전달하는 한·미 FTA C/O 작성할 때 생산자가 하나 업체가 아니기 때문에 한·미 FTA C/O 권고서식의 '3. Producer(생산자)'부분에 두 개 업체 모두를 기재하기 힘들 것입니다.

그렇다면 아래와 같이 '3. Producer(생산자)' 부분에 "Various"라고 기재하고 '5. 원산지증명대상물품내역'에 뒷면 참고(refer to the back)라는 문구를 기재합니다.

3.Producer (생산자)	Name (성명)	"Various"		4.Importer (수입자)	Name (성명)	Harry
	Address(주소)				Address(주소)	101 17TH AVENUE, 2ND FLOOR MIAMI, FLORIDA USA
	Telephone (전화)				Telephone (전화)	855)122-0333
	Fax (팩스)				Fax (팩스)	855)121-0355
	E-mail (전자주소)				E-mail (전자주소)	gerrit@harry-trading.com

5.원산지증명대상물품내역					
Serial No. (연번)	Description of Good(s) (품명·규격)	Quantity & Unit (수량 및 단위)	HS No. (품목번호 HS 6단위)	Preference Criterion1) (원산지결정기준)	Country of Origin (원산지 국가)
	"refer to the back"				

---

[196] 운송서류(B/L, AWB) 한 건으로 발행 됨.

그리고 다음과 같이 원산지증명서 뒷장에 각 생산자 별로 물품 내역을 각각 기재하면 각 생산자가 어떠한 물품을 생산하였는지 정확히 구분될 것입니다.

Producer (생산자)	Name (성명)	Tae-san Co., Ltd.			
	Address(주소)	123 Shin-wha B/D K-dong A City South Korea.			
	Telephone (전화)	82.32.0000.0000			
	Fax (팩스)	82.32.0000.0000			
	E-mail (전자주소)	manager@tae-san.com			
5.원산지증명대상물품내역					
Serial No. (연번)	Description of Good(s) (품명·규격)	Quantity & Unit (수량 및 단위)	HS No. (품목번호 HS 6단위)	Preference Criterion1) (원산지결정기준)	Country of Origin (원산지 국가)
1	Airbag	100 EA	8708.95	CTSH	KR

Producer (생산자)	Name (성명)	jin-sung Co., Ltd.			
	Address(주소)	222 abc B/D K-dong B City South Korea.			
	Telephone (전화)	82.54.0000.0000			
	Fax (팩스)	82.54.0000.0000			
	E-mail (전자주소)	manager@jin-sung.com			
5.원산지증명대상물품내역					
Serial No. (연번)	Description of Good(s) (품명·규격)	Quantity & Unit (수량 및 단위)	HS No. (품목번호 HS 6단위)	Preference Criterion1) (원산지결정기준)	Country of Origin (원산지 국가)
1	Sparking plugs	100 EA	8511.10	CTSH	KR

> **〈참고〉** 한-미 FTA 원산지증명서의 사인과 원본
>
> 한·미 FTA C/O의 필수항목(239쪽) 중에 증명인의 성명과 증명일자는 요구하고 있지만, 증명인의 서명(Signature)은 요구하고 있지 않습니다. 그러나 일반적으로 서류에 대한 내용을 증명하기 위해서 서명을 하는 것과 같이 한·미 FTA C/O의 필수항목에는 없지만 한·미 FTA C/O의 발행인으로서 증명인은 서명을 하는 것이 보다 적절할 것이라 판단합니다.
> 그리고 일반적으로 FTA 협정세율 사후 적용 신청 할 때 FTA C/O 원본 제출을 요구합니다. 통상 원본 서류에는 사인이 있기 마련입니다. 그러나 한·미 FTA에서는 「대한민국과 미합중국간의 자유무역협정」 발효에 따른 운영지침(2013.3.9)'에 보면 '수입신고 수리 후 '협정관세적용신청시 원산지증명서 사본 인정'으로 되어 있으니 실무자는 참고 하기 바랍니다.

II. 기관발급 FTA 원산지증명서

1. 한·아세안 FTA 원산지증명서

1) Back-to-Back 원산지증명서의 필요성과 실효성에 대한 의문

한·아세안 FTA에서만 존재하는 Back-to-Back 원산지증명서(연결원산지증명서)가 발급되는 상황과 한·아세안 FTA 협정 '부록1 제7조 2항'에서는 Back-to-Back 원산지증명서에 대해서 규정하고 있지만, 해당 원산지증명서를 바탕으로 최종 수입국에서 협정세율 적용받을 수 있는지 여부에 대해서 설명하겠습니다.

A. Back-to-Back C/O 의미, 발급 조건과 상황

베트남 회사 DEVRO는 태국산 물품을 베트남으로 수입하여 자신의 물류창고에 보관하고 한국 회사 KASTON으로부터 발주가 들어오면 수입한 원상태로 재수출 진행합니다. 즉, DEVRO는 수입한 태국산 물품에 대해서 어떠한 추가적인 가공을 거치지 않고 수입한 원상태 그대로 한국으로 재수출하는 것입니다[197].

DEVRO는 태국산 물품을 수입 신고하기 전에 태국 수출자로부터 한·아세안 FTA C/O를 전달받았으며, 해당 C/O 원본을 근거로 DEVRO는 재수출할 때 발급기관으로부터 Back-to-Back C/O를 발급받습니다. 그리고 KASTON에게 전달하여 KASTON이 수입지에서 협정세율 적용받을 수 있도록 합니다.

---

[197] 일반적으로 FTA에서는 수출체약국에서 원산지 물품으로 인정받은 물품에 대해서 수입체약국으로의 직접운송을 기본원칙으로 요구합니다. 이는 제3국에서 발생할 수 있는 추가적인 가공을 막기 위해서입니다. 추가적인 가공이 발생하면 해당 물품의 원산지는 변경될 수 있으며, 상대 체약국을 원산지로 하는 물품에 대해서만 FTA 협정세율을 적용 시켜주는 수입체약국은 이러한 물품에 대해서 협정세율 적용을 거부할 수 있습니다.

□ **아세안회원국과의 자유무역협정에 따른 원산지증명 운영절차 개정사항 안내**

출처 : 관세청 Yes FTA(http://www.customs.go.kr) 공지사항
공지일자 : 13/12/18

- 제8차 한-아세안 포괄적 경제협력협정 이행위원회('13.6.27)에서 채택되어 2014.1.1자에 개정키로 결정된 "한-아세안 포괄적 경제협력협정상품무역협정 원산지 증명 운영절차(OCP) 가 개정되어 공포"되었기에 아래와 같이 알려드립니다.

- 아   래 -

(1) 원산지증명서 서식 일부개정
　ㅇ 'FOB 금액'란은 역내가치포함비율 기준이 적용되는 때에만 작성. 다만, 캄보디아 또는 미얀마로 또는 동 국가에서 발급되는 원산지증명서는 개정일로부터 2년의 과도기간 동안에는 원산지기준에 관계없이 FOB가치를 작성해야 함
　ㅇ 다수 품목을 기재할 수 있도록 원산지증명서 을지(乙紙)를 신설

(2) 원산지증명서의 유효기간이 현행 발급일로부터 6개월에서 발급일로부터 12개월로 개정

(3) 원산지증명서의 오류수정을 위한 원산지증명서 재발급을 허용

(4) 수출 당시 원산지증명서를 발급하는 시기를 수출물품 선적 전, 선적 시 또는 선적 직후(선적일로부터 3근무일 이내)에 발급되는 것으로 개정

▲ 매매계약서 혹은 L/C에서 한-아세안 FTA C/O 2부 발행요청하더라도 원본은 1부만 발행 가능.

　; 원본 복수발행 전면 금지(2014년 4월부터)

▲ 제조사 미기재

□ 한-아세안 FTA 원산지 증명서 신청 및 인쇄 시 주의사항

출처 : 무역인증서비스센터(http://cert.korcham.net) 공지사항
공지일자 : 2015/08/12

최근 한-아세안 FTA 이행 과정에서 체약 상대국으로부터 원산지증명서의 형식적 오류사항에 대하여 협정관세 배제 통보 및 검증요청을 해오는 사례가 급증하고 있습니다.

신청자께서는 협정관세 적용배제 통보 및 검증 요청을 받지 않도록 신청 및 인쇄 시 다음 사항을 반드시 준수하여 주시기 바랍니다.

〈신청 시 주의사항〉

1. 신청화면의 6번 항목(description of goods) 작성 시
   - HS code가 동일한 품목이라도 품명, 규격이 다를 경우에는 Invoice에 기재된 대로 품명, 규격, HS code, 원산지 결정기준, 중량(수량) 정보를 품목별로 각각 기재(미기재 시 관세혜택 배제 및 검증요청 대상에 해당)
2. 신청화면의 7번 항목(Total Quanity) 작성 시
   - 각 품목의 품명, 원산지결정기준, 중량(수량) 정보는 반드시 동일 선상에 오도록 기재
   - 6항(Marks and Number of Pakages)도 필수 기재

〈출력 시 주의사항〉

1. 흑백출력, Overleaf Notes 미인쇄, Overleaf Notes 별지 인쇄의 경우, 원산지증명서 불인정
2. 반드시 칼라 양면 인쇄(뒷면 Overleaf Notes 인쇄)

□ 한-아세안 FTA 2012년도 HS code 사용 관련 공지

출처 : 무역인증서비스센터(http://cert.korcham.net) 공지사항
공지일자 : 2015-06-03

o 안녕하세요. 대한상공회의소 무역인증서비스센터입니다.

FTA특례법 개정으로 인해 한-아세안 FTA에서 사용하는 HS code가 기존의 2007년도 기준에서 2012년도 기준으로 변경되었습니다.

이에 따라 시스템을 수정 중에 있으며, 그 이전에 신청과 관련하여 심사지침을 공지합니다.

1. **기존 시스템 방식 및 수정예정사항:** 기존에는 HS code 10자리를 입력하면 그에 따른 원산지 결정기준이 자동으로 출력되어 사용자가 선택하여 사용할 수 있도록 하였는데, 2007년도 HS code에 없는 HS code를 입력하면 붉은 창이 뜨면서 2007년도 기준 HS code를 입력하라고 나오는 방식이었습니다. 시스템이 수정되면 이러한 붉은 창이 뜨는 경우가 없어질 것이고, 모든 HS code를 수출면장과 동일하게 입력하면 되도록 수정할 예정입니다.

2. **심사지침**
  (1) HS2007 표기의 생략 : 기존에는 출력서식 자동생성버튼을 누르면 자동으로 출력서식 7항에 (HS2007)표기가 나오도록 되어있었으나 6월 8일 월요일부터는 이 기능이 삭제됩니다. 즉, 출력서식 자동생성버튼을 눌러도 (HS2007)표기는 자동으로 나오지 않습니다. 따라서 (HS2007)표기가 없다고 반려되지 않습니다.

  (2) (HS2007) 또는 (HS2012)표기를 원하는 경우
    - (HS2007)표기는 법령 개정으로 더 이상 표기가 불가합니다
    - (HS2012)표기는 원칙적으로 불가하지만 그래도 표기를 원한다면 사유서 또는 발급기관전달사항란에 업체의 요청에 의해 HS2012표기를 한다는 사실을 기재한 후에 신청하시면 추후 별도의 공지가 있기 전까지는 표기가 가능하도록 조치하겠습니다.

  (3) 2007년도 HS code와 2012년도 HS code가 동일한 경우 : 기존대로 신청하시면 됩니다.

  (4) 2007년도 HS code와 2012년도 HS code가 다른 경우 : 시스템 수정 전까지는 기존대로 신청하시되, 출력서식 7번 항목에는(보여지는 부분) 수출면장과 동일하게 2012년도 HS code로 기재되도록 신청하셔야 합니다. 즉, 출력서식 7항의 HS code는 무조건 수출면장과 앞 6자리가 동일하여야 합니다.

상기 사항과 관련하여 문의사항 있으시면 무역인증 콜센터(02-6050-3303)으로 문의주시기 바랍니다.

□ **한—아세안 FTA원산지증명서 소급문구 기재일 기준 변경**

출처 : 무역인증서비스센터(http://cert.korcham.net) 공지사항
공지일자 : 2014-03-06

대한상공회의소입니다. 금번 한-아세안 FTA 원산지증명절차 개정으로 인해, 소급문구 기재일이 아래와 같이 변동되어 공지드립니다.

- 아　래 -

1. **기존**: 선적일을 포함하여 3일째 되는 날의 다음날부터 소급문구 기재되어 발행(공휴일 포함3일)
   ex1) 1일(월) 선적→4일(목)부터 소급문구 기재
   ex2) 5일(금) 선적→8일(월)부터 소급문구 기재

2. **변경**: 선적일을 포함하여 3영업일이 되는 다음날부터 소급문구 기재되어 발행(공휴일제외)
   ex1) 1일(월) 선적→4일(목)부터 소급문구 기재
   ex2) 5일(금) 선적→10일(수)부터 소급문구기재
   ex3) 6일(토) 선적→11일(목)부터 소급문구 기재(선적일이 공휴일인 경우 그 다음 최초 영업일부터 날짜 계산)

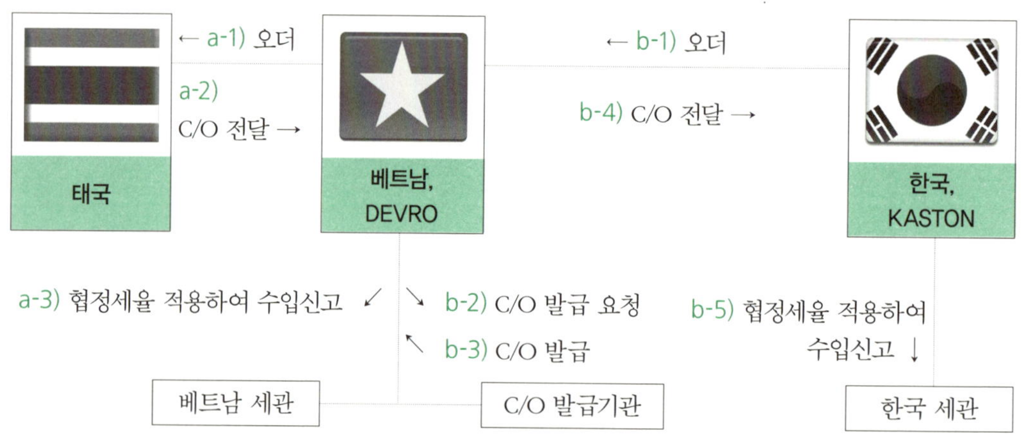

▲ 중간 경유 당사국을 포함하여 최초 한·아세안 FTA C/O 발행국 및 한·아세안 FTA 협정세율 적용 국가 모두 한·아세안 FTA 체약국으로 구성되어 있어야 할 것입니다.

B. 수입지(한국) 세관의 Back-to-Back C/O 인정에 대한 의문

중간 경유 당사국으로서 베트남의 C/O 발급기관은 베트남 DEVRO사로부터 Back-to-Back C/O 발급 요청(b-2)받을 때, a)태국에서 발행된 원산지증명서 원본의 제출을 요구하며, b)해당 건의 물품 수입자와 동일한 회사인지 확인합니다. 뿐만 아니라 c)태국산으로 입증된 물품이 중

간 경유국으로서 베트남에서 추가적인 가공 공정으로 인하여 원산지가 변경되지 않았음을 확인합니다.

이러한 과정으로 발급된 Back-to-Back C/O는 DEVRO에 의해서 최종 수입국으로서 한국의 KASTON 사에게 전달되며 KASTON 사는 한국 세관으로 협정세율 적용하여 수입신고 합니다.

5. Item number	6. Marks and numbers on packages	7. Number and type of packages, description of goods(including quantity where appropriate and HS number of the importing country	8. Origin criterion (see notes overleaf)	9. Gross weight or other quantity, and Value(FOB)	10. Number and date of invoices
11. Declaration by the exporter			**12. Certification**		
13. ☐ Third Country Invoicing　　☐ Exhibition　　☑ Back-to-Back C/O					

▲ 한·아세안 FTA 원산지증명서의 하단 부분입니다.
▲ 연결 원산지 증명서의 경우, '☐ Back-to-Back CO'란에 체크(√) 표시합니다.

이때 한국 세관은 물품이 원산지 국가로서 태국에서 직접 운송되지 않고 베트남에서 선적되어 한국으로 운송된 사실을 운송서류(B/L 혹은 화물운송장)로 확인하였다고 가정합니다. 한국 세관은 중간 경유 당사국 기관에 의해서 발행된 Back-to-Back C/O를 한국 수입자에게 전달 받았지만, 한국 세관 입장에서는 베트남에서 수입 통관 완료하여 재수출된 물품이기 때문에 베트남에서 추가적인 가공을 100% 하지 않았다고 단정할 수 없는 입장일 수 있습니다. 물론, 베트남의 발급기관이 그러한 사실을 확인 후 원산지증명서를 발급하였다 하더라도 협정세율을 적용해주는 한국 세관은 부정적으로 볼 수도 있습니다.

수입 신고받는 세관의 담당자에 따라서 Back-to-Back C/O를 인정하여 협정세율 적용을 해주는 담당자가 있을 수 있고 이를 부정하는 담당자가 있을 수 있습니다. 따라서 실무자는 주의를 기울여야 할 것이며, Back-to-Back C/O를 근거로 협정세율 적용하여 수입 신고하기 전에 수입신고 하는 세관의 담당자의 의견을 들어보는 것도 하나의 방법이 될 수 있을 것입니다.

2) 중개무역에서의 한·아세안 FTA C/O 발행

본 내용은 145쪽을 참고해주세요.

특히 한·아세안 FTA C/O 상의 Consignee에 FTA 수입체약국 수입자가 기재되어야 한다는 점과 '9. Gross weight or other quantity, and Value(FOB)' 및 '10. Number and date of invoices'의 기재 요령에 대해서 확인할 필요가 있겠습니다.

3) 원산지증명서 원본 프린트와 주의 사항

A. 흑백 프린트 시 수입국에서 협정관세 적용 반려 우려

기관발급 되는 한·아세안 FTA 원산지증명서뿐만 아니라 기타의 기관발급 FTA 원산지증명서 역시 흑백으로 프린트되면, 수입국에서 협정관세 적용을 거절하는 경우가 있습니다. 따라서 수출자는 FTA 원산지증명서를 컬러 프린트로 출력할 필요가 충분히 있습니다(원산지증명서는 수출지에서 원본으로 발급되어 수입자에게 전달되어야.).

한국의 수출자가 한·아세안 FTA 원산지증명서를 컬러 프린트 이용해서 출력하면 우측 하단에 발급기관, 예를 들어 상공회의소 인장이 붉은색으로, 그리고 상공회의소 담당자의 서명 및 발급일자가 파란색으로 출력될 것입니다.

11. Declaration by the exporter	**12. Certification**
The undersigned hereby declares that the above details and statements are correct; that all the goods were produced in THE REPUBLIC OF KOREA (Country) and that they comply with the origin requirements specified for these goods in the KOREA-ASEAN Free Trade Area Preferential Tariff for the goods exported to MALAYSIA (Importing Country) SEOUL KOREA 12 AUG 2011 Place and date, signature of authorized signatory Marketing Director Choi Ki-Sung	It is hereby certified, on the basis of control carried out, that the declaration by the exporter is correct. **ISSUED RETROACTIVELY** 25 JUL 2013 Assistant Manager Young-Ju, Kim Place and date, signature and stamp of certifying authority
13. □ Third Country Invoicing　　□ Exhibition　　□ Back-to-Back C/O	

B. 한·아세안 FTA 원산지증명서 출력 형식

한·아세안 FTA 원산지증명서는 앞면과 뒷면(배면, Overleaf Note, 기재요령)으로 구성되어 있으며, 컬러 프린트할 때 하나의 종이에 앞면과 뒷면 모두 다음과 같이 프린트해야겠습니다.

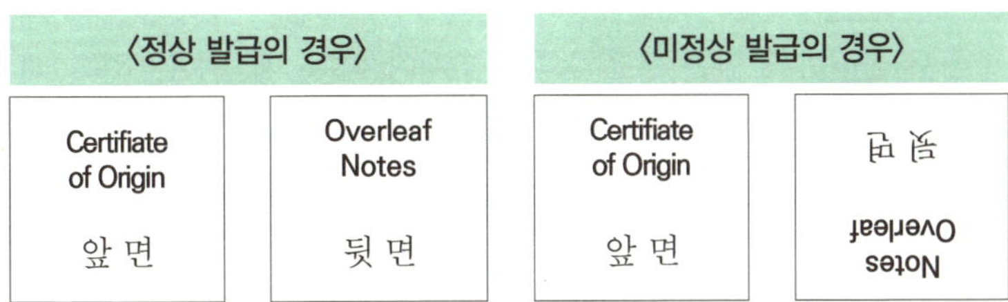

뒷면을 함께 프린트하는 이유는 한·아세안 FTA 상대체약국 중에 일부 국가가 뒷면이 없는 원산지증명서는 유효한 원산지증명서로 보지 않는 경우가 있기 때문입니다.

참고로 한·인도 FTA 원산지증명서는 뒷면(Overleaf Notes)을 인쇄하지 않아도 되지만 가능하면 서류를 완벽히 만드는 것이 적절할 것으로 판단합니다.

4) 수출물품 2개 이상 & 생산자 역시 2개 업체 이상인 경우

* 본 상황에 대한 배경 설명은 본 상황과 동일한 상황 하에서 한·미 FTA C/O를 발행하는 방법을 설명하고 있는 241쪽을 참고해주세요.

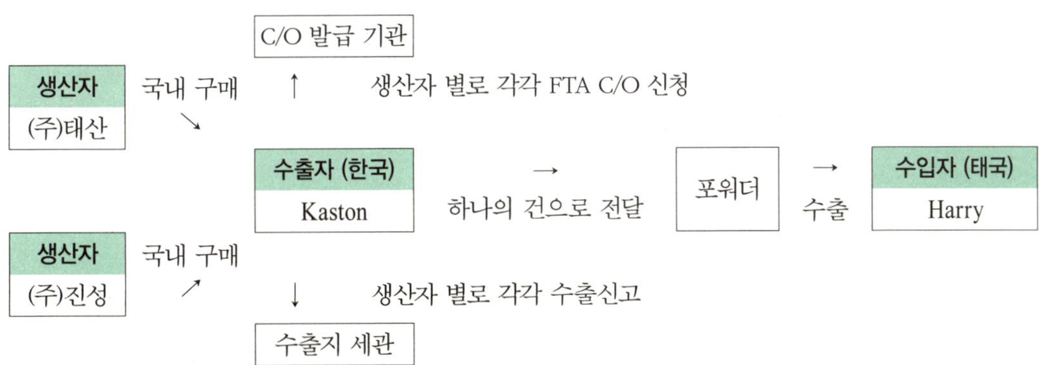

수출자로서 Kaston은 제조사가 상이한 2개 이상의 물품을 하나의 선적 건으로 한·아세안 FTA 체약국으로서 태국으로 수출한다고 가정합니다. 이때 수출자는 수출 이행 후 제조사가 관세 환급을 받을 수 있도록 제조사 별로 수출신고 하고 수리 받습니다. 그러면 각각 수출신고필증이 발행됩니다.

그리고 수출자가 태국으로 하나의 선적 건으로 수출하는 물품 중에 (주)태산과 (주)진성이 생산한 물품이 한·아세안 FTA 원산지결정기준을 충족하고 있는 물품으로서, 세관 혹은 상공회의소 무역인증서비스센터 쪽으로 한·아세안 FTA C/O 기관 발급 신청 할 수 있다고 가정합니다. 그러면 251쪽에서 설명하고 있는 수출자와 제조사가 다를 때, FTA C/O 기관 발급 신청 방법과 같이 각각 FTA C/O 발급 신청합니다.

결론적으로 이와 같은 상황에서 하나의 선적 건으로 진행하면, 하나의 운송서류(B/L 혹은 화물운송장)가 발행되고 수출자 Kaston이 발행하는 인보이스와 패킹리스트 역시 하나이지만, 한·아세안 FTA C/O는 제조사 별로 각각 발행되어야 할 것입니다.

무역인증서비스센터 공지사항[198]

· 제목: 한-아세안 FTA 원산지 증명서 신청 및 인쇄 시 주의사항
· 일자: 2015-08-12
· 내용
최근 한-아세안 FTA 이행 과정에서 체약 상대국으로부터 원산지증명서의 형식적 오류사항에 대하여 협정관세 배제 통보 및 검증요청을 해오는 사례가 급증하고 있습니다.

신청자께서는 협정관세 적용배제 통보 및 검증 요청을 받지 않도록 신청 및 인쇄시 다음 사항을 반드시 준수하여 주시기 바랍니다.

〈신청시 주의사항〉
　1. 신청화면의 6번 항목(description of goods) 작성 시
　- HS code가 동일한 품목이라도 품명, 규격이 다를 경우에는 Invoice에 기재된 대로 품명,규격, HS code, 원산지 결정기준, 중량(수량) 정보를 품목별로 각각 기재(미기재시 관세혜택 배제 및 검증요청 대상에 해당)

　2. 신청화면의 7번 항목(Total Quanity) 작성 시
　- 각 품목의 품명, 원산지결정기준, 중량(수량) 정보는 반드시 동일선상에 오도록 기재
　- 6항(Marks and Number of Pakages)도 필수 기재

〈출력시 주의사항〉
　1. 흑백출력, Overleaf Notes 미인쇄, Overleaf Notes 별지 인쇄의 경우, 원산지증명서 불인정

　2. 반드시 칼라 양면 인쇄(뒷면 Overleaf Notes 인쇄)

---

[198] 출처 : 상공회의소 무역인증서비스센터(http://cert.korcham.net)

제5장

수입통관 절차

※ 본 장에서 설명하고 있는 대부분의 내용은 FTA 특례고시를 기초로 하고 있습니다.

I. 수입자의 원산지증명서 및 운송서류 확인

※ 본 장(제5장)의 모든 내용은 한국이 FTA 수입체약국으로서 외국의 FTA 수출체약국으로부터 물품을 한국 세관으로 수입 신고할 때의 내용이 되겠습니다. 한국이 FTA 수출체약국으로서 외국의 FTA 상대체약국이 수입국이 되어 해당 국가로 수입 신고할 때의 상황은 아님을 알려드립니다.

수입자는 수입지 세관으로 협정관세율 적용하여 수입신고 하기 전에 a)수출자가 제출한 원산지증명서가 협정에서 규정하는 원산지증명서 양식을 기초로 기재요령에 맞게 작성되었는지 여부와 b)운송서류(선하증권 혹은 화물운송장) 상으로 직접운송 원칙을 충족하는지 충분히 검토해야 겠습니다[199].

1. 원산지증명서의 확인

수입자는 FTA 체약상대국으로부터 물품을 수입할 때, 수출자로부터 FTA 원산지증명서를 받을 수 있다면 이를 기초로 수입지에서 FTA 협정세율을 적용 받을 수도 있겠습니다.

이때 수입자는 체약상대국의 수출자가 제출한 원산지증명서가 협정에서 규정하는 원산지증명서 양식인지 여부와 기재요령에 맞게 작성되었는지를 확인하여야 합니다. 수입자가 원산지증명서를 구비하지 못하였거나 구비한 원산지증명서가 협정의 규정에 의한 원산지증명서가 아니거나 기재요령에 맞지 않는 경우에는 협정 및 법령에서 달리 규정하지 아니하는 한 협정관세 적용을 신청할 수 없습니다.

예를 들어, FTA 원산지증명서를 기관 발급하는 한·아세안 FTA에서 상대체약국으로서 태국에서 물품이 한국으로 수입된다고 가정합니다. 이때 태국의 수출자는 해당 물품이 한·아세안 FTA 원산지결정기준을 충족하였다고 하여 원산지증명서를 수입자에게 전달했습니다. 그런데 아세안에서 한·아세안 FTA 원산지증명서는 세관 등 국가기관이 발행[200]해야 함에도 발행자가 수출자

---

199 a)의 내용은 제4장 참고. b)의 내용은 제2장 'Ⅱ. 무역 거래 형태와 중개무역, 그리고 직접운송 원칙' 참고.

200 FTA 원산지증명서를 기관발급 요청하는 FTA에서 한국의 수입자는 FTA 원산지증명서의 발행기관이 FTA 협정에서 정하고 있는 기관인지 여부를 반드시 확인해야 할 것입니다. 정해진 기관 이외의 기관 혹은 수출자가 직접 발행한 FTA 원산지증명서로는 협정관세율 적용받을 수 없습니다.

로 되어있고 그 양식 역시 협정에서 정하고 있는 양식이 아니었습니다. 그렇다면 수입자는 해당 원산지증명서로는 수입지 세관으로부터 한·아세안 FTA 협정관세율 적용받지 못합니다.

혹은 한·아세안 FTA 원산지증명서가 외관상으로 지정된 기관을 통하여 발행되었고, 우측 하단에 날인되는 인장 역시 해당 기관의 인장이 날인되었습니다. 그러나 확인 결과 인장이 위조되었다면, 수입지에서 FTA 협정세율을 적용 받지 못합니다.

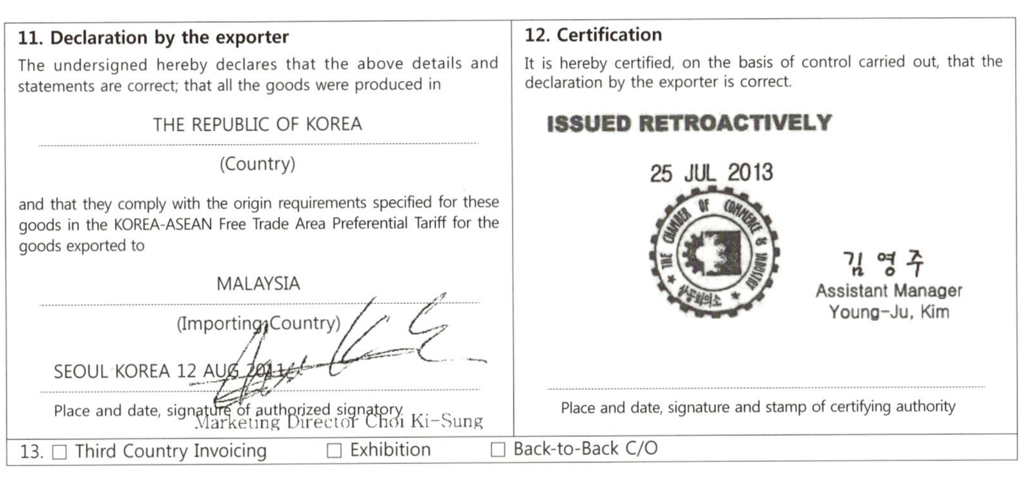

11. Declaration by the exporter	12. Certification
The undersigned hereby declares that the above details and statements are correct; that all the goods were produced in THE REPUBLIC OF KOREA (Country) and that they comply with the origin requirements specified for these goods in the KOREA-ASEAN Free Trade Area Preferential Tariff for the goods exported to MALAYSIA (Importing Country) SEOUL KOREA 12 AUG 2013 Place and date, signature of authorized signatory Marketing Director Choi Ki-Sung	It is hereby certified, on the basis of control carried out, that the declaration by the exporter is correct. **ISSUED RETROACTIVELY** 25 JUL 2013 김 영 주 Assistant Manager Young-Ju, Kim Place and date, signature and stamp of certifying authority
13. ☐ Third Country Invoicing　　☐ Exhibition　　☐ Back-to-Back C/O	

▲ 우측 발행 일자 아래에 인장이 있습니다. 해당 인장을 수출자가 위조하여 수입자에게 전달하는 경우가 있습니다.

그리고 FTA 원산지증명서를 자율발급하는 한·EU FTA에서 상대체약국으로서 독일에서 물품이 한국으로 수입된다고 가정합니다. 그런데 인보이스 금액이 EUR6,000을 초과하였음에도 원산지신고서문안에서 인증수출자 번호 기재 부분이 공란으로 처리되어 있었습니다. 확인 결과 수출자는 인증수출자가 아니었습니다. 그렇다면 해당 건에 대해서는 수입지에서 한·EU FTA 협정관세율을 적용받지 못합니다.

2. FTA 협정관세 적용 신청 시점

수입자의 FTA 협정관세 적용 신청 방법은 두 가지 경우로 구분할 수 있습니다. 그 기준은 수입자가 원산지증명서를 소지하고 이를 근거로 협정관세 적용신청서[201]를 작성하여 세관에 제출하는 시점이 수입신고 수리 전 시점인가 혹은 수입신고 수리 후 시점인가입니다.

---

[201] 378쪽 참고

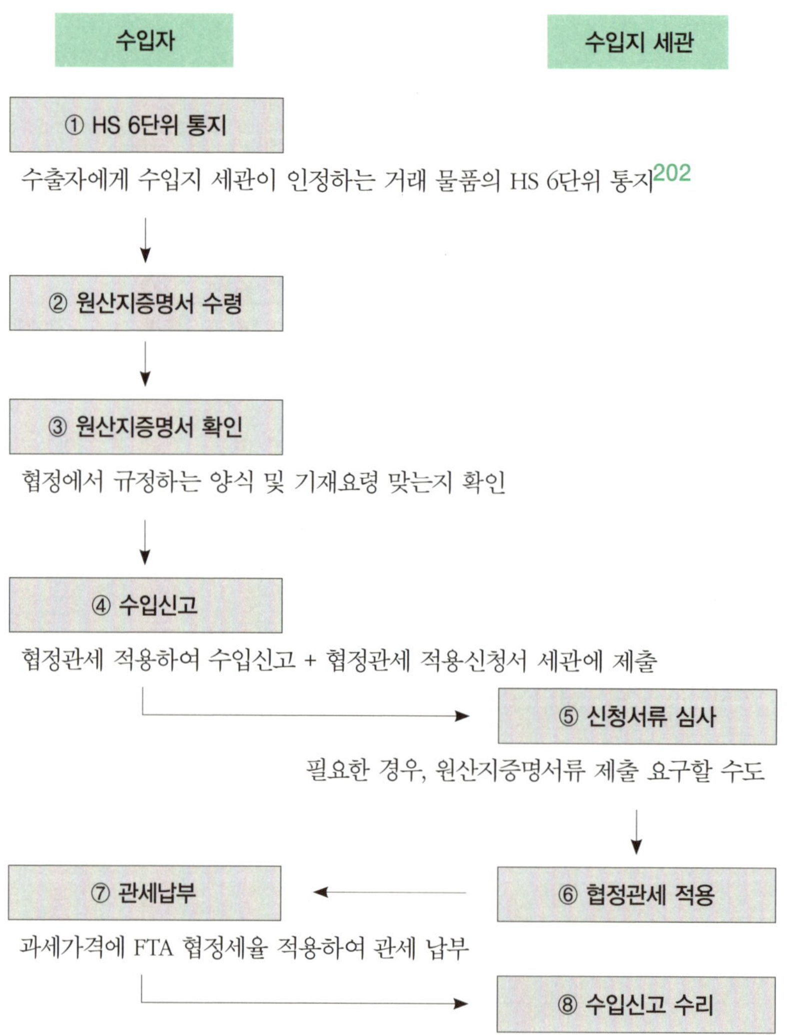

---

202 FTA에서 수출물품에 대한 원산지결정기준은 HS 6단위에 따라서 결정되기 때문.

1. 수입신고 수리 전 협정관세 적용 신청

수입자는 수출자로부터 전달 받은 FTA 원산지증명서를 확인 후 협정관세 적용신청서를 작성합니다. 그리고 수입신고 할 때 적용받고자 하는 협정관세율 및 관세율 구분부호[203]를 수입신고서에 기재합니다. 이러한 절차를 거쳐서 수입자는 세관에 수입신고 진행합니다. 그러면 세관은 수입신고서와 협정관세 적용신청서의 내역을 확인하고 이상이 없으면 세액 납부받고 수리를 합니다.

이러한 경우, 원산지증명서와 B/L[204]과 같은 원산지증빙서류를 직접 제출하지 않기(P/L, Paperless) 때문에 통관 소요 시간을 보다 단축하는 효과가 있습니다. 하지만 세관은 수입자에게 원산지증빙서류 제출을 요구할 수도 있습니다. 따라서 협정세율을 적용하여 수입신고 할 때 수입자는 원산지증빙서류를 미리 갖추고 있어야 합니다.

2. 신청서류 심사(FTA 특례고시 제29조)

세관은 수입자의 수입신고서와 협정관세 적용신청서를 제출받고 해당 서류에 대한 심사를 아래와 같이 합니다.

- 협정관세 적용대상 품목인지 여부
- 원산지와 협정관세율 및 관세율 구분부호 일치 여부
- 협정관세 적용신청서가 기재요령에 맞게 작성되었는지 여부
- 법 제9조 제2항에 따른 직접운송 관련서류 구비 여부('14.4.24. 개정)
- 기타 협정관세 적용신청의 형식적 요건 확인을 위해 필요한 사항

---

[203] 한미 FTA는 FUS, 한아세안 FTA는 FAS, 한EU FTA는 FEU 등으로 구분합니다.
[204] 세관은 B/L과 같은 운송서류를 기초로 직접운송 기준을 충족하였는지를 확인합니다.

3. 원산지증빙서류 제출요구(FTA 특례고시 제30조)

세관장은 다음의 어느 하나에 해당하는 물품에 대하여는 수입자에게 원산지증빙서류 제출을 요구할 수 있습니다.

- 수입신고서와 협정관세 적용신청서의 원산지가 다른 물품
- 품명과 원산지기준이 적정하지 않은 물품
- 제3국 선적물품 등 직접운송 미충족 우려 물품
- 물품의 특성, 수출국의 산업구조 등을 고려하여 원산지증빙서류 제출대상 품목으로 관세청장이 지정한 물품
- 그 밖에 원산지확인을 위하여 필요하다고 인정하는 물품

이 경우 수입자는 세관장이 특별한 사유로 원본을 요구하지 않는 한 원산지증명서 사본에 다음과 같이 원산지증명서 사본 제출 스탬프를 날인하여 제출할 수 있습니다.

원산지증명서 사본제출 스탬프

본 사본이 원본과 다를 경우 관세법 등 관련 법령에 의해 처벌받을 수 있음을 알고 있으며, 세관에서 요구 시 원본을 제출하겠습니다.

수입자 OOO 서명

1) FTA 원산지증명서/원산지신고서 원본 제출

FTA 원산지증명서/원산지신고서는 수출지에서 기관을 통하여 발급되던 자율적으로 발급되던 원본으로 발행되어야 하며, 수출자에 의해서 수입자에게 원본 그대로 전달되어야 합니다(자세한 내용 162쪽 참고).

이를 근거로 수입자가 FTA 협정세율 적용하여 수입신고 하고, 해당 건에 대해서 P/L 건으로 지정되는 경우가 아니라 '서류제출' 혹은 '물품검사'로 지정되면 원산지 증빙서류라 할 수 있는 운송서류(선하증권 혹은 화물운송장)를 포함하여 FTA 원산지증명서/원산지신고서를 세관에 제출할 것입니다. 이때 FTA 원산지증명서/원산지신고서는 원본으로 세관에 제출하는 것이 원칙입니다.

그러나 앞에서 설명한 것과 같이 편의를 위해서 수입자가 수출자로부터 전달 받은 원본을 복

사(Copy)하여 그 복사본에 '원산지증명서 사본제출 스탬프'를 날인 후 세관에 제출 할 수 있습니다(사후 협정세율 적용받을 때는 예외 없이 원본 제출해야 함.).

2) 협정관세 사후 신청할 때 원산지증명서 원본 제출

수입신고 수리 전의 경우, 세관으로부터 원산지입증서류로서 원산지증명서 제출을 요구받았다면 스탬프 날인 후 사본 제출하여도 됩니다. 그러나 수입신고 할 때 원산지증명서를 수출자로부터 받지 못하여 기본세율 혹은 WTO 협정세율로 수입신고 하고 수리받은 건에 대해서 사후에 협정관세 신청하는 경우, 원산지증명서 원본을 제출해야 합니다[205](262쪽 FTA 특례고시 제35조).

A. 한·미 FTA 원산지증명서

'한·미 FTA 발효에 따른 운영지침[206]'에 따르면, 한·미 FTA에서는 수리 후 협정관세 적용 신청할 때에도 원산지증명서 사본 인정이라고 되어 있으니 참고가 되었으면 합니다.

B. 한·EU FTA 원산지증명서

실무에서 사후에 한·EU FTA 협정관세 신청하는 경우, 다음과 같이 원산지신고서의 작성을 요구하기도 하니 실무자는 참고하기 바랍니다. 참고로 사후 협정 적용 건에 대해서 원산지 검증(사후 검증)을 받을 수 있는 확률이 더 높을 수 있으니 반드시 협정에서 규정하는 양식과 기재요령에 따라서 작성된 '원본' 원산지신고서를 수입자는 수출자로부터 전달받아야 할 것입니다.

---

[205] 이메일 첨부 혹은 팩스로 받는 것은 원본 아니라 할 수 있음
[206] FTA 포털(http://fta.customs.go.kr) 공지사항 검색창에서 '한미' 검색하면 '(한미 FTA) 운영지침 공지('12.3.15 시행)' 확인할 수 있습니다. 본 지침을 다운 받아서 8쪽에서 본 내용 확인 가능합니다.

EDUTRADEHUB

#000 XX building 111-1 Nonhyundong Kangnamgu Seoul Korea
Tel: (02) 0000-0000   Fax: (02) 0000-0000

1 of 1

Shipper

EDUTRADEHUB
#501 Samwha building 213-7 Nonhyundong
Kangnamgu Seoul Korea
Tel: (02) 0000-0000   Fax: (02) 0000-0000

INVOICE

Number / Date
IV-13015   / Feb. 22. 2013

Customer P.O. No. / Date
AA001   / Feb. 5. 2013

Customer No.
A-001

Consignee

KASTON
ABC 2 NL-1322
BC AAA NETHERLANDS
Tel : +31 (0) 00 00 0000 Fax : +31 (0) 00 00 0000

Your Contact Person

David Choi / +82 2 0000 0000
E-Mail : david@edutradehub.com

Payment Term : T/T 35 Days After B/L Date

Price Term : FOB Busan Port, Korea

No	Description	Quantity	U'Price / pc	Value/USD	Remarks
1	Baby Carrier	50 CTNs (6 pcs/CTN)	EUR 39.00	EUR 11,700.00	KR

Total Amount   **EUR   11,700.00**

Preferential Declaration of Origin

The exporter of the products covered by this document (010-13-000000) declares that,
except where otherwise clearly indicated, these products are of KR preferential origin.

Aug. 5. 2013

EDUTRADEHUB

　□ 본 인보이스가 발급된 날짜는 해당 건에 대해서 수출자가 최초로 수입자에게 인보이스를
전달한 날짜가 될 것입니다. 그 날짜는 Feb. 22. 2013으로서 이때 발행된 인보이스에는 원산지
신고서문안이 기재되어 있지 않았기 때문에 수입자가 일단은 기본세율 혹은 WTO 협정세율 적
용받아서 수입신고 했을 것입니다.

□ 이렇게 수입신고 이후에 수출자가 인증수출자로 지정받아서 원산지신고서문안을 인보이스에 기재하여 수입자에게 전달할 때 인보이스 자체의 발행일은 최초 발행 일자로서 Feb. 22. 2013 하고, 원산지신고서문안을 나중에 기재하는 것이니 원산지신고서문안을 기재한 날짜를 따로 기재합니다.

물론, 수출자는 원산지신고서문안을 스탬프로 날인할 수도 있으나 통상 인보이스의 내용과 같이 프린트하더라도 소급 발행하는 경우에는 이러한 식으로 날짜 기재합니다.

□ 수입신고 이전이 아니라 이후 즉, 사후에 협정관세 신청 할 때는 원산지증명서 원본 제출을 요구합니다. 비록 원산지신고서의 발행자가 인증수출자더라도 수기로 사인을 합니다. 이때 수기 사인은 당연히 서명권자로 등록된 자에 의해서 사인되어야 하겠습니다. 그리고 수기 사인한 본 원산지신고서를 그대로 수입자에게 전달합니다[207].

---

[207] 이메일에 첨부하여 혹은 팩스로 보내서 받는 원산지신고서는 원본이라 할 수 없을 것입니다. DHL, Fedex, TNT 등 특송(Courier Service)을 사용하여 수입자에게 전달해 할 것입니다.

수입자는 FTA 상대체약국으로부터 수입되는 물품의 수입신고 수리 전까지 수출자로부터 협정에서 규정하는 양식과 기재 요령에 의해서 발행된 원산지증명서를 받지 못할 수도 있습니다. 이러한 경우 수입자는 원산지 서류를 확보하지 못한 상태로서 FTA 협정관세율을 적용하여 수입신고 하지 못합니다.

따라서 수입신고 물품에 대한 HS Code상 기본세율 혹은 WTO 협정세율 중의 하나로 수입신고 하고 관세를 납부합니다.

1. 수리 후 협정관세 적용 신청(FTA 특례고시 제35조)

수입자는 FTA 체약국으로부터 수입되는 물품임에도 수입신고 할 때 협정관세율 적용 신청을 하지 못한 경우, 해당 건의 수입신고 수리 후 수리일부터 1년 이내까지 협정관세 적용을 신청할 수 있습니다.

이 경우 수입자는 수출자로부터 원산지증빙서류로서 '원산지증명서'를 수령하고 '협정관세 적용신청서'를 작성하여 다음의 서류를 첨부하여 세관에 제출합니다.

- 「수입통관 사무처리에 관한 고시」제48조 제2항에 따라 경정청구내역을 기재한 수입·납세신고정정신청서
- 원산지증명서 원본(협정에서 다르게 정하는 경우에는 협정에 따른다)
- 법 제2조 제1항 제5호에서 정하는 원산지증빙서류(세관장이 요구하는 경우에만 해당한다)

2. 신청서류 심사(FTA 특례고시 제36조)

세관장은 수입자가 협정관세 적용신청서와 함께 제출하는 상기 서류에 대하여 다음 사항을
심사합니다.

- 수입신고 수리일부터 1년이 경과되었는지 여부
- 협정관세적용신청서가 기재요령에 맞게 작성되었는지 여부
- 제35조에 따른 서류 구비여부
- 경정청구내역의 세액계산이 정확한지 여부
- 원산지증명서가 협정 및 법령의 규정에 따른 양식 및 기재요령과 일치하는지 여부

3. 협정관세 사후 신청과 사후 발급 FTA 원산지증명서

1) 기관발급 되는 원산지증명서의 경우

기관발급 되는 C/O의 경우 수출물품에 대한 수출신고 수리일과 선적일 사이에 기관으로 발
급 신청합니다. 그런데 그렇지 못했다면, 선적 이후 선적일로부터 1년 이내에 신청 가능합니다
(164쪽 참고). 이때 기관으로부터 사후 발급된 FTA C/O의 유효기간은 수출지에서 선적 이전에
발급된 C/O의 유효기간처럼 발급일로부터 12개월(한·아세안) 등 FTA마다 상이 할 수 있습니다
(154쪽 참고).

그리고 수입지에서 수입물품에 대해서 수입신고 할 때 FTA C/O를 수출자에게 받지 못하여
협정관세 신청 못 하고 사후에 협정관세 신청하는 경우, 유효기간은 수입신고수리일로부터 1년
이내라 할 수 있습니다.

구 분	유효기간
사후발행 한·아세안 및 한·인도 FTA C/O	2012.5.25.(발급일) ~ 2013.5.24.(유효기간 1년)
협정관세 사후 신청	2012.5.11.(수입신고수리일) ~ 2013.5.10.(유효기간 1년)

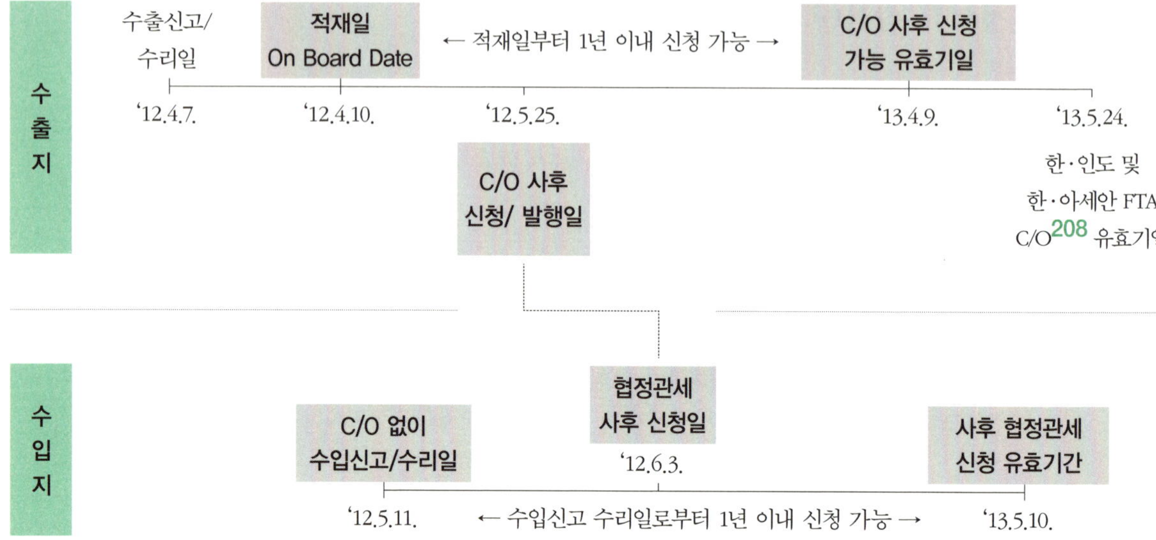

▲ FTA C/O 기관발급 신청 시점은 원칙적으로 수출물품의 수출신고 수리일과 적재일 중간입니다[209].
▲ 수입지에서 협정세율 신청 할 때, 수출지에서 발행된 FTA C/O의 유효기일 이내에 해야겠습니다.

상기에서 한·인도 FTA C/O의 유효기일은 2013년 5월 24일이지만 수입지에서의 협정관세 사후 신청 가능 시기는 2013년 5월 10일입니다. 따라서 수입자가 FTA C/O의 유효기일만 확인하고 협정관세 사후 신청 가능 시기가 만료된 2013년 5월 15일에 협정관세 사후 신청하는 오류를 범하지 말아야겠습니다.

2) 자율발급 되는 원산지증명서의 경우 - 한·EU FTA

FTA 수입체약국으로서 우리나라의 세관으로 수입신고 할 당시에 수출자로부터 세관인증번호(Customs Authorization No.)가 기재된 원산지신고서(원산지증명서)를 전달받지 못하여 FTA 협정세율이 아닌 그보다 높은 세율로서 기본세율 혹은 WTO 협정세율을 적용하여 관세 납부하였다고 가정합니다. 즉, 수출자는 해당 물품을 수출할 당시에 인증수출자가 아니었습니다.

해당 물품 수출 당시에 수출자는 인증수출자가 아니었어도 원산지신고서 작성 당시에 인증수출자이면 소급하여 발급한 원산지신고서도 유효합니다. 쉽게 말해서 수출자가 수출물품을

---

208 기관 발급되는 한아세안 및 한인도 FTA C/O는 적재 이후 일정 기간 동안은 '소급 발행 스탬프' 날인 없이 적재 이전에 발행되는 것처럼 발행될 수 있습니다.(참고 169쪽)
209 한아세안 FTA C/O를 AK Form이라 합니다.

수출할 당시 그리고 수입지로서 우리나라에서 수입자가 수입신고 할 당시에 인증수출자가 아니었어도 수입신고 수리일로부터 1년 이내에 수출자가 인증수출자가 되어 원산지신고서문안이 기재된 원산지신고서를 발급하여 수입자에게 전달하면 협정관세 사후신청을 할 수 있다는 것입니다.

Ⅳ. 소액물품의 FTA 협정관세 적용 – 수입신고 수리 전

1. 협정별 원산지증명서 제출 면제 기준

한·EU, 한·EFTA, 한·인도 FTA의 경우 개인이 개인에게 송부한 소포(우편물품, 특송물품) 및 여행자 개인수하물로서 비상업적인 용도의 화물로서 미화 1,000불(과세가격)[210] 이하 건에 대해서 원산지 증명을 위한 원산지증명서의 제출을 요구함 없이 구매영수증 및 원산지표시 확인으로 원산지 제품임을 인정한다 할 수 있습니다[211].

한·미 FTA를 포함하여 기타의 FTA에서는 개인 간의 소포 및 여행자 수화물 및 비상업적 용도에 대한 언급이 없기 때문에 회사 간의 상업적 용도의 수하물에 대해서도 미화 1,000불 이하 건에 대해서는 원산지 증명을 위한 원산지증명서의 제출을 요구함 없이 구매영수증 및 원산지 표시 확인으로 원산지 제품임을 인정할 수도 있습니다[212].

한·아세안 FTA는 FOB 가격을 기준으로 미화 200불 이하의 건에 대해서 원산지증명서의 제출 요구함 없이 원산지 제품으로 인정받을 수도 있습니다.

협 정	원산지증명 면제 대상	용도	금 액
미국	(금액) 미화 1,000불 이하	제한없음	1,000불 이하
EFTA	(대상) 개인이 개인에게 송부한 소포 및 여행자 개인 수하물 상업적으로 수입되지 아니한 제품 (금액) 미화 1,000불 이하	비상업용	1,000불 이하

---

[210] 특송으로 운송한다면, 과세가격으로서 미화 1,000불은 수출자의 마진을 포함한 물품가격에 특송 운임까지 포함한 가격이 될 것입니다.

[211] 이 경우는 개인과 개인 간의 거래에만 국한되기 때문에 '전자상거래를 통한 구매물품'은 제외되며, 상업적으로 수입되지 아니하여야 할 것입니다. 따라서 '전자상거래를 통한 구매물품'은 미화 1,000불 이하 건이더라도 FTA 관세 특혜를 적용받기 위해서는 협정의 원산지기준에 따라 원산지가 인정되어야 하고, 협정에서 정한 원산지신고서를 갖추고 우리나라로 직접 운송되어야 할 것입니다.

[212] 여기서 구매영수증은 인보이스가 될 수도 있으며 미국으로부터 수입되는 소액 물품인 경우 해당 서류에 미국산이라는 문구가 있어야 할 것이며 혹은 물품 자체에 원산지가 미국산으로 표기되어 있어야 할 것입니다.

EU	(대상) 개인이 개인에게 송부한 소포 및 여행자 개인 수하물 　　　상업적으로 수입되지 아니한 제품 (금액) 미화 1,000불 이하	비상업용	1,000불 이하
아세안	(대상) 당사국의 영역을 원산지로 하는 물품 　　　당사국의 영역으로부터 우편으로 송부된 물품 (금액) FOB 가격기준 미화 200불을 초과하지 아니하는 물품	제한없음	200불 이하
싱가포르	(금액) 미화 1,000불 이하	제한없음	1,000불 이하
인도	(대상) 개인이 개인에게 송부한 소포 및 여행자 개인 수하물 (금액) 각 당사국의 법과 규정에 따름	비상업용	국내법규 적용
터키[213]	(대상) 개인이 개인에게 송부한 소포 및 여행자 개인 수하물 (금액) 미화 1,000불	제한없음	미화 1,000 달러[214]

* 다음 표는 모두 한국으로 수입되는 경우에 협정에 따라서 원산지증명서 혹은 원산지신고서(통상 인보이스에 기재) 면제 기준과 면제 대상 물품에 대한 내용입니다.
* 한·인도 FTA의 경우, 원산지증명 면제 대상에서의 금액이 국내법을 따르기 때문에 'FTA 관세특례법 시행령' 제10조 2항 1호에 따라서 과세가격 미화 1,000불 이하가 적용됩니다.
* 1,000불 초과 물품에 대해서는 협정에 따라 정식 원산지 확인 절차를 거쳐야 합니다.
* 각 FTA 협정은 국내법보다 우선 적용됩니다.

2. 소액물품의 협정관세 적용신청(FTA 특례시행령 제10조 제2항 1호)

수입신고 과세가격이 미화 1천 불(협정에서 금액을 달리 정하고 있는 경우에는 그에 따름) 이하로서 협정에서 정하는 범위 내의 물품에 대해서 세관은 원산지증명서와 같은 원산지증빙서류의 제출을 요구하지 않을 수도 있습니다. 다시 말해서, 과세가격 미화 1천 불 이하의 건에 대해서 협정관세 적용 신청은 수입자가 수입신고서에 다음의 사항을 기재하여 세관에 제출하는 것으로 간이하게 신고할 수 있습니다. 다만, 수입물품을 분할하여 수입하는 등 수입물품의 과세가격이 미화 1천 불

---

213 '원산지신고서 면제 대상물품과 면제 기준'은 터키에서 한국으로 수입되는 경우 미화 1,000달러이지만, 한국에서 터키로 수입되는 경우는 (사인 간의 소포) 500유로, (여행자 개인수화물) 1,200유로입니다.
214 송품장이나 구매영수증 등에 표시된 금액을 기준으로 하며, 미화 이외의 통화로 표시된 경우 관세법 제18조에 따른 과세환율로 환산한 금액.

을 초과하지 아니하도록 부정한 방법을 사용하여 수입하는 경우를 제외합니다.

- 수입신고서 19번('원산지증명서 여부')란에 'X' 표시
- 수입신고서 46번('원산지')란에 상품의 원산국 국가부호 기재
- 수입신고서 50번('세율')란에 FTA관세율 구분부호 기재

참고로 소액물품 건은 상기와 같은 내용을 수입신고 할 때 적용하고 협정관세 적용신청서를 따로 작성할 필요는 없을 것입니다.

3. 소액물품의 협정관세 적용신청 심사(FTA 특례고시 제33조)

세관은 소액물품의 협정관세 적용신청에 대해서 다음과 같은 사항을 심사합니다.

- 해당 자유무역협정에서 정하는 소액물품에 해당하는지 여부
- 협정관세 적용대상 품목인지 여부
- 원산지와 협정관세율 및 관세율 구분부호 일치 여부
- 법 제9조 제2항에 따른 직접운송 관련서류 구비 여부〈'14.4.24. 개정〉

제6장

원산지 인증수출자 제도

※ 한·미, 한·터키 FTA에서는 인증수출자 제도가 존재하지 않습니다. 따라서 본 장에서 설명하는 인증수출자 제도와 한·미, 한·터키 FTA는 연관이 없겠습니다.

※ 본 장에서 기술하는 있는 내용은 FTA 포털(http://fta.customs.go.kr)의 '인증수출자제도' 코너의 내용과 「자유무역협정 원산지인증수출자 운영에 관한 고시」를 참고하고 있습니다.

I. 원산지 인증수출자 제도의 의미

1. 인증수출자 제도의 의미와 필요성

1) 의미

원산지 인증수출자란 관세 당국이 원산지 증명 능력이 있다고 인증한 수출자에게 원산지증명서 발급절차 또는 첨부서류 제출 간소화 혜택을 부여하는 제도로, FTA 체결국가가 증가함에 따라 원산지증명서 발급 시 시간과 비용을 절감할 수 있도록 지원하기 위하여 도입되었습니다.

2) 필요성

FTA 원산지증명서의 발급 방식은 크게 기관발급과 자율발급 방식으로 구분할 수 있습니다. 기관발급 방식은 수출자가 수출물품에 대한 원산지결정기준 충족 여부를 원산지 입증서류를 기초로 확인하고 이들 서류를 세관 혹은 상공회의소와 같은 공인된 기관으로 제출하여 발급 신청하면 해당 기관에서 판단하여 발급하는 방식입니다.

반면에 자율발급 방식은 수출자가 수출물품에 대한 원산지결정기준 충족 여부를 원산지 입증서류를 기초하여 자체적으로 판단 후 스스로 원산지증명서를 발급하는 방식입니다.

따라서 기관발급 방식은 공인된 기관에서 수출물품에 대한 원산지 충족 여부를 한 번 더 확인하는 필터링 역할을 하는 과정을 거치기 때문에 기관발급 된 원산지증명서는 수출자 스스로 자율발급한 원산지증명서보다는 공신력이 있다 할 수 있습니다. 그러나 그 발급절차가 복잡하여 상당 시간이 소비될 수 있다는 단점이 있습니다.

반면에 자율발급 되는 원산지증명서는 증명 절차가 간단하나 공신력이 떨어지고 허위로 작성될 여지가 상당하다 할 수 있다는 단점이 있습니다.

'인증수출자제도'는 기관발급의 단점과 자율발급의 단점을 보완하기 위한 제도라 할 수 있습니다.

2. 인증수출자의 종류 및 혜택

구 분	업체별 인증수출자	품목별 인증수출자
혜택범위	모든 협정[215], 모든 품목	인증받은 협정별, HS 6단위
인증유효기간	5년	5년
인증기관	본부세관(서울, 부산, 인천, 대구, 광주) 및 평택 직할세관	
인증기준	협정상대국별 원산지증명능력 및 법규 준수도	HS 6단위별 원산지증명능력 및 법규 준수도

▲ 한·미 FTA, 한·터키 FTA는 인증수출자 제도가 없기 때문에 상기의 내용과는 무관합니다. 이들 FTA에서는 원산지증명서를 발급하는 자가 인증수출자가 아니어도 원산지 입증서류로서 원산지 물품이라는 사실을 입증하면 자율 발급 가능합니다.

▲ 관세청 FTA 포털(Yes FTA) 홈페이지 참고.

1) 품목별 인증수출자 제도의 의미

품목별 인증의 경우 특정 FTA 협정의 특정 HS 6단위에 대해서 원산지 증명 능력이 있다고 인증하는 제도입니다. 다시 말해서, 품목별 원산지인증수출자는 인증받은 HS 6단위의 품목을 인증받은 FTA 협정의 상대 체약국으로 수출할 때, 해당 FTA에서 규정하는 해당 HS 6단위의 원산지결정기준을 수출자 스스로 충족 여부를 판단할 수 있다고 세관이 그 능력을 인증한 제도라 할 수 있습니다.

따라서 품목별 원산지인증수출자는 인증받은 FTA 체약국으로, 인증받은 HS 6단위의 어떠한 품목도 스스로 원산지결정기준을 바탕으로 원산지를 판단하여 원산지증명서 기관발급 신청 혹은 자율발급할 수 있습니다. 즉, 처음 품목별 인증을 받을 때의 품명이 아니라 다른 이름의 물품이더라도 HS 6단위만 동일하면 해당 수출자는 해당 HS 6단위에 대해서 검증 능력을 인증 받았기 때문에 인증받은 FTA 체약국으로 수출하면 기관발급 건에 대해서 입증서류 제출 생략과 자율발급에 따른 혜택을 누릴 수 있습니다.

---

215 인증수출자 제도가 존재하는 EU, EFTA, 아세안, 페루, 인도 등과의 FTA만 해당됩니다.

품목번호				한글품명	설 명
8511				불꽃점화식 또는 압축점화식 내연기관의 점화용 또는 시동용 전기기기(예: 점화용 자석발전기·자석발전기·점화코일·점화플러그·예열플러그·시동 전동기), 내연기관에 부속되는 발전기(예: 직류발전기·교류발전기)와 개폐기	* 8511.10에 대해서 품목별 인증수출자로 인증을 받은 경우 8511.10-1000 및 8511.10-9000으로 분류되는 품목에 대해서도 원산지 검증 능력이 부여된 것이라 할 수 있습니다.
8511	10			점화플러그	
8511	10	10	00	항공기용	
8511	10	90	00	기타	
8511	20			점화용 자석발전기, 직류 자석발전기와 마그네틱 플라이휠	* 8511.10에 대해서 품목별 인증수출자로 인증받은 업체는 8511.20으로 분류되는 품목에 대해서는 인증 능력을 검증받지 못한 상태라 할 수 있습니다.
8511	20	10	00	항공기용	
8511	20	90	00	기타	

물론, 아무리 인증수출자라도 해당 물품이 원산지결정기준을 충족하고 있다는 원산지 입증서류를 확보 및 보관해야겠습니다. 단순히 인증 능력만 있다는 것이지 그 입증서류 없이 원산지 결정을 할 수 있다는 것은 아닙니다.

원산지인증 물품 내역						
적용대상협정	품명	품목번호 (HS6단위)	원산지 결정기준	원산지	인증 유효기간	차수
한·아세안 FTA	Spark Plug	8511.10	CTH	KR	13.08.04- 15.08.03	001

▲ 본 내용은 '품목별 원산지인증수출자 인증서'의 내용입니다. 346쪽 참고
▲ 한·아세안 FTA에서 8511.10의 원산지결정기준은 CTH 혹은 RVC40%입니다.

상기와 같이 품목별 인증수출자 인증을 HS 6단위에 대해서 원산지결정기준을 CTH로 인증받은 경우, 이를 부가가치기준으로 변경하고자 할 때는 새로 인증을 받아야 합니다.

2) 업체별 인증수출자 제도의 의미

품목별은 특정 협정별, 특정 HS 6단위에 대해서만 인증 능력을 인증한 제도라면, 업체별 인증은 업체별 인증을 받은 수출자가 인증수출자 제도가 존재하는 모든 FTA 협정과 모든 HS 6단위에 대해서 원산지 증명 능력을 보유하고 있다고 세관이 인증하는 제도라 할 수 있습니다.

여기서 말하는 '모든 협정'이라 함은 인증수출자 제도가 존재하는 EU, EFTA, 아세안, 페루, 인도 등과의 FTA를 말하며, 인증수출자 제도가 존재하지 않는 미국, 터키와의 FTA는 해당하지 않습니다.

3) 인증수출자의 협정별 혜택(협정에 따라 상이)

협정	인증 前	인증 後
한·EU	* 6,000유로 이하의 수출물품에 대하여만 원산지신고서 작성 가능	* 6,000유로 초과 물품을 수출할 경우 인증수출자에 한하여 원산지증명서 발급 가능
한·아세안 한·싱가포르 한·인도	* 원산지증명서 발급신청서작성(전산으로 신청) * 첨부서류 제출 　- 수출신고필증 사본 　- 송품장 또는 거래계약서 　- 원산지소명서 　- 원산지확인서(생산자와 수출자가 다른 경우) 　- 그 밖의 원산지 증빙자료 * 현지 확인(필요한 경우)	* 원산지증명서 발급신청서 작성(전산으로 신청) * 첨부서류 제출 생략 * 현지 확인 생략 가능
한·EFTA	* 자율발급 원산지증명서로(통상 Invoice 신고 시) 수출자의 서명 필요	* 자율발급 원산지증명서로(통상 Invoice 신고 시) 수출자의 서명 생략
한·페루	* 미화 2,000달러 초과 물품을 수출할 경우 원산지증명서 기관발급만 가능	* 미화 2,000달러 초과 물품을 수출할 경우 원산지증명서 기관발급 및 자율발급 모두 가능

▲ 한·미, 한·터키 FTA는 인증수출자 제도가 없기 때문에 동 제도 미적용

▲ 관세청 FTA 포털(Yes FTA) 홈페이지 참고.

한정된 품목을 특정 FTA 상대체약국으로 수출하는 수출자의 경우, 업체별보다는 품목별 인증수출자로서 인증받는 것이 더 유리할 것입니다. 반면에, 많은 품목을 여러 FTA 상대체약국으로 수출하는 수출자는 포괄적인 인증제도라 할 수 있는 업체별 인증수출자로서 인증받는 것이 유리할 것입니다.

참고로 이를 선택함에 있어 회사의 규모는 고려 대상이 아니지만, 품목별보다는 업체별이 포괄적이기 때문에 인증받기 위한 준비와 절차가 더욱 까다롭다 할 수 있습니다. 그리고 인증받기 위해 외부 기관, 예를 들어 관세사 사무실에 컨설팅 의뢰한 경우 품목별보다는 업체별 인증에 대해서 더 큰 비용을 요구받을 것입니다.

3. 인증수출자 인증 시 유의사항

1) 인증을 받더라도 원산지 판정은 업체 책임으로 이루어짐

인증수출자 지정은 자율적으로 원산지를 판단할 수 있는 권한을 준 것이지 해당 업체 수출물품에 대해 한국산으로 공인한 것이 아닙니다. 인증을 받더라도 업체 책임으로 원산지결정기준 충족 여부를 판단하여, 충족하는 물품에 대해서만 원산지증명서 발급이 가능합니다. 그리고 원산지 인증수출자 확약서 및 여타 규정에 따라 인증 후 업체에서 작성하는 모든 원산지증빙서류에 관한 책임은 업체에 있습니다.

2) 인증을 받더라도 서류보관의무 및 검증 책임은 면제되지 않음

인증수출자는 원산지증명서 발급 과정에서 간소화 혜택을 부여한 것으로 원산지 판정 관련 증빙서류 보관의무 및 사후 검증에 대한 의무는 면제되지 않습니다.

II. 원산지 인증수출자 인증 절차

1. 인증 신청할 때 제출서류 및 인증 요건

1) 인증 신청할 때 제출서류

업체별 원산지인증수출자	품목별 원산지인증수출자
1. 업체별 원산지인증수출자 인증신청서 (시행규칙 별지 제3호 서식, 347쪽 참고)	1. 품목별 원산지인증수출자 인증신청서 (시행규칙 별지 제4호의2 서식, 344쪽 참고)
2. 주요 수출(생산) 품목의 원산지소명서 (5개 품목 이내)	2. 원산지인증 신청품목(HS 6단위 기준)별 원산지소명서
3. 전산 시스템 설명서(사용자 매뉴얼) 또는 원산지관리 업무매뉴얼 - (전산 시스템 보유 시) 시스템 설명서 또는 사용자 매뉴얼 - (전산시스템 미보유시) 원산지관리 업무매뉴얼	

공통 사항

4. 원산지(포괄)확인서

   (최종물품에 대한 원산지확인서로서 생산자와 수출자가 다른 경우에 한정합니다.)

5. 원산지 소명서에 기재된 내용을 입증할 수 있는 원산지확인서류

   - 회사 소개 책자, BOM, 제조공정도 등

   - 생산자가 기업비밀 등의 사유로 수출자에게 원산지확인서 등을 제출하기 어려운 경우에 한하여 관세청장 또는 세관장에게 직접 제출 허용(대외 취급주의, FTA 특례법 제20조)

6. 원산지증명서 서명카드, 원산지증명서 작성대장[216], 원산지관리전담자[217] 증빙서류[218] 등

7. 원산지인증수출자 서면확인서(FTA 인증수출자 고시 별지 제1호 서식, 351쪽 참고)

  - 원산지인증수출자의 서면확인서를 제출해야 한·EU FTA 원산지신고서에 수출자의 서명 생략 가능(시행규칙 제8조의 2)
  - 인증신청 시 제출 서류 및 인증 후 발행한 원산지증빙서류에 대한 신청자의 책임을 명시

8. FTA 상대국 수출(생산) 품목 원산지관리 현황자료

연번	품명	규격	HS 6단위	적용대상협정	원산지결정기준	충족 여부
1	○○○	12x45	3504.00	한·아세안	CTH or RVC 40%	충 족
2	○○○	12x45	3504.00	한·EFTA	CTH or RVC 40%	충 족
..	..	..	..	..	..	..
20	○○○	45x90	3503.00	한·아세안	CTH or RVC 40%	불충족

▲ 인증수출자 신청 후 처리기간은 20일이지만 세관에서 보정을 요구하는 경우 그 보정 기간은 처리기간에 포함되지 않기 때문에 처리기간보다 더 많은 기간이 소요될 수 있습니다[219].

▲ 인증수출자 신청할 때 제출하는 서류는 세관에서 다시 돌려주지 않기 때문에 신청자는 관련 서류를 복사하여 보관할 필요가 있습니다. 차후에 인증수출자 수정 혹은 갱신할 때 필요할 것입니다.

  원산지인증수출자 신청할 때 '업체별/품목별 원산지인증수출자 인증신청서', '원산지소명서', 'BOM', '제조공정도', '원산지관리전담자 증빙서류', '서면확인서'를 기본적으로 제출한다 할 수 있습니다.

  그리고 '원산지증명서 서명카드', '원산지증명서 작성대장'은 자율발급하는 FTA에 대해서 비치 및 관리해야 하나, 실무적으로 한·아세안 FTA와 같이 기관발급 하는 FTA에 대해서 품목별 인증받을 때에도 제출하는 것을 권하는 세관도 있는 것으로 확인되니 실무자는 인증수출자 인정 신청할 때 따로 확인할 필요가 있겠습니다.

---

[216] 원산지증명서 서명카드와 원산지증명서 작성대장은 원산지증명서를 자율발급하는 경우에 수출자가 기록 및 관리해야 합니다. 기관발급의 경우 원산지증명서 발급기관은 원산지증명서 발급담당자 및 발급기관의 인장 등을 지정하고 관세청장에 통보합니다. 그리고 원산지증명서 발급대장을 기록하고 관리해야 합니다.

[217] 원산지관리전담자란 수출물품의 원산지 관리 및 확인 등 원산지 관련 제반 업무를 수행하는 자(외부의 원산지전문가를 포함한다)를 말합니다.

[218] 내부 원산지관리전담자(예: 회사 직원)를 지정한 경우 '원산지관리전담자 확인서(295쪽 참고)'와 인증 교육 수료 증빙 서류를 함께 제출합니다. 외부 원산지관리전담자(예: 관세사)를 지정한 경우 자격증 사본, 원산지 관리 관련 계약서를 제출할 수 있습니다.

[219] 우리나라의 경우 인증수출자 신청 후 20일 정도 소요되고 보정 요구하면 더 많은 시간이 소요될 수 있으나 상당히 길지는 않을 것입니다. 반면에 유럽의 경우 인증수출자 신청 후 인정받기까지 대단히 오랜 시간이 필요합니다. 따라서 한국의 수입자는 한EU FTA 상대체약국과 매매 계약할 때 이점에 유의해야겠습니다.

마지막으로, 원산지결정기준에 따라서 세관에서 기타 추가적인 서류 및 보정을 요청할 수도 있고 현지 확인을 할 수도 있습니다.

FTA 인증 고시

제7조(인증신청 제출서류) ① 원산지인증수출자로 인증을 받으려는 자는 다음 각 호의 서류를 인증을 신청하는 세관장에게 제출하여야 한다.

1. 「자유무역협정의 이행을 위한 관세법의 특례에 관한 법률」 시행규칙(이하 '규칙'이라 한다) 제7조 제2항 또는 제7조의2제2항에서 정하는 서류[220]
2. 업체별 원산지인증수출자로 인증을 받으려는 자가 규칙 제7조제1항제1호에 따른 원산지관리를 위한 전산처리시스템을 운영하고 있는 경우에는 그 현황자료(전산처리시스템을 운영하고 있지 않은 경우에는 원산지관리 업무매뉴얼)

② 규칙 제4조의3제1항 단서에 따른 서면확인서는 별지 제1호와 같다.

2) 인증 요건

A. 업체별 원산지인증수출자 인증요건 심사 - FTA인증고시 제9조

▫ **원산지 증명능력 및 확인 서류:** 세관장은 업체별 원산지인증수출자로 인증을 받기 위해 신청하는 자가 FTA 특례 규칙 제7조제1항에서 정하는 인증요건에 충족하는지를 278쪽(별표 2)에 따라 심사합니다.

▫ **원산지관리전담자 지정요건:** FTA 특례 규칙 제7조제1항제2호에 따른 원산지관리전담자의 지정요건은 279쪽(별표 3)과 같습니다. 다만, 내부원산지관리전담자가 관세청장이 인정하는 자격증을 갖춘 경우 원산지관리전담자의 지정요건에 대한 심사를 생략할 수 있겠습니다.

FTA 특례 규칙

제7조(업체별 원산지인증수출자) ① 관세청장 또는 세관장은 다음 각 호의 요건을 모두 갖춘 수출자를 업체별 원산지인증수출자(이하 "업체별 원산지인증수출자"라 한다)로 인증할 수 있다. 〈개정 2010.3.2., 2011.6.30., 2013.2.23., 2015.5.18.〉

1. 수출 또는 생산하는 물품의 제12조에 따른 원산지결정기준 충족 여부를 증명할 수 있는 전산처리시스템을 보유하고 있거나 증명할 능력이 있는 자
2. 영 제9조의2제1항제3호에 따른 원산지증명서 작성대장을 비치·관리하고, 관세청장이 정하는 바에 따른 원산지관리전담자(외부의 원산지전문가를 포함한다)를 지정·운영하는 자

---

[220] FTA 특례 규칙 제7조는 '업체별 원산지인증수출자' 관련이며, 제7조의2는 '품목별 원산지인증수출자' 관련입니다.

□ 업체별 원산지인증수출자의 원산지 증명능력 및 확인서류 (FTA 인증 고시 별표 2)

주요내용	세 부 내 용	확인서류
① 수출제품 및 원재료의 품목분류번호 및 원산지 관리	○ 원재료의 품목분류번호 관리 ○ 원재료의 원산지 관리 - 원산지확인서·국내제조확인서 등 원산지확인서류 확보 ○ 주요 원재료 공급업체의 관리 - 주요 원재료 공급업체 선정기준 및 리스트 - 원재료 공급업체 대상 원산지 교육 현황 및 계획 (외부 위탁교육 가능)	시스템 설명서, 업무 매뉴얼, 사전 검증결과 보고서 및 의견서
② 생산(수출)물품에 적용되는 협정별 원산지기준 관리	○ 해당품목의 상대국 품목분류번호 관리 ○ 해당품목의 협정별 원산지 기준 관리 ○ 품목분류, 원산지기준 추가·변경 시 반영 기능	
③ 원산지 판정의 정확성 (주요 수출·생산품을 선별하여 확인)	○ 주요 수출품목의 생산공정 확인 - 회사가 실존하고, 해당 품목의 생산시설을 갖추고 있는지 여부, 불인정공정 해당 여부 - 생산자로부터 최종수출물품을 공급받아 수출하는 경우 원산지확인서를 제출받았는지 여부 및 원산지확인서가 정확하게 작성되었는지 여부	제품 생산공정설명서, 원산지확인서, 사전검증결과 보고서 및 의견서
	○ 원산지소명서 작성능력 확인 1. 프로세스 적정여부 확인 2. 주요 수출(생산)품목(5개 이내)에 대해 서류확인 - 원산지소명서 각 항목이 모두 기재되었는지 여부 - 원산지확인서·국내제조확인서등원산지확인서류가 정확하게 작성되고, 원산지소명서와 일치하는지 여부 - 원재료의 협정별·품목별 원산지기준이 정확한지 여부 - 수출품의 협정별·품목별 원산지기준이 정확한지 여부 - (부가가치 기준 적용품목의 경우) 각 협정에서 정하는 재료비 가감요소가 정확하게 반영되었는지 여부 - 원산지 최종 판정결과가 정확한지 여부	1.프로세스 적정여부 (시스템 설명서, 업무 매뉴얼, 사전 검증결과 보고서 및 의견서) 2.서류작성 적정여부 (품목별 소명서 및 소명자료, 사전검증결과 보고서 및 의견서)
④ 원산지 증빙자료 관리 (검증 대비)	○ 시행령 제13조제1항제2호에 따른 수출자가 보관하여야 할 서류의 보관(전자서류, 스캔 가능) - 체약상대국의 수입자에게 제공한 원산지증명서 및 원산지증명서 발급 신청 서류 - 수출신고필증, 거래 관련 계약서 - 해당물품 및 원재료의 생산 또는 구입 관련 증빙서류 - 원가계산서·원재료내역서 및 공정명세서 - 해당물품 및 원재료의 출납·재고관리 대장 등	시스템 설명서, 업무 매뉴얼, 사전 검증결과 보고서 및 의견서

□ 내부 원산지관리전담자 지정기준

1. 업체별 원산지인증수출자 원산지관리전담자는 다음 항목의 총합이 20점 이상이어야 하며, 품목별 원산지인증수출자 원산지관리전담자는 다음 항목의 총합이 10점 이상이어야 함

- 다 음 -

① 관세청, 민간협회 및 기획재정부에서 선정한 FTA교육으로서 관세청장 또는 세관장이 인정하는 교육 이수 실적: 시간당 2점

〈자유무역협정 관련 교육이수 인정기준〉

과 목	내 용	점 수
자유무역협정 (FTA)법령	· FTA 협정문중 원산지규정 · FTA 관세특례법·고시	시간당 2점 (최대 4점)
원산지결정기준	· 원산지결정기준 이론 · 결정기준 판정 연습	시간당 2점 (최대 6점)
품목분류	· 품목분류 이론 · 산업별 품목분류 사례	시간당 2점 (최대 6점)
인증수출자	· 인증수출자 제도 · 인증수출자 지정 실무	시간당 2점 (최대 6점)
원산지관리 실무	· 증명서·소명자료 작성 실무 · 업무매뉴얼 작성·사례 실무 · 전산관리 시스템 실무	시간당 2점 (최대 6점)
원산지에 관한 조사	· FTA 협정문 등 원산지조사 관련 규정 · 원산지 증빙서류 등 보관 관련 규정	시간당 2점 (최대 6점)

② 관세, 상품학, 자유무역협정 관련 자격증 소지자 : 최대 5점
(단, 관세사·공인회계사·관세업무 담당 변호사 : 20점)
③ 관세청 또는 전문기관*으로부터 받은 자유무역협정 컨설팅 실적 : 건당 5점(최대 15점)
* 관세사, 회계법인, 컨설팅 법인 등
④ 자유무역협정 관련 업무전담 경력: 2점~5점
(1년 이상: 2점, 2년 이상: 3점, 3년 이상: 4점, 4년 이상: 5점)

2. 원산지관리사 자격증 소지자

□ **외부 원산지전문가**: 관세사, 변호사, 공인회계사(「관세사법」제2조에 따른 직무를 제외한다)

B. 품목별 원산지인증수출자 인증요건 심사 - FTA인증고시 제10조

□ 원산지 증명능력 및 확인 서류 : 품목별 원산지인증수출자로 인증을 받으려면 인증신청 품목(HS 6단위 기준)이 수출하고자 하는 협정의 원산지결정기준을 충족하여야 합니다. 세관장은 품목별 원산지인증수출자로 인증을 받기 위해 신청한 자가 FTA 특례 규칙 제7조의2제1항에서 정하는 인증요건에 충족하는지를 281쪽(별표 4)에 따라 심사하여야 하겠습니다.

□ 원산지관리전담자 지정요건 : FTA 특례 규칙 제7조2제1항제2호에 따른 원산지관리전담자의 지정요건은 279쪽(별표 3)과 같습니다. 다만, 내부 원산지관리전담자가 관세청장이 인정하는 자격증을 갖춘 경우 원산지관리전담자의 지정요건에 대한 심사를 생략할 수 있습니다

FTA 특례 규칙
제7조의2(품목별 원산지인증수출자) ① 관세청장 또는 세관장은 업체별 원산지인증수출자가 아닌 자로서 다음 각 호의 요건을 모두 갖춘 수출자를 품목별 원산지인증수출자(이하 "품목별 원산지인증수출자"라 한다)로 인증할 수 있다. 〈개정 2011.6.30., 2013.2.23.〉 1. 제12조에 따른 원산지결정기준을 충족하는 물품(품목번호 6단위를 기준으로 한다)을 수출하는 자 2. 영 제9조의2제1항제3호에 따른 원산지증명서 작성대장을 비치·관리하고, 관세청장이 정하는 바에 따른 원산지관리전담자(외부의 원산지전문가를 포함한다)를 지정·운영하는 자

주요 내용	○ 신청서에 기재된 HS 6단위 물품의 대표품목(HS6단위별)을 선정하여 원산지결정기준 충족 여부 확인(사전검증시 확인한 협정·HS6단위 생략가능)
세부 내용	○ 생산공정 확인 　- 회사가 실존하고, 해당 품목의 생산시설을 갖추고 있는지 여부 　- 불인정 생산공정에 해당하는지 여부 　- 생산자로부터 최종수출물품을 공급받아 수출하는 경우 원산지확인서를 제출받았는지 여 　　부 및 원산지확인서가 정확하게 작성되었는지 여부 ○ 원산지소명서 작성능력 확인 　- 주요 수출(생산)품목(HS6단위별)선정 　- 원산지소명서 각 항목이 모두 기재되었는지 여부 　- 원산지확인서가 정확하게 작성되고, 원산지소명서와 일치하는지 여부 　- 원재료의 협정별·품목별 원산지기준이 정확한지 여부 　- 수출품의 협정별·품목별 원산지기준이 정확한지 여부 　- (부가가치 기준 적용품목의 경우) 각 협정에서 정하는 재료비 가감요소가 정확하게 반영 　　되었는지 여부 　- 원산지 최종 판정결과가 정확한지 여부
확인 서류	○ 원산지소명서, 원산지확인서, 국내제조확인서, 사전검증결과보고서 및 의견서, 제품생산공 정설명서 등

2. 인증 신청 절차

품목별로 인증받느냐 혹은 업체별로 인증받느냐에 따라서 그 기간에 차이가 다소 발생할 수 있으나 통상적으로 20~30일 걸리며, 세관 당국에서 인증과 관련하여 어떤 비용(수수료 등)을 요구하지 않습니다. 신청자가 직접 신청할 수도 있고 관세사 사무실의 도움을 받아서 신청할 수도 있습니다. 만약 외부 컨설팅 기관으로서 예를 들어, 관세사 사무실의 도움을 받는다면 관세사 사무실은 품목별 혹은 업체별에 따라서 수수료를 달리 요구할 것입니다.

이때 한정된 품목이 아니라 많은 품목을 여러 FTA 상대체약국으로 수출 원하여 업체별 인증을 받고자 하는 신청자에게 관세사 사무실은 많은 품목에 대해서 HS 6단위를 결정, 원산지결정기준을 충족시키기 위한 전략, 원산지 관리를 위한 전산 시스템 혹은 업무 매뉴얼 확보 등의 포괄적인 사항을 검토함에 따라 상당 기간이 필요하며 보다 많은 수수료를 요구할 것입니다.

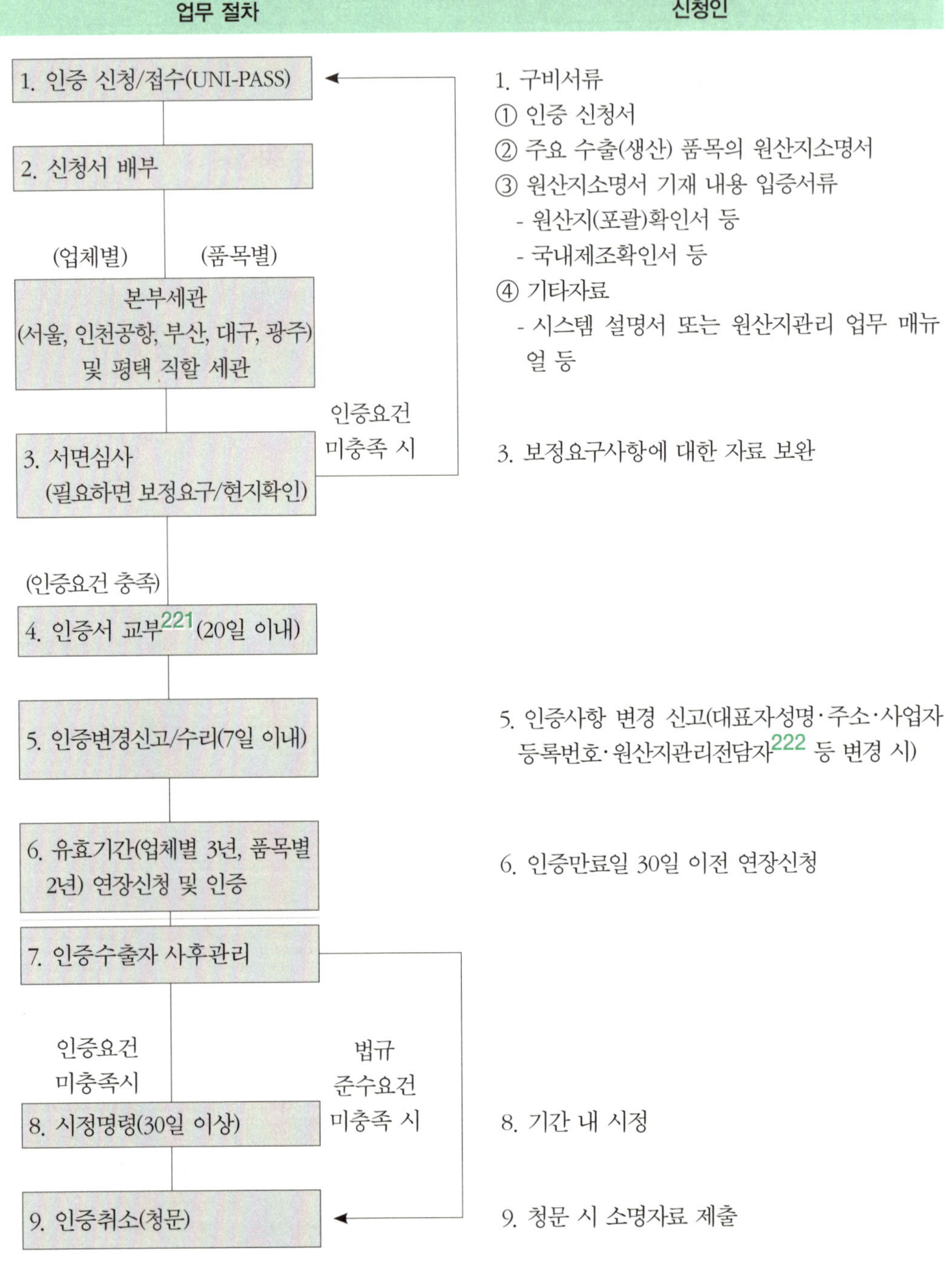

▲ 본 내용은 FTA 포털(http://fta.customs.go.kr)의 내용입니다.

---

221 품목별 원산지인증수출자 인증서 346쪽 참고. 업체별 원산지인증수출자 인증서 349쪽 참고.

222 원산지전담관리자와 자율발급 FTA C/O에 대한 서명권자는 별도의 개념으로 봐야 할 것입니다. 인증수출자인데 원
산지전담관리자가 퇴사 혹은 부서 이동으로 인해서 다른 사람으로 변경되었다면 인증사항 변경신고를 해야 합니
다. 그러나 서명권자의 변경은 172쪽의 내용과 같이 '원산지증명서 서명카드'를 비치하여 자체적으로 운영하면 되겠
습니다.

원산지인증수출자는 상호·주소·대표자 성명·원산지관리전담자 등 인증사항이 변경된 때에는 350쪽의 서식에 따라 그 변경사항을 지체없이 인증한 세관장에게 신고해야 합니다. 다만, 기업의 합병·분할, 폐업 후 기업 신설 등으로 인하여 기업의 동일성 및 연속성이 인정되지 않는 경우에는 새로 인증을 받아야 한다.

그리고 내부 원산지관리전담자로 지정된 담당자가 회사 내에서 타 부서로 이동 혹은 퇴사로 인하여 다른 사람이 해당 업무를 인수한 경우, 원산지 관리전담자로서 받아야 하는 교육을 다시 받아야 합니다.

마지막으로, 품목별 인증수출자의 경우는 인증 물품의 원산지결정기준이 변경(예 : CTH → 부가가치기준)된 때에는 새로 인증받아야 합니다.

FTA 인증 고시

제15조(인증사항 변경신고) ① 규칙 제7조제5항[223] 및 제7조의2제3항[224]에 따른 인증사항의 변경신고는 제14조에서 정하는 관할세관장에게 하여야 한다.

② 제1항에 따른 변경신고를 받은 세관장은 그 신고내용을 확인하여야 하며 다음 각 호의 어느 하나에 해당하는 경우에는 새로 인증을 받아야 한다.

1. 개인 사업자의 경우 대표자·사업자등록번호가 변경되거나, 법인 사업자의 경우 사업자등록번호가 변경되는 등 기업의 분할, 인수합병 등으로 기업의 동일성 및 연속성이 인정되지 아니하는 경우
2. 품목별 원산지인증수출자의 인증품목에 대한 HS번호 오류가 있거나 원산지결정기준 또는 인증품목의 변경 등 인증사항에 실질적인 변화가 있는 경우

---

[223] 7조(업체별 원산지인증수출자)⑤ 업체별 원산지인증수출자는 상호주소대표자 성명원산지관리전담자 등 인증사항이 변경된 때에는 별지 제5호서식에 따라 그 변경사항을 지체 없이 관세청장이 정하는 세관장에게 신고하여야 한다. 다만, 기업의 합병분할, 폐업 후 기업 신설 등으로 인하여 기업의 동일성 및 연속성이 인정되지 않는 경우에는 새로 인증을 받아야 한다. 〈개정 2010.3.2., 2013.2.23.〉

[224] 제7조의2(품목별 원산지인증수출자) ③ 품목별 원산지인증수출자는 상호주소대표자 성명원산지관리전담자 등 인증사항이 변경된 때에는 별지 제5호서식에 따라 그 변경사항을 지체 없이 관세청장이 정하는 세관장에게 신고하여야 한다. 다만, 인증물품의 원산지결정기준 또는 인증물품의 종류가 변경되었거나 기업의 합병분할, 폐업 후 기업 신설 등으로 인하여 기업의 동일성 및 연속성이 인정되지 않는 경우에는 해당 물품에 대하여 새로 인증을 받아야 한다. 〈개정 2013.2.23.〉

2) 원산지관리전담자와 서명권자의 개념

원산지증명서에 서명하는 서명권자는 원산지관리자가 받아야 하는 교육을 이수하여 교육 점수 확보를 할 필요가 없습니다. 서명권자는 원산지증명서를 자율발급하는 경우, 원산지증명서의 서명을 할 수 있는 사람입니다. 회사의 대표 혹은 담당자 등이 될 수 있습니다.

반면에 원산지관리전담자는 세관에 신고된 자로서 변경 및 추가될 때 세관에 이를 신고해야 하며 교육도 이수해야겠습니다.

다시 말해서, 자율발급하는 FTA 원산지증명서에 서명하는 서명권자와 원산지증명서를 기관 발급 신청 혹은 자율발급하기 전에 해당 건의 물품이 해당 협정에서 정하는 원산지결정기준을 충족하는지 여부 등 원산지에 대한 관리를 하는 원산지관리사는 별개의 개념이라 할 수 있습니다. 원산지관리사는 담당자로 하고 서명권자는 대표로 하여 각각 구분할 수도 있고 동일한 사람으로 관리할 수도 있겠습니다.

3) 인증유효기간 연장

인증유효기간 만료 30일 전까지 인증유효기간 연장 신청을 하는데, 신청에 따른 결과가 나오기까지 상당 기간이 발생할 수 있기 때문에 미리 신청을 하는 것이 좋습니다. 만료기간 이전에 신청은 했으나 그 결과가 만료일로부터 상당 기간 이후에 승인되었다면 만료일과 연장 신청 승인일 사이에 수출자는 인증수출자가 아니기 때문에 원산지증명서 발급에 따른 혜택이 없습니다.

FTA 인증 고시

제4조(원산지인증신청자의 범위) 자유무역협정 체약국에 수출을 하고 있거나 수출을 하고자 하는 자는 원산지인증수출자로 인증을 신청할 수 있다.

제5조(인증신청 세관) ① 원산지인증수출자로 인증을 받으려는 자(통관 업무를 대행하는 자를 포함한다. 이하 같다)는 법인 또는 사업장의 주소지를 관할하는 [별표1][225]에 따른 세관장에게 사업장별로 또는 법인별로 인증을 신청하여야 한다. 다만, 주소지를 관할하는 세관장 이외의 세관장에게 인증을 신청하려는 자는 별지 제4호서식의 인증신청세관 및 관할세관 변경신청(승인)서를 주소지 관할 세관장에게 제출하여 변경할 수 있다.

---

[225] 285쪽 참고.

② 제1항에 따라 인증을 신청하는 자가 다수의 사업장을 보유하고 있는 때에는 주된 사무소를 관할하는 세관에 일괄하여 인증을 신청할 수 있다.

③ 인증신청을 접수한 세관장은 사업장 단위로 인증요건을 심사하고, 각각 인증번호를 부여하여야 한다. 다만, 법인사업자가 여러 사업장의 원산지 관리를 총괄하는 경우에는 법인 단위로 심사하여 인증번호를 부여할 수 있다.

제6조(인증신청 방법) ① 원산지인증수출자로 인증을 받으려는 자는 관세청 전자통관시스템(UNI-PASS)을 이용하여 인증신청서를 전자서류로 제출하여야 한다. 다만, 전자통관시스템을 갖추지 못한 경우에는 종이서류로 제출할 수 있다.

② 세관장은 종이서류를 제출받은 경우에는 해당 서류를 확인하여 전자통관시스템에 등록하여 처리하고 제출받은 서류는 별도로 보관·관리하여야 한다.

□ **원산지인증수출자 인증신청 및 관할세관** (FTA 인증 고시 별표 1)

인증신청 및 관할세관	관 할 구 역
서울세관	서울세관, 안양세관, 속초세관, 대전세관, 천안세관, 청주세관, 구로세관, 성남세관, 의정부세관, 동해세관, 대산세관, 충주세관, 파주세관, 원주세관, 고성세관의 관할구역
부산세관	부산세관, 용당세관, 김해세관, 거제세관, 마산세관, 양산세관, 창원세관, 사상세관, 사천세관, 진주세관, 통영세관의 관할구역
인천세관	인천세관, 수원세관, 안산세관, 부평세관, 인천공항세관, 김포세관의 관할구역
대구세관	대구세관, 구미세관, 포항세관, 울산세관의 관할구역
광주세관	광주세관, 광양세관, 목포세관, 여수세관, 군산세관, 제주세관, 익산세관, 전주세관의 관할구역
평택세관	평택세관의 관할구역

※ 세관관서의 관할구역은 「관세청과 그 소속기관 직제 시행규칙」에서 정하는 바에 따름

제13조(인증유효기간의 연장신청) ① 원산지인증수출자의 인증유효기간을 연장하려는 자는 인증유효기간만료일의 30일 전까지 다음 각 호의 서식으로 관할세관장에게 신청하여야 한다.

1. 업체별 원산지인증수출자 : 규칙 별지 제3호 서식[226]
2. 품목별 원산지인증수출자 : 규칙 별지 제4호의2 서식[227]

② 품목별 원산지인증수출자가 품목별이나 협정별로 여러 건의 인증을 보유하고 있는 경우에는 인증유효기간 연장을 일괄로 신청할 수 있다. 이 경우 가장 먼저 유효기간이 만료되는 인증의 유효기간 만료일 30일 전까지 일괄로 연장 신청하여야 한다.

③ 원산지인증수출자가 규칙 제7조 제8항[228]에 따른 날까지 인증 유효기간의 연장 신청을 하지 아니한 때에는 인증 유효기간이 만료되면 인증이 자동 상실된 것으로 보며, 다시 원산지인증수출자로 인증을 받으려는 자는 인증 유효기간이 만료된 후 새로 인증을 받아야 한다.

---

[226] 업체별 원산지인증수출자 인증(연장)신청서. 347쪽 참고.

[227] 품목별 원산지인증수출자 인증(연장)신청서. 344쪽 참고.

[228] 제7조(업체별 원산지인증수출자) ⑧ 제7항에 따른 인증유효기간을 연장하려는 자는 인증유효기간 만료 30일 전까지 제3항에 따라 인증한 관세청장 또는 세관장에게 인증유효기간의 연장을 신청하여야 한다. 이 경우 연장신청을 받은 관세청장 또는 세관장은 원산지인증수출자가 제1항 각 호의 요건을 유지하고 있는 것으로 인정하면 그 인증유효기간을 5년간 연장할 수 있으며, 인증유효기간을 연장한 때에는 이를 지체 없이 관세청장은 증명서발급기관에, 세관장은 관세청장 및 증명서발급기관에 각각 통보하여야 한다. 〈개정 2010.3.2., 2015.5.18.〉

3. 품목별 인증 신청 절차 설명- 세번변경기준 물품 기준

※ 한국에서 아세안 국가로 Spark Plug를 수출한다는 가정하에 품목별 인증수출자 인증받는 절차를 설명합니다.

※ 품목별 인증수출자 인증 신청할 때 제출 서류는 275쪽을 참고 해주세요. 다음 설명은 해당 서류별로 작성법을 설명합니다.

※ 본 책의 모든 내용은 기본적인 내용으로서 실무자는 본 내용을 기초로 실제 업무를 할 때는 재확인을 해야겠습니다.

□ 품명 및 원산지결정기준

HS Code	품목명	협정	원산지기준
8511.10	점화플러그	한·아세안 FTA	다음 각 호의 어느 하나에 해당하는 것에 한정한다. 1. 다른 호에 해당하는 재료로부터 생산된 것 2. 40% 이상의 역내 부가가치가 발생한 것 CTH or RVC 40%

□ 품목별 원산지인증수출자 인증(연장)신청서 작성

※ 원산지인증수출자 인증 신청은 관세청 유니패스(http://portal.customs.go.kr)를 이용하여 인증 신청서를 전자서류로 제출하거나 종이서류로 제출할 수 있습니다. 종이 서류 제출 방법으로는 인증 신청서를 포함한 제출 서류를 서류 봉투에 넣어 세관으로 발송하여 접수하는 방법이 있을 수 있습니다. 또는 해당 서류를 스캔하여 PDF로 변경 후 이메일로 제출하는 방법도 있습니다.

※ '인증번호'는 하나의 사업자등록번호에, 즉 하나의 업체에 하나만 부여됩니다.

※ 인증 신청서에서 '사업자등록번호'는 수출신고필증의 수출자 '사업자등록번호'와 일치해야겠습니다.

※ 생산품으로서 최종 수출물품의 '제조공정도' 역시 제출해야 하나, 제조공정도의 예시는 생략합니다.

■ 자유무역협정의 이행을 위한 관세법의 특례에 관한 법률 시행규칙 [별지 제4호의 2 서식] <개정 2014.3.14>

품목별 원산지인증수출자 인증(연장) 신청서

※ 뒤쪽의 작성방법을 읽고 작성하시기 바라며, [ ]에는 해당되는 곳에 √표를 합니다.

(앞쪽)

접수번호		접수일자		처리기간	20 일

1. 신청구분	[√] 신규인증	[ ] 인증유효기간 연장

2. 신청인	상 호	에듀트레이드허브	사업자등록번호	214-00-00000
	주 소	서울시 서초구 00동 00-0	대표자 성명	홍길동
	전 화 번 호	02-320-0000	팩 스 번 호	02-210-0000
	E-mail 주소	trade@edutradehub.com	인 증 번 호	※ 세관에서 기재

3. 지정요건	업체별 원산지인증수출자 여부	[ ]예 [√]아니오
	신청품목이 해당 협정의 원산지 결정기준을 충족하는지 여부	[√]예 [ ]아니오
	원산지증명서 작성대장 비치 및 관리 여부	[√]예 [ ]아니오
	원산지관리전담자(외부 원산지전문가 포함) 지정 및 운영 여부	[√]예 [ ]아니오

4. 원산지인증대상 신청물품

연번	품목번호(HS6단위)	품 명	적용대상협정	원산지 결정기준	원산지
1	8511.10	Spark Plug	한-아세안 FTA	CTH	KR

5. 원산지관리전담자

연번	성명	직위	소속부서	전화	팩스	E-mail
1	최규삼	과장	무역부	02-320-0000	02-210-0000	hong@edutradehub.com

「자유무역협정의 이행을 위한 관세법의 특례에 관한 법률 시행규칙」 제7조의 2에 따라 품목별 원산지인증수출자 인증(연장)을 신청합니다.

2013 년 7 월 27 일

신 청 인: **최규삼** (서명 또는 인)

관 세 청 장 귀 하
○ ○ 세 관 장

명판 · 직인

첨부서류	1. 원산지인증 신청품목별 원산지소명서 2. 원산지확인서(최종물품에 대한 원산지확인서로서 생산자와 수출자가 다른 경우에 한정합니다) 3. 원산지소명서에 기재된 내용을 입증할 수 있는 서류·정보 및 국내제조확인서(관세청장 또는 세관장이 제출 요구하는 경우에 한정합니다)	수수료 없 음

210mm×297mm[백상지 80g/㎡(재활용품)]

원 산 지 소 명 서

<table>
<tr><td rowspan="3">1.수출자</td><td>상　　　호</td><td>에듀트레이드허브</td><td>사업자등록번호</td><td>214-00-00000</td></tr>
<tr><td>대표자(성명)</td><td>홍길동</td><td>전 화 / 팩 스</td><td>02-320-0000 / 210-0000</td></tr>
<tr><td>주소(전자주소)</td><td>서울시 서초구 00동 00-0</td><td></td><td></td></tr>
<tr><td rowspan="3">2.생산자</td><td>상　　　호</td><td>미래 공업(주)</td><td>사업자등록번호</td><td>212-00-00000</td></tr>
<tr><td>대표자(성명)</td><td>모영주</td><td>전 화 / 팩 스</td><td>054-000-0000 / 000-0000</td></tr>
<tr><td>주소(전자주소)</td><td>경상북도 구미시 00동 000-00</td><td></td><td></td></tr>
</table>

물 품 명 세

<table>
<tr><td>3.품명/규격</td><td colspan="2">Spark Plug / 16mm</td><td>4.HS No.</td><td>8511.10</td></tr>
<tr><td rowspan="2">5.물품가격</td><td>가격조건</td><td>FOB (O), Ex-Works ( )</td><td rowspan="2">6.원산지 결정기준</td><td rowspan="2">CTH</td></tr>
<tr><td>금　　액</td><td></td></tr>
<tr><td>7.주요생산공정</td><td colspan="4">* Spark Plug의 제조공정도를 기초로 기술합니다.</td></tr>
</table>

원 재 료 명 세 서

8.연번	9.재료명	10.HS No.	11.원산지	12.가 격 수 량	12.가 격 가 격	13.공급자 (생산자)
1	Mechanical Seals	8484.20	한국			태산(주)
2	Gasket	8484.10	미상			태산(주)
3	Ceramic Insulator	8547.10	중국			TS Trading

<table>
<tr><td rowspan="3">14. 합　계</td><td>원산지재료(국산)</td><td></td><td></td></tr>
<tr><td>비원산지재료(수입산)</td><td></td><td></td></tr>
<tr><td>합　　계</td><td></td><td></td></tr>
</table>

원 산 지 인 정 요 건 검 토

<table>
<tr><td>15.완전생산기준 충족여부</td><td>예 □　아니오 □</td><td>16.세번 변경기준 충족여부</td><td>예 ☑　아니오 □</td></tr>
<tr><td>17.부가가치기준 충족여부</td><td>예 □　아니오 □</td><td colspan="2">(부가가치비율 :　　　%)</td></tr>
<tr><td>18.세번 변경기준과 부가가치기준 동시 적용품목</td><td>예 □　아니오 □</td><td>19.최소기준 적용여부</td><td>예 □　아니오 □</td></tr>
<tr><td>20.누적기준 적용여부</td><td>예 □　아니오 □</td><td>21.역외가공기준 적용여부</td><td>예 □　아니오 □</td></tr>
<tr><td>22.직접운송 여부</td><td>예 ☑　아니오 □</td><td>23.기 타</td><td>예 □　아니오 □</td></tr>
<tr><td>24.원산지 결정</td><td colspan="2">충 족 (O)</td><td>불 충 족 (　　　)</td></tr>
</table>

(한-아세안) 자유무역협정과 「자유무역협정의 이행을 위한 관세법의 특례에 관한 법률 시행규칙」에 따라 작성·제출합니다.

작　성　자 : 박 진 경 (서명)

직　　　위 : 과 장

상 호 및 주 소 : 미래 공업(주), 경상북도 구미시 00동 000-00

작 성 일 자 : 2013. 7. 25.

명판 · 직인

210㎜×297㎜(신문용지 54g/㎡(재활용품))

▲ 원산지소명서와 원산지 확인 서류의 경우, '생산자'가 BOM(원재료명세서)의 원료 내역이라든지 가격 및 제조공정절차 등에 대한 정보를 기업 비밀이라는 이유로 '수출자'에게 전달하지 않으면 '수출자'가 원산지소명서를 작성하지 못하고 원산지 입증을 하는 확인 서류를 직접 제출하지 못합니다. 그러면 '인증수출자 인증 신청서'는 수출자가 제출하고 원산지소명서 및 원산지 확인 서류는 '생산자'가 직접 작성하여 '생산자'가 세관으로 제출할 수 있습니다. 상기 원산지소명서는 '생산자'가 직접 작성하여 원산지 입증 서류와 함께 '생산자'가 직접 세관으로 제출하였다 할 수 있습니다.

▲ 본 물품의 경우 원산지결정기준이 세번변경기준이기 때문에 가격 정보는 기재하지 않았습니다.

▲ 상기와 같이 최종 수출물품의 '수출자'와 '생산자'가 상이한 경우 원산지(포괄)확인서를 제출합니다.

원산지(포괄)확인서(Declaration of Origin)

발급번호(Reference No) :

※ 뒤쪽의 작성방법을 읽고 작성하여 주시기 바라며, [ ]에는 해당되는 곳에 √표시를 합니다.   (앞쪽)

1. 공급 하는 자 (Supplier)	상호(Company Name) 미래 공업(주)	사업자등록번호(Business Number) 212-00-00000
	대표자성명(Name of Representative) 모영주	전화번호(Tel. No.) 054-000-0000 팩스번호(Fax. No.) 054-000-0000
	주소(Address) 경상북도 구미시 00동 000-00 전자우편주소(E-mail) info@mirae.com	인증수출자 인증번호(Customs Authorization No.)

2. 공급 받는 자 (Supplied to)	상호(Company Name) 에듀트레이드허브	사업자등록번호(Business Number) 214-00-00000
	대표자성명(Name of Representative) 홍길동	전화번호(Tel. No.) 02-320-0000 팩스번호(Fax. No.) 02-210-0000
	주소(Address) 서울시 서초구 00동 000-00 전자우편주소(E-mail) trade@edutradehub.com	

공급물품 명세서 (Good Statements)

3.연번 (S/N)	4.적용대상협정 (Applicable FTA)	5.품목번호 (HS 6단위) (HS Code (6-digit))	6.품명·규격 (Description· Specification of Good(s))	7.원산지 결정기준 (Origin Criterion)	8.원산지결정 기준 충족여부 (Fulfillment of Origin Criterion) 충족 (Y)	미충족 (N)	9.원산지 (Country of Origin)	10.원산지포괄확인기간 (년 월 일~ 년 월 일) (Blanket period (YYYY/MM/DD ~ YYYY/MM/DD))
1	한-아세안	8511.10	Spark Plug	CTH	[O]	[ ]	KR	2013.6.10.~2014.6.9.
					[ ]	[ ]		
					[ ]	[ ]		

「자유무역협정의 이행을 위한 관세법의 특례에 관한 법률 시행규칙」 제6조의3에 따라 위와 같이 원산지를 확인 합니다.

The undersigned hereby declares the origin of the good(s) in accordance with Article 6.3 of the 'Enforcement Rules of the Act on Special Cases of the Customs Act for the Implementation of Free Trade Agreements' .

작 성 자(Declarer) : : 모영주   (서명 또는 인)(Signature)

직   위(Position) : : 대   표

상호 및 주소(Company Name/Address) : 미래 공업(주), 경상북도 구미시 00동 000-00

작 성 일 자(Date) : : 2013.6.10.

210mm×297mm[백상지 80g/㎡(재활용품)]

▲ 최종 수출물품을 공급하는 미래 공업(주)이 수출자로서 에듀트레이드허브로 최종 수출물품이 원산지결정기준을 충족하고 있는 한국산(KR)이라는 사실을 입증하는 원산지(포괄)확인서를 작성하여 전달합니다.

▲ 최종 수출물품(Spark Plug)이 한·아세안 FTA 상대 체약국으로 수출되기 때문에 그 생산 공정에 투입된 원재료에 대한 원산지 결정을 할 때 역시 한·아세안 FTA 협정을 기초로 합니다.

최종 수출물품으로서 '원산지소명서'의 No.3 품명/규격의 물품(Spark Plug)이 한국산 물품이라는 사실을 입증하기 위해서 원산지(포괄)확인서가 발행되었습니다. 그리고 Spark Plug를 미래 공업(주)이 생산함에 있어 국내의 '태산(주)'으로부터 한국산 재료와 미상의 재료를 공급받았습니다. 그 중 한국산 재료로서 Mechanical Seals는 원산지(포괄)확인서로서 한국산이라는 사실을 공급받는 미래 공업(주)은 공급자로서 태산(주)에게 확인받습니다.

따라서 최종 수출물품의 생산 공정에 투입된 원재료명세서(BOM)의 입증서류로서 Mechanical Seals에 관한 원산지(포괄)확인서 역시 생산자로서 미래 공업(주)은 원산지소명서 및 기타의 원산지 입증서류와 함께 세관으로 제출할 수도 있습니다. 물론, 원산지소명서와 원산지 입증서류 모두를 수출자로서 에듀트레이드허브에 생산자가 전달이 가능하다면, 수출자는 '인증수출자 인증 신청서'와 함께 세관으로 원산지소명서 등의 원산지 입증서류를 직접 제출이 가능하겠습니다.

원산지(포괄)확인서(Declaration of Origin)

발급번호(Reference No) :

※ 뒤쪽의 작성방법을 읽고 작성하여 주시기 바라며, [ ]에는 해당되는 곳에 √표시를 합니다.

(앞쪽)

1.공급 하는 자 (Supplier)	상호(Company Name) 태산(주)	사업자등록번호(Business Number) 212-11-00000
	대표자성명(Name of Representative) 마정우	전화번호(Tel. No.) 053-000-0000 팩스번호(Fax. No.) 053-000-0000
	주소(Address) 대구시 00구 00동 000 전자우편주소(E-mail) jun@taesan.com	인증수출자 인증번호(Customs Authorization No.)
2.공급 받는 자 (Supplied to)	상호(Company Name) 미래 공업(주)	사업자등록번호(Business Number) 212-00-00000
	대표자성명(Name of Representative) 모영주	전화번호(Tel. No.) 054-000-0000 팩스번호(Fax. No.) 054-000-0000
	주소(Address) 경상북도 구미시 00동 000-00 전자우편주소(E-mail) info@mirae.com	

공급물품 명세서 (Good Statements)

3.연번 (S/N)	4.적용대상협정 (Applicable FTA)	5.품목번호 (HS 6단위) (HS Code (6-digit))	6.품명·규격 (Description· Specification of Good(s))	7.원산지 결정기준 (Origin Criterion)	8.원산지결정 기준 충족여부 (Fulfillment of Origin Criterion)		9.원산지 (Country of Origin)	10.원산지포괄확인기간 (년 월 일~ 년 월 일) (Blanket period (YYYY/MM/DD ~ YYYY/MM/DD))
					충족 (Y)	미충족 (N)		
1	한-아세안	8484.20	Mechanical Seals	CTH	[O]	[ ]	KR	2013.6.5.~2014.6.4.
					[ ]	[ ]		

「자유무역협정의 이행을 위한 관세법의 특례에 관한 법률 시행규칙」 제6조의3에 따라 위와 같이 원산지를 확인합니다.

The undersigned hereby declares the origin of the good(s) in accordance with Article 6.3 of the 'Enforcement Rules of the Act on Special Cases of the Customs Act for the Implementation of Free Trade Agreements'.

작 성 자(Declarer): : 마 정 우　　　(서명 또는 인)(Signature)

직 위(Position): : 대 표

상 호 및 주소(Company Name/Address) : 태산(주), 대구시 00구 00동 000

작 성 일 자(Date): : 2013.6.5.

210mm×297mm[백상지 80g/m²(재활용품)]

▲ 본 원산지(포괄)확인서는 수출자로서 에듀트레이드허브에게 최종 수출물품을 생산하여 공급하는 미래공업(주)에게 최종 수출물품의 생산에 투입되는 재료로서 Mechanicla Seals를 공급한 국내 공급자로서 태산(주)가 작성하였습니다. 293쪽의 '원재료 명세서' 부분에서도 확인 가능하듯이, 태산(주)는 미래공업(주)에게 Mechanical Seals와 Gasket을 공급함에 있어, Mechanical Seals가 원산지 재료이기 때문에 이를 입증하는 서류로서 본 원산지(포괄)확인서를 미래공업(주)에게 전달합니다.

BOM(Bill of Material, 소요부품명세서)

생산품: Spark Plug(HS 8511.10)

적용협정 : 한·아세안

부품명 (재료명)	품목번호 (HS Code)	원산지	수량	단가	가격(원)	생산자 /공급자	증빙서류	연락처
Mechanical seals	8484.20	한국 (역내산)				태산(주)	원산지 (포괄)확인서	000-0000
Gasket	8484.10	미상				태산(주)	세금계산서	000-0000
Ceramic Insulator	8547.10	중국 (역외산)				TS Trad-ing	세금계산서	000-0000

[작성자] 업체명/담당부서: 미래 공업(주) / 구매부
담당자: 박 진 경 과장 (서명)

┌ ─ ─ ─ ─ ─ ─ ─ ┐
　　명판 · 직인
└ ─ ─ ─ ─ ─ ─ ─ ┘

▲ 생산품으로서 최종 수출물품의 원산지결정기준이 세번변경기준이기 때문에 가격 정보는 필요하지 않습니다. 하지만 최소기준을 적용할 필요가 있는 경우에는 가격 정보가 필요합니다(112쪽 참고).

▲ 최종 수출물품의 BOM은 최종 수출물품의 원산지소명서 상의 '원재료명세서' 부분과 동일해야 할 것입니다.

▲ 국내 거래에 따른 증빙서류로서 '세금계산서', '거래명세서'와 같은 자료는 세관에서 요청하기 전에는 제출하지 않아도 될 것입니다.

▲ 생산자 미래 공업(주)가 수출자 에듀트레이드허브에 원산지소명서 및 원산지 입증서류를 전달하지 않고 생산자가 직접 작성하여 세관에 제출하는 상황이기 때문에 BOM 작성을 생산자가 하였습니다.

내부 원산지관리전담자(예: 회사 직원)를 지정한 경우 '원산지관리전담자 확인서'와 인증 교육 수료 증빙 서류를 함께 제출합니다. 외부 원산지관리전담자(예: 관세사)를 지정한 경우 자격증 사본, 원산지 관리 관련 계약서를 제출할 수 있습니다.

원산지관리전담자 확인서

   우리 회사는「자유무역협정의 이행을 위한 관세법의 특례에 관한 법률 시행규칙」 제7조의 2 제1항 제2호에 따른 원산지관리전담자를 다음과 같이 지정하여 운영함을 확인합니다.

다   음

성   명 : 최 규 삼
생 년 월 일 : 1979. 12. 20.
부 서 및 직 위 : 과장
재 직 기 간 : 2012. 8. 1. ~ 현재

2013. 6. 27.

명판 · 직인

서울세관장 귀하

다음은 서울세관에서 FTA 원산지결정기준 교육 이수에 따른 이수증입니다.

발급번호 : FTA1-13-178

FTA 교육 이수증

□ 교 육 명 : 원산지 결정기준 사례 실무 과정

□ 교육일시 : 2013. 6. 26 14:00~17:00(3시간)

□ 주　　최 : 서울세관

□ 장　　소 : 서울세관 5층 FTA 교육회의실

□ 교육 이수자

회 사 명	생년월일	성 명
에듀트레이드허브	81.12.06	최 규 삼

위와 같이 교육을 이수하였음을 확인합니다.

2013. 6 26

서 울 세 

다음의 원산지인증수출자 서면확인서는 인증신청 시 제출 서류 및 인증 후 발행한 원산지 증빙서류에 관한 신청자의 책임을 명시하는 서류입니다. 본 서면확인서의 제공으로 인해서 한·EU FTA 협정에 대한 인증수출자는 원산지신고서에 서명을 생략할 수 있습니다[229].

[별지 제1호 서식] 원산지인증수출자의 서면확인서

원산지인증수출자의 서면확인서

신청자	상 호	에듀트레이드허브
	주 소	서울시 서초구 00동 000-00
	사업자번호	214-00-00000
	대표자성명	홍길동

상기 본인은 다음의 서류에 기재된 사항에 대하여 모든 책임을 질 것을 확약합니다.

1. 원산지인증수출자 인증 후 발행하는 「자유무역협정의 이행을 위한 관세법의 특례에 관한 법률」 시행령 제2조에 따른 원산지증빙서류(원산지증명서 및 원산지 확인서류) 일체

2. 원산지인증수출자 인증 신청 시 제출한 시행규칙 제7조 제2항(또는 제7조의 2 제2항)의 각 호의 서류

2013 년 7 월 25 일

제 출 자   최 규 삼   (인 또는 서명)

서울 세관장 귀하

명판 · 직인

※ 동 서면확인서를 제출하게 되면 자유무역협정 체결상대국과의 협정에 정하는 바에 따라 원산지 자율증명에 필요한 서명을 생략할 수 있습니다.

---

229 〈한EU FTA 협정문 제16조〉 5. 원산지 신고서에는 수출자의 원본 서명이 수기로 작성된다. 그러나 인증수출자는 자신임이 확인되는 원산지 신고서에 대해 본인에 의해 수기로 서명된 것처럼 모든 책임을 지겠다는 서면 약속을 수출 당사자의 관세 당국에 제공한 경우에 한하여, 그러한 신고서에 서명하도록 요구받지 아니한다.

앞에서도 언급하였듯이 다음의 '원산지증명서 서명카드', '원산지증명서 작성대장'은 자율발급하는 FTA에 대해서 비치 및 관리해야 하나, 실무적으로 한·아세안 FTA와 같이 기관발급 하는 FTA에 대해서 품목별 인증받을 때에도 제출하는 것을 권하는 세관도 있는 것으로 확인되니 실무자는 인증수출자 인정 신청할 때 따로 확인할 필요가 있겠습니다.

그리고 추후에 원산지증명서를 자율발급하는 FTA 상대체약국으로의 수출을 대비해서 본 서류에 대한 관리 및 작성법에 대해서 미리 익혀두는 것도 나쁘진 않을 것 같습니다.

[별지 제7호 서식] 원산지증명서 서명카드

원산지증명서 서명카드

일련 번호	서 명	부서명	직책	성명	지정일자 및 사유	해제일자 및 사유
1	홍길동		대표	홍길동	2012. 3. 5. 업무분장	
2	박지민	무역부	차장	박지민	2012. 3. 5. 업무분장	2013. 5. 1. 퇴사
3		무역부	과장	최규삼	2013. 5. 1. 업무분장	

명판 · 직인

원산지증명서 작성대장

가. 자율증명하는 수출자가 작성하는 원산지증명서 작성대장

발급 번호	발급 일자	수출신고번호 및 수리일자	품명·규격	품목번호 (6단위)	수량	금액	원산지	생산자 (공급자)	수입자 및 수입국명	협정명칭 및 원산지 결정기준	비고
13- 001	2013 1.5.	010-00-11- 00000000 2013.1.13.	Spark Plug / 16mm	8511.10	1,000		KR	미래공업(주)	Kaston / 네덜란드	한-EU FTA / CTH	
13- 002	2013 2.28.	010-00-11- 00000000 2013.2.28.	Spark Plug / 18mm	8511.10	500		KR	미래공업(주)	Harry / 미국	한-미 FTA / CTSH	
13- 003	2013 3.8.	010-00-11- 00000000 2013.3.17.	Spark Plug / 16mm	8511.10	1,500		KR	미래공업(주)	Kaston / 네덜란드	한-EU FTA / CTH	

※ 비고란은 신규발급 또는 재발급 여부 등을 기재

제7장

부 록

1. 원산지 검증(사후검증)

1) 원산지 검증(Origin Verification)의 개념과 중요성

한·아세안 FTA, 한·EU FTA, 한·미 FTA 등이 발효되고 현재 상당한 시간이 흘러갔으며 그에 따라 FTA 수입체약국의 수입자는 FTA 협정세율이라는 큰 혜택을 받아왔습니다. 이제 그 혜택을 제공한 수입체약국 세관의 반격이 본격적으로 시작되고 있습니다.

그것은 바로 그동안 협정세율 적용받은 건들이 과연 협정에서 규정하는 원산지결정기준을 충족하였는지, 그리고 이를 바탕으로 협정에서 규정하는 양식과 기재요령에 따라서 정확하게 FTA 원산지증명서를 발급하였는지, 운송서류(B/L, 화물운송장)는 직접운송 원칙은 충족하고 있는지 등에 대해서 수입체약국 세관의 사후 검증(수입신고 수리 후 원산지 검증[230])이 시작되고 있습니다.

원산지 검증은 수입자에게 먼저 진행되고 수출자에게로 이어지는데[231], 검증 결과에 따라서 그동안 수입자가 혜택받아온 관세를 추징당할 수 있으며, 그 결과에 따라서 수입자와 수출자의 관계가 나빠질 수도 있고, 처벌로 인해서 회사 자체가 무너지는 심각한 상황에 직면할 수도 있습니다[232,233].

본 책에서 지금까지 설명한 내용을 잘 이해하고 이를 기초로 수출자가 스스로 구축한 원산지 관리 프로세스에 따라서 수출물품에 대한 원산지결정기준을 충족시킨 후 그 입증서류를 기초로 FTA 원산지증명서를 기관 혹은 자율적으로 발급해야겠습니다. 그리고 원산지 입증서류를 정해진 기간(5년) 동안 잘 보관[234]하고 있어야 불시에 진행되는 원산지 검증을 우왕좌왕하지 않고 성실히 받을 수 있고 그에 따른 불이익도 없을 것입니다.

수입자 역시 수출자에게 전달받은 FTA 원산지증명서가 협정에서 요구하는 양식과 기재요령

---

230 원산지 검증 원칙. 先통관 後검증.

231 원산지 검증 원칙. 수입자 검증 후 체약상대국 수출자 직접 혹은 간점 검증. 즉, 수입자 검증 원칙.

232 FTA 체약국의 규모가 있고 브랜드가 있는 즉, 유통망이 탄탄한 수출자의 경우는 사후에 받을 수 있는 원산지 검증에 대한 부담으로 인해서 수입체약국의 수입자가 FTA C/O 발행 요청하더라도 거부하는 경우도 있습니다.

233 실무자들 중에서는 FTA 체약국 간에 거래를 할 때, FTA 원산지증명서를 발급 하지 않고 차라리 거래 단가를 수입지의 기본세율에서 FTA 협정세율에 상응할 수 있을 정도로 인하하는 것이 사후에 있을 수 있는 원산지 검증으로 좋지 못한 결과에 직면하는 것도 훨씬 더 좋다고 말하고 있는 경우도 있습니다.

234 원산지 증빙 서류 보관 기간 175쪽 참고.

에 따라서 정확하게 발행되었는지 직접운송 원칙은 충족하였는지 등을 자체적으로 확인 후에 이상 없으면 FTA 협정세율 적용하여 수입신고 해야 할 것입니다.

비록 원산지 검증 관련된 내용을 '부록'에 담지만, FTA 실무자는 원산지 검증에 대한 중요성을 반드시 인식하여 업무를 진행해야 할 것입니다. 원산지 검증에 대비하는 일은 대단히 중요한 FTA 업무이니, 회사 관리자께서도 FTA 업무 담당자에게만 그 업무를 집중하지 말 것이며, 회사 전체가 힘을 모을 수 있도록 관리해야 할 것입니다.

2) 원산지 검증 원칙

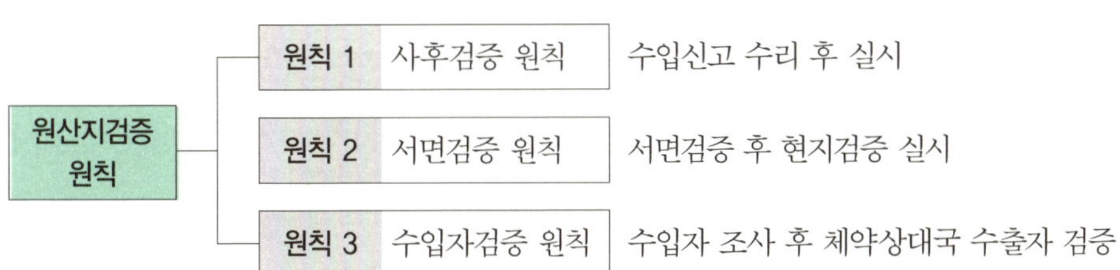

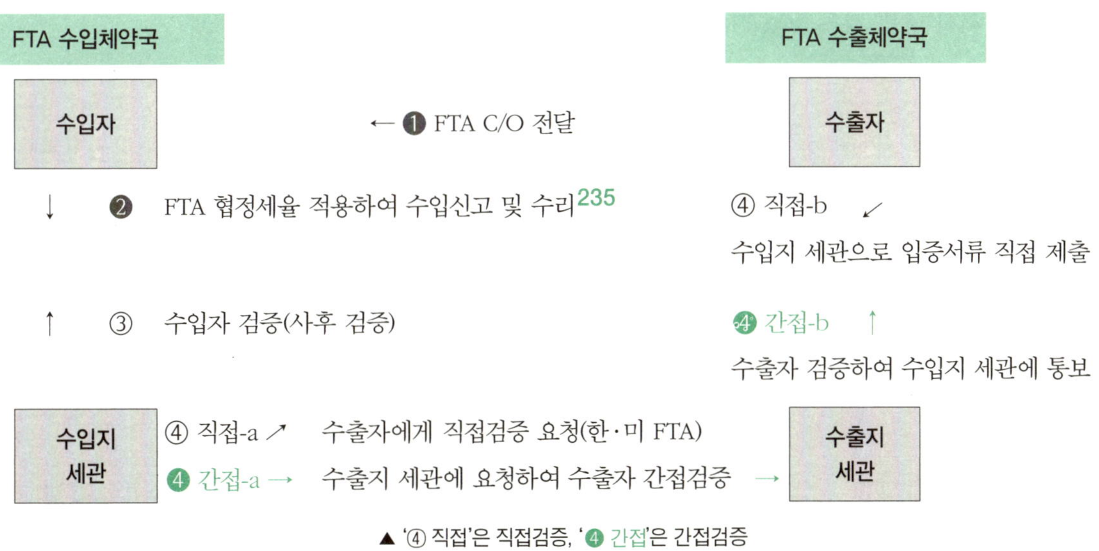

---

235 수입신고 하면 P/L(Paperless), 서류제출, 물품검사 중의 하나로 지정됩니다. 이때 P/L 건으로 지정되면 수입자는 인보이스, 패킹리스트, B/L 및 FTA C/O를 제출하지 않습니다. 이때 수입신고 받은 세관은 수입자가 성실히 수입신고 하였다는 전제를 둡니다.

□ 원산지 검증은 先통관 後검증 방식으로 진행됩니다. 따라서 관련된 자료의 보관이 필수적이며, 미보관 또는 세관의 원산지 검증에 따른 자료 제출 요구에 대해서 미제출 시 협정관세 적용 배제 및 벌칙을 받을 수 있습니다.

□ 원산지 검증은 수입자를 우선 조사 후 체약상대국 수출자 검증을 진행하며, 수출자 검증은 FTA 협정에 따라서 원산지 검증 주체가 수입국 세관(직접검증)이 될 수도 있고 수출국 세관(간접검증)이 될 수도 있습니다.

□ 원산지 검증은 수입자 검증을 우선하기 때문에 수출자는 수입자와 매매 계약 체결 할 때 혹은 그 후에라도 수입자가 수입지 세관으로부터 원산지 검증을 받게 되면 수출자에게 그러한 사실을 지체 없이 통지할 것을 사전에 합의하는 것이 좋습니다. 수입자에 대한 검증이 미비한 경우 수출자가 검증을 받게 되니(직접검증 혹은 간접검증의 형태로), 수입자가 사전에 그러한 검증 사실을 통지해주면 수출자는 그 만큼 시간을 벌 수 있기 때문입니다. 물론 그러한 합의가 없더라도 수입자가 검증을 받을 때 필요한 서류가 있으면 수출자에게 요청하겠지만 사전에 그러한 합의를 해서 나쁠 것은 없겠습니다.

□ 수입자 검증은 수입자 입장에서 원산지 입증을 할 수 있는 서류가 수출자에게 전달받은 FTA C/O 이외 기타 원산지 입증서류가 없기 때문에 수입지 세관은 이러한 점을 고려하여 서면으로 진행할 것(서면검증/서면조사)이고, 부족하다면 수출자에게 직접 혹은 수출지 세관을 통하여 간접적으로 수출자 검증을 서면으로 진행 후 필요에 의해서 현지검증(현지조사/현장방문)으로 이어질 수도 있을 것입니다.

□ 물품에 대한 원산지 입증책임은 FTA C/O를 기관으로 발급 신청하거나 자율적으로 발급한 FTA 수출체약국의 수출자에게 있을 것입니다. 이에 수출자는 원산지 검증을 대비하여 원산지 입증서류를 정해진 기간(5년) 동안 체계적으로 관리해야겠습니다. 수출자는 원산지 입증서류를 체계적으로 관리해야지만 서면검증에 대해서 신속·정확하게 대응할 수 있습니다. 수출자

는 원산지 검증이 현지검증으로 이어지지 않도록 서면검증에 대해서 확실히 대응해야 할 것입니다.

3) 원산지 검증 주체에 따른 직접검증과 간접검증

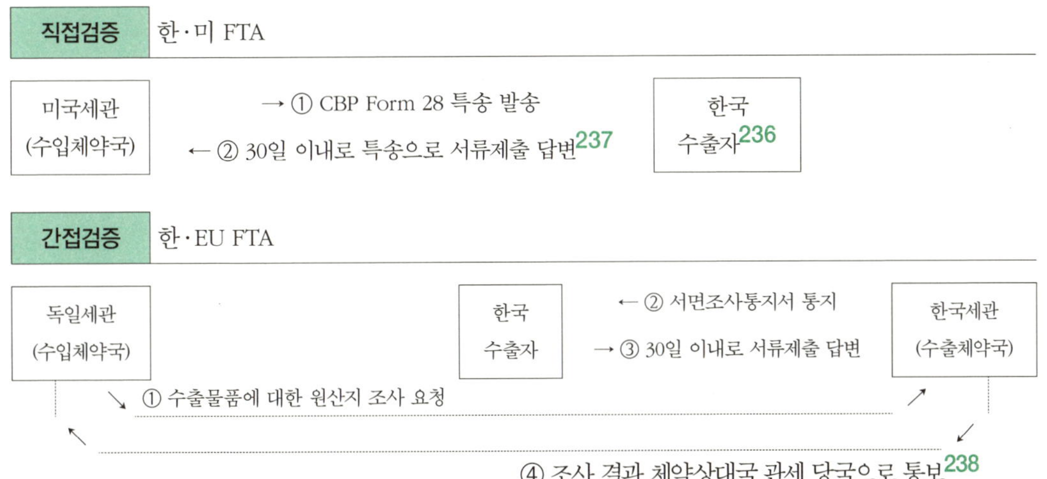

▲ 수출자에 대한 수입지 세관의 직접검증이던 수입지 세관의 요청에 따른 수출지 세관의 간접검증이던 수입지 세관은 원산지 검증 원칙에 따라서 일단은 수입자를 우선 검증할 것입니다. 그리고 부족한 경우, 수출자에 대해서 직접 혹은 간점검증을 서면으로 실시하고 역시 부족하면 현지검증으로 이어질 것입니다. 수출자는 원산지 검증이 현지검증으로 이어지지 않도록 서면검증에 철저히 대응해야겠습니다.

□ 한-미 FTA에서 원산지 검증은 직접검증입니다. 그래서 한국의 수출자에 대한 검증은 수입지 세관으로서 미국세관(CBP)이 직접 할 수 있으나 실무적으로 미국세관은 수입자에게 원산지 검증 요청을 하고 미국 수입자가 다시 한국 수출자에게 원산지 검증 요청하는 경우가 대부분인 듯합니다. 미국 수입자가 원산지 검증을 한국 수출자에게 요청할 때 그리고 한국 수출자가 원산지 입증 서류 전달할 때 모두 실무에서는 이메일로 업무 처리되고 있는 것으로 보입니다.

---

236 미국세관의 직접검증 조사대상자는 수출물품을 수출한 수출자/생산자 및 재료를 공급한 공급자도 될 수 있을 것입니다.

237 수출자는 요구하는 답변과 서류의 작성을 모두 영문으로 해야 할 것입니다.

238 간접검증 결과에 대한 상대체약국 관세 당국으로의 통보는 한아세안 2개월, 한인도 3개월, 한EU 10개월 등 협정마다 다릅니다.

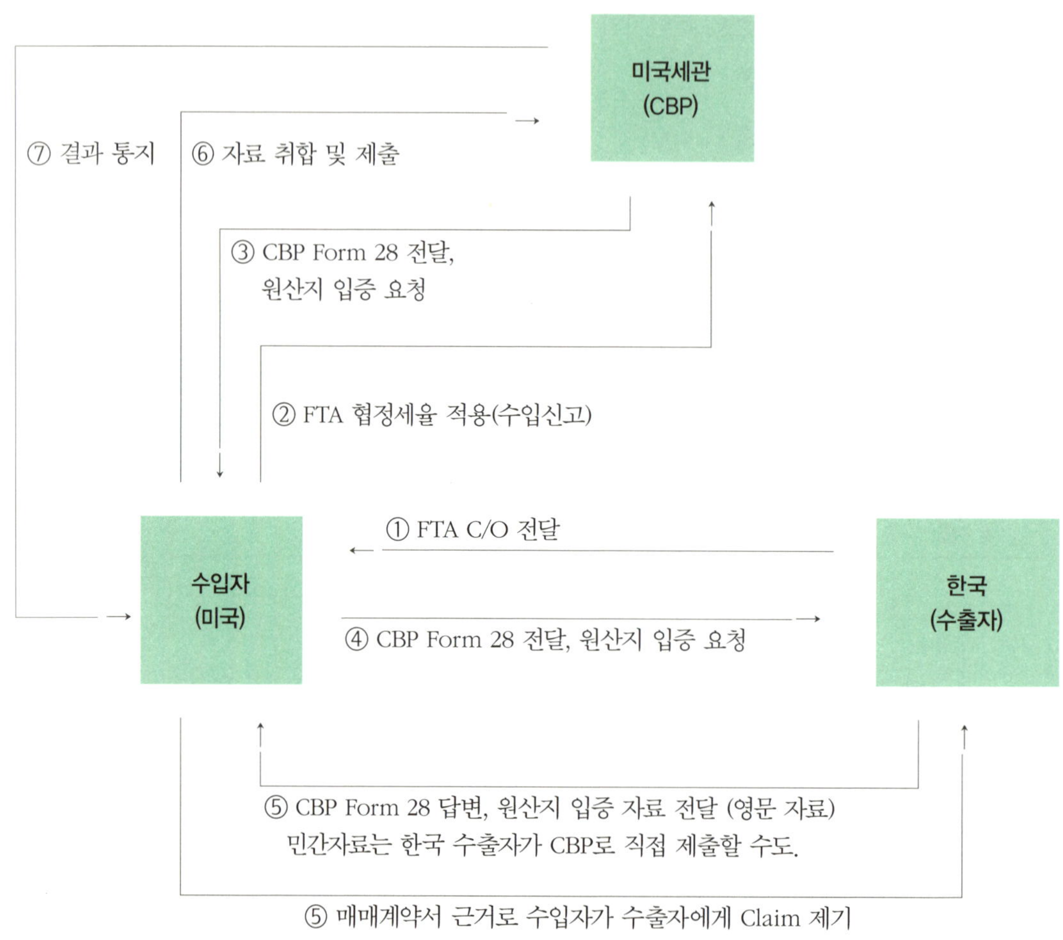

□ **FTA 협정별 원산지 검증 방식**

FTA	칠레	싱가포르	미국	아세안	인도	페루	EFTA	EU	터키
검증방식	직접검증			원칙 : 간접검증 예외 : 직접검증			간접검증		
검증주체	수입국 세관			간접 : 수출국 세관 직접 : 수입국 세관			수출국 세관		

4) 원산지 검증에 따른 세액 추징과 클레임

지금까지 앞에서 설명한 것과 같이, 원산지 검증은 수입지에 위치한 수입지 세관이 수입신고 수리 된 건에 대해서 사후에 서면으로 수입자 검증을 먼저 실시합니다. 그 결과에 따라서 수입지 세관은 수출자 검증을 실시 할 수 있는데 수입지 세관이 직접 수출자에게 서면으로 검증을 할 수도 있고, 수출지 세관에 요청하여 간접적으로 수출자 검증을 실시할 수 있으며, 서면 검증 결과에 따라서 수출지로 방문하여 현지 검증을 할 수도 있겠습니다.

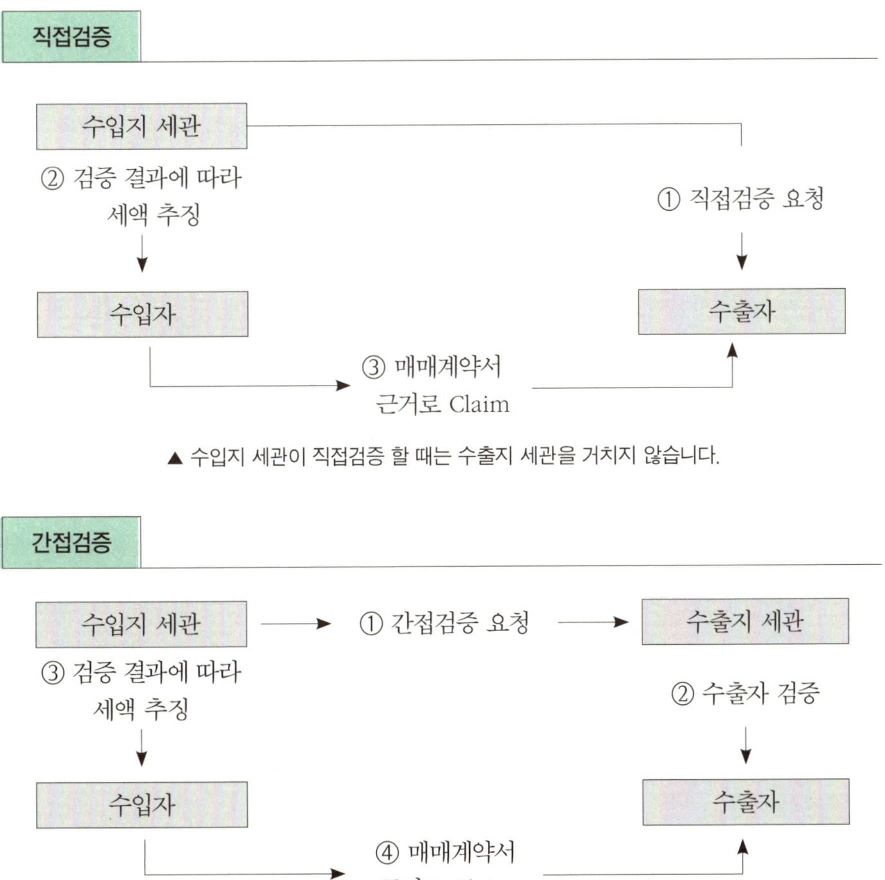

☐ 원산지 검증은 아무래도 수입지에서 특혜를 많이 받은 건에 대해서 그 빈도가 높을 것입니다. 즉, 기본세율이 20%인데 FTA 협정세율로서 3%를 적용 받았다면 수입자는 큰 특혜를 받는 것이며, 특히 해당 건의 인보이스 가격이 크다면 수입자가 받는 특혜는 상당할 것입니다. 수

입지 세관에서 원산지 검증을 하더라도 추징 하였을 때 이렇게 많은 금액을 추징할 수 있는 건에 눈을 돌리 것입니다. 따라서 실무자는 이러한 점을 참고하여 차질 없는 업무 진행해야 할 것입니다.

□ 직접검증이던 간접검증이든 그 결과가 특혜 인정으로 종료될 수도 있으나 그렇지 못하면 수입지 세관은 수입자에게 세액 추징을 할 것입니다. 그 결과에 따른 수입자의 수출자에 대한 클레임은 세관이 관여할 문제는 아니겠습니다.

A. 검증 방식에 따른 형벌/과태료 처분

□ (직접검증) 수입지 세관이 수출자에 대해서 직접 검증 후 원산지결정기준 미충족 등 여러 가지 이유로 FTA C/O를 발행할 수 없는 상황임에도 발행하였다고 결론 내리면, 수입지 세관은 수입자에게 그동안 혜택 받은 세액을 추징합니다. 수출자에 대해서는 수입지 세관은 형벌/과태료 처분을 할 수는 없을 것이며, 수출지 세관이 이를 알고 수출자에게 형벌/과태료 처분 역시 하지 않는다 할 수 있습니다. 물론 수입지 세관은 수입자에게 세액 추징하면서 상황에 따라서 형벌/과태료 처분을 내릴 수도 있을 것입니다.

□ (간접검증) 반면에 수입지 세관의 검증 요청에 따라서 수출지 세관이 간접적으로 수출자를 검증하는 간접검증에서는 그 결과에 따라서 수출지 세관이 수출자에게 혹은 수출자에게 재료를 공급한 1차 공급자, 2차 공급자 등에 대해서도 형벌/과태료 처분을 내릴 수도 있을 것입니다. 그리고 수출지 세관은 수입지 세관에 검증 결과를 통지하고 수입지 세관에 의해서 수입자는 세액 추징당할 수 있습니다.

B. 원산지 검증에 따른 세액 추징과 클레임 처리

□ 만약 수입자가 수입지 세관으로부터 세액을 추징당했다면, 수입자는 수출자에게 클레임 할 것입니다. 따라서 매매계약서 체결할 때, 본 상황에 직면하면 어떠한 식으로 수입자가 수출자에게 클레임 제기할 것이며, 수출자는 수입자의 클레임에 대해서 어떻게 처리 해줄 것인지 정

확히 매매계약서에 기재해야 할 것입니다[239]. 매매계약서는 발생될 수 있는 사건의 처리를 위한 기초가 될 수도 있으나, 그러한 불미스러운 사건이 발생되는 것을 사전에 방지하는 역할도 하겠습니다.

☐ 세액 추징당한 수입자는 그로 인해서 회사가 망할 수도 있습니다. 수입자는 물품을 수입할 때 수입신고 수리하여 세액 납부하고 수리 받아서 자신의 마진을 포함한 후 국내 거래처에 공급하거나 직접 개인 고객에게 판매할 것입니다. 그런데 원산지 검증은 先통관 後검증으로 진행되니, 검증 결과에 따라서 과거 수입한 해당 물품에 대한 세액을 추징당한다 하더라도 수입자는 이미 판매된 물품에 대한 가격을 더 올려서 고객들에게 대금 결제를 받을 수 없을 것입니다. 따라서 반드시 매매계약서에 이러한 상황이 발생되었을 때의 클레임과 수출자로부터 보상받을 수 있는 방안을 기재해야할 것입니다.

2. 한·미 FTA, 수리(Repair) 또는 개조 후 재반입되는 상품

한·미 FTA 협정문 제2.6조에 따르면 "수리 또는 개조를 위하여 자국 영역에서 다른 쪽 당사국의 영역으로 일시적으로 수출된 후 자국 영역으로 재반입되는 상품에 대하여 그 상품의 원산지와 관계없이 관세를 적용할 수 없다."라고 기술하고 있습니다[240].

① 우리나라에서 미국으로 수리 또는 가공하기 위하여 일시적으로 수출되었다가 다시 수입하는 물품

② 우리나라에서 수리 또는 가공한 후 다시 미국으로 수출하기 위하여 미국에서 일시적으로 수입하는 물품[241]

다시 말해서, 한·미 FTA에서 한국의 수입자는 기계를 수입하였고 한국에서 사용하다가 고장

---

239 매매계약서 작성은 항상 발생될 수 있는 최악의 경우를 가정하고 작성해야 할 것입니다.
240 FTA 특례법 제8조에서도 관련된 내용을 확인할 수 있습니다.
241 「한미 FTA 발효에 따른 운영지침」 참고

이 발생하여 수리(Repair)를 목적으로 미국으로 재수출하여 수리 후 재반입할 때 수리비와 왕복 운임에 대해서 관세를 면세받을 수 있다는 뜻입니다.

이때 해당 물품의 원산지와 관계없다는 뜻은 한국으로 최초 수입될 당시에 해당 물품에 대해서 한·미 FTA C/O로 미국산이라는 사실을 인정받지 못한 물품에 대해서도 상대국인 미국에서 수리 후 재반입되면 관세를 면세받을 수 있을 것입니다. 물론, 한국에서 재수출되는 물품과 수리 후 재반입되는 물품이 동일하다는 것은 서류상으로 입증해야 할 것입니다.

<참고>

통상적으로 수입한 물품을 수출자에게 수리를 위해서 재수출하고 수리 후 재수입할 때 과세는 수리 비와 왕복 운임에 대해서 해당 물품에 대한 HS Code 상 관세율을 적용합니다.

□ 한·미 FTA 협정문 제2.6조 수리 또는 개조 후 재반입되는 상품

한·미 FTA 협정문 제2.6조 수리 또는 개조 후 재반입되는 상품

1. 어떠한 당사국도, 다음의 경우에 관계없이, 수리 또는 개조를 위하여 자국 영역에서 다른 쪽 당사국의 영역으로 일시적으로 수출된 후 자국 영역으로 재반입되는 상품에 대하여 그 상품의 원산지와 관계없이 관세를 적용할 수 없다.

    가. 수리 또는 개조를 위하여 그 상품을 수출한 당사국의 영역에서 수리 또는 개조가 이루어질 수 있는지 여부, 또는

    나. 수리 또는 개조가 그 상품의 가치를 증가시켰는지 여부

2. 어떠한 상사국도 수리 또는 개조를 위하여 다른 쪽 당사국의 영역으로부터 일시적으로 반입된 상품에 대하여 그 상품의 원산지와 관계없이 관세를 적용할 수 없다.

3. 이 조의 목적상, '수리 또는 개조'는 다음의 작업이나 공정은 포함하지 아니한다.

    가. 상품의 본질적인 특성을 파괴하거나 새로운 또는 상업적으로 다른 상품을 만드는 것, 또는

    나. 미완성 상품을 완성 상품으로 변형하는 것

3. 외국 관세율 조회 - 미국, 중국, 일본, 호주 등

a) 관세청(http://www.customs.go.kr) 접속.
b) 우측 Quick Menu에서 '세계HS정보' 클릭.

c) 상단 메뉴 '관세율표' 하위 메뉴에서 원하는 국가 클릭

4. FTA 협정문, 관련 법 및 고시 확인 방법

1) FTA 협정문 확인 방법- 한·EU FTA 협정문

a) FTA 포털 (http://fta.customs.go.kr) 접속

b) 상단 메뉴 'FTA일반현황' 하위 메뉴 'FTA협정문' 클릭
c) 탭 '한-EU FTA' → '협정문전체' 클릭 → PDF 다운

2) FTA 관련 법 및 고시 확인 방법

　FTA 특례법(법령/자유무역협정의 이행을 위한 관세법의 특례에 관한 법률), 시행령, 시행규칙을 FTA 실무자가 읽고 이해하기란 어려울 수 있습니다. 그래서 상대적으로 쉽게 이해할 수 있는 FTA 특례고시(자유무역협정의 이행을 위한 관세법의 특례에 관한 법률 사무처리에 관한 고시) 정도는 읽어 보는 것을 권해드립니다.

　그리고 인증수출자 신청이 필요하여 준비 중이거나 인증수출자로 이미 지정받은 업체의 FTA 담당자는 '자유무역협정 원산지인증수출자 운영에 관한 고시'를 읽어 볼 필요가 충분히 있겠습니다.

A. FTA 포털 이용 방법

a) FTA 포털(http://fta.customs.go.kr) 접속
b) 상단 메뉴 'FTA활용' 하위 메뉴 'FTA 관련법령' 클릭

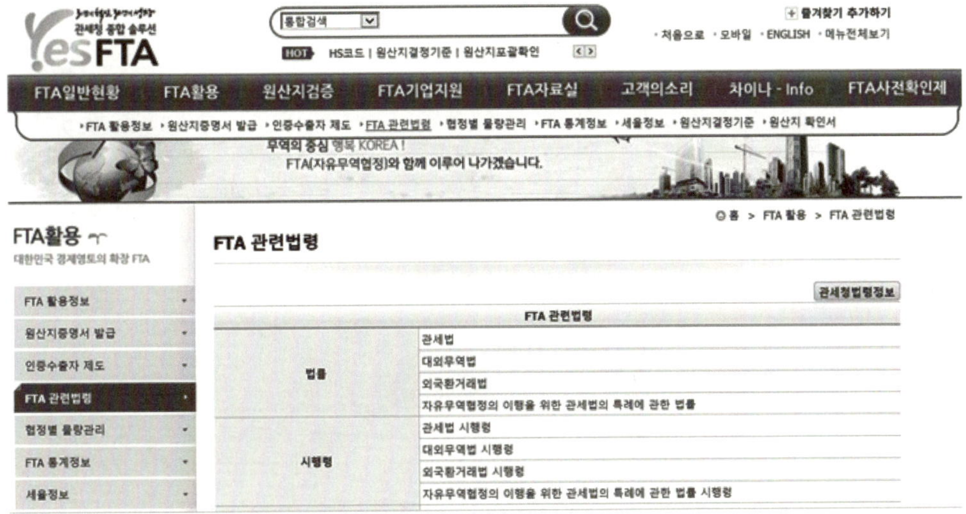

B. 관세청 홈페이지 이용 방법- FTA 특례법

a) 관세청 홈페이지(http://www.customs.go.kr) 접속

b) 우측 'Quick Menu' 하단의 '법령정보' 클릭

c) 상단 메뉴 '법령' 클릭

관세관련법령 

<table>
<tr><td>• 관세관련법령 검색</td><td></td><td>🔍 검색</td></tr>
</table>

법률	시행령	시행규칙
관세법	관세법 시행령	관세법 시행규칙
관세사법	관세사법 시행령	관세사법 시행규칙
남북교류협력에 관한 법률	남북교류협력에 관한 법률 시행령	남북교류협력에 관한 법률 시행규칙
수출용원재료에 대한 관세 등 환급에 관한 특례법	수출용원재료에 대한 관세 등 환급에 관한 특례법 시행령	수출용원재료에 대한 관세 등 환급에 관한 특례법 시행규칙
외국인투자 촉진법	외국인투자 촉진법 시행령	외국인투자 촉진법 시행규칙
자유무역지역의 지정 및 운영에 관한 법률	자유무역지역의 지정 및 운영에 관한 법률 시행령	자유무역지역의 지정 및 운영에 관한 법률 시행규칙
자유무역협정의 이행을 위한 관세법의 특례에 관한 법률	자유무역협정의 이행을 위한 관세법의 특례에 관한 법률 시행령	자유무역협정의 이행을 위한 관세법의 특례에 관한 법률 시행규칙

d) '자유무역협정의 이행을 위한 관세법의 특례에 관한 법률' 클릭

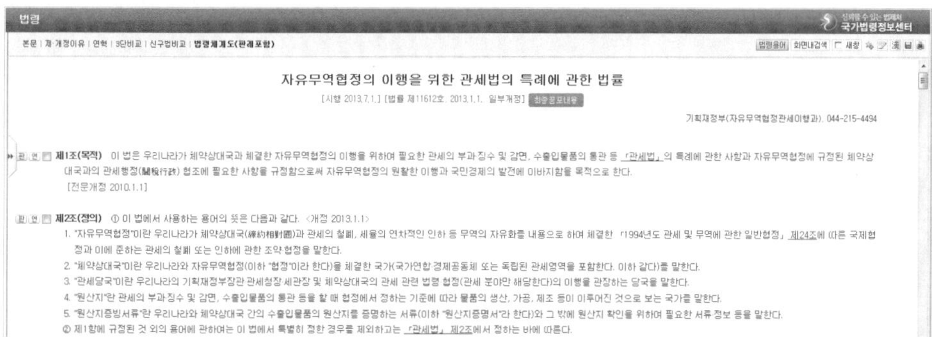

e) 법, 시행령, 시행규칙은 하나의 화면에서 함께 보는 것이 적절함으로 좌측 상단의 '3단비교' 클릭.

C. 관세청 홈페이지 이용 방법 - FTA 특례고시, 인증수출자 고시

□ **FTA 특례고시 검색**

a) 상단 메뉴 '행정규칙' 하위 메뉴 '고시' 클릭

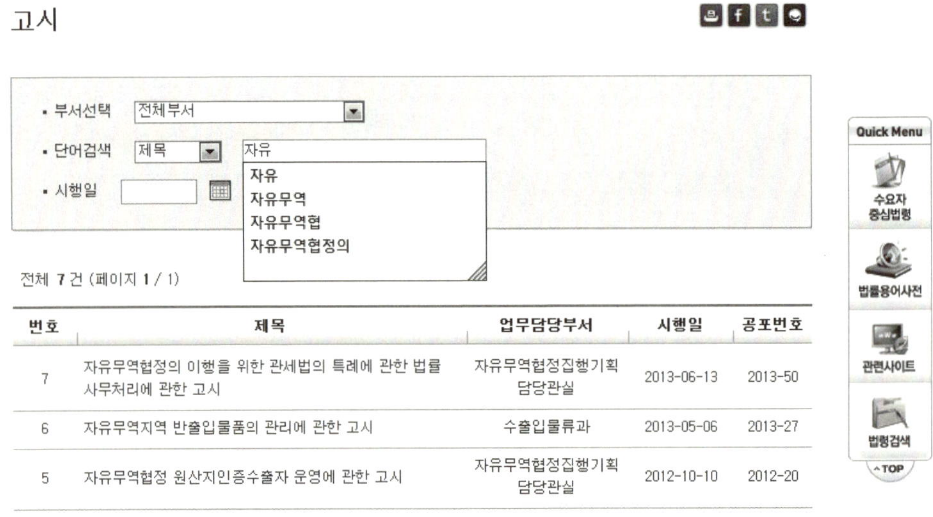

b) '단어검색' 부분에서 '자유'를 넣고 검색

c) '자유무역협정의 이행을 위한 관세법의 특례에 관한 법률 사무처리에 관한 고시' 클릭

□ FTA 인증수출자 고시

고시

a) '단어검색' 부분에서 '인증'을 넣고 검색

b) '자유무역협정 원산지인증수출자 운영에 관한 고시' 클릭

5. FTA 각종 서식 다운 방법

a) FTA 포털 (http://fta.customs.go.kr) 접속

b) 상단 메뉴 'FTA자료실' 하위 메뉴 '협정별서식모음' 클릭

FTA자료실
대한민국 경제영토의 확장 FTA

- 협정별자료
- 협정별집행지침
- **협정별서식모음**
- 협정별세율정보
- 협정별원산지결정기준
- E-Book-Zone
- FTA상대국통관정보

협정별서식모음

| 원산지증명서 발급 | 인증수출자 제도 | 원산지검증 | 기 타 |

번호	제목
1	[별표 1] 유럽자유무역연합회원국과의 협정에 따른 원산지증명서에 기재할 사항
2	[별표 2] 유럽연합당사자와의 협정에 따른 원산지증명서에 기재할 사항
3	[별표 3] 페루와의 협정에 따라 수출자가 자율적으로 작성하는 원산지증명서에 기재할 사항
4	[별표 3의2] 터키와의 협정에 따른 원산지증명서에 기재할 사항
5	[서식 1] 원산지증명서 발급신청서
6	[서식 6] 싱가포르와의 협정에 따른 싱가포르 관세당국이 발급하는 원산지증명서
7	[서식 6의2] 싱가포르와의 협정에 따른 대한민국의 원산지증명서
8	[서식 6의4] 「대한민국과 스위스연방 간의 농업에 관한 협정」에 따른 스위스치즈 원산지증명서
9	[서식 6의5] 아세안회원국과의 협정에 따른 원산지증명서의 서식(갑지)
10	[서식 6의5] 아세안회원국과의 협정에 따른 원산지증명서의 서식(을지)
11	[서식 6의6] 인도와의 협정에 따른 원산지증명서의 서식
12	[서식 6의7] 칠레와의 협정에 따른 원산지증명서의 서식
13	[서식 6의8] 페루와의 협정에 따른 원산지증명서의 서식
14	[서식 6의9] 미합중국과의 협정에 따른 원산지증명서의 서식
15	[별지 제6호의 12서식] 호주와의 협정에 따른 원산지증명서의 서식
16	[별지 제6호의 13서식] 캐나다와의 협정에 따른 원산지증명서의 서식

c) 본 '서식모음'에서 대부분의 FTA 관련 서식 확인 및 다운 가능

6. EU, EORI 번호(통관고유번호) 및 VAT 번호(사업자등록 번호) 확인 방법

1) EU, EORI 번호(통관고유번호) 확인 방법

a) 인터넷 주소창에 http://ec.europa.eu/taxation_customs/dds2/eos 검색

Economic Operator Systems

This site provides access to the information related to Authorised Economic Operators (AEO) as established by the Council Regulation (EEC) No 2913/92 of 12 October 1992, establishing the Community Customs Code, last amended by Regulation (EC) No 648/2005 of the European Parliament and of the Council of 13 April 2005.

- Validate EORI numbers
- Authorised Economic Operators

b) 'Validate EORI numbers' 클릭

TAXATION AND CUSTOMS UNION

Economic Operator Identification and Registration

This site provides access to the information related to Economic Operators Identification and Registration system (EORI) as astablished by the Council Regulation (EEC) No 2913/92 of 12 October 1992, establishing the Community Customs Code, last amended by Regulation (EC) No 648/2005 of the European Parliament and of the Council of 13 April 2005.

1. Validate EORI numbers
2. Search information on EORI Sharing Authorities
3. Search information on EORI Registering Authorities

c) 'Validate EORI numbers' 클릭

d) 검색창에서 EORI 번호 검색(예로서 'NL810656371' 검색)

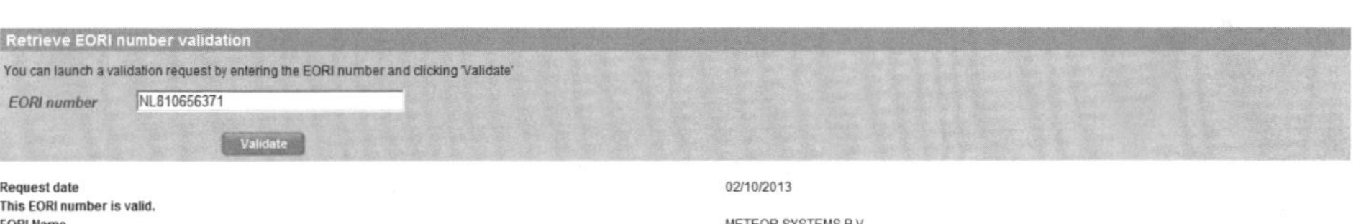

Request date	02/10/2013
This EORI number is valid.	
EORI Name	METEOR SYSTEMS B.V.
Address name	
Street number	MUNNIKENHEIWEG 58
Postal code	4879NG
City	ETTEN-LEUR
Country name	Netherlands

2) EU, VAT 번호(사업자등록 번호) 확인 방법

a) 인터넷 주소창에 http://ec.europa.eu/taxation_customs/vies/vatResponse.html 검색

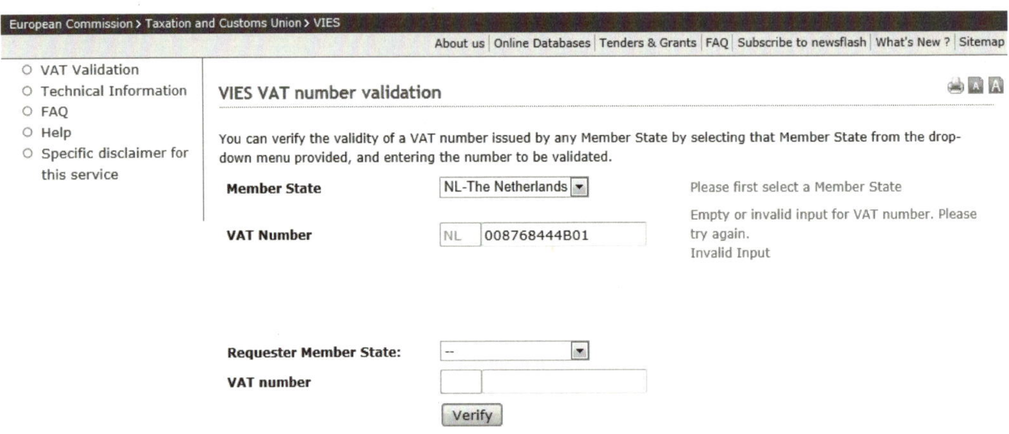

b) 'Member State'에서 EU 국가 선택 후 'VAT Number' 부분에 번호 기재

  (예로서 네덜란드(NL-The Netherlands) 선택 후 '008768444B01' 기재)

c) 'Verify' 클릭

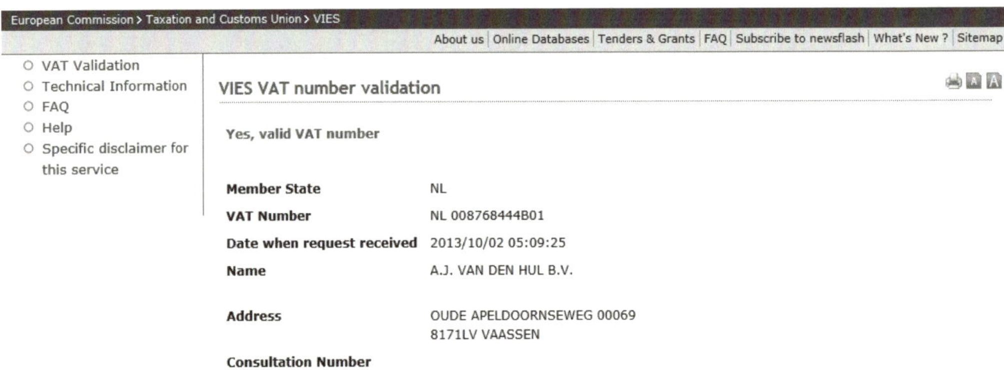

제8장

Q&A

공통 사항

질문 '포괄'의 의미와 주의점을 알고 싶습니다. 원산지확인서를 말할 때 원산지포괄확인 서라고 하고, 한-미 FTA C/O에도 포괄증명기간이라 해서 포괄의 의미가 들어갑니다. 설명 부탁드립니다.

답변 **1. 포괄의 의미:** 거래 물품의 원산지를 증명하는 서류는 국내용과 대외용으로 구분됩니다. 국내의 공급자가 국내의 구매자에게 공급하는 물품의 원산지 증명 서류는 원산지(포괄)확인서이고, FTA 수출체약국의 수출자가 FTA 수입체약국의 수입자에게 공급하는 물품의 원산지 증명 서류는 FTA C/O입니다[242]. 이들 서류는 기본적으로 건 by 건으로 발행합니다. 그러나 거래가 빈번한 당사자들 간에 건 by 건으로 해당 서류를 발행하면 번거로운 부분이 있습니다. 그래서 12개월의 범위 내에서 포괄 기간이 설정된 하나의 원산지포괄확인서를 국내의 공급자가 국내의 구매자에게 발행하면 그 설정된 기간 내에 공급하는 모든 건에 대해서 건 by 건으로 원산지확인서를 발행하지 않아도 공급한 물품은 원산지 물품(한국산 or 역내산)으로 인정됩니다.

한-미 FTA C/O에도 12개월의 범위 내에서 포괄 기간이 설정되어 있으면 FTA 수출체약국의 수출자가 FTA 수입체약국의 수입자에게 해당 포괄 기간 이내에 공급한 물품에 대해서는 포괄 기간이 설정된 하나의 한-미 FTA C/O로 한-미 FTA 협정세율을 적용받을 수 있습니다.

2. 포괄 기간 설정의 주의점: 공급하는 물품의 원산지를 입증하는 서류로서 원산지(포괄)확인서와 한-미 FTA C/O에 포괄 기간을 설정하면, 그 포괄 기간 이내에 공급하는 물품은 원산지 물품입니다. 그러나 특히 공급자가 공급하는 물품의 원산지결정기준이 부가가치기준일 때 문제

---

[242] 원산지(포괄)확인서의 발행은 국내의 공급자이며, 상공회의소와 같은 기관에서 발행하는 것이 아닙니다. 반면 FTA C/O는 FTA 별로 기관발급과 자율발급으로 구분되는데, 기관발급을 요구하는 한–아세안 FTA에서는 상공회의소 무역인증서비스센터 혹은 세관으로 원산지결정기준 충족하였음을 입증하는 서류 갖추어서 발급 신청하여 발급받을 수 있습니다. 오해하면 안 되는 것은 자율발급하는 FTA C/O 및 원산지(포괄)확인서를 발급하는 자도 발행하기 전에 해당 물품이 원산지결정기준을 충족하고 있음을 입증하는 서류 갖추고 서류로서 입증 가능하면 그때 발급해야 한다는 것입니다.

점에 노출될 수 있습니다. 부가가치기준은 역내 가치가 일정 수준 이상이어야 하는데, 역내 가치는 물가 상승 등의 요인에 따라서 조금씩 변동 될 수 있습니다. 다시 말해서 1월 달에 원산지(포괄)확인서를 발행하면서 포괄 기간을 12개월 범위 이내인 10개월로 하였고, 1월에는 원산지결정기준을 충족하였으나 향후 10개월 동일 지속적으로 원산지결정기준을 충족하지 못할 수 있다는 것입니다.

질문 수출 물품의 원산지결정기준은 CTH이며, 해당 물품의 BOM 상의 모든 재료는 공급자에게 원산지(포괄)확인서를 받아서 역내산으로 확인받은 재료입니다. 이때 수출 물품의 HS 4단위로 BOM 상의 원재료 4단위가 변경되어야 수출 물품은 한국산으로 인정되는지요?

💬 **답변**   1. 원산지 재료만으로 생산한 물품은 원산지 물품: 최종 수출물품의 원산지결정기준이 세번변경기준 일 때, 수출물품의 BOM 상의 원산지 재료의 세번은 수출물품의 세번과 동일해도 상관없습니다. 원산지 재료를 사용하여 생산한 물품은 원산지결정기준 상관없이 당연히 원산지 물품이 될 것입니다[243]. 따라서 BOM 상의 원재료 중에 비원산지 재료(역외산, 미상)의 세번과 수출물품의 세번이 상이 한지 확인합니다.

 2. 세번변경의 의미: 세번은 생산 공정을 거치면 거칠수록 변경되니, 비원산지 재료를 활용하여 역내에서 충분할 정도의 공정을 거치면 원산지 물품으로 인정받을 수 있습니다. 다시 말해서 중국산 재료를 한국으로 수입해서 충분할 정도의 공정을 거쳐서 생산품을 만들었을 때, 해당 생산품의 원재료는 비록 중국산이나 그 생산품은 한국산이 될 수 있습니다. 따라서 비원산지 재료의 세번과 생산품의 세번이 상이하다는 뜻은 비원산지 재료를 사용하여 역내에서 충분할 정도의 공정을 거쳤다는 의미로서 비록 생산품 생산 공정에 비원산지 재료가 투입되었더라도 해당 생산품은 한국산으로 인정될 수 있습니다.

---

[243] 70쪽 표 참고.

질문 수출 물품의 원산지결정기준은 CTH이며, 해당 물품의 BOM을 기초로 확인 결과 CTH 충족입니다. 그런데 거래하는 관세사 쪽에서 해당 물품은 비록 원산지결정기준으로서 CTH를 충족하였으나, 단순 공정을 거쳐서 생산된 물품이기 때문에 한국산이 될 수 없다 합니다. 결국, FTA C/O를 발급 할 수 없다는 뜻인데요. 관련하여 설명 부탁드립니다.

💬 **답변** **1. 기본원칙 충족 여부 확인이 우선되어야**: 불완전생산물품은 실질변형기준으로서 세번변경기준 혹은 부가가치기준을 충족하더라도 기본원칙으로 존재하는 역내가공원칙과 충분가공원칙을 기본적으로 충족해야합니다. 결국, 실질변형기준이 세번변경기준인지 혹은 부가가치기준인지 확인하고 이러한 원산지결정기준을 생산물품이 충족하는지 확인하기 전에 기본원칙을 충족하는 상태에서 해당 물품이 생산되었는지 확인하는 것이 우선되어야겠습니다. 물론 기본원칙으로서 해당 물품의 On Board가 FTA 수출체약국에서 이루어지는지 역시 확인하여 직접운송 원칙 충족될지 여부도 함께 체크해야겠습니다.

2. 결론: 결국 실질변경기준을 충족한다 하더라도 기본원칙을 충족하지 못하면 FTA C/O 발행 불가하며, FTA C/O를 발행하였다 하더라도 FTA 수입체약국에서 FTA 협정세율 적용받기 힘들 수 있습니다.

질문 수출물품의 원산지결정기준이 CTH입니다. BOM에 기재되는 원산지 재료(한국산) 중에 수출물품의 HS 4단위로 동일한 즉, 4단위가 변경되지 않는 재료가 있습니다. 그렇다면 수출물품은 원산지 물품이 될 수 없는지요? 또한, 원재료 중에 국내 공급업체가 '원산지(포괄)확인서'를 제공하겠다고 한 재료가 있는데, 갑자기 '원산지(포괄)확인서'를 제공할 수 없다고 합니다. 해당 원재료의 HS 4단위는 수출물품의 HS 4단위와 상이합니다. 본 원재료에 대해서 꼭 '원산지(포괄)확인서'를 받을 필요가 있는지요?

답변 **1. 원산지 재료의 세번 변경은 무의미:** 세번변경기준은 생산품의 BOM 상에 존재하는 비원산지 재료(역외산 혹은 미상)의 세번과 생산품의 세번이 상이하면 충족되는 기준입니다. BOM 상의 원산지 재료(역내산 혹은 한국산)에 대해서는 생산품의 세번과 일치하더라도 생산품이 세번변경기준을 충족하거나 미충족하는데 영향을 미치지 않습니다.

2. 원산지(포괄)확인서 받지 않아도 되는 상황: '원산지(포괄)확인서'를 제공받으면 공급받는 원재료를 원산지 재료로 분류할 수 있습니다. 그러나 생산품의 원산지결정기준이 HS 4단위 변경기준으로서 CTH인데, 해당 원재료의 HS 4단위가 생산품의 그것과 상이하다면 굳이 '원산지(포괄)확인서'를 전달받지 않아도 되겠습니다. 비록 해당 원재료는 비원산지 재료로 분류하겠지만, HS 4단위가 생산품의 HS 4단위와 상이하기 때문에 해당 비원산지 재료가 생산품을 비원산지 재료로 만드는데 전혀 영향을 미치지 않기 때문입니다.

반면에 생산품의 원산지 결정기준이 부가가치기준이라면, 생산품의 BOM 상에 존재하는 가능한 많은 재료를 원산지 재료로 분류해야 부가가치기준 충족시키는 데 유리합니다.

한-아세안 FTA

질문 국내 제조사(A사)로서 국내 수출자(B사)에게 물품을 공급합니다. B사는 베트남 수입자(C사)에게 물품을 수출하는데, 상공회의소 무역인증서비스센터로 한-아세안 FTA C/O 발행 요청할 것이니 폐사는 관련된 입증 서류를 제출해 달라는 것입니다. 관련 절차에 대해서 설명 부탁드립니다.

💬 **답변** 1. FTA 수입체약국 인정 HS 6단위 확인: FTA 별로 원산지결정기준이 다르며 또한 HS 6단위별로 원산지결정기준이 다릅니다. 한국에서 물품을 생산하였다고 한국산이 되는 것은 아니며, 한국에서 물품을 생산하였더라도 어떠한 기준을 충족해야 한국산이 될 수 있습니다. 이것이 원산지결정기준이며, 한국에서 생산된 물품이 한-아세안 FTA 상대체약국으로서 베트남으로 수출되니 한-아세안 FTA에서 요구하는 원산지결정기준을 충족해야 합니다. 이를 확인 하기 위해서는 FTA 협정세율을 적용해주는 FTA 수입체약국으로서 베트남에서 인정하는 거래 물품의 HS 6단위를 베트남 수입자를 통하여 서류로서 확인받을 필요가 있습니다. 이러한 절차 없이 한국의 수출자 혹은 제조사가 확인한 HS 6단위로 원산지결정기준을 확인하고 입증서류 갖추어 설령 한-아세안 FTA C/O를 발급받았더라도, 베트남에서 한-아세안 FTA 협정세율 적용받지 못하는 상황에 직면할 수 있습니다. 중요한 것은 FTA 수입체약국에서 인정하는 HS 6단위를 기초로 원산지결정기준 확인 후 관련된 입증 서류 갖추는 것입니다.

2. FTA 수입체약국 불인정 HS 6단위의 경우: 한-아세안 FTA C/O에는 HS Code가 기재됩니다. 이때 FTA 협정세율을 적용해주는 수입국에서 인정하는 HS 6단위가 기재되어 있어야 문제 되지 않는 것이 통상의 예라 할 수 있을 것입니다. 그러나 경우에 따라서는 FTA 수입체약국에서 인정하는 HS 6단위가 아니지만, FTA 수입체약국에서 인정하는 HS 6단위와 FTA C/O 상의 HS 6단위의 원산지결정기준이 일치하면 문제 삼지 않고 FTA 협정세율 적용해주는 경우도 있으니 참고하기 바랍니다.

3. **원산지(포괄)확인서의 전달:** 원산지(포괄)확인서는 국내의 공급자가 국내의 구매자에게 공급하는 물품의 원산지를 확인해주는 Local C/O라 할 수 있습니다. 제조사는 수출자에게 공급하는 물품에 대한 원재료리스트(BOM) 등의 원산지입증서류를 공개할 수 없는 경우가 대부분일 것입니다. 이때 제조사는 수출자에게 공급하는 물품이 한국산이라는 사실을 원산지(포괄)확인서로 입증해주면, 수출자는 상공회의소 무역인증서비스센터 혹은 세관으로 한-아세안 FTA C/O 발급신청(한-아세안 FTA C/O는 기관발급) 할 수 있습니다. 그리고 해당 물품이 어떻게 한-아세안 FTA 원산지결정기준을 충족한 한국산 물품인지에 대한 입증서류를 제조사가 해당 기관으로 전달하게 되고, 해당 기관은 입증서류 검토 후 문제없으면 한-아세안 FTA C/O를 발행해줍니다.

4. **제조사의 입증서류 작성:** 제조사는 수출자에게 공급하는 물품을 역내에서 충분할 정도의 공정을 통해서 생산하였습니다. 그리고 품목별 기준(실질변형기준)을 BOM 등의 입증서류로서 입증할 수 있어야 합니다. 이때 BOM 상에는 생산물품의 생산 공정에 투입되는 원재료들이 나열되어 있는데, 크게 원산지 재료(한국산 or 역내산)와 비원산지 재료(역외산 or 미상)로 구분됩니다. 그중에 원산지 재료는 어떻게 원산지 재료가 되는지에 대해서 해당 원산지 재료를 공급한 국내의 공급자로부터 서류로서 확인받아야 합니다. 그 서류가 원산지(포괄)확인서[244]인데, 원산지 재료를 공급하면서 원산지(포괄)확인서를 작성하는 국내 공급자는 최종 수출물품의 생산사로부터 수출물품이 어떠한 FTA 상대체약국으로 수출되는지 확인받아야 합니다. 이유는 최종 수출물품이 한-아세안 FTA 상대체약국으로 수출하면 원재료 공급자는 해당 원재료에 대한 HS 6단위를 확인 후 한-아세안 FTA 원산지결정기준을 충족하는지 확인해야 하고, 한-EU FTA 상대체약국으로 수출한다면 한-EU FTA 원산지 결정기준을 충족하는지 확인하여 충족하면 원산지(포괄)확인서를 작성할 수 있기 때문입니다. 만약 최종 수출물품이 한-아세안 FTA 상대체약국으로 수출하는데, 국내 원재료 공급자가 한-EU FTA 원산지결정기준을 충족하였다면서 원산지(포괄)확인서를 발급하면 해당 원재료는 '원산지 재료'가 아니라 '비원산지 재료'가 됩니다.

---

[244] 원산지(포괄)확인서는 국내의 공급자가 국내의 구매자에게 공급하는 물품(완제품과 원재료 구분하지 않는다)이 원산지 물품(한국산 or 역내산)이라는 사실을 입증하는 Local C/O입니다. 이때 원산지결정기준을 충족한 완제품을 공급할 수도 있고, 원산지결정기준을 충족한 원재료를 공급할 수도 있는데 이러한 상황 모두에서 원산지(포괄)확인서는 발급될 수 있습니다. 단, 어떻게 원산지 물품/재료가 되었는지 공급자는 입증서류를 갖추고 입증할 수 있을 때 원산지(포괄)확인서를 작성하여 국내 구매자에게 전달해야 할 것이며, 입증서류 못 갖추고 입증할 수 없으면 발급하면 안 되겠습니다.

5. 사후검증 대비: 제조사는 수출 물품에 대한 원산지(포괄)확인서를 발급하였고, 관련된 입증서류를 FTA C/O 발급 기관으로 전달하였습니다. FTA는 FTA C/O 발급하면 끝나는 것이 아니라 사후검증에 대비해야 합니다. 세관은 '선통관 후심사'를 기본원칙으로 하고 있습니다. FTA C/O가 있고 크게 문제없으면 FTA 협정세율 적용해주고 수입통관 완료되면 향후에 검증에 들어갈 수 있습니다. 사후 검증에서 입증서류 부재 혹은 원산지결정기준 미충족임에도 불구하고 FTA C/O가 발행되었다면, 제조사도 그 책임에서 자유로울 수가 없습니다. 여기에 FTA 협정세율을 수입지에서 적용받은 수입자는 관세를 추징당하게 되며, 수입자는 수출자에게 클레임 제기할 수도 있을 것입니다.

질문 폐사는 수원에 위치한 제조사입니다. 한국은 폐사에게 공급받은 물품을 태국으로 수출하는데, 폐사에게 원산지(포괄)확인서를 요구합니다. 그런데 폐사는 원산지(포괄)확인서가 무엇인지도 모르겠고, FTA 원산지결정기준 및 BOM 등에 대한 입증서류에 대한 이해도 전혀 없습니다. 수출자가 원산지(포괄)확인서를 요구하면 폐사는 무조건 발행해 줘야 하는지요?

💬 **답변** 원산지(포괄)확인서는 국내의 공급자가 국내의 구매자에게 공급하는 물품이 한국산 혹은 역내산 즉, 원산지 물품(재료)라는 것을 공급자가 입증서류를 갖추어서 입증할 자신이 있을 때 발행해야 한다고 보면 되겠습니다. 입증서류를 갖추지 못했거나, 입증서류를 갖추어서 확인해본 결과 공급 물품이 원산지결정기준을 충족하지 못한다면 원산지(포괄)확인서를 발행할 필요가 없습니다. 단, 경우에 따라서는 원산지(포괄)확인서를 발행하면서 원산지 물품이 아니라 비원산지 물품이라 표기하고 발행하는 경우도 있습니다. 그러면 공급자는 비원산지 물품을 공급한 것이 되니 향후에 있을 수 있는 사후검증에서 배제될 것입니다.

공급물품 명세서(Good Statements)

3.연번 (S/N)	4.적용대상협정 (Applicable FTA)	5.품목번호 (HS 6단위) (HS Code (6-digit))	6.품명 · 규격 (Description · Specification of Good(s))	7.원산지 결정기준 (Origin Criterion)	8.원산지결정기준 충족여부 (Fulfillment of Origin Criterion)		9.원산지 (Country of Origin)	10.원산지포괄확인기간 (년 월 일 ~ 년 월 일) (Blanket period (YYYY/MM/DD ~ YYYY/MM/DD))
					충족	미충족		
1	한-아세안	8484.20	Mechanical seals	CTH	[○]	[ ]	KR	2013.6.10.~2014.6.9.
2	한-인도	8484.20	Mechanical seals	CTH + RVC 40%	[ ]	[○]		KR
					[ ]	[ ]		

▲ 원산지(포괄)확인서의 중간 부분

질문 폐사는 한-아세안 FTA 체약국과 수출도 하고 수입도 합니다. 물품을 한국으로 수입할 때, FTA C/O가 없는 경우 일단은 기본세율 적용받고 수입신고 수리일로부터 1년 이내에 FTA C/O 원본 받으면 사후에 협정세율 적용받을 수 있다고 압니다. 그런데 폐사가 이번에 인도네시아로 물품을 수출하게 되었는데, 무조건 On Board Date 날에 AK Form이 발행되어야 하고, 인도네시아로 물품이 도착하기 전에 AK Form을 전달할 것을 요구합니다. 인도네시아는 한국처럼 사후에 협정세율 적용받을 수 없는지요?

💬 **답변** 1. 사후협정 적용: 수입신고 수리일로부터 1년 이내에 FTA C/O 원본을 획득하여 사후에 협정세율 적용받을 수 있다는 내용은 한-아세안 FTA 협정문이 아니라 우리나라의 『FTA 특례 고시[245]』에 나오는 내용입니다. 우리나라가 아닌 FTA 상대체약국에서는 사후협정에 대한 규정이 없거나 수입신고 수리일로부터 1년 이내의 기간으로 정해져 있을 수도 있습니다. 이는 FTA 수입체약국의 수입자로부터 확인받아야 할 것이며, 그들의 요구에 협조할 필요가 있을 것으로 보입니다.

---

245 자유무역협정의 이행을 위한 관세법의 특례에 관한 법률 사무처리에 관한 고시

2. On Board Date에 맞추어 AK Form 발행 요구하는 인도네시아 수입자: 인도네시아는 운송서류(B/L 혹은 화물운송장)에 기재된 On Board Date(B/L Date) 기준으로 그 이전에 발급된 한-아세안 FTA C/O에 대해서는 인정하지 않습니다. 그래서 운송서류 상의 On Board Date와 한-아세안 FTA C/O의 발급일을 일치시키거나, 한-아세안 FTA C/O는 On Board Date 기준으로 3일 이내까지는 사후 발급으로 들어가지 않으니 On Board 후 On Board Date 기준으로 3일 이내까지 발급 신청하여 발급받기도 합니다.

한-미 FTA

질문 한국의 수출자로서 미국 수입자에게 한-미 FTA C/O 발행 요청을 받았습니다. 확인 결과 한-미 FTA C/O는 상공회의소 혹은 세관이라는 기관으로부터 발급받는 것이 아니라 한국의 수출자 혹은 제조사 심지어 수입자도 발행할 수 있더군요. 미국 수입자는 자신들이 발행하면 문제가 되니 폐사에게 발행 요청하고 있습니다. 미국 수입자가 발행하지 않는 이유와 자율발급이니 폐사가 권고 서식을 기초로 내용 기재하여 미국 수입자에게 전달하면 문제없는지요?

💬 **답변** 1. FTA C/O 발급 가능한 자는 누구인가?: FTA C/O는 FTA 체약국에 위치한 자로서 거래 물품이 FTA 원산지결정기준을 충족하였음을 입증서류로 입증할 수 있는 자가 발행할 수 있다고 보면 되겠습니다. 한-미 FTA C/O는 FTA 수입체약국의 수입자 역시 발급할 수 있으나, 수입자는 해당 물품에 대한 원산지 입증서류로서 BOM 등의 자료가 없습니다. 그래서 입증서류로 원산지결정기준을 충족하였음을 입증할 수 없기에 한-미 FTA C/O 발행하기 힘들다 보면 되겠습니다.

 2. 자율발급과 기관발급의 이해: 자율발급되는 FTA C/O는 발급자 스스로 입증서류를 기초로 원산지결정기준 충족했음을 판단하여 발행합니다. 반면 기관발급은 신청자가 입증서류 갖추어서 FTA C/O 발행 신청하면 기관에서 입증서류를 기초로 원산지결정기준 충족하는지 여부를 판단하여 발행합니다. 기관발급은 필터링 과정을 한 번 더 거친다 할 수 있으며, 선진화되지 않은 상대와 FTA 체결할 때 통상 기관발급으로 정합니다. 그러나 자율발급이든 기관발급이든 입증서류 갖추어야 하며, 사후검증에 대비해야 합니다.

 3. 자율발급 FTA C/O 그냥 발행하면 되는가?: 자율발급 FTA C/O를 발행하는 발행자는 발행 전에 사후검증이 있을 때 정확하고 신속하게 대응할 자신이 있는가를 스스로에게 물어볼 필요가 있습니다.

질문 한국에 위치한 수입자입니다. 미국 수출자에게 한-미 FTA C/O를 요청할 계획입니다. 그런데 요즘 뉴스를 보면 한-미 FTA 사후검증으로 혜택받은 관세를 추징당한 사례를 보게 됩니다. 한-미 FTA C/O로 한-미 FTA 협정세율을 적용받고 향후에 사후검증이 이루어졌을 때 폐사가 관세를 추징당하지 않으려면 어떻게 해야 하는지요?

답변 세관은 '선통관 후심사'를 기본으로 합니다. 수입신고 건에 대해서 크게 문제 되지 않으면 일단은 수입신고 받은 건에 대해서 수리해주고 향후에 심사들어갑니다. 이때 한국 세관은 한국 수입자에 대해서 먼저 검증이 이루어지고 미국 수출자에게 직접 검증할 수 있습니다(한-미 FTA는 직접검증). 그 결과 미국 수출자가 해당 물품이 어떻게 한-미 FTA 원산지결정기준을 충족한 물품임을 서류로서 입증하지 못하면, 한국 수입자는 혜택받은 관세를 추징당하게 됩니다.

이에 대한 한국 수입자의 대비책으로 미국 수출자와 매매계약할 때, 만약 혜택받은 관세를 추징당하면 미국 수출자는 어떠한 보상을 한국 수입자에게 해 줘야 한다는 내용을 넣을 수가 있을 것입니다. 그러나 그러한 한국 수입자의 요구를 미국 수출자가 받아 주지 않는다면 한국 수입자는 한-미 FTA C/O를 전달받을 수 없을 것이며 한-미 FTA 협정세율을 적용받을 수 없겠습니다.

이러한 상황에서 한-미 FTA C/O를 수입자도 발급할 수 있다 해서 한국 수입자가 자신이 FTA C/O를 발행하는 것도 문제가 됩니다. 이유는 FTA C/O 발행하는 자는 해당 물품이 어떻게 원산지결정기준을 충족하였는지 입증서류를 기초로 입증할 수 있어야 하는데, 수입자는 물품의 원재료 리스트로서 BOM을 확보하기 힘들기 때문입니다.

(239쪽 참고)

질문 한-미 FTA C/O를 발행하려는 한국에 위치한 수출자입니다. 권고 서식을 활용할 것인데, 권고서식 '7. Authorized Signature' 부분에 서명란이 있습니다. 한-미 FTA C/O에 기재되어야 할 필수 항목 8가지 중에는 발행자의 서명은 언급되어 있지 않습니다. 일단 발행자의 서명이 있어야 하는지가 궁금하며, 만약 서명을 해야 한다면 한-EU FTA처럼 별도의 서명권자를 지정하여 지정된 서명권자가 서명해야 하는지요? 마지막으로 '원산지 서명카드' 및 '원산지증명서 작성대장'을 별도 비치해야 하는지요?

답변 **1. 서명:** 한-미 FTA '원산지증명서 필수 항목'(239쪽 참고)에서는 발행자의 서명에 대한 언급은 없으나 실무적으로 한-미 FTA C/O를 발행하는 자는 서명을 하고 있습니다.

2. 서명권자와 서명카드: 자율 발급되는 FTA C/O는 자율 발급하는 경우, 별도의 서명권자를 지정하여 서명카드(양식 172쪽 참고)를 비치 후 관리해야겠습니다.

FTA 특례 규칙
제23조(원산지증명서 작성·서명자 등) ① 「자유무역협정의 이행을 위한 관세법의 특례에 관한 법률 시행령」 제9조의 2 제1항 제3호에 따라 원산지증명서를 자율 증명하는 자는 서명권자를 지정·관리하기 위하여 별지 제7호 서식의 원산지증명서 서명카드를 비치하여야 한다.

3. 원산지증명서 작성 대장: 자율 발급되는 FTA C/O를 발행하면 작성 대장을 별도 관리해야겠습니다.

FTA 특례 규칙
제25조(원산지증명서 작성·서명) ① 해당 수출입물품의 원산지를 증명하는 자는 원산지증명서를 작성·서명한 후 규칙 제8조 제2항의 규정에 따라 작성·서명 내역을 별지 제13호서식의 원산지증명서 작성대장에 기록·관리하여야 한다.

한-EU FTA

질문 FTA 업무 담당하시는 분이 퇴사하게 되어 신입사원인 제가 FTA 업무를 맡게 되었습니다. 제가 근무하는 회사는 제조사로서, A 품목을 한국에서 생산하여 미국으로 몇 번 수출하면서 한-미 FTA C/O를 발행한 경험이 있습니다. 이번에 동일 품목을 한-EU FTA 상대체약국으로서 독일로 수출하게 되었는데 독일 수입자가 한-EU FTA C/O를 요구합니다. 폐사는 미국으로 수출할 때 확보한 원산지입증서류(BOM 등)가 있고 원산지결정기준을 충족하니 해당 서류를 기초로 한-EU FTA C/O를 발행하면 되는지요?

답변 **1. FTA 및 HS 6(품목)단위별로 상이한 원산지결정기준:** 원산지결정기준은 FTA별로 그리고 품목별(HS 6단위)로 다릅니다. 물론 완전히 다르다 할 수는 없으나 그렇다고 해서 완전 동일하다고도 할 수 없습니다. A 품목이 한-미 FTA 및 한-EU FTA 모두에서 부가가치기준이라도 한-미 FTA는 RVC(역내가치)를 사용하는 반면 한-EU FTA는 MC법(역외가치)을 사용하기에 원산지입증서류를 달리 작성 및 보관해야 합니다. 비록 한-미 FTA와 한-EU FTA가 모두 세번변경기준 중에 4단위 변경기준으로서 CTH라 할지라도 BOM 등의 입증서류를 FTA별 및 품목별로 구분해서 작성해야 합니다. 이유는 비록 양 FTA가 모두 CTH이지만 BOM 상의 '원산지 재료'에 대한 원산지결정기준은 다를 수 있기 때문입니다. 결국, 한-미 FTA 건에 대해서 BOM 상의 특정 원재료가 원산지 재료라 해서 한-EU FTA 건의 BOM에서도 동일 원재료가 원산지 재료가 되는 것은 아니기에 FTA 별로 각각 입증서류 작성하여 원산지결정기준 충족 여부 확인 후 사후검증에도 자신 있으면 FTA C/O 자율 발급해야 할 것입니다.

2. 한-EU FTA C/O 발행 조건: 한-미 FTA C/O는 원산지결정기준을 충족하고 있음을 입증할 수 있는 입증서류를 갖추고 입증할 자신만 있으면 수출자가 발행하면 됩니다. 그러나 한-EU FTA C/O는 수출자가 입증서류를 갖추고 입증할 자신이 있다고 해서 모든 경우에 대해

서 발행할 수 있는 것은 아닙니다. 입증서류를 갖추고 입증할 자신이 있는 자가 모든 경우에 대해서 상업송장과 같은 상업서류에 원산지신고서문안을 기재하여 한-EU FTA C/O를 발행하려면 인증수출자로 세관으로부터 인정을 받아야 합니다. 하나의 운송 건에 대해서 한-EU FTA 원산지결정기준을 충족한 물품의 총액이 EUR 6,000이 초과하는 경우에는 인증수출자만이 원산지신고서문안을 상업송장과 같은 상업서류에 기재하여 한-EU FTA C/O를 발급할 수 있습니다. 그러나 한-미 FTA는 인증수출자 제도가 존재하지 않습니다.

질문 한-EU FTA에서 인증수출자가 아니더라도 하나의 운송서류 건당 한-EU FTA 원산지 결정기준 충족한 물품의 합계가 EUR6,000 이하면, 상업송장과 같은 원산지신고서 문안을 기재할 수 있다고 압니다. 이렇게 인증수출자가 아닌 자가 EUR6,000 이하 건에서 원산지신고서 문안을 기재함에 있어 한-EU FTA 원산지 결정기준을 충족했음을 입증서류 서류를 따로 확보해야 하는지요?

💬 **답변**   **1. 인증수출자와 원산지 결정기준 충족 입증은 별도 문제:** 인증수출자의 의미는 세관에서 해당 업체 자체적으로 FTA 원산지 결정기준을 충족하는지를 판단할 수 있는 능력이 있다고 인증한 업체입니다. 인증수출자로 인증받기 위해서 원산지 입증서류를 제출하지만, 인증수출자라 해서 수출되는 각각의 건에 대해서 별도의 원산지입증서류를 확보할 필요가 없다는 뜻은 아닙니다.

2. 원산지신고서 문안을 기재하면 EUR6,000 기준 상관없이 원산지 결정기준 충족해야: 인증수출자이든 아니든 상관없이 상업송장과 같은 상업서류에 한-EU FTA 원산지신고서 문안을 기재하기 위해서는 기본적으로 한-EU FTA 원산지 결정기준을 충족했다는 사실을 입증할 수 있어야 합니다. 그리고 사후심사에 대비해야겠습니다.

제9장

FTA 관련 서식

Ⅰ. 원산지 증빙 서류

■ 자유무역협정의 이행을 위한 관세법의 특례에 관한 법률 시행규칙 [별지 제2호서식] <개정 2014.3.14>

원산지(포괄)확인서(Declaration of Origin)

발급번호(Reference No) :

※ 뒤쪽의 작성방법을 읽고 작성하여 주시기 바라며, [ ]에는 해당되는 곳에 √표시를 합니다.   (앞쪽)

1. 공급 하는 자 (Supplier)	상호(Company Name)	사업자등록번호(Business Number)
	대표자성명(Name of Representative)	전화번호(Tel. No.) 팩스번호(Fax. No.)
	주소(Address) 전자우편주소(E-mail)	인증수출자 인증번호(Customs Authorization No.)
2. 공급 받는 자 (Supplied to)	상호(Company Name)	사업자등록번호(Business Number)
	대표자성명(Name of Representative)	전화번호(Tel. No.) 팩스번호(Fax. No.)
	주소(Address) 전자우편주소(E-mail)	

공급물품 명세서 (Good Statements)

3. 연번 (S/N)	4. 적용대상 협정 (Applicable FTA)	5. 품목번호 (HS 6단위) (HS Code (6-digit))	6. 품명·규격 (Description ·Specificati on of Good(s))	7. 원산지 결정기준 (Origin Criterion)	8. 원산지결정 기준 충족여부 (Fulfillment of Origin Criterion)		9. 원산지 (Country of Origin)	10. 원산지포괄확인기간 (년 월 일~ 년 월 일) (Blanket period (YYYY/MM/DD ~ YYYY/MM/DD))
					충족 (Y)	미충족 (N)		
					[ ]	[ ]		
					[ ]	[ ]		
					[ ]	[ ]		
					[ ]	[ ]		
					[ ]	[ ]		

「자유무역협정의 이행을 위한 관세법의 특례에 관한 법률 시행규칙」 제6조의3에 따라 위와 같이 원산지를 확인합니다.

The undersigned hereby declares the origin of the good(s) in accordance with Article 6.3 of the 'Enforcement Rules of the Act on Special Cases of the Customs Act for the Implementation of Free Trade Agreements' .

작 성 자(Declarer): :   (서명 또는 인)(Signature)

직 위(Position): :

상호 및 주소(Company Name/Address) :

작 성 일 자(Date): :

210mm×297mm[백상지 80g/㎡(재활용품)]

작 성 방 법

번호	기재항목	기 재 내 용
	발급번호	◦ 원산지확인서를 발급하는 자가 자체적으로 관리하는 발급번호를 적습니다.
1	공급하는 자	◦ 물품을 실제로 공급하는 자의 상호, 사업자등록번호, 대표자 성명, 전화 및 팩스 번호, 주소(E-mail 포함)를 적습니다. ◦ 공급하는 자가 인증수출자인 경우, 인증수출자 인증번호를 적습니다.
2	공급받는 자	◦ 원산지확인서의 물품을 공급받는 자의 상호, 사업자등록번호, 대표자 성명, 전화 및 팩스 번호, 주소(E-mail 포함)를 적습니다.
3	연 번	◦ 종류가 다른 물품이 여러 개일 경우 각 종류별로 연번을 적습니다.
4	적용대상 협정	◦ 해당 공급물품의 원산지결정기준을 적용한 자유무역협정(FTA)의 명칭을 적습니다. (예시) 한-칠레, 한-싱가포르, 한-EFTA, 한-아세안 등
5	품목번호 (HS 6단위)	◦ 공급물품의 6단위 품목번호를 적습니다.
6	품명·규격	◦ 공급물품의 품명과 규격을 적습니다.
7	원산지 결정기준	◦ 물품의 원산지를 결정하는데 적용된 기준을 아래 표에서 정한 방법으로 적습니다. 원산지결정기준 / 기재방법: 가. 완전생산 물품 — WO 나. 세번변경기준 - 2단위세번변경기준 — CC - 4단위세번변경기준 — CTH - 6단위세번변경기준 — CTSH 다. 부가가치기준 - 공제법을 적용한 경우 — BD - 집적법을 적용한 경우 — BU - 역외산재료최대허용법을 적용한 경우 — MC - 순원가법을 적용한 경우 — NC 라. 선택기준 - 실제 선택한 기준 예) 6단위세번변경기준을 선택한 경우 — CTSH 공제법에 따른 부가가치기준을 선택한 경우 — BD 마. 결합기준 - 세번변경기준과 부가가치기준을 모두 충족한 경우 — CC(CTH또는CTSH) + BD(BU, MC 또는 NC) 바. 주요공정기준 — SP 사. 역외가공기준(개성공단 생산물품) — OP 아. 기타기준 — Other
8	원산지결정 기준 충족여부	◦ 원산지결정기준 충족여부를 표시합니다. (예시) 원산지인정요건을 충족한 경우 "[√] 충족"에 표시합니다.
9	원산지	◦ 원산지결정기준을 충족할 경우 "KR" 또는 "한국"으로 적습니다.
10	원산지포괄 확인기간	◦ 물품공급일로부터 12개월을 초과하지 아니하는 범위에서 반복하여 사용하려는 경우 그 반복사용기간을 적습니다. (예시) 2012.12.01 - 2013.11.30 ※ 원산지포괄확인기간을 적지 아니한 때에는 단수원산지확인서로 봅니다.

원 산 지 소 명 서

<table>
<tr><td rowspan="3">1.수출자</td><td>상　　호</td><td></td><td>사업자등록번호</td><td></td></tr>
<tr><td>대표자(성명)</td><td></td><td>전 화 / 팩 스</td><td></td></tr>
<tr><td>주소(전자주소)</td><td colspan="3"></td></tr>
<tr><td rowspan="3">2.생산자</td><td>상　　호</td><td></td><td>사업자등록번호</td><td></td></tr>
<tr><td>대표자(성명)</td><td></td><td>전 화 / 팩 스</td><td></td></tr>
<tr><td>주소(전자주소)</td><td colspan="3"></td></tr>
</table>

물 품 명 세

3.품명/규격			4.HS No.	
5.물품가격	가격조건	FOB (　), Ex-Works (　)	6.원산지 결정기준	
	금　액			
7.주요생산공정				

원 재 료 명 세 서

8.연번	9.재료명	10.HS No.	11.원산지	12.가 격		13.공급자 (생산자)
				수 량	가 격	

<table>
<tr><td rowspan="3">14. 합　　계</td><td>원산지재료(국산)</td><td></td><td></td></tr>
<tr><td>비원산지재료(수입산)</td><td></td><td></td></tr>
<tr><td>합　　계</td><td></td><td></td></tr>
</table>

원 산 지 인 정 요 건 검 토

15.완전생산기준 충족여부	예 ☐　아니오 ☐	16.세번변경기준 충족여부	예 ☐　아니오 ☐
17.부가가치기준 충족여부	예 ☐　아니오 ☐	(부가가치비율 :　　％)	
18.세번변경기준과　부가가치기준 동시 적용품목	예 ☐　아니오 ☐	19.최소기준 적용 여부	예 ☐　아니오 ☐
20.누적기준 적용 여부	예 ☐　아니오 ☐	21.역외가공기준 적용여부	예 ☐　아니오 ☐
22.직접운송 여부	예 ☐　아니오 ☐	23.기　타	예 ☐　아니오 ☐
24.원산지 결정	충족 (　　　)		불충족 (　　　)

(　　　) 자유무역협정과 「자유무역협정의 이행을 위한 관세법의 특례에 관한 법률 시행규칙」에 따라 작성·제출합니다.

작 성 자 :　　　　　　　(서명)
직　　　　위 :
상 호 및 주 소 :
작 성 일 자 :

210㎜×297㎜(신문용지 54g/㎡(재활용품))

<table>
<tr><th colspan="3">작 성 요 령</th></tr>
<tr><th>번호</th><th>기재항목</th><th>기 재 내 용</th></tr>
<tr>
<td>1</td>
<td>수 출 자</td>
<td>○ 물품을 실제로 수출한 자의 회사명, 사업자등록번호, 대표자 성명, 전화 및 팩스번호, 회사주소(전자주소 포함)를 적습니다.</td>
</tr>
<tr>
<td>2</td>
<td>생 산 자</td>
<td>○ 물품을 수출한 국가에서 실제로 생산한 자의 회사명, 사업자등록번호, 대표자 성명, 전화 및 팩스번호, 회사 주소(전자주소 포함) 등을 적습니다. 생산자가 다수인 경우에는 별지에 적습니다.</td>
</tr>
<tr>
<td>3</td>
<td>품명/규격</td>
<td>○ 물품의 품명, 모델명, 규격 및 상표명 등을 적습니다.
(예시) 휴대폰 ; Samsung MX-2700 ; anycall
○ 품명은 송품장에 적은 것과 같아야 합니다.</td>
</tr>
<tr>
<td>4</td>
<td>HS. No.</td>
<td>○ 물품의 6단위의 품목번호를 적습니다.</td>
</tr>
<tr>
<td>5</td>
<td>물품가격</td>
<td>○ 가격조건 : 본선인도가격 조건인 경우에는 FOB, 공장도거래가격 조건인 경우에는 Ex-Works에 '○' 표기합니다.
○ 금　　액 : 물품의 거래가격을 적습니다. 통화단위는 송품장에 적은 것과 같아야 합니다.</td>
</tr>
<tr>
<td>6</td>
<td>원산지
결정기준</td>
<td>○ 물품의 원산지를 결정하는 데 적용한 기준을 적습니다.
(예시) 세번 변경기준을 적용한 때에는 '세번 변경기준'을, 부가가치기준을 적용한 때에는 '부가가치기준'을, 세번 변경기준과 부가가치기준을 동시에 충족하여야 하는 조합기준을 적용한 때에는 '조합기준'으로 적습니다.</td>
</tr>
<tr>
<td>7</td>
<td>주요생산공정</td>
<td>○ 물품의 주요 제조과정 및 공정방법을 적습니다.
(예시) 면사를 수입하여 직물을 가공한 후 의류를 제조하는 경우
① 직조 : 면사 85%, 합성사 15%로 면직물 제조(3m×100m)
② 날염 : 면직물에 국내 ○○업체가 생산한 염료로 염색
③ 재단 및 봉제 : 남성용 셔츠 제작(50Pcs)</td>
</tr>
<tr>
<td>8</td>
<td>연　　번</td>
<td>○ 물품의 생산에 사용된 원재료의 일련번호를 적습니다.</td>
</tr>
<tr>
<td>9</td>
<td>재 료 명</td>
<td>○ 물품의 생산에 사용된 원재료의 품명을 적습니다.</td>
</tr>
<tr>
<td>10</td>
<td>HS No.</td>
<td>○ 원재료의 6단위 품목번호를 적습니다.</td>
</tr>
<tr>
<td>11</td>
<td>원 산 지</td>
<td>○ 원재료의 생산국명을 적습니다.</td>
</tr>
<tr>
<td>12</td>
<td>가　　격</td>
<td>○ 물품의 생산에 사용된 원재료의 수량과 가격을 적습니다. 다만, 그 물품이 세번 변경기준 적용품목이면 적지 않아도 됩니다.</td>
</tr>
<tr>
<td>13</td>
<td>공급자
(생산자)</td>
<td>○ 원재료의 공급자(생산자)의 상호·주소·전자주소·전화번호 및 팩스번호를 적습니다.</td>
</tr>
<tr>
<td>14</td>
<td>합　　계</td>
<td>○ 재료 중 원산지재료(국산)와 비원산지재료(수입산)의 가액과 그 합계액을 적습니다.</td>
</tr>
<tr>
<td>15~
23</td>
<td>원산지기준</td>
<td>○ 물품의 원산지결정에 적용된 기준의 충족 여부를 표기합니다.
(예시) 부가가치기준을 충족할 경우 '예☑'로 표기합니다.
○ 19~21란에 '예☑'로 표기한 경우 세부 내역을 별지에 작성하여 첨부하여야 합니다.</td>
</tr>
<tr>
<td>24</td>
<td>원산지결정</td>
<td>○ 이 원산지소명서에 적은 내용으로 원산지결정이 가능한 경우에는 '충족'에, 불충분한 경우에는 '불충족'에 '○'를 표기합니다.</td>
</tr>
</table>

국내제조(포괄)확인서(Declaration of Inward Processing)

※ 뒤쪽의 작성방법을 읽고 작성하여 주시기 바랍니다.   (앞쪽)

1. 발급번호(Reference No.)	
2. 국내제조포괄확인기간 (Blanket period)	년 월 일부터 년 월 일까지 (From YYYY/ MM/ DD to YYYY/ MM/ DD)

<table>
<tr><td rowspan="5">3. 공급
하는 자
(Supplier)</td><td>상호(Company Name)</td><td colspan="2">사업자등록번호(Business Number)</td></tr>
<tr><td rowspan="2">대표자성명(Name of Representative)</td><td>전화번호(Tel. No.)</td></tr>
<tr><td>팩스번호(Fax. No.)</td></tr>
<tr><td colspan="2">주소(Address)</td></tr>
<tr><td colspan="2">전자우편주소(E-mail)</td></tr>
<tr><td rowspan="5">4. 공급
받는 자
(Supplied
to)</td><td>상호(Company Name)</td><td colspan="2">사업자등록번호(Business Number)</td></tr>
<tr><td rowspan="2">대표자성명(Name of Representative)</td><td>전화번호(Tel. No.)</td></tr>
<tr><td>팩스번호(Fax. No.)</td></tr>
<tr><td colspan="2">주소(Address)</td></tr>
<tr><td colspan="2">전자우편주소(E-mail)</td></tr>
</table>

5. 공급물품 명세(Good Statements)

연번 (S/N)	품목번호(HS 6단위) (HS Code(6-digit))	품명 · 규격 (Description · Specification of Good(s))	수량 및 단위 (Quantity & Unit)	가격 (Value)	주요 생산공정 (Production Process)

6. 재료 명세(Material Statements)

공급물품 연번 (S/N in Entry 5)	재료 연번 (S/N)	품목번호(HS 6단위) (HS Code(6-digit))	원산지재료 해당여부 (Originating Material(Y/N))	품명 · 규격 (Description · Specification of Good(s))	수량 및 단위 (Quantity & Unit)	가격 (Value)	비고 (Remarks)

「자유무역협정의 이행을 위한 관세법의 특례에 관한 법률 시행규칙」 제6조의4에 따라 위와 같이 국내제조 사실을 확인합니다.

The undersigned hereby declares the inward processing of the good(s) in accordance with Article 6.4 of the 'Enforcement Rules of the Act on Special Cases of the Customs Act for the Implementation of Free Trade Agreements'.

7. 작성자 성명(Name of Declarer)	상 호(Company Name)
작성자 서명(Signature)	직 위(Position)
년(YYYY) 월(MM) 일(DD) — — — —/— — /— —/	전화번호(Tel. No.) 팩스번호(Fax. No.)

210mm×297mm[백상지 80g/㎡(재활용품)]

번호	기재항목	기 재 내 용
		작 성 방 법
1	발급번호	○ 국내제조(포괄)확인서를 발급하는 자가 자체적으로 관리하는 발급번호를 적습니다.
2	국내제조포괄 확인기간	○ 물품공급일로부터 12개월을 초과하지 아니하는 범위에서 반복하여 사용하려는 경우 그 반복사용기간을 적습니다. ※ 국내제조포괄확인기간을 적지 아니한 경우에는 단수 국내제조확인서로 봅니다.
3	공급하는 자	○ 물품을 실제로 공급하는 자의 상호, 사업자등록번호, 주소, 대표자 성명, 전화 및 팩스 번호, E-mail 주소를 적습니다.
4	공급받는 자	○ 국내제조(포괄)확인서상의 물품을 공급받는 자의 상호, 사업자등록번호, 주소, 대표자 성명, 전화 및 팩스 번호, E-mail 주소를 적습니다.
5	공급물품 명세	○ 공급물품의 연번, 품목번호(HS 6단위), 품명·규격, 수량 및 단위, 가격(원화로 기재) 및 주요 생산공정(물품의 주요 제조과정 및 공정방법)을 적습니다.
6	재료 명세	○ 5번 항목에 기재된 공급물품별로 그 속에 포함되어 있는 재료에 대하여 연번, 품목번호(HS 6단위), 품명·규격, 수량 및 단위, 가격(원화로 기재) 등을 적습니다. ○ 단, 공급물품의 생산에 사용된 재료 중 원산지의 확인에 필요한 재료의 내역만을 기재합니다.(필요시 원산지재료 내역만을 기재하거나 비원산지재료 내역만을 기재할 수 있습니다) ○ 원산지재료이면 '원산지재료 해당여부'란에 'Y', 아니면 'N'으로 기재합니다.
7	작 성 자	○ 국내제조(포괄)확인서 작성을 담당하는 자의 성명, 상호, 서명, 직위, 작성일 및 전화번호·팩스번호를 적습니다.

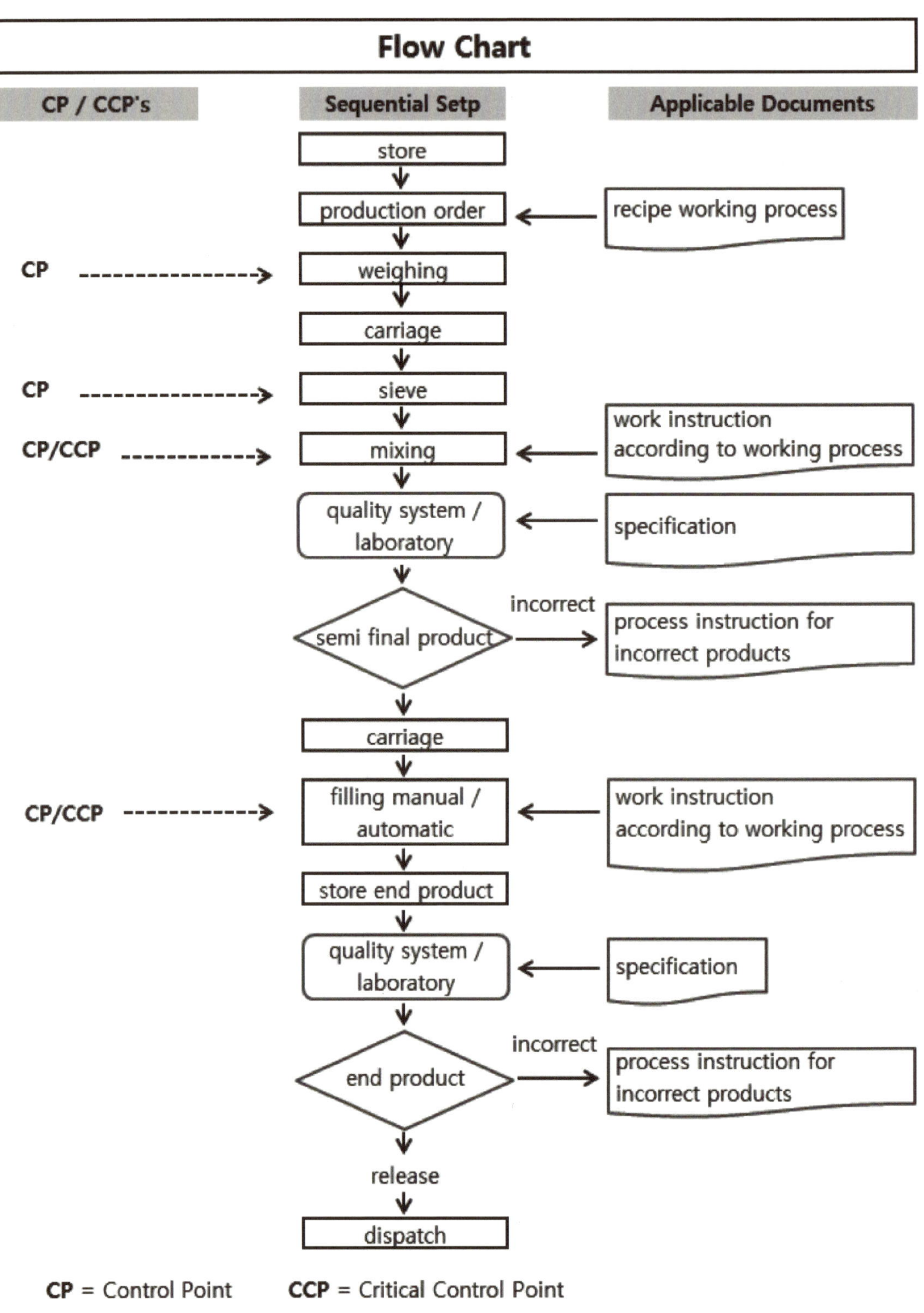

Flow Chart
CP / CCP's
Sequential Setp
Applicable Documents
store
production order
recipe working process
CP
weighing
carriage
CP
sieve
CP/CCP
mixing
work instruction according to working process
quality system / laboratory
specification
semi final product
incorrect
process instruction for incorrect products
carriage
CP/CCP
filling manual / automatic
work instruction according to working process
store end product
quality system / laboratory
specification
end product
incorrect
process instruction for incorrect products
release
dispatch
CP = Control Point
CCP = Critical Control Point

PRODUCT DESCRIPTION

Edu Tradehub
ABC 2 NL-1322
BC AAA NETHERLANDS
Tel : +31 (0) 00 00 0000
Fax : +31 (0) 00 00 0000

1	**PRODUCT**	Sausage Casing
2	**COUNTRY OF ORIGIN**	Netherlands
3	**COMPOSITON**	**% Dry Weight**

	% Dry Weight
Collagen (Netherlands Origin Only)	58%
Cellulose	13%
Glycerol	23%
Vegetable Oil	5%
Sodium Carboxymethylcellulose	1%
Colour(s)	N/A

4 MANUFACTURING FLOW

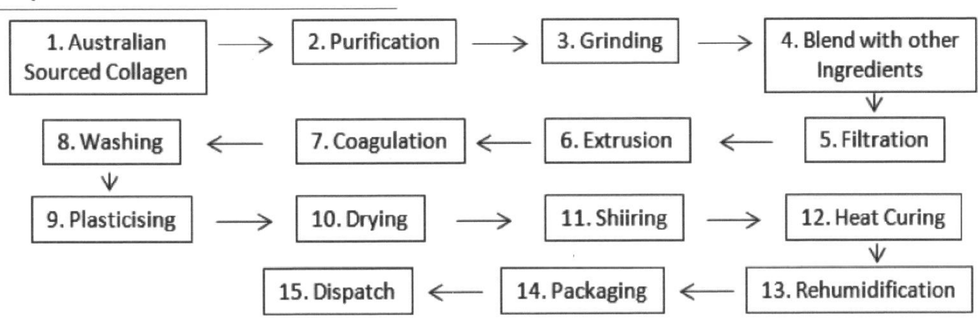

5	**Packing**	Edible Collagen Sausage Casing
6	**Validity**	Valid for 2 years
7	**Specification**	12ABA101 66 strands / box 6 boxes / carton
8	**Manufacturing Date :**	....18/02/11 - 27/02/11.....
9	**Expiry Date :**	....18/02/11 - 27/02/13.....

II. 인증수출자 관련 서식

■ 자유무역협정의 이행을 위한 관세법의 특례에 관한 법률 시행규칙 [별지 제4호의2서식] <개정 2014.3.14>

품목별 원산지인증수출자 인증 (연장) 신청서

※ 뒤쪽의 작성방법을 읽고 작성하시기 바라며, [ ]에는 해당되는 곳에 √표를 합니다.

(앞쪽)

접수번호		접수일자		처리기간	20 일

1. 신청구분	[ ] 신규인증	[ ] 인증유효기간 연장

<table>
<tr><td rowspan="6">2.
신청인</td><td rowspan="2">상호</td><td>(한글)</td><td colspan="2">사업자등록번호</td></tr>
<tr><td>(영문)</td><td colspan="2"></td></tr>
<tr><td rowspan="2">주소</td><td>(한글)</td><td rowspan="2">대표자
성명</td><td>(한글)</td></tr>
<tr><td>(영문)</td><td>(영문)</td></tr>
<tr><td colspan="2">전 화 번 호</td><td colspan="2">팩 스 번 호</td></tr>
<tr><td colspan="2">E-mail 주소</td><td colspan="2">인 증 번 호

※ 세관에서 기재</td></tr>
</table>

3. 지정요건	업체별 원산지인증수출자 여부	[ ]예 [ ]아니오
	신청품목이 해당 협정의 원산지결정기준을 충족하는지 여부	[ ]예 [ ]아니오
	원산지증명서 작성대장 비치 및 관리 여부	[ ]예 [ ]아니오
	원산지관리전담자(외부 원산지전문가 포함) 지정 및 운영 여부	[ ]예 [ ]아니오

4. 원산지인증대상 신청물품

연번	품목번호(HS6단위)	품 명	적용대상협정	원산지결정기준	원산지

5. 원산지관리전담자

연번	성명	직위	소속부서	전화	팩스	E-mail

「자유무역협정의 이행을 위한 관세법의 특례에 관한 법률 시행규칙」 제7조의2에 따라 품목별 원산지인증수출자 인증(연장)을 신청합니다.

년   월   일

신 청 인: (서명 또는 인)

관 세 청 장
○ ○ 세 관 장   귀하

첨부서류	1. 원산지인증 신청품목별 원산지소명서 2. 원산지확인서(최종물품에 대한 원산지확인서로서 생산자와 수출자가 다른 경우에 한정합니다) 3. 원산지소명서에 기재된 내용을 입증할 수 있는 서류·정보 및 국내제조확인서(관세청장 또는 세관장이 제출 요구하는 경우에 한정합니다)	수수료 없 음

210mm×297mm[백상지 80g/㎡(재활용품)]

		작 성 방 법

번호	기재항목	기 재 내 용
1	신청구분	◦ "신규인증", "인증유효기간 연장" 중 해당란에 [√] 표시합니다.
2	신 청 인	◦ 상호, 사업자등록번호, 주소, 대표자 성명, 전화 및 팩스 번호, E-mail 주소를 적습니다. ※ 사업장이 여러 개인 업체가 사업장 단위로 신청을 하는 경우에는 각 사업장의 사업자등록번호를 적어야 합니다. ※ 원산지인증수출자 영문인증서 발행을 원하는 경우 영문을 기재하여야 합니다.
3	지정요건	◦ 지정요건 해당란에 [√] 표시합니다.
4	원산지인증 대상 신청 물품	◦ 물품의 6단위 품목번호를 적습니다. ◦ HS 6단위에 해당하는 주요물품의 품명을 적습니다. ◦ 해당 물품의 원산지결정기준을 적용한 자유무역협정(FTA)의 명칭을 적습니다. (예시) 한-칠레, 한-싱가포르, 한-EFTA, 한-아세안 등 ◦ 물품의 원산지를 결정하는데 적용된 기준을 아래의 표에 정한 방법으로 적습니다. 원산지결정기준 / 기재방법 가. 완전생산 물품 → - WO 나. 세번변경기준 　- 2단위세번변경기준 → - CC 　- 4단위세번변경기준 → - CTH 　- 6단위세번변경기준 → - CTSH 다. 부가가치기준 　- 공제법을 적용한 경우 → - BD 　- 집적법을 적용한 경우 → - BU 　- 역외산재료최대허용법을 적용한 경우 → - MC 　- 순원가법을 적용한경우 → - NC 라. 선택기준 　- 실제 선택한 기준 　　예) 6단위세번변경기준을 선택한 경우 → - CTSH 　　　공제법에 따른 부가가치기준을 선택한 경우 → - BD 마. 결합기준 　- 세번변경기준과 부가가치기준을 모두 충족한 경우 → - CC(CTH또는CTSH) + BD(BU, MC 또는 NC) 바. 주요공정기준 → - SP 사. 역외가공기준(개성공단 생산물품) → - OP 아. 기타기준 → - Other ◦ 원산지결정기준을 충족할 경우 "KR" 또는 "한국"으로 적습니다. ※ 원산지인증대상 신청물품이 다수인 경우 별지에 추가하여 작성합니다.
5	원산지 관리전담 자	◦ 원산지관리전담자의 성명, 직위, 소속부서, 전화 및 팩스번호, E-mail 주소를 적습니다. ※ 원산지관리전담자가 다수일 경우 별지에 추가하여 작성합니다.

품목별 원산지인증수출자 인증서
CERTIFICATE OF PRODUCT-SPECIFIC APPROVED EXPORTER

○ 상　　　　호(Name of Company) :

○ 주　　　　소(Address) :

○ 대　표　자(Representative) :

○ 인 증 번 호(Customs Authorisation No.) :

○ 인증유효기간(Validity Period) :

원산지인증 물품내역(List of Certified Products)

적용대상협정 (Applicable Agreement)	품목번호(6단위) (HS Code)	품 명 (Description)	원산지 결정기준 (Origin Criteria)

위 업체를 「자유무역협정의 이행을 위한 관세법의 특례에 관한 시행규칙」 제7조의2에 따라 품목별 원산지인증수출자로 인증합니다.

We hereby certify that, the above company is authorised as "Product-specific approved exporter" in accordance with Article 7.2 of the 'Enforcement Rules of the Act on Special Cases of the Customs Act for the Implementation of Free Trade Agreements'.

년　　월　　일
(yyyy/mm/dd)

관 세 청 장
○ ○ 세 관 장
○ ○ Customs
The Republic of Korea

직 인
(to be sealed)

210mm×297mm[백상지 120g/㎡]

업체별 원산지인증수출자 인증 (연장) 신청서

※ 뒤쪽의 작성방법을 읽고 작성하시기 바라며, [　]에는 해당되는 곳에 √표를 합니다.　　　　(앞쪽)

접수번호	접수일자		처리기간	20 일

1. 신청구분	[　] 신규인증	[　] 인증유효기간 연장

<table>
<tr><td rowspan="5">2.
신청인</td><td rowspan="2">상호</td><td>(한글)</td><td colspan="2">사업자등록번호</td><td></td></tr>
<tr><td>(영문)</td><td colspan="2"></td><td></td></tr>
<tr><td rowspan="2">주소</td><td>(한글)</td><td rowspan="2">대표자
성명</td><td>(한글)</td></tr>
<tr><td>(영문)</td><td>(영문)</td></tr>
<tr><td colspan="2">전 화 번 호</td><td colspan="2">팩 스 번 호</td></tr>
<tr><td></td><td colspan="2">E-mail 주소</td><td colspan="2">인 증 번 호
※ 세관에서 기재</td></tr>
</table>

<table>
<tr><td rowspan="6">3.
지정요건</td><td>수출 또는 생산하는 물품의 원산지증명을 위한 전산처리시스템
또는 원산지증명능력 보유 여부</td><td>[　]예　[　]아니오</td></tr>
<tr><td>원산지증명서 작성대장 비치 및 관리 여부</td><td>[　]예　[　]아니오</td></tr>
<tr><td>원산지관리전담자(외부 원산지전문가 포함) 지정 및 운영 여부</td><td>[　]예　[　]아니오</td></tr>
<tr><td>최근 2년간 법 제13조 제2항에 따른 원산지조사 거부 사실 여부</td><td>[　]예　[　]아니오</td></tr>
<tr><td>최근 5년간 영 제13조 제1항 제2호에 따른 서류 보관의무 위반 여부</td><td>[　]예　[　]아니오</td></tr>
<tr><td>최근 2년간 속임수 등으로 원산지증명서 발급신청 또는 작성발급 여부</td><td>[　]예　[　]아니오</td></tr>
</table>

4. 주요 수출(생산)물품

연번	품목번호(HS6단위)	품 명	적용대상협정	원산지결정기준	원산지

5. 원산지관리전담자

연번	성명	직위	소속부서	전화	팩스	E-mail

　「자유무역협정의 이행을 위한 관세법의 특례에 관한 법률 시행규칙」 제7조에 따라 업체별 원산지인증수출자 인증(연장)을 신청합니다.

　　　　　　　　　　　　　　　　　　　　　년　　　월　　　일

　　　　　　　신 청 인:　　　　　　　　　　　　　(서명 또는 인)

관 세 청 장
○ ○ 세 관 장　　귀 하

<table>
<tr><td rowspan="3">첨부서류</td><td>1. 수출 또는 생산하는 주요물품의 원산지소명서(원산지증명을 위한 전산처리시스템 현황자료
　 제출시 생략 가능합니다)</td><td rowspan="3">수수료
없 음</td></tr>
<tr><td>2. 원산지확인서(최종물품에 대한 원산지확인서로서 생산자와 수출자가 다른 경우에 한정합
　 니다)</td></tr>
<tr><td>3. 원산지소명서에 기재된 내용을 입증할 수 있는 서류·정보 및 국내제조확인서(관세청장 또는
　 세관장이 제출 요구하는 경우에 한정합니다)</td></tr>
</table>

210mm×297mm[백상지 80g/㎡(재활용품)]

작 성 방 법		
번호	기재항목	기 재 내 용
1	신청구분	◦ "신규인증", "인증유효기간 연장" 중 해당란에 [√] 표시합니다.
2	신 청 인	◦ 상호, 사업자등록번호, 주소, 대표자 성명, 전화 및 팩스 번호, E-mail 주소를 적습니다. ※ 사업장이 여러 개인 업체가 사업장 단위로 신청을 하는 경우에는 각 사업장의 사업자등록번호를 적어야 합니다. ※ 원산지인증수출자 영문인증서 발행을 원하는 경우 영문을 기재하여야 합니다.
3	지정요건	◦ 지정요건 해당란에 [√] 표시합니다.
4	주요수출 (생산)물품	◦ 물품의 6단위 품목번호를 적습니다. ◦ HS 6단위에 해당하는 주요 수출(생산)물품의 품명을 적습니다. ◦ 해당 물품의 원산지결정기준을 적용한 자유무역협정(FTA)의 명칭을 적습니다. (예시) 한-칠레, 한-싱가포르, 한-EFTA, 한-아세안 등 ◦ 물품의 원산지를 결정하는데 적용된 기준을 아래의 표에 정한 방법으로 적습니다. 원산지결정기준 / 기재방법 표 (아래 참조) ◦ 원산지결정기준을 충족할 경우 "KR" 또는 "한국" 으로 적습니다.
5	원산지 관리전담자	◦ 원산지관리전담자의 성명, 직위, 소속부서, 전화 및 팩스번호, E-mail 주소를 적습니다. ※ 원산지관리전담자가 다수일 경우 별지에 추가하여 작성합니다.

항목 4의 원산지결정기준 표:

원산지결정기준	기재방법
가. 완전생산 물품	- WO
나. 세번변경기준 　- 2단위세번변경기준 　- 4단위세번변경기준 　- 6단위세번변경기준	 - CC - CTH - CTSH
다. 부가가치기준 　- 공제법을 적용한 경우 　- 집적법을 적용한 경우 　- 역외산재료최대허용법을 적용한 경우 　- 순원가법을 적용한경우	 - BD - BU - MC - NC
라. 선택기준 　- 실제 선택한 기준 　　예) 6단위세번변경기준을 선택한 경우 　　　공제법에 따른 부가가치기준을 선택한 경우	 - CTSH - BD
마. 결합기준 　- 세번변경기준과 부가가치기준을 모두 충족한 경우	- CC(CTH또는CTSH) + BD(BU, MC 또는 NC)
바. 주요공정기준	- SP
사. 역외가공기준(개성공단 생산물품)	- OP
아. 기타기준	- Other

업체별 원산지인증수출자 인증서

CERTIFICATE OF COMPANY-SPECIFIC APPROVED EXPORTER

○ 상　　　　호(Name of Company) :

○ 주　　　　소(Address) :

○ 대　표　자(Representative) :

○ 인 증 번 호(Customs Authorisation No.) :

○ 인증유효기간(Validity Period) :

위 업체를 「자유무역협정의 이행을 위한 관세법의 특례에 관한 법률 시행규칙」 제7조에 따라 업체별 원산지인증수출자로 인증합니다.

We hereby certify that, the above company is authorised as "Company-specific approved exporter" in accordance with Article 7 of the 'Enforcement Rules of the Act on Special Cases of the Customs Act for the Implementation of Free Trade Agreements'.

년　　월　　일

(yyyy/mm/dd)

관 세 청 장
○ ○ 세 관 장

○ ○ Customs
The Republic of Korea

직　인
(to be sealed)

210mm×297mm[백상지 120g/㎡]

■ 자유무역협정의 이행을 위한 관세법의 특례에 관한 법률 시행규칙 [별지 제5호서식] <개정 2013.2.23.>

원산지인증수출자 인증사항 변경신고(수리)서

※ 뒤쪽의 작성방법을 읽고 작성하시기 바라며, [ ]에는 해당되는 곳에 √표를 합니다.

(앞쪽)

접수번호		접수일자		처리기간	7 일
신청인	상　　호		사업자등록번호		
	주　　소		대표자 성명		
	전 화 번 호		팩 스 번 호		
	E-mail 주소		인 증 번 호		

구　　분	변　경　전	변　경　후

「자유무역협정의 이행을 위한 관세법의 특례에 관한 법률 시행규칙」 제7조 제5항 또는 제7조의 2 제3항에 따라 원산지인증수출자 인증사항의 변경내용을 신고합니다.

년　　월　　일

신청인:　　　　　　　　　　　(서명 또는 인)

관 세 청 장
○ ○ 세 관 장　귀하

신청(신고)인 제출서류	변경 또는 추가 내역 증거서류 1부	수수료
담당공무원 확인사항	사업자등록증	없 음

행정정보 공동이용 동의서

본인은 이 건 업무처리와 관련하여 담당 공무원이 「전자정부법」 제36조에 따른 행정정보의 공동이용을 통하여 위의 담당 공무원 확인 사항을 확인하는 것에 동의합니다. ★동의하지 아니하는 경우에는 신청인이 직접 관련 서류를 제출하여야 합니다.

신청인　　　　　　　　　　　(서명 또는 인)

위와 같이 변경신고사항을 수리합니다.

년　　월　　일

관 세 청 장
○ ○ 세 관 장　[직인]

귀하

210mm×297mm[백상지 80g/㎡(재활용품)]

원산지인증수출자의 서면확인서

신청자	상　　호	
	주　　소	
	사업자번호	
	대표자성명	

상기 본인은 다음의 서류에 기재된 사항에 대하여 모든 책임을 질 것을 확약합니다.

1. 원산지인증수출자 인증 후 발행하는 「자유무역협정의 이행을 위한 관세법의 특례에 관한 법률」 시행령 제2조에 따른 원산지증빙서류(원산지증명서 및 원산지 확인서류) 일체

2. 원산지인증수출자 인증 신청 시 제출한 시행규칙 제7조 제2항(또는 제7조의 2 제2항)의 각 호의 서류

년　　　월　　　일

제 출 자　　　　　　　　　　(인 또는 서명)

○　○　세관장　귀하

※ 동 서면확인서를 제출하게 되면 자유무역협정 체결상대국과의 협정에 정하는 바에 따라 원산지 자율증명에 필요한 서명을 생략할 수 있습니다.

Ⅲ. FTA 별 원산지증명서 서식

■ 자유무역협정의 이행을 위한 관세법의 특례에 관한 법률 시행규칙 [별지 제1호서식] <개정 2014.3.14>

원산지증명서 발급신청서

※ 제2쪽의 작성방법을 읽고 작성하여 주시기 바라며, [ ]에는 해당되는 곳에 √표시를 합니다.

(제3쪽 중 1쪽)

신청번호	접수일자	처리기간 뒤쪽 참조

①신청구분	[ ]신규발급 [ ]재발급( ) [ ]정정발급( ) [ ]소급발급(선적후 발급)		
②신청인	구 분	[ ] 생산자 [ ] 수출자 [ ] 관세사 [ ] 기타( )	
	상호(대표자)		사업자등록번호
③원산지인증수출자	[ ]비해당 [ ]해당 [인증번호 :]		
④적용FTA협정	한- FTA		
⑤수출자	상호(대표자)		사업자등록번호
	주소		전화/E-Mail
⑥생산자	상호(대표자)		사업자등록번호
	주소		전화/E-Mail
⑦수입자	상호		대표자
	주소(국가)		전화번호

⑧수출물품 내역 및 원산지결정기준

수출신고번호(수리일자)					(연/월/일)	금액(FOB USD)	

수출신고필증 란 번호	품목번호 (HS)	품명·규격	금액(USD)	원산지결정기준 및 충족여부						부가가치비율 및 비율계산
				완전 생산	역내 완전 생산	세번 변경	부가 가치	특정 공정	기타	
/				[ ]	[ ]	[ ]	[ ]	[ ]	[ ]	
/				[ ]	[ ]	[ ]	[ ]	[ ]	[ ]	

⑨비원산지재료 내역

수출신고필증 란 번호	품목번호 (HS)	품명·규격	금액(USD)		원산지	비고
			품목번호(HS)별 소계	란 합계		

⑩운송수단/선(편)명	[ ]선박 [ ]항공기 [ ]기타 /	⑪적재항(출항일자)	
⑫목적국/항구	/	⑬포장종류부호/개수	/
⑭총 중 량		⑮송품장 번호/일자	/
⑯원산지증명서 특례	[ ]제3국 송품장 [ ]전 시 [ ]연결 원산지증명서 [ ]개성공업지구 생산물품		

「자유무역협정의 이행을 위한 관세법의 특례에 관한 법률 시행규칙」 제6조제1항에 따라 위와 같이 원산지증명서의 발급을 신청합니다.

년 월 일

신청인 : 상호 [대표자명] (서명 또는 인)

○○세관장(○○상공회의소 회장) 귀 하

210mm×297mm[백상지 80g/㎡(재활용품)]

| 첨부서류 | <신규발급>
1. 수출신고필증 사본(전산으로 확인 가능한 경우 제출을 생략할 수 있습니다) 또는 이에 갈음하는 서류
2. 송품장 또는 거래계약서
3. 원산지확인서(최종물품에 대한 원산지확인서로서 생산자와 수출자가 다른 경우로 한정합니다)
4. 원산지소명서

<재발급>
1. 사유서

<정정발급>
1. 사유서　　　2. 정정사유 입증서류　　　3. 원산지증명서 원본

※ 처리기간
1. 현지확인이 필요한 경우: 10일(공휴일 · 토요일 및 근로자의 날은 제외합니다) 이내
2. 위 제1호 외의 경우: 3일(공휴일 · 토요일 및 근로자의 날은 제외합니다) 이내 | 수수료는 건당 7천 원 범위 내에서 증명서발급기관이 정하는 금액(다만, 세관장이 발급하는 경우에는 면제합니다) |

원산지증명서 발급신청서 작성방법

항목	작성요령	작성예
①신청구분	○ "신규발급", "재발급", "정정발급" 또는 소급발급" 중 해당란에 [√] 표시 - 재발급, 정정발급 뒤 괄호 안에는 구 신청번호 기재	○ 신규발급의 경우 [√]신규발급　[ ]재 발 급 [ ]정정발급　[ ]선적후 발급
②신청인	○ "생산자", "수출자", "관세사" 또는 "기타" 중 해당란에 [√] 표시 ○ 상호(대표자) : 사업자등록증상의 상호, 대표자를 기재 ○ 사업자등록번호 : 사업자등록증상의 사업자등록번호 기재	○ 수출자가 신청하는 겨우 [ ]생산자　[√]수출자 [ ]관세사　[ ] 기타 ○ ○○물산(주) 홍○○ ○ 123-45-67890
③원산지인증 수출자	○ "비해당" 또는 "해당"중 해당란에 ☑ 표시 ○ 해당되는 경우 원산지인증수출자 인증번호 기재 ○ 해당되지 않는 경우에는 미기재	○ 해당되는 경우 [ ] 비해당 [√] 해당 [인증번호 :　　　]
④적용FTA 협정	○ 수입국가와 체결된 FTA의 명칭을 기재	○ 한-아세안 FTA
⑤수출자	○ 상호(대표자) : 사업자등록증상의 상호, 대표자를 기재 ○ 사업자등록번호 : 사업자등록증상의 사업자등록번호 기재 ○ 주소 : 사업자등록증상의 사업장 주소 기재 ○ 전화/E-Mail : 발급신청 부서(담당자)의 전화번호 및 신청부서 공용(또는 담당자) E-Mail	○ ○○물산(주) 홍○○ ○ 123-45-67890 ○ □□시 ○○구 △△대로 123 ○ 02-123-4567/○○○@abcd.com
⑥생산자	○ 상호(대표자) : 사업자등록증상의 상호, 대표자를 기재 ○ 사업자등록번호 : 사업자등록증상의 사업자등록번호 기재 ○ 주소 : 사업자등록증상의 사업장 주소 기재 ○ 전화/E-Mail : 발급신청 부서(담당자)의 전화번호 및 신청부서 공용(또는 담당자) E-Mail	○ ○○상사(주) 김△△ ○ 234-56-78910 ○ □□시 ○○구 △△로 ○ 031-123-4567/○○○@bcde.com
⑦수입자	○ 상호 : L/C(또는 계약서) 상의 신청자(applicant) 상호 기재 ○ 대표자 : L/C(또는 계약서) 상의 신청자(applicant) 회사의 대표자 기재 ○ 주소 : L/C(또는 계약서) 상의 신청자(applicant) 주소 기재 ○ 전화번호 : L/C(또는 계약서) 상의 신청자(applicant) 전화번호 기재	○ ○○ Corporation ○ John △△ ○ 55 Newton Road #10 ○○ house ○ 65-1234-5678

항목	작성요령	기재례
⑧ 수출물품 내역 및 원산지결 정기준	○ 수출신고번호(수리일자) : 수출신고필증상의 신고번호 및 신고수리 일자 기재 ○ 금액(FOB USD) : 수출신고필증상의 총신고가격을 미화로 기재 ○ 수출신고필증 란 번호 : 수출신고필증상의 란 번호 기재 (란번호/총란수)	○ 010-10-13-12345678(13/01/01) ○ USD 12,000 ○ 총 5란 중 3란 품목의 경우: 3 / 5
※ 수출품목의 개수(수출신고 필증상의 란 수)가 총 3개 이상인 경우에 는 HS, 품명, 규격 및 금액 은 기재를 생 략할 수 있음	○ 품목번호(HS) : HS 6단위 기재 ○ 품명·규격 : 수출신고필증상의 품명·규격 기재 ○ 금액(USD) : 수출신고필증상의 해당 란 신고가격을 신고환율로 환산하 여 미화로 기재 ○ 원산지결정기준 및 충족여부 : 해당 수출물품의 원산지결정기준 모두 선택 ○ 부가가치비율 및 비율계산 : 부가가치기준 적용품목에 한하여 적용	○ 0304.31 ○ Tilapias(Oreochromis spp.) ○ USD 12,000 ○ 세번변경 및 부가가치기준이 동시에 적용되는 경우 <table><tr><td colspan="6">원산지결정기준 및 충족여부</td></tr><tr><td>완전 생산</td><td>역내 완전 생산</td><td>세번 변경</td><td>부가 가치</td><td>특정 공정</td><td>기타</td></tr><tr><td>[　]</td><td>[　]</td><td>[√]</td><td>[√]</td><td>[　]</td><td>[　]</td></tr></table> ○ 부가가치 50% 기준인 경우 - 55% (USD10,000- USD4,500)/USD10,000
⑨ 비원산지 재료 내역 ※ 수출신고필 증란 번호별로 주요 수입원재 료 3개를 기재	○ 수출신고필증 란 번호 : 수출신고필증상의 란 번호 기재 (란번호/ 총란수) ○ 품목번호(HS) : HS 6단위 기재 ○ 품명·규격 : 수입신고필증상의 품명·규격 기재 ○ 금액(USD) - 품목번호(HS)별 소계 : 비원산지 재료별 금액을 미화로 기재 - 란 합계 : 란별 모든 비원산지 재료의 합계 금액을 미화로 기재 ○ 원산지 : 비원산지재료의 원산지를 기재 ○ 비고 : 참고사항 기재	○ 총 5란 중 3란 품목의 경우 : 3 / 5 ○ 0304.31 ○ Tilapias(Oreochromis spp.) ○ USD 6,000 ○ USD 10,000 ○ 일본
⑩ 운송수단 /선(편)명	○ "선박" "항공기" 또는 "기타" 중 해당란에 [√] 표시 ○ 선명 또는 편명 기재	○ [√]선박　[　]항공기　[　]기타 ○ KE 123
⑪ 적재항 (출항일자)	○ 수출물품의 적재항(또는 적재예정항), 출항일자(또는 출항예정일) 기재	○ 부산항(13/01/01)
⑫ 목적국 /항구	○ 수출물품의 최종 목적국 및 항구 기재	○ 베트남/하노이항
⑬ 포장종류 부호/개수	○ 수출물품의 포장종류 부호와 포장개수를 기재	○ CS/1,000
⑭ 총중량	○ 수출물품의 총중량 기재	○ 1,000Kg
⑮ 송품장번호 /일자	○ 송품장 번호와 발급일자 기재	○ ABC123456/13.01.01
⑯ 원산지증명서 특례	○ "제3국 송품장", "전시", "연결 원산지증명서" 또는 "개성공업지 구 생산물품" 중 해당하는 경우 란에 [√] 표시	[√]제3국 송품장 [　]전 시 [　]연결 원산지증명서 [　]개성공업지구 생산물품

수출물품 내역 및 원산지결정기준

※ [　]에는 해당되는 곳에 √ 표시를 합니다.

신청번호										

수출신고필증 란 번호	품목 번호(HS)	품명·규격	금액(USD)	원산지결정기준 및 충족여부						부가가치비율 및 비율계산
				완전 생산	역내 완전 생산	세번 변경	부가 가치	특정 공정	기타	
				[　]	[　]	[　]	[　]	[　]	[　]	
				[　]	[　]	[　]	[　]	[　]	[　]	
				[　]	[　]	[　]	[　]	[　]	[　]	
				[　]	[　]	[　]	[　]	[　]	[　]	
				[　]	[　]	[　]	[　]	[　]	[　]	
				[　]	[　]	[　]	[　]	[　]	[　]	
				[　]	[　]	[　]	[　]	[　]	[　]	
				[　]	[　]	[　]	[　]	[　]	[　]	
				[　]	[　]	[　]	[　]	[　]	[　]	
				[　]	[　]	[　]	[　]	[　]	[　]	
				[　]	[　]	[　]	[　]	[　]	[　]	
				[　]	[　]	[　]	[　]	[　]	[　]	
				[　]	[　]	[　]	[　]	[　]	[　]	
				[　]	[　]	[　]	[　]	[　]	[　]	
				[　]	[　]	[　]	[　]	[　]	[　]	

210mm×297mm[백상지 80g/㎡(재활용품)]

비원산지재료 내역

신청번호						

수출신고필증 란 번호	품목번호 (HS)	품명·규격	금액(USD)		원산지	비고
			품목번호(HS)별 소계	란 합계		

210mm×297mm[백상지 80g/㎡(재활용품)]

○ FTA원산지증명서 발급신청서

<table>
<tr><td>▸원산지증명</td><td>▸란사항</td></tr>
</table>

| 원산지제출번호 | 86818 - 13 - [　　] 채번 | 전송구분 | 9 원본　9:원본/35:수정/18:재발행 |

[기본 정보]

신청사유코드	A 발급　A:발급 / B:재발급 / C:보정발급 / D:정정발급	신청차수	0
신청구분	□　A:신 청 / B:선적후 발급		
신청인구분	□　GD:생산자 / EX:수출자 / CB:관세사 / ZZZ:기타		
FTA명	□　I:한-아세안 FTA / G:한-싱 FTA / J:한-인도 CEPA / K:한-페루 FTA		
신청인상호	[　　　　]	사업자번호	[　　]
원산지인증 수출업체	[인증번호 : [　]-[　]-[　　]] 유효성 검사 ※ 관세청(세관)의 원산지인증수출자로 지정된 경우에만 유효성 검사 버튼을 클릭해서 사용가능.		

[생산자 정보]　□ (수출자 정보와 동일시)　　　　　　생산자정보 불러오기

생산자	[　　]	사업자번호	[　　]	국적	[　] 🔍
전화번호	[　　]	팩스번호	[　　]	E-Mail	[　　]
생산자 주소	[　　]				

[수입자 정보]　　　　　　　　　　　　　　　　　　수입자정보 불러오기

| 수입자 | [　　] | 사업자번호 | [　　] | 국적 | [　] 🔍 |
| 수입자 주소 | [　　] | | | | |

[상세 정보]

| 유형 | ◉ 수출신고번호　◯ 기타번호(까르네)　◯ 기타번호(휴대반출)　◯ 기타번호(간이수출)　◯ 기타번호(기타) |

	[　]-[　]-[　　] 유효성 검사	수리일자	2013 년 07 월 05 일 📅
		수출신고 총란	[　]
수출신고 번호	※ 수출신고필증상의 ⑮항목의 수출신고번호를 입력하셔야 합니다. 　1. 유효성을 체크하십시오. 　　-. 번호 : 3자리 - 2자리 - 10자리 (ex : 123 - 12 - 1234567890) 　　-. 기존 원산지증명서 발급시 사용된 수출신고번호는 재사용 불가. 　　-. 유효성 체크 미확인시 전송 불가. 　2. 수리일자는 수출신고필증을 받은 데이터를 자동으로 가져옵니다. ※ 기타 수출신고건은 해당 증빙자료를 첨부하거나 세관에 제출하셔야 합니다.		

| 수출품
포장기호 | [　　] |
| 수출품
포장갯수 및
수량 영문명 | [　　] |

운송수단	[　] 🔍	선박/항공기명	[　　]
선적항구 /공항	[　] 🔍 [　　]　※ 영문명만 가능합니다.	출항일자	[　]년[　]월[　]일 📅
목적국	[　] 🔍	목적국 공항/항구명	[　　]

| 송품장 번호 | [　　]　송품장 발행일 [　]년[　]월[　]일 📅　추가 | | |

| | 순번 | 송품장 변호 | 송품장 발행일 | 관리 |
| | 데이터가 없습니다. | | | |

송장발행회사	[　　]	송장발행국가	[　] 🔍
발행회사주소	[　　]		
원산지특례	□　0:해당 없음 / 1:제3국 송품장 / 2:전 시 / 3:연결 원산지증명서		
제3국 운영인 법적이름	[　　]	하역항구	[　] 🔍
연결원산지 국가명	[　　] ▾		

비고	
	※ 제3국 운영인 법적이름, 하역항구, 비고(200자 이내) 란은 한-페루 FTA일 경우만 입력하십시오.
메모	
	※ 신청인 연락처 등 기타 특이사항을 입력하십시오.(200자 이내).
첨부서류	※신규발급 　1. 수출신고필증 : 수출신고번호 입력으로 대체 (첨부불필요) 　2. 상업송장 또는 거래 계약서 　3. 원산지확인서 (생산자와 수출자가 다른 경우에 한함) 　4. 원산지소명서 　5. 원산지소명서를 입증할 수 있는 서류 　　-. 세번변경기준(CTH,CTC 등) : 세번 변경 입증서류(예 : 원재료 구입명세서, 자재명세서, 생산공정명세서, 　　　사용자매뉴얼, 홍보책자 등) 　　-. 부가가치기준(RVC) : 비원산지재료, 원산지재료 및 수출물품의 가격관련 입증서류(예 : 자재명세서, 원료구입명세서, 　　　원료수불부, 원가산출내역 등) 　　-. 수출용원재료원산지(포괄)확인서 (원재료를 납품한 회사가 작성하는 서류) 　　-. 기타 해당 물품의 생산자, 생산장소, 생성공정등 원산지의 확인이 객관적으로 가능한 서류 　6. L/C사본 등 계약서류(은행 네고용 등 사용목적으로 원산지증명서 원본을 추가 발급요청시) ※ 재발급 　1. 사유서 ※ 정정발급 　1. 사유서　　2. 정정사유입증자료　　3. 원산지증명서원본 ※ 첨부서류가 대용량 또는 제한 용량을 초과할 경우에 기관 메일로 보내주십시오. 　-. [세관별 기관 e-mail 보기] ※첨부파일은 최대 10개, 용량 총합 20MB로 제한됩니다. 　-. 첨부파일이 추가가 안될경우, ActiveX를 업데이트하시고 컴퓨터를 재부팅해주세요. 　　　　　　　　　　　　[찾아보기...]　　　　　[추가]

순번	파일주소	관리
	데이터가 없습니다.	

◎ 위 내용은 틀림이 없음을 확인하오니 원산지 증명서를 발급하여 주시기 바랍니다.

2013 년 07 월 05 일

신청자 : 최규삼　(인)

[　] 세관 [　　　　] 장 귀하

[미리보기]　[불러오기]　[로컬임시저장]　[전송]　[취소]

아세안회원국과의 협정에 따른 원산지증명서의 서식

(앞쪽)

Original(Duplicate/Triplicate)

1. Goods Consigned from(Exporter's business name, address, country)	Reference No. **KOREA-ASEAN FREE TRADE AREA PREFERENTIAL TARIFF CERTIFICATE OF ORIGIN** (Combined Declaration and Certificate) FORM AK Issued in ____________ (country) See Notes Overleaf
2. Goods Consigned to(Consignee's name, address, country)	
3. Means of transport and route(as far as known) Departure date: Vessel's name/Aircraft etc.: Port of Discharge	4. For Official Use ☐ Preferential Treatment Given Under KOREA-ASEAN Free Trade Area Preferential Tariff ________________________ ☐ Preferential Treatment Not Given (Please state reason/s) ________________________ .... Signature of Authorised Signatory of the Importing Country

5. Item number	6. Marks and numbers on packages	7. Number and type of packages, description of goods(including quantity where appropriate and HS number of the importing country)	8. Origin Criterion (See Notes overleaf)	9. Gross weight or other quantity and Value (FOB only when RVC criterion is used)	10. Number and date of Invoices

11. Declaration by the exporter	12. Certification
The undersigned hereby declares that the above details and statement are correct; that all goods were produced in .... (Country) and that they comply with the origin requirements specified for these goods in the KOREA-ASEAN Free Trade Area Preferential Tariff for the goods exported to .... (Importing Country) .... Place and date, signature of authorised signatory	It is hereby certified, on the basis of control carried out, that the declaration by the exporter is correct .... Place and date, signature and stamp of certifying authority

13. ☐ Third Country Invoicing ☐ Exhibition ☐ Back-to-Back CO

210mm×297mm[백상지 80g/㎡(재활용품)]

작 성 방 법

※ **이 서식은 영문으로 작성합니다.**
1. 아세안회원국과의 협정에 따른 원산지증명서의 서식은 다음 국가에 적용됩니다.
   브루나이 다루살람, 캄보디아, 인도네시아, 대한민국, 라오스, 말레이시아, 미얀마, 필리핀, 싱가포르, 태국, 베트남
2. 모든 물품은 각 해당 물품별로 아세안회원국과의 협정에 따른 협정관세를 적용받기 위해서 다음 각 호의 요건을 충족하여야 합니다.
   가. 협정관세 적용 대상 물품의 품명과 일치하여야 합니다.
   나. 아세안회원국과의 협정 부속서 3 제9조에 따른 직접운송요건을 충족하여야 합니다.
   다. 아세안회원국과의 협정 부속서 3의 원산지규정을 준수하여야 합니다.
3. 제1란에는 수출자의 성명(상호), 주소, 수출국을 적습니다.
4. 제2란에는 수입자의 성명(상호), 주소, 수입국을 적습니다.
5. 제3란에는 물품을 운송하는 선박(항공기)의 출항일, 선박명(편명), 양륙항 등 운송수단 및 운송경로를 알고 있는 범위에서 적습니다.
6. 제4란에는 수입당사국의 세관공무원이 해당 물품의 협정관세 적용여부를 "√" 표시한 후 서명합니다.
7. 제5란에는 품목번호가 다른 물품들은 같은 종류별로 구분하여 일련번호를 부여합니다.
8. 제6란에는 물품에 대한 표시 및 일련번호를 적습니다.
9. 제7란에는 포장개수 · 포장형태 · 품명 · 수량 · 품목번호 등을 적습니다.
   가. 품명은 해당 물품을 검사하는 세관공무원이 확인할 수 있도록 상세하게 적고, 상표도 적습니다.
   나. 품목번호(HS No.)는 수입당사국의 「통일상품명 및 부호체계에 관한 국제협약」에 따른 품목번호를 적습니다.
10. 제8란에는 수출자(제조자 및 생산자 포함)가 해당 물품에 대한 원산지결정기준을 아래 표에 정한 방법으로 적습니다.

가. 수출당사국의 영역에서 완전생산된 물품	WO
나. 수출당사국의 영역에서 해당 물품을 생산할 때 「통일상품명 및 부호체계에 관한 협약」(HS)상 4단위 세번변경이 발생하였거나, 역내가치포함비율이 40% 이상인 물품	CTH 또는 RVC 40%
다. 품목별 원산지결정기준을 충족하는 물품 (1) 세번변경기준을 충족하는 물품 (2) 체약당사국의 영역에서 완전생산된 물품 (3) 일정 역내가치포함비율을 충족하는 물품 　　(예: 역내가치포함비율이 45% 이상인 물품) (4) 세번변경기준과 역내가치포함비율을 동시에 충족하는 물품 (5) 특정 공정을 수행한 물품(예: 재단 및 봉제공정)	CTC WO-AK RVC　% (예: RVC 45%) CTH + RVC % Specific Process
라. 아세안회원국과의 협정 부속서 3 제6조를 충족하는 물품(개성공업지구에서 생산된 물품)	Rule 6

11. 제9란에는 해당 물품의 총중량과 역내가치포함비율 기준이 사용된 경우로 한정하여 FOB가격을 적습니다. 다만, 캄보디아와 미얀마로 수출되는 물품에 대한 원산지증명서의 경우 이 서식 개정안 시행 후 2년 동안에는 사용된 원산지기준에 관계없이 FOB가격을 적습니다.
12. 제10란에는 송장의 일련번호 및 발급일자를 적습니다.
13. 제11란에는 수출자(제조자 및 생산자 포함)가 원산지증명서 수출국, 수입국, 신청일자, 장소를 적은 후 서명합니다.
14. 제12란에는 원산지증명서 발급담당자가 원산지증명서의 발급일자 및 발급장소를 적고, 서명한 후 발급기관의 인장을 날인합니다.
15. 제13란은 다음 구분에 따라 "√"표시를 합니다.
   가. 수출당사국이 아닌 제3국에서 송품장이 발급된 경우 "제3국 송품장(Third country invoicing)"란에 "√" 표시를 합니다. 이 경우 제7란에는 송장을 발행한 회사의 상호 및 국가명을 적습니다.
   나. 수출당사국이 아닌 제3국에서의 전시를 위해 수출당사국에서 제3국으로 송부된 물품으로서 제3국에서 전시 도중 또는 전시 후에 수입당사국으로의 수입을 위해 판매된 경우 "전시(Exhibition)"란에 "√" 표시를 합니다.
   다. 연결원산지증명서인 경우 "연결원산지증명서(Back-to-Back CO)"란에 "√"표시를 합니다.

미합중국과의 협정에 따른 원산지증명서의 서식

Certificate of Origin
Korea-US Free Trade Agreement

<table>
<tr><td rowspan="5">1.Exporter
(수출자)</td><td>Name (성명)</td><td></td><td colspan="2" rowspan="2">2. Blanket Period
(원산지포괄증명기간)</td></tr>
<tr><td>Address(주소)</td><td></td></tr>
<tr><td>Telephone (전화)</td><td></td><td colspan="2">YYYY   MM DD   YYYY   MM DD
(년) (월) (일)   (년) (월) (일)</td></tr>
<tr><td>Fax (팩스)</td><td></td><td colspan="2">From _ _ _/_ /_ _   To _ _ _/_ /_ _
(부터)   (까지)</td></tr>
<tr><td>E-mail (전자주소)</td><td></td><td colspan="2"></td></tr>
<tr><td rowspan="5">3.Producer
(생산자)</td><td>Name (성명)</td><td></td><td rowspan="5">4.Importer
(수입자)</td><td>Name (성명)</td><td></td></tr>
<tr><td>Address(주소)</td><td></td><td>Address(주소)</td><td></td></tr>
<tr><td>Telephone (전화)</td><td></td><td>Telephone (전화)</td><td></td></tr>
<tr><td>Fax (팩스)</td><td></td><td>Fax (팩스)</td><td></td></tr>
<tr><td>E-mail (전자주소)</td><td></td><td>E-mail (전자주소)</td><td></td></tr>
</table>

5.원 산 지 증 명 대 상 물 품 내 역

Serial No. (연번)	Description of Good(s) (품명 · 규격)	Quantity & Unit (수량 및 단위)	HS No. (품목번호 HS 6단위)	Preference Criterion1) (원산지 결정기준)	Country of Origin (원산지 국가)

6. Observations:
(특이사항)

I certify that:
본인은 다음 사항을 확인합니다.

- The information in this document is true and accurate and I assume the responsibility for proving such representations. I understand that I am liable for any false statements or material omissions made on or in connection with this document.
  상기 서식에 기재된 내용은 사실이고 정확하며, 기재된 사항에 대한 책임은 본인에게 있습니다. 이 증명서 또는 이와 관련한 허위 진술 또는 중대한 사실 누락에 대해서는 본인에게 책임이 있음을 확인합니다.
- I agree to maintain, and present upon request, documentation necessary to support this Certificate, and to inform, in writing, all persons to whom the Certificate was given of any changes that would affect the accuracy or validity of this Certificate.
  본인은 이 증명서를 입증하는 데 필요한 문서를 보관하며, 요청이 있을 경우 이를 제출할 뿐 아니라, 이 증명서의 정확성이나 유효기간에 영향을 미치는 여타 변동사항에 대해서 이 증명서를 받은 관계자들에게 서면으로 통보할 것에 동의합니다.
- The goods originate in the territory of one or both Parties and comply with the origin requirements specified for those goods in the Korea -United State of America Free Trade Agreement.
  해당 물품은 대한민국과 미합중국 간의 자유무역협정에 따른 원산지 결정기준을 충족하고 있음을 확인합니다.
  This Certificate consists of ______ pages, including all attachments.
  이 증명서는 첨부서류를 포함하여 총___장으로 구성되어 있습니다.

<table>
<tr><td colspan="2">7. Authorized Signature
(서명권자의 서명)</td><td colspan="2">Company
(회사명)</td></tr>
<tr><td colspan="2">Name:
(작성자 성명)</td><td colspan="2">Title
(직위)</td></tr>
<tr><td colspan="2">YYYY MM DD
(년) (월) (일)
_ _ _/_ _/_ _</td><td>Telephone :
(전화번호)</td><td>Fax:
(팩스번호)</td></tr>
</table>

1) Originating goods in accordance with Article 6.1(a) of the Agreement(미합중국과의 협정 제6.1조 가호에 따른 원산지물품): WO
Originating goods in accordance with Article 6.1(b) of the Agreement(미합중국과의 협정 제6.1조 나호에 따른 원산지물품): PSR
Originating goods in accordance with Article 6.1(c) of the Agreement(미합중국과의 협정 제6.1조 다호에 따른 원산지물품): PE
* 수입자, 생산자 란은 기재 생략 가능하며, 한글본과 영문을 선택하여 사용할 수 있음

<table>
<tr><th colspan="3">작 성 방 법</th></tr>
<tr><td>번호</td><td>기재항목</td><td>기 재 방 법</td></tr>
<tr><td>1</td><td>수출자</td><td>◆ '생산자'와 같은 경우 외에는 필수기재항목</td></tr>
<tr><td>2</td><td>원산지
포괄증명
기간</td><td>◆ 장기간에 걸쳐 반복적으로 선적되거나 수입신고 되는 동종 동질의 물품에 대하여 원산지증명서 발급(작성)일부터 12개월을 초과하지 아니하는 범위 안에서 최초의 원산지증명서를 반복하여 사용하는 경우에만 기재</td></tr>
<tr><td>3</td><td>생산자</td><td>◆ 수출물품 생산업체를 알고 있는 경우 기재</td></tr>
<tr><td>4</td><td>수입자</td><td>◆ 물품의 수입업체를 알고 있는 경우 기재</td></tr>
<tr><td>5</td><td>원산지
증명대상
물품내역</td><td>◆ 'HS품목번호', '품명, '원산지국가'는 필수기재항목
◆ '품명·규격', '수량·단위'는 수출물품과의 동일성이 확인될 수 있도록 기재</td></tr>
<tr><td>6</td><td>특이사항</td><td>◆ 수출물품의 원산지증명과 관련하여 특이사항이 있는 경우만 기재</td></tr>
<tr><td>7</td><td>서명 등</td><td>◆ '작성자 성명', '증명일자'는 필수기재항목</td></tr>
</table>

※ [참조] 원산지증명서 필수항목 [협정문 제6.15조 2항]

① **증명인의 성명**(필요한 경우 연락처 또는 그 밖의 신원확인 정보 포함)
② **상품의 수입자**(아는 경우에 한한다.)
③ **상품의 수출자**(생산자와 다른 경우에 한한다.)
④ **상품의 생산자**(아는 경우에 한한다.)
⑤ **물품의 HS품목번호 및 품명**
⑥ **상품이 원산지 상품임을 증명하는 정보**
⑦ **증명일자**
⑧ **증명서 유효기간**(포괄증명의 경우)

Certificate of Origin
Korea-US Free Trade Agreement

1. EXPORTER	Name	
	Address	
	Telephone	
	Fax	
	E-mail	

2. BLANKET PERIOD

From: _ _ /_ /_ To: _ _ /_ /_
YYYY/MM/DD to YYYY/MM/DD

3. PRODUCER	Name	
	Address	
	Telephone	
	Fax	
	E-mail	

4. IMPORTER	Name	
	Address	
	Telephone	
	Fax	
	E-mail	

5. LIST OF PRODUCT(S) SUBJECT TO PROOF OF ORIGIN

Serial No.	Description of Good(s)	Quantity & Unit	HS No(6 Digits)	Preference Criterion	Country of Origin

6. OBSERVATIONS

I certify that:

- The information in this document is true and accurate and I assume the responsibility for proving such representations.

- I understand that I am liable for any false statements or material omissions made on or in connection with this document.

- I agree to maintain, and present upon request, documentation necessary to support this Certificate, and to inform, in writing, all persons to whom the Certificate was given of any changes that would affect the accuracy or validity of this Certificate.

- The goods originate in the territory of one or both Parties and comply with the origin requirements specified for those goods in the Korea -United State of America Free Trade Agreement.

This Certificate consists of _______ pages, including all attachments.

Authorized Signature :	Company :
Name :	Title :
Date : YYYY / MM / DD	Telephone : Fax :

1) Originating goods(wholly obtained or produced) in accordance with Article 6.1(a) of the Agreement : **WO**
2) Originating goods(undergoes an applicable change in tariff classification or regional value content etc) in accordance with Article 6.1(b) of the Agreement : **PSR**
3) Originating goods(produced exclusively from originating materials) in accordance with Article 6.1(c) of the Agreement : **PE**

Instructions on Completion of Certificate of Origin
Recommended Form under KORUS FTA

Box #.	Data Element	Instructions on Completion
1.	Exporter	The legal name, address, telephone no., fax no. and e-mail address of the exporter of record of the good (If different from the producer)
2.	Blanket Period	Provide the blanket period in 'from YYYY/MM/DD to YYYY/MM/DD' format(12 month maximum from the date of the Certification)
3.	Producer	The legal name, address, telephone no., fax no. and e-mail address of the producer of record of the good (If known)
4.	Importer	The legal name, address, telephone, fax and e-mail of the importer of record of the good (If known)
5.	Serial No.	To indicate serial no. in case where there are more than two products subject to proof of origin
	Description of Good(s) (★)	Description of the good(s) shall be sufficiently detailed to relate it to the invoice
	Quantity & Unit	The Quantity & Unit of the good(s) shall be indicated to relate it to the invoice
	HS2002 No. (★)	HS tariff classification, to six or more digits, as specified for each good in the Rules of Origin (2002 HTS-Korea)
	Preference Criterion	To indicate the preference criterion applied to the good(s); - Originating goods in accordance with Article 6.1(a) : 'WO' - Originating goods in accordance with Article 6.1(b) : 'PSR' - Originating goods in accordance with Article 6.1(c) : 'PE'
	Country of Origin (★)	Indicate 'US', 'USA', 'United States' or 'United States of America'
6.	Observations	If applicable, provide observations in relation to the proof of origin
	Authorized Signature	The signee must have access to the underlying records and the legal authority to bind the company
	Company	
	Name (★)	
	Title	
	YYYY/MM/DD (★)	The date of the certification
	Telephone	The telephone no. and fax no. of the signee of the good
	Fax	

※ Denial of preferential tariff treatment may be appealed when compulsory elements (with '★') are incomplete.

ATTACHMENT A
DATA ELEMENTS FOR THE UNITED STATES-KOREA FREE TRADE AGREEMENT CERTIFICATION OF ORIGIN

1. Name and address of the importer :

The legal name, address, telephone, and e-mail of the importer of record of the good.

2. Name and address of the exporter :

The legal name, address, telephone, and e-mail of the exporter of the good.
(If different from the producer).

3. Name and address of the producer :

The legal name, address, telephone, and e-mail of the exporter of the good.
(If Known).

4. Description of good :

The description of a good shall be sufficiently detailed to relate it to the invoice and the Harmonized System(HS) nomenclature.

5. HS tariff classification number :

The HS tariff classification, to six or more digits, as specified for each good in the Rules of Origin.

6. Preference criterion :

The rule of origin set forth in General Note 33(b) or Article 6.1 of the Agreement. In the case of a product-specific rule specified in General Note 33(o) or Annex 4-A or 6-A of the Agreement, please be specific as to which rule was applied.

7. Single shipment :

Provide the commercial invoice number.

8. Multiple shipments of identical goods :

Provide the blanket period in 'mm/dd/yyyy to mm/dd/yyyy' format. (12-month maximum)

9. Authorized signature, company, title, telephone, fax, e-mail, and certification date :

The signee must have access to the underlying records and the legal authority to bind the company. This field shalll include signature, company, title, telephone, fax, and e-mnail.

10. Certification :

I certify that:

The information on this document is true and accurate and I assume the respnsibility for proving such representations. I understand that I am liable for any false statements or material omissions made on or in connection with this document;

I agree to maintain and present upon request, documentation necessary to support these representations;

The goods comply with all requirements for preferential tariff treatment specified for those goods in the United States-Korea Free Trade Agreement; and

This document consists of   pages, including all attachments.

Signature :
Title :
Phone Number :
Email Address :
Date :

원산지자율증명 수입자의 의무사항

1. '물품 수입자' 관련 의무 사항

    - 특례법 시행령 제13조 제1항 제1호에서 정하는 서류를 수입신고 수리일로부터 5년간 보관해야 함

2. '원산지증명서 발급자' 관련 의무 사항

    ① 동 협정에 따른 원산지 증명인으로서의 의무 사항

    - 원산지를 증명하는 그 상품이 특혜관세대우의 자격이 있음을 증명하기 위하여 필요한 모든 기록*을 수입신고 수리일로부터 5년간 보관해야 함

    *** 동 협정 제6.1조(원산지상품) 및 제6.13조(통과 및 환적)에 따라 그 상품이 원산지 상품이라는 기록과 제6.17조(기록유지요건) 제1항에 따라 그 상품이 원산지 상품이라는 것을 증명하는 데 필요한 모든 기록**

    ② 특례법령에 따른 원산지증명서 발급과 관련된 의무 사항

    - 원산지증명서의 기재사항 및 기재방법은 다음 각 호에 따름

    > 1. 당해 물품의 수출자·품명·수량·원산지 등 기획재정부령이 정하는 사항이 기재되어 있을 것
    > 2. 원산지증명서 작성대장이 비치되어 발급내역이 관리되고, 원산지증명서에 서명할 자가 지정되어 있으며, 그 서명할 자가 서명하여 발급할 것

    ※ 적용규정 : 자유무역협정의 이행을 위한 관세법의 특례에 관한 법률 시행령 제2조(원산지증빙서류) 제3항

    - 수입자는 서명권자를 지정 관리하기 위하여 '원산지증명서 서명카드*'를 비치하여야 하며, 원산지증명서 작성대장(동 지침별지 서식)에 다음 각 호의 사항을 기재 관리** 하여야 함

    > 1호. 작성번호 및 작성일자
    > 2호. 수입신고 번호 및 수리일자
    > 3호. 품명 품목번호 수량 금액 및 원산지
    > 4호. 생산자 또는 공급자
    > 5호. 수출자 및 수출국명
    > 6호. 당해 물품에 적용된 협정의 명칭 및 원산지 결정기준

* 준용규정: 자유무역협정의 이행을 위한 관세법의 특례에 관한 법률사무처리에 관한 고시 제2-3-1조(원산지증명서 작성 서명자 등)

** 준용규정 : 자유무역협정의 이행을 위한 관세법의 특례에 관한 법률 시행규칙 제8조(수출물품에 대한 원산지자율 증명절차)

[별지 서식] 원산지자율발급 수입자의 원산지증명서 작성대장

원산지자율발급 수입자의 원산지증명서 작성대장

작성 번호	작성 일자	수입신고번호 및 수리일자	품명·규격	품목 번호	수량	금액	원산지	생산자 (공급자)	수출자 및 수출국명	협정명칭 및 원산지 결정기준	비고

※ 작성요령 : '자유무역협정의 이행을 위한 관세법의 특례에 관한 법률 사무처리에 관한 고시' 참조

인도와의 협정에 따른 원산지증명서의 서식

Certificate of Origin
Korea-India Comprehensive Economic Partnership Agreement
Original (Duplicate/Triplicate/Quadruplicate)

<table>
<tr>
<td colspan="2">1. Exporter (name, address, country, e-mail address, telephone number, fax number)</td>
<td colspan="3">Reference No.:

KOREA-INDIA COMPREHENSIVE ECONOMIC PARTNERSHIP AGREEMENT

PREFERENTIAL CERTIFICATE OF ORIGIN

(Combined Declaration and Certificate)

Issued in _________(Country) ______</td>
</tr>
<tr>
<td colspan="2">2. Producer (name, address, country) (optional)</td>
</tr>
<tr>
<td colspan="2">3. Importer (name, address, country) (optional)</td>
<td colspan="3">5. For Official Use</td>
</tr>
<tr>
<td colspan="2">4. Means of transport and route (optional)
Departure date:
Vessel's name/Aircraft etc.:
Port of Discharge</td>
<td colspan="3">6. Remarks</td>
</tr>
<tr>
<td>7. HS Code (6 digit)</td>
<td>8. Description of goods, including quantity</td>
<td>9. Gross weight and value (FOB)</td>
<td>10. Origin criterion</td>
<td>11. Number and date of Invoices</td>
</tr>
<tr>
<td></td>
<td></td>
<td></td>
<td></td>
<td></td>
</tr>
<tr>
<td colspan="2">12. Declaration by the exporter

The undersigned hereby declares that the above details and statement are correct; that all goods were produced in

.... (Country) ...

and that they comply with the origin requirements specified for these goods in the KOREA-INDIA Comprehensive Economic Partnership Agreement for the goods exported to

.... (Importing Country)...................

....

Place and date, signature of authorised signatory</td>
<td colspan="3">13. Certification

It is hereby certified, on the basis of control out, that the declaration by the exporter is correct.

....

Place and date, signature and stamp of issuing authority</td>
</tr>
<tr>
<td colspan="5">14. □Third country invoicing(name, address, country)</td>
</tr>
</table>

210mm×297mm[보존용지(1종) 70g/㎡)]

작 성 방 법

※ 이 서식은 영문으로 작성합니다.

1. 모든 물품은 각 해당 물품별로 인도와의 협정에 따른 협정관세를 적용받기 위해서 다음 각 호의 요건을 충족하여야 합니다.

가. 협정관세 적용 대상 물품의 품명과 일치하여야 합니다.

나. 인도와의 협정 제3.15조에 따른 직접운송요건을 충족하여야 합니다.

다. 인도와의 협정 제3장의 원산지규정을 준수하여야 합니다.

2. 제1란에는 수출자의 성명, 주소, 수출국, 전화번호를 적습니다.

3. 제2란에는 생산자의 성명, 주소, 수출국을 적습니다.

4. 제3란에는 수입자의 성명, 주소, 수입국을 적습니다.

5. 제4란에는 물품을 운송하는 선박(항공기)의 출항일, 선박명(편명), 양륙항 등 운송수단 및 운송경로를 알고 있는 범위에서 적습니다.

6. 제5란에는 수입당사국의 세관공무원이 해당 물품의 협정관세 적용여부를 "√" 표시한 후 서명합니다.

7. 제6란에는 원산지증명서 발급담당자가 원산지증명서를 소급발급한 경우에는 "소급발급", 재발급한 경우에는 "진정등본" 표시를 합니다.

8. 제7란에는 품목번호는 「통일상품명 및 부호체계에 관한 국제협약」에 따른 품목번호를 적습니다.

9. 제8란의 품명은 그 해당 물품을 검사하는 세관공무원이 확인할 수 있도록 상세하게 적습니다.

10. 제9란에는 해당 물품의 총중량 및 본선인도가격을 적습니다.

11. 제10란에는 수출자(제조자 및 생산자 포함)가 해당 물품에 대한 원산지결정기준을 아래 표에 정한 방법으로 적습니다.

가. 수출당사국의 영역에서 완전생산된 물품	WO
나. 인도와의 협정 제3.4제1항제나호를 충족하는 물품	CTSH + RVC 35%
다. 품목별 원산지결정기준을 충족하는 물품 　(1) 세번변경기준을 충족하는 물품 　(2) 역내가치포함비율을 충족하는 물품 　(3) 세번변경기준 또는 역내가치포함비율을 충족하는 물품 　(4) 세번변경기준과 역내부가가치비율을 동시에 충족하는 물품 　(5) 특정 공정을 수행한 물품 　(6) 기타	CC, CTH, CTSH RVC　% CC, CTH, CTSH 또는 RVC　% CC, CTH, CTSH + RVC　% SP Others
라. 인도와의 협정 3.14조를 충족하는 물품(개성공업지구에서 생산된 물품)	OP

12. 제11란에는 송장의 일련번호 및 발급일자를 적습니다.

13. 제12란에는 수출자가 원산지증명서 수출국, 수입국, 신청일자, 장소를 적은 후 서명합니다.

14. 제13란에는 원산지증명서 발급담당자가 원산지증명서의 발급일자 및 발급장소를 적고, 서명한 후 발급기관의 인장을 날인합니다.

15. 제14란에는 수출당사국이 아닌 제3국에서 송품장이 발급된 경우 "제3국 송품장(Third country invoicing)"란에 "√" 표시를 합니다. 이 경우 송장을 발행한 회사의 상호, 주소 및 국가명을 적습니다.

[별지 제6호의7서식] <개정 2011.12.2>

칠레와의 협정에 따른 원산지증명서의 서식

KOREA-CHILE FREE TRADE AGREEMENT
CERTIFICATE OF ORIGIN

Issuing Number:

1: Exporter (Name and Address)

Tax ID No.

2: Producer (Name and Address)	3: Importer (Name and Address)
Tax ID No.	

4. Description of Good(s)	5. HS No	6. Preference Criterion	7. Regional Value Content	8. Country of origin

9. Remarks:

10: Certification of Origin

I certify that:

● The information on this document is true and accurate and I assume the responsibility for providing such representations. I understand that I am liable for any false statements or material omissions made on or in connection with this document

● I agree to maintain and present upon request, documentation necessary to support this certificate, and to inform, in writing, all persons to whom the certificate was given of any changes that could affect the accuracy or validity of this certificate.

● The goods originated in the territory of the Parties, and comply with the origin requirements specified for those goods in KOREA-CHILE FREE TRADE AGREEMENT, and there has been no further production or any other operation outside the territories of the Parties in accordance with Article 4.12 of the Agreement.

Authorized Signature	Company Name
Name (Print or Type)	Title
Date (MM/DD/YY)	Telephone / Fax / E-mail

210mm×297mm[보존용지(1종) 70g/㎡)]

KOREA-CHILE FREE TRADE AGREEMENT
CERTIFICATE OF ORIGIN
CONTINUATION SHEET

Issuing Number:

2. Producer	4. Description of Good(s)	5. HS No	6. Preference Criterion	7. Regional Value Content	8. Country of origin

210mm×297mm[보존용지(1종) 70g/㎡)]

작 성 방 법

번호	기재항목	기재요령
	Issuing Number (발급번호)	• 원산지증명서 발급 일련번호 기재
1	Exporter(수출자)	• 수출자의 이름, 주소(국가포함), 사업자등록번호(칠레: Unique Tax Number) 기재.
2	Producer(생산자)	• 생산자 1명일 경우: 생산자 이름, 주소(국가, 전화번호, FAX, E-mail 포함), 사업자등록번호 기재 • 생산자 2명 이상일 경우: "VARIOUS"를 기재하고 모든 생산자의 리스트를 첨부(생산자 이름, 주소, 국가, 전화번호, FAX, E-mail, 사업자등록번호) • 생산자와 수출자와 같을 경우: "SAME" 기재 • 생산자를 모를 경우: "UNKNOWN" 기재 • 비밀로 할 경우: "Available to Customs upon request" 기재
3	Importer(수입자)	• 수입자 이름, 주소(국가포함) 기재 • 수입자를 알지 못할 경우: "UNKNOWN" 기재 • 수입자가 다수일 경우: "VARIOUS" 기재
4	Description of Good(s) (품명)	• HS 및 송품장과 관련시킬 수 있는 상세한 상품의 설명을 기재 • 송품장번호 기재 • 송품장번호를 모를 경우 shipping order, purchase order number 등 물품을 확인할 수 있는 관련번호 기재
5	HS No (품목번호)	• 항목4의 각 물품의 HS번호 6단위까지 기재
6	Preference Criterion (특혜기준)	• 항목4의 각 물품에 대하여 적용할 수 있는 특혜기준(A~D) 기재 A: 역내국에서만 완전하게 획득하거나 생산된 경우. B: 물품이 일방 또는 양 당사국의 영역내에서만 생산되고 해당 물품의 생산에 사용된 비원산지재료에 대해 부속서(annex 4)에 규정된 세번변경기준, 부가가치기준, 주요공정기준 및 협정 4장에 규정된 다른 적용가능한 기준을 충족한 경우 C: 물품이 협정 제4.2조 제1(a)부터 제1(d)의 기준에 의한 원산지요건을 충족한 원산지재료로만으로 일방 또는 양 당사국의 영역내에서만 생산된 경우 D: 물품이 일방 또는 양 당사국 영역내에서 생산되었으나 그 물품의 생산에 사용된 하나 이상의 비원산지재료가 협정 4.2.1 C(i, ii) 규정에 해당하여 세번변경은 이루어지지 않았으나, 부가가치 기준을 충족한 경우
7	Regional value Content (역내부가가치)	• 부가가치기준 적용대상 물품으로 - 공제법(build-down method)에 의해 계산한 경우: "BD" - 집적법(build-up method)에 의해 계산한 경우: "BU" 기재
8	Country of Origin (원산지국가)	• 원산지가 한국일 경우: "KR" • 원산지가 칠레일 경우: "CL" 기재
9	Remarks (비고)	• 송품장이 비당사국에서 작성되었을 경우 작성자 이름, 회사명 주소를 기재

[별지 제6호의12서식]

호주와의 협정에 따른 원산지증명서의 서식

(앞쪽)

Korea-Australia Free Trade Agreement
Certificate of Origin

1. Issuing Number:

2. Exporter- Name and contact details:	3. Blanket Period for multiple shipments: From: (DD/MM/YYYY)　　　　To: (DD/MM/YYYY)
4. Producer- Name and contact details (optional field):	5. Importer- Name and contact details (optional field):

6. Description of good(s) (including quantity, invoice number or other unique reference number where appropriate):	7. Harmonized System code(six digits):	8. Preference criterion:

9. Observations (optional field):

10. Declaration:

I certify that:

- The information in this document is true and accurate and I assume the responsibility for proving such representations. I understand that I am liable for any false statements or material omissions made on or in connection with this document.

- I agree to maintain, and present upon request, documentation necessary to support this Certificate, and to inform, in writing, all persons to whom the Certificate was given of any changes that would affect the accuracy or validity of this Certificate.

- The goods originate in the territory of one or both Parties and comply with the origin requirements specified for those goods in the Korea - Australia Free Trade Agreement.

This Certificate consist of _______ pages, including all attachments.

11. Signature:	Company or Authorised Body
Name:	Title:
Date:	Contact details:

210mm×297mm[백상지 80g/㎡(재활용품)]

작 성 방 법

※ 이 서식은 수출자, 생산자 또는 원산지증명서발급기관(호주의 발급권한이 있는 기관에 한정한다)이 명료하고 충분하게 작성해야 하며 협정관세의 적용을 신청할 때에 수입자가 갖추고 있어야 합니다. 이 서식은 영문으로 작성되어야 하며 타자로 치거나 인쇄체로 기재해야 합니다. 작성을 위한 추가 공간이 필요한 경우 별지를 사용하십시오.

1. 제1란에는 증명서의 고유번호(발급 일련번호)를 적습니다.

2. 제2란에는 수출자의 성명과 연락처(주소, 전화번호, 팩스번호, 이메일주소를 포함한다)를 적습니다.

3. 제3란은 이 증명서가 제6란의 물품과 동일한 물품의 복수 선적에 적용될 경우 포괄증명기간을 적습니다. "FROM"은 증명서가 포괄증명물품에 적용 가능하게 되는 날이며(이 증명서의 서명일보다 앞설 수도 있습니다), "TO"는 포괄증명기간이 종료되는 날입니다. 이 증명서를 근거로 협정관세 적용의 신청이 이루어지는 물품의 수입은 두 날짜 사이에 이루어져야 합니다.

4. 제4란의 기재는 선택사항으로 생산자의 성명, 연락처(주소, 전화번호, 팩스번호, 이메일주소를 포함한다)를 적습니다.

5. 제5란의 기재는 선택사항으로 수입자의 성명, 연락처(주소, 전화번호, 팩스번호, 이메일주소를 포함한다)를 적습니다.

6. 제6란에는 각 물품에 대한 상세한 품명을 적습니다. 품명은 송품장 및 HS(국제통일상품분류체계)상의 품명과 연계할 수 있도록 충분한 세부명세를 포함해야 합니다. 이 증명서가 물품의 단일 선적에 적용될 경우에는 각 물품의 수량, 측정단위(가능한 경우 일련번호를 포함한다)와 상업 송품장에 표시된 송품장번호를 적습니다. 송품장 번호를 알 수 없는 경우 고유의 참조번호(배송주문번호, 구매주문번호 또는 물품을 식별하는 데 사용될 수 있는 번호 등)를 적습니다.

7. 제7란에는 제6란의 각 물품에 대한 HS 품목번호를 6단위까지 적습니다.

8. 제8란에는 제6란의 각 물품에 적용되는 원산지결정기준을 아래의 표에 따라 적습니다. 원산지결정기준은 호주와의 협정(이하 "협정") 제3장(원산지규정) 및 부속서3-가(품목별 원산지기준)에 규정되어 있습니다.

기재 문구	원산지결정기준
WO	협정 제3.1조 가호에 따라 체약당사국의 영역에서 완전생산된 경우
PE	협정 제3.1조 나호에 따라 체약당사국의 영역에서 전적으로 원산지재료로만 생산된 경우
PSR	협정 제3.1조 다호에 따라 체약당사국의 영역에서 전적으로 생산되고 품목별 원산지기준을 충족하는 경우
Other	협정 제3장(원산지규정)에 따라 원산지 물품으로 인정되는 경우

9. 제9란에는 제6란의 각 물품에 대해 사전심사를 받거나 비당사국에서 송품장이 발급되는 경우 등 이 증명서와 관련된 다른 참고사항이 있는 경우에 적습니다.

10. 제11란에는 수출자가 작성, 서명하고 날짜를 적어야 합니다. 수출자에게 사용될 목적으로 생산자가 증명서를 작성하는 경우에는 생산자가 작성, 서명하고 날짜를 적어야 합니다. 호주의 경우 수출자 또는 생산자가 서면 신청서를 제출하면 권한 있는 기관이 증명서를 발급할 수 있으며 권한 있는 기관은 이 란을 작성, 서명하고, 날짜를 적고, 관인을 날인해야 합니다. 이 란의 날짜는 이 증명서가 작성되고 서명된 날이어야 합니다.

캐나다와의 협정에 따른 원산지증명서의 서식

(앞쪽)

Certificate of Origin
Korea-Canada Free Trade Agreement

1. Exporter's Name and Address: Telephone: Fax: E-mail: Reference No.	2. Blanket Period: From: ___/__/__ 　　　YYYY MM DD To: ___/__/__ 　　YYYY MM DD
3. Producers's Name and Address: Telephone: Fax: E-mail: Reference No.	4. Importer's Name and Address: Telephone: Fax: E-mail: Reference No.

5. Description of Good(s)	6. HS Tariff Classification #	7. Preference Criterion	8. Producer	9. Value Test	10. Country of Origin

I certify that:

- the information in this document is true and accurate and I assume the responsibility for proving such representations. I understand that I am liable for any false statements or material omissions made on or in connection with this document.

- I agree to maintain, and present upon request, documentation necessary to support this Certificate, and to inform, in writing, all persons to whom the Certificate was given of any changes that would affect the accuracy or validity of this Certificate.

- The goods originate in the territory of one or both Parties and comply with the origin requirements specified for those goods in the Korea Canada Free Trade Agreement.

- This Certificate consists of ______ pages, including all attachments.

11. Authorized signature:	Company:
Name:	Title:
Date: ___/__/__ 　　YYYY MM DD	Telephone: Fax:

210mm×297mm[백상지 80g/㎡(재활용품)]

작 성 방 법

※ 이 서식은 수출자가 명료하고 충분하게 작성하여야 하며 협정관세의 적용을 신청할 때에 수입자가 갖추고 있어야 합니다. 이 서식은 수출자에게 사용될 목적으로 생산자가 자발적으로 작성할 수도 있습니다. 이 서식은 영문으로 작성되어야 하며 타자로 치거나 인쇄체로 기재해야 합니다. 작성을 위한 추가 공간이 필요한 경우 별지를 사용하십시오.

1. 제1란에는 수출자의 성명, 주소(도시 및 국가를 포함한다), 전화번호, 팩스번호, 이메일주소 및 참조번호(선택기재사항)를 적습니다.

2. 제2란은 이 증명서가 제5란의 물품과 동일한 물품의 복수 선적에 적용될 경우 12개월을 넘지 않는 포괄증명기간을 적습니다. "FROM"은 증명서가 포괄증명물품에 적용 가능하게 되는 날이며(이 증명서의 서명일보다 앞설 수도 있습니다), "TO"는 포괄증명기간이 종료되는 날입니다. 이 증명서를 근거로 협정관세 적용의 신청이 이루어지는 물품의 수입은 두 날짜 사이에 이루어져야 합니다.

3. 제3란에는 생산자의 성명, 주소(도시 및 국가를 포함한다), 전화번호, 팩스번호, 이메일주소 및 참조번호(선택기재사항)를 적습니다. 둘 이상의 생산자가 증명서에 포함될 경우에는 "VARIOUS"라고 적고, 제5란의 증명물품과 상호 참조된 모든 생산자의 성명, 주소(도시 및 국가를 포함한다), 전화번호, 팩스번호, 이메일주소 및 참조번호(선택기재사항)가 적힌 생산자 목록을 첨부합니다. 수출자가 생산자에 대한 정보를 비밀로 유지하기를 원하는 경우에는 "AVAILABLE TO CUSTOMS UPON REQUEST"라고 적어야 합니다.

4. 제4란에는 수입자의 성명, 주소(도시 및 국가를 포함한다), 전화번호, 팩스번호, 이메일주소를 적습니다.

5. 제5란에는 각 물품에 대한 상세한 품명을 적습니다. 품명은 송품장 및 HS(국제통일상품분류체계)상의 품명과 연계할 수 있도록 충분한 세부내역을 포함해야 합니다. 이 증명서가 물품의 단일 선적에 적용될 경우에는 각 물품의 수량, 측정단위(가능한 경우 일련번호를 포함한다) 및 상업 송품장에 표시된 송품장번호를 적습니다. 송품장 번호를 알 수 없는 경우 고유의 참조번호(배송주문번호, 구매주문번호 또는 물품을 식별하는 데 사용될 수 있는 번호 등)를 적습니다.

6. 제6란에는 제5란의 각 물품에 대한 HS 품목번호를 6단위까지 적습니다.

7. 제7란에는 제5란의 각 물품에 적용되는 원산지결정기준을 아래의 표에 따라 적습니다. 원산지결정기준은 캐나다와의 협정(이하 "협정") 제3장(원산지규정) 및 부속서3-가(품목별 원산지기준)에 규정되어 있습니다.

기재 문구	원산지결정기준
A	협정 제3.2조에 따라 체약당사국의 영역에서 완전생산된 경우
B	협정 제3.1조 가호 1목·2목·3목에 따라 체약당사국의 영역에서 전적으로 원산지재료로만 생산된 경우
C	협정 제3장, 제3.1조 나호, 부속서3-가에 따라 체약당사국의 영역에서 전적으로 생산되고 품목별 원산지기준을 충족하는 경우
D	부속서3-가의 세번변경기준을 충족하지 않더라도 협정 제3.3조 제2항 및 제3.4조에 해당하는 경우

8. 제8란에는 제5란의 각 물품에 대해 본인이 생산자일 경우에는 "YES"를 적습니다. 본인이 생산자가 아닐 경우에는 "NO"를 적고, 이 증명서의 작성 근거를 아래의 표에 따라 적습니다.[예시: NO(1)]

기재 문구	증명서 작성근거
(1)	물품이 원산지물품으로서의 자격을 갖추었다는 본인의 인지
(2)	물품이 원산지물품으로서의 자격을 갖추었다는 생산자의 서면 진술(원산지증명서를 제외한다)에 대한 본인의 신뢰
(3)	생산자가 수출자에게 자발적으로 제공한, 그 물품을 위해 작성하고 서명한 원산지증명서

9. 제9란에는 제5란의 각 물품이 부가가치계산방법으로 순원가를 기준으로 적용하는 경우에는 "NC" 또는 거래가격이나 공장도가격을 기준으로 적용하는 경우에는 "TV"로 적습니다. 일정 기간에 걸쳐 순원가법으로 계산하는 경우에는 그 계산기간의 시작일과 종료일(YYYY/MM/DD~YYYY/MM/DD)을 적어야 합니다.

10. 제10란에는 캐나다로 수출되는 모든 원산지물품의 경우에는 "KR"을 적고, 한국으로 수출되는 모든 원산지물품의 경우에는 "CA"를 적습니다.

11. 제11란은 수출자가 작성, 서명하고 날짜를 적어야 합니다. 수출자에게 사용될 목적으로 생산자가 증명서를 작성하는 경우에는 생산자가 작성, 서명하고 날짜를 적어야 합니다. 날짜는 이 증명서가 작성되고 서명된 날이어야 합니다.

Ⅳ. 협정세율 적용

<table>
<tr><td colspan="2" align="center"><h2>협정관세적용신청서</h2></td><td>(처리기간 : 즉시)</td></tr>
</table>

①신고번호 : XXXXX-XX-XXXXXXX-X   ②신고일자 : YYYY/MM/DD

③수입자 : (상호) XXXXXXXXXXXXXXXX   (성명) XXXXXXXXXX

  (주소) XXXXXXXXXXXXXXXXXXXXXXXXXXXXXXX

  (전화번호) XXXXXXXXXXXXXXXXXX   (FAX) XXXXXXXXXXX

  (전자주소) XXXXXXXXXXXXXXXXXXXXXXXXXXXXXX

  (사업자등록번호) 999-99-99999   (통관고유부호) XXXXXXXX-9-99-9-99-9

④신청일자 : YYYY/MM/DD

⑤수출자 : (상호) XXXXXXXXXXXXXXXX   (국가명) XX   (성명) XXXXXXXXXX

  (주소) XXXXXXXXXXXXXXXXXXXXXXXXXXXXXXX

  (전화번호) 999-99-99999   (FAX) XXXXXXXXXXX

⑥생산자 : (상호) XXXXXXXXXXXXXXXX   (성명) XXXXXXXXXX

  (주소) XXXXXXXXXXXXXXXXXXXXXXXXXXXXXXX

  (전화번호) 999-99-99999   (FAX) XXXXXXXXXXX

999란 ⑦원산지증빙서류 : [X] (1:원산지증명서, 2:사전심사서, 3:동종동질물품)

⑧원산지증명서 발급주체 : [X] (1:기관, 2:자율(수출자), 3:자율(생산자), 4:자율(수입자))   ⑨원산지 : XX

⑩기관명 및 종류 : XXXXXXXXXXXXXXXXXXXXXXXX, [X] (1:국가기관, 2:상공회의소, 3:기타)

⑪발급번호 : XXXXXXXXXXXXXXXXXXXXXXXXXX   ⑫발급일자 : YYYY/MM/DD

⑬총순중량 : 999,999,999 XXX

⑭적출국 : XX ⑮적출항 : XXXXXXXXXXXXXXXXXX   ⑯출항일 : YYYY/MM/DD

⑰환적국 : XX ⑱환적항 : XXXXXXXXXXXXXXXXXX   ⑲환적일 : YYYY/MM/DD

⑳연결원산지증명서 발급여부 : [X] (Y:발급, N:미발급)   ㉑연결원산지증명서 발급국가 : XX

㉒제3국 송품장 발급여부 : [X] (Y:발급, N:미발급)   ㉓제3국 송품장 발급국가 : XX

㉔원산지인증수출자 유무 : [X] (Y:있음, N:없음)

㉕원산지인증수출자 번호 : XXXXXXXXXXXXXXXXXXXXXXXXXX

㉖품명 : XXXXXXXXXXXXXXXXXXXXXXXXXXXXX

㉗모델·규격 : XXXXXXXXXXXXXXXXXXXXXXXXXXXXXXXXXXXXXX

㉘협정적용 순중량 : 999,999,999 XXX   ㉙분할수입 : [X] (Y:분할, N:전량)   ㉚분할차수 : 999

㉛HS부호 : 9999.99   ㉜협정관세율(구분) : 9,999.99(XX XXXX)

㉝원산지 결정기준 : [X] (A:완전생산, B:세번변경, C:부가가치, D:조합기준, E:역외가공, F:기타, G:자율발급)

「자유무역협정의 이행을 위한 관세법의 특례에 관한 법률」 제10조의 규정에 의하여 원산지증빙서류를 갖추고 이를 통하여 원산지물품임을 확인하였기 위와 같이 협정관세 적용을 신청합니다.

협정관세적용신청서 기재요령

항 목	작 성 요 령	작 성 예
①신고번호	○ 수입신고서 ①항목의 신고번호를 기재	40620-08-0700105-
②신고일자	○ 수입신고서 ②항목의 신고일을 기재	2008/01/15
③수입자	○ 수입신고서의 납세의무자 관련사항 기재	
- 상호	- 납세의무자 상호를 기재	- 모나리자(주)
- 성명	- 납세의무자의 성명을 기재	- 홍나리
- 주소	- 납세의무자의 주소지를 기재	- 서울 강남구 논현동 235
- 전화번호	- 회사 또는 담당부서의 전화번호 기재	- 02-402-7896
- FAX	- 회사 또는 담당부서의 FTA번호 기재	- 02-402-8816
- 전자주소	- 회사 또는 담당부서의 전자주소 기재	- trade@monarisa.com
- 사업자등록번호	- 사업자등록증상의 등록번호를 기재	- 112-81-66062
- 통관고유부호	- 관세청장이 지정한 통관고유부호 기재	- 모나리자1771025
④신청일자	○ 협정관세 적용 신청일자를 기재	- 2008/02/01
⑤수출자	○ 체결상대국의 수출자 관련사항 기재	
- 상호	- 원산지증명서상의 회사명을 기재	- ABC Corporation
- 국가	- 원산지증명서상 수출자가 소재하는 국가명 (통계부호표 국가명 참조)	- 칠레의 경우 : CL - 미국의 경우 : US
- 성명	- 원산지증명서상의 대표자 성명을 기재	- JOELLE LAU
- 주소	- 원산지증명서상의 주소지를 기재	- 55 Newton Road #10 Revenue House Singapore
- 전화번호	- 회사 또는 담당부서의 전화번호 기재	- 68-6355-2050
- FAX	- 회사 또는 담당부서의 FAX번호 기재 (수입자가 아는 경우에 한함)	- 68-6355-2051 * (국가코드)-(지역번호)-(전화번호) 순으로 기재
⑥생산자	○ 체결상대국의 생산자 관련사항 기재	
- 상호	- 회사명을 기재	- CBA Corporation
- 성명	- 대표자 성명을 기재	- Tan Juan Fook
- 주소	- 회사의 주소지를 기재	- 371 Beach Road #10-11 Keypoint Singapore
- 전화번호	- 회사 또는 담당부서의 전화번호 기재	- 68-7755-7777
- FAX	- 회사 또는 담당부서의 FTA번호 기재	- 68-7755-7780
	* 생산자관련 정보는 수출자와 생산자가 다른 경우로서 원산지증명서상에 생산자가 기재되었거나 수입자가 알고 있을 때에만 기재	* (국가코드)-(지역번호)-(전화번호) 순으로 기재
⑦원산지증빙서류	○ 원산지물품 확인 및 협정관세 적용신청의 근거자료 기재 - 원산지증명서 등 : '1'로 기재 - 사전심사서 : '2'로 기재 - 원산지증명서 제출면제 동종 동질물품 : '3'으로 기재	- 수입신고 시 원산지증명서를 소지하고 협정관세 적용신청을 하는 경우 : 1

항 목	작 성 요 령	작 성 예
⑧원산지증명서 발급주체	○ 원산지증명서 발급자를 기재 - 기관발급 방식인 경우 : '1'로 기재 - 수출자가 자율증명한 경우 : '2'로 기재 - 생산자가 자율증명한 경우 : '3'으로 기재 - 수입자가 자율증명한 경우 : '4'로 기재	- 싱가포르 세관에서 발급한 원산지증명서인 경우 : 1 - 한-미 FTA 수출자가 자율발급 한 경우 : 2
⑨원산지	○ 원산지증명서류상의 원산지를 기재 - FTA 원산지기준에 의하여 결정된 원산지 - 한-EU FTA 적용 물품으로 원산지가 EU 당사국 내 어 느 한 국가가 아닌 경우 'EU'로 기재	- 원산지증명서류상의 원산지가 싱가포르인 경우 : SG - 원산지증명서류상의 원산지가 미국인 경우 : US
⑩기관명 및 종류	○ 원산지증명서의 발급기관명을 기재 ○ 원산지증명서 발급기관의 종류를 기재 - 국가기관인 경우 : '1'로 기재 - 상공회의소인 경우 : '2'로 기재 - 기타의 비국가 기관 : '3'으로 기재 * ⑨번 항목이 '1'인 경우에만 기재	- 싱가포르 세관에서 발급한 원산지증명서인 경우 : Singapore Customs [1]
⑪발급번호	○ 원산지증명서의 일련번호 기재 * 다만, 사전심사서의 경우 승인번호 기재 * 동종 동질물품의 경우 해당 HS 기재 ○ 해당서류의 발급번호를 띄어 쓰지 않고 대문자로 기재 * 특수문자('-' ,'/'등)는 기재 생략 * 발급번호가 중복되는 경우 뒤쪽에 발급일자 기재 * 같은 날짜에 발급번호가 중복되는 경우 뒤쪽에 일련번호 기재	- SCCOIN200603010001 - 자율발급인 경우 해당서류 번호를 기재 - 해당서류번호가 없을 경우 송품장 번호를 기재 - VN-KR/02 71인 경우 : 'VNKR0271' - 'VNKR0271(20080201)' - 'VNKR0271(2008020112)'
⑫발급일자	○ 원산지증명서상의 발급일자 기재 - 기관발급의 경우 : 발급일자를 기재 - 자율증명의 경우 : 서명일자를 기재 * 다만 사전심사서의 경우 승인일자 기재 * 동종 동질물품의 경우 기재 생략	- 발급일자가 2008.2.1인 경우 : 2008/02/01
⑬총순중량	○ 원산지증명서상의 총순중량을 기재	- 총순중량이 1000KG이면 1000KG기재
⑭적출국	○ 선하증권(B/L)상의 선적국을 기재 - 선적국의 국가부호를 기재(통계부호표 참조)	- 선적국인 미국인 경우 : US
⑮적출항	○ B/L상의 선적항을 기재	- 적출항이 싱가포르 항구인 경우 : Singapore
⑯출항일	○ B/L상의 B/L 발행일을 기재	- B/L상의 발행일(Date of issue of B/L)이 2008.2.1인 경우 : 2008/02/01
⑰환적국	○ 최초 선적지 발행 B/L 또는 운송사의 운송정보를 통하여 확인된 환적국을 기재	- 싱가포르 출발 일본을 환적 한 경우 : JP
⑱환적항	○ 최초 선적지 발행 B/L 또는 운송사의 운송정보를 통하여 확인된 환적항을 기재	- 환적항이 요코하마 항구인 경우 : Yokohama
⑲환적일	○ 최초 선적지 발행 B/L 또는 운송사의 운송정보를 통하여 확인된 환적일을 기재	- 환적일이 2008.2.20인 경우 : 2008/02/20

항 목	작 성 요 령	작 성 예
⑳연결원산지증명서 발급여부	○ 생산국의 원산지증명서를 근거로 다른 체약상대국이 발행한 원산지증명서의 발급여부를 기재 - 연결원산지증명서가 발급된 경우 : 'Y'로 기재 - 연결원산지증명서가 미발급된 경우 : 'N'로 기재 * 한·아세안 FTA에 한함	- 베트남 원산지제품을 싱가포르에서 다시 수출하며 연결원산지증명서를 발행하는 경우 : 'Y'
㉑연결원산지증명서 발급국가	○ 연결원산지증명서를 최초로 발급한 국가의 국가부호를 기재	- 발행국이 베트남인 경우 : 'VN'
㉒제3국 송품장 발급여부	○ 제3국 송품장이 발급된 경우 : 'Y' ○ 제3국 송품장이 발급되지 않은 경우 : 'N'	- 제3국에서 송품장이 발행된 경우 : 'Y'
㉓제3국 송품장 발급국가	○ 제3국 송품장 발급한 국가의 국가부호를 기재 (통계부호표 국가코드 기재)	- 일본에서 제3국 송품장이 발행된 경우 : 'JP'
㉔원산지 인증수출자 유무	○ 원산지인증수출자인 경우 : 'Y' ○ 원산지인증수출자가 아닌 경우 : 'N'	- 인증수출자인 경우 : 'Y'
㉕원산지 인증수출자 번호	○ 원산지 인증수출자 번호를 기재 * 특수문자('/', '-' 등)는 입력 생략 * 공란은 제거(붙여서 기재)	- IT001RM106
㉖품명	○ 수입신고서 ㉙항목의 품명을 기재	- Aviation engine oil
㉗모델·규격	○ 수입신고서 ㉜항목의 모델·규격을 기재	- AEO-100S
㉘협정적용 순중량	○ 수입신고 물품 중 협정관세적용신청 물품의 순중량을 기재 - 원산지증명서를 분할하여 수입하는 경우 분할 수입신고하는 물품의 순중량을 기재	- 원산지증명서상의 윤활유 1,000kg 중 500kg에 대해 수입신고 및 협정관세 적용 신청하는 경우 : 500kg
㉙분할수입	○ 원산지증명서 분할수입시 기재 - 원산지증명서 분할수입시 : 'Y'로 기재 - 원산지증명서 전량신고시 : 'N'로 기재	- 원산지증명서 분할신고시 : Y
㉚분할차수	○ 원산지증명서 분할수입시 분할차수 기재	- 2회차 분할신고시 : 2
㉛HS부호 (한미FTA의 경우 HS2002기준으로 작성)	○ 원산지증명서상의 HS부호 6단위를 기재 * 수입신고서의 HS와 C/O상의 HS가 불일치할 경우에는 C/O를 기준으로 기재 * C/O에 HS를 기재하지 않아도 되는 협정의 경우 수입신고서상의 HS를 기재	- C/O상 6단위 HS : 2710.19
㉜협정관세율(구분)	○ FTA 협정관세율(관세율 구분부호) 기재 - 적용받고자 하는 FTA의 협정관세율과 해당 관세율 구분부호를 기재	- 한·싱 FTA에 따라 항공기용 윤활유(2710.19-7110)를 수입한 경우 : 3.5(FSG)
㉝원산지기준	○ 원산지물품의 종류를 기재 - 완전생산물품 : A"로 기재 - 세번 변경기준 충족물품 : 'B'로 기재 - 부가가치기준 충족물품 : 'C'로 기재 - 조합기준 충족물품 : 'D'로 기재 - 역외가공기준 충족물품 : 'E'로 기재 - 기타 원산지기준 충족물품 : 'F'로 기재 - 자율발급원산지증명서 물품 : 'G'로 기재	- 완전생산물품의 경우 : [A] - 세번변경과 부가가치 조합기준의 경우 : [D] - 세번변경과 부가가치 선택기준의 경우 · 세번변경 기준 적용 : [B] · 부가가치 기준 적용 : [C] - 자율발급 원산지증명 물품으로 원산지기준을 알 수 없는 경우 : [G]

수 입 신 고 필 증

※ 처리기간 : 3일

(1)신고번호	(2)신고일	(3)세관.과	(6)입항일	(7)전자인보이스 제출번호
(4)B/L(AWB)번호	(5)화물관리번호		(8)반입일	(9)징수형태

(10)신 고 인 (11)수 입 자 (12)납세의무자 　　(주소) 　　(상호) 　　(전화번호) 　　(이메일주소) 　　(성명) (13)운송주선인 (14)해외거래처	(15)통관계획	(19)원산지증명서 유무	(21)총중량
	(16)신고구분	(20)가격신고서 유무	(22)총포장갯수
	(17)거래구분	(23)국내도착항	(24)운송형태
	(18)종류	(25)적출국	
		(26)선기명	
	(27)MASTER B/L 번호	(28)운수기관부호	

(29)검사(반입)장소

● 품명·규격 (란번호/총란수 : 999/999)

(30)품 명 (31)거래품명	(32)상 표

(33)모델·규격	(34)성분	(35)수량	(36)단가(XXX)	(37)금액(XXX)

(38)세번 부호	(40)순중량	(43)C/S 검사	(45)사후확인기관
(39)과세가격 (CIF)	(41)수 량	(44)검사변경	
	(42)환급물량	(46)원산지	(47)특수세액

(48)수입요건확인 　(발급서류명)	

(49)세종	(50)세율(구분)	(51)감면율	(52)세액	(53)감면분납부호	감면액	* 내국세종부호

(54)결제금액(인도조건-통화종류-금액-결제방법)	(56)환 율

(55)총과세가격	(57)운임	(59)가산금액	(64)납부서번호
	(58)보험료	(60)공제금액	(65)총부가가치세과표

(61)세 종	(62)세 액	※신고인기재란	(66)세관기재란
관　　세			
특 소 세			
교 통 세			
주　　세			
교 육 세			
농 특 세			
부 가 세			
신고지연가산세		－ 전화번호 － 이메일주소	
미신고가산세			

(63)총세액합계	(67)담당자	(68)접수일시	(69)수리일자

유럽연합당사자와의 자유무역협정에 따른 EU회원국 인증수출자 번호 체계

(14.3.1일 현재)

□ 인증번호체계: 국가명(/) 세관번호(/) 일련번호 등으로 구성

  ○ '/'는 구분 설명하기 위한 것으로 예시에 표시된 경우에만 코드로서 사용

국 가	예 시	인증수출자 번호 체계	비 고
오스트리아 (Austria)	AT/100/015	국가코드(2)/세관코드(3)/인증번호(3)	
벨기에 (Belgium)	BE 74	국가코드(2)/인증번호(1-4)	
불가리아 (Bulgaria)	BG/1223/009/08	국가코드(2)/세관코드(4)/인증번호(3)/인증연도(2)	
사이프러스 (Chyprus)	CY/NIC/000	국가코드(2)/세관코드(3)/인증번호(3)	
크로아티아 (Croatia)	HR/10/001/13	국가코드(2)/세관코드(2)/인증번호(3)/인증연도(2)	신규추가('13.11.22)
체코 (Czech Republic)	CZ/02/0001/04 CZ/51/0001/13	국가코드(2)/세관코드*(2)/인증번호(4)/인증연도(2)	*세관코드 : 01-08 또는 51-65 ※ 세관부호확대추가 51-65('13.3.22)
덴마크 (Denmark)	DK/51/04/237/00638 DK/51/04/239/00638 DK/04/000638	국가코드(2)/인증기관코드(2)/인증연도(2)/인증표시코드*(3)/인증번호(5) 국가코드(2)/인증연도(2)/인증번호(6)	*인증표시코드 : 237 또는 239 - 239 추가사용('13.2.26) ※ 3가지 형식 모두 유효
에스토니아 (Estonia)	EE/001/2004	국가코드(2)/인증번호(3)/인증연도(4)	
핀란드 (Finland)	FI/50/110 FI/8/36 FI/0/2014	국가코드(2)/인증번호/세관코드(3) 국가코드(2)/인증번호/Åland지역코드(2) 국가코드(2)/인증번호/인증연도(4)	신규 추가('14.3.1)
프랑스 (France)	FR 003160/0025	국가코드(2)/세관코드(6)/인증번호(4)	
독일 (Germany)	DE/4711/EA/0007	국가코드(2)/세관코드(4)/인증수출자코드(EA)/인증번호(4)	

국가	인증번호 예시	구성	비고
그리스 (Greece)	GR/01/1234/2004	국가코드(2)/세관코드*(2)/인증번호(4)/승인연도(4)	*세관코드 : 1-10
헝가리 (Hungary)	HU123450N8000000000	국가코드(2)세관코드(5)/0/level코드*(N or E)/인증연도(1)/인증번호(9)	* N : National, E : Community
아일랜드 (Ireland)	IE/05/06	국가코드(2)/인증번호/인증연도(2)	
이태리 (Italy)	IT/001/RM1/06 IT/001/NA2/06 IT/032/MI2/11 IT/001/BO/11 IT/002/MXP/13	국가코드(2)/인증번호(3)/지역코드(2-3)*/인증연도(2)	*지역코드 : Milan(MI), Rome(RM), Naples(NA) 경우 지역코드 2자리와 1자리 숫자로 구성 - Lombardy 지역에 Milan3세관신설('13.1.3) - Malpensa경우 MXP 3자리로 구성
라트비아 (Latvia)	LV/100/2006	국가코드(2)/인증번호(1-3)/최초인증연도(4)	
리투아니아 (Lithuania)	LT/VM0/011	국가코드(2)/세관코드*(문자(2), 숫자(1))/인증번호(3)	*세관코드 : 3자리→2자리, 디지털번호 1추가('12.11.7)
룩셈부르크 (Luxembourg)	LU/ORDL/256	국가코드(2)/ORDL/인증번호*(3)	*인증번호 : 1-500(national,국가인증), 501-999(single,단일인증)
말타 (Malta)	MT/D/000	국가코드(2)/D/인증번호(3)	
네덜란드 (Netherland)	NL/361/02/1234	국가코드(2)/세관코드(3)/인증연도(2)/인증번호(3-4)	
폴란드 (Poland)	PL/042010/0001	국가코드(2)/세관코드(6)/인증번호(4)	
포르투칼 (Portugal)	PT/000/P	국가코드(2)/인증번호(3)/발급지역*	*발급지역 : P(Porto), L(Lisboa)
루마니아 (Romania)	RO/DRVBV/025	국가코드(2)/세관코드*(5)/인증번호(3)	*세관코드 예외 : Bucharest의 경우 4자리(DRVB)
슬로바키아 (Slovak Republic)	SK/1050/010/05	국가코드(2)/세관코드(4)/인증번호(3)/인증연도(2)	
슬로베니아 (Slovenia)	SI/123/03	국가코드(2)/인증번호(3)/인증연도(2)	
산마리노공화국 (Republic of San Marino)	SM/SM001/00/0000	국가코드(2)/세관부호(5)/인증연도(2)/최초인증연도(4)	신규추가('12.5.30)

스페인 (Spain)	ES/28/0001/98	국가코드(2)/지역코드(2)/인증번호(4)/인증연도(2)	
스웨덴 (Sweden)	SE/SHF/123456	국가코드(2)/세관코드*(3)/인증번호(6)	* 세관코드: Mö지역의 경우 2자리
영국 (United Kingdom)	GB 12345/06	국가코드(2)/인증번호(5)/인증연도(2)	
아이슬란드 (Iceland)	0023-IS10	인증번호-IS인증연도(2)	
노르웨이 (Norway)	NO/08-123456789	국가코드(2)/인증연도*(2)-인증번호(9)	* 2008년부터 인증연도는 '07이후 것만 사용가능.
스위스 (Swiss)	356 or 3567 or 356/1998 or 3567/1998	인증번호(3~4자리) 인증번호(3~4자리)/인증연도(4)	

관세평가분류원

수신자   수신자참조
(경유)
제 목   품목분류 사전심사 신청에 대한 회신

(주)에듀트레이드허브의 2013년 9월 20일 품목분류 사전심사신청 건 (품명 : LIQUID SOAP SPRAY)에 대하여 아래와 같이 회신(통보)합니다.

- 아   래 -

1. 신청사항

- 신청인 성명   : 최규삼
- 신청인 상호   : (주)에듀트레이드허브
- 신청인 주소   : 서울시 강남구 논현동 000-00 ABC B/D 301
- 수출입자 상호   : (주)에듀트레이드허브
- 통관지 세관   : 공란

2. 물품설명

- 물품 규격

  Liquid Soap Spray   250ml

- 물품 설명

  - Water, Hydrogen Peroxide 등으로 조제된 유백색 액상을 프레스마운트가 부착된 수지제 용기에 소매포장(내용량 250ml)
  - 용도 : 벽지, 카펫 등의 균 제거 및 번식 억제

3. 결정내용

- 품목번호

  제3808.92-9000호

- 분류이유

  - 관세율표 제3808호의 용어에 '살균제'를 게기하고 있고, 동 호 해설서(Ⅱ)에 '살균제'에 대해 기술하고 있음
  - 본 품은 벽지, 식탁 등에 사용되는 살균제이므로 관세율표의 해석에 관한 통칙 제1호 및 제6호의 규정에 의거 제3808.92-9000호에 분류함

※ 유의사항
 1. 상기 품목분류번호는 제시된 자료를 근거로 결정하였으므로 허위자료 제출 등의 하자가 있는 경우에는 무효가 됩니다.
 2. 통관지 세관은 신청한 물품과 동종 동질의 물품과 동일한 내용의 자료가 제시된 경우에
    한하여 본심사서의 품목번호를 적용합니다.

관 세 평 가 분 류 원 장

어려운 FTA 실무는 가라

초판 1쇄　2013년 12월 17일
개정판 1쇄　2015년 12월 04일

지 은 이　최규삼
펴 낸 이　최지숙
편집주간　이기성
편집팀장　이윤숙
기획편집　윤정현, 주민경, 박경진
표지디자인　주민경
책임마케팅　윤은지
펴 낸 곳　도서출판 생각나눔
출판등록　제 2008-000008호
주　　소　서울 마포구 동교로 18길 41, 한경빌딩 2층
전　　화　02-325-5100
팩　　스　02-325-5101
홈페이지　www.생각나눔.kr
이 메 일　webmaster@think-book.com

- 책값은 표지 뒷면에 표기되어 있습니다.

　ISBN 978-89-6489-245-9　13320

- 이 도서의 국립중앙도서관 출판시도서목록(CIP)은 e-CIP홈페이지(http://www.nl.go.kr/ecip)와

　국가자료공동목록시스템(http://www.nl.go.kr/kolisnet)에서 이용하실 수 있습니다.

　(CIP제어번호: CIP2013025307)